Joseph Roth

Sehnsucht nach Paris, Heimweh nach Prag

Ein Leben in Selbstzeugnissen

Herausgegeben und mit einem Vorwort
von Helmut Peschina

Kiepenheuer & Witsch

1. Auflage 2006

Umschlaggestaltung: Barbara Thoben, Köln
Gesetzt aus der Garamond und Optima
Satz: Pinkuin Satz und Datentechnik, Berlin
Druck und Bindung: Clausen & Bosse, Leck
ISBN 10: 3-462-03632-7
ISBN 13: 978-3-462-03632-9

Vorwort

Joseph Roths Darstellungen und Reflexionen über seine Herkunft, sein Elternhaus, seine Entwicklung vom Schüler in Brody zum Studenten in Wien, die Kriegsjahre, seine Anfänge als Schriftsteller, seine Jahre in Deutschland und im Pariser Exil bewegen sich fast immer zwischen Wirklichkeit, Phantasie und Träumerei. Und immer hat er sich dabei – je nach äußeren Umständen oder persönlicher Bedürfnislage – in gehörigem Maße in Szene gesetzt.

Beispielgebend dafür sei eine Stelle aus dem Brief an seinen Verleger Gustav Kiepenheuer zu dessen 50. Geburtstag am 10. Juni 1930, in der der Gratulant schreibt: »... Geboren bin ich in einem winzigen Nest in Wolhynien, am zweiten September 1894, im Zeichen der Jungfrau, zu der mein Vorname Joseph irgendeine vage Beziehung unterhält. Meine Mutter war eine Jüdin von kräftiger, erdnaher, slawischer Struktur ... Sie hatte kein Geld und keinen Mann. Denn mein Vater, der sie eines Tages nach dem Westen nahm, wahrscheinlich nur, um mich zu zeugen, ließ sie in Kattowitz allein und verschwand auf Nimmerwiedersehen ... Ich habe ihn nie gesehen. Doch erinnere ich mich, daß ich als Knabe von vier, fünf Jahren einmal von einem Mann geträumt habe, der meinen Vater darstellte. Zehn oder zwölf Jahre später sah ich zum erstenmal eine Photographie meines Vaters. Ich kannte sie bereits. Es war der Herr aus meinem Traum.«

Dieser bekannte und oft zitierte Brief eröffnet auch die vorliegende Spurensuche in Roths Leben.

Ähnliche, teils wirklich erlebte, teils erdichtete Anspielungen und Rückblicke finden sich verstreut in einzelnen Briefen, die auch in diesen Sammelband aufgenommen wurden, ebenso wie Feuilletons und Passagen aus seinen Erzählungen und aus der großen Prosa, die direkt oder indirekt auf sein Leben Bezug nehmen.

Hermann Kesten, Herausgeber von Roths Briefen und der drei- und vierbändigen Werkausgabe, schreibt in seinem Erinnerungsbuch »Meine Freunde die Poeten« über seinen langjährigen Freund: »... er machte aus Stücken seines Lebens Feuilletons, und seine Feuilletons beeinflußten sein eigenes Leben«, und weiter unten heißt es bei Kesten: »... Schauend und schreibend fuhr er durch ganz Europa, von Moskau bis Marseille, ja bis in die finstersten Winkel von Albanien und Germanien.« (Hermann Kesten: Meine Freunde die Poeten, München 1959)

Grund genung, auch einige seiner feuilletonistischen Reiseberichte in diesen Band aufzunehmen und ihn so auf seinen häufigen Reisen zu begleiten.

Joseph Roth führte nie Tagebuch, was sein ungeregeltes und rastloses Leben wahrscheinlich auch gar nicht zugelassen hätte, abgesehen von den kurzen feuilletonistischen Notizen aus dem Jahre 1934 mit dem Titel »Aus dem Tagebuch eines Schriftstellers«, die in Paris in der Exilzeitschrift »Das Neue Tage-Buch« erschienen sind. Vielleicht aber wählte Roth diese Überschrift nur deshalb, um dem Titel der Zeitschrift gerecht zu werden. Auch dieser Text ist in dieser Sammlung aufgenommen worden.

Was er vom poetischen Tagebuch-Schreiben im allgemeinen hielt, zeigt sich in einem Brief an seinen Schriftstellerkollegen Hans Natonek vom 14.10.1932, in dem er diesem einige Ratschläge und Richtlinien für das Schreiben von Prosa aufzählt:

»2. Begehen Sie immer noch – soviel ich weiß: seitdem Sie Bücher schreiben – den *eminenten* Fehler, zu deuten, zu erklären, ein Besserwisser zu sein. Sie würzen zu sehr. Sie *versalzen* die Suppe, Sie teilen dem Leser mit, Sie *verraten* ihm Das, was sich in Ihrer gehirnlichen Werkstatt abspielt. Sie kommentieren nicht nur dort, wo Sie aus äußerlich bedingter Flüchtigkeit nicht ganz gestaltet haben, sondern auch dort, wo Ihnen, ohne Ihr Wissen wahrscheinlich, die Gestaltung *glänzend* gelungen ist. *Ich bin auch ein Klugscheißer.* Aber ich verberge es. Erst, wenn man den Nobelpreis hat, darf man sich erlauben, sein Tagebuch zu veröffentlichen.«

Da es also in dem Sinn keine bewußt gesetzten Aufzeichnungen aus der Feder Roths über sein Leben gibt, hat der Herausgeber versucht, mit diesen indirekten und direkten biographischen Textstellen aus Briefen, Feuilletons und der Prosa das Leben Roths nachzuzeichnen und dem Leser näherzubringen.

Beginnend mit Erinnerungen an seine Kindheit führen die Texte durch sein gesamtes Leben, um mit der Vorahnung von Ursache, Art und Weise seines Todes in der Erzählung »Die Legende vom heiligen Trinker« zu schließen.

Der große Dichter und Erzähler Joseph Roth soll hier zu Wort kommen, und deshalb hat der Herausgeber versucht, die hier gesammelten Texte mit so knapp als möglich gehaltenen Kommentaren bzw. Übergängen mosaikartig zusammenzufügen.

Das Leben Joseph Roths ausschließlich mit seinen eigenen Schriften zu fassen ist die Intention dieser Anthologie.

Die in der Sammlung zitierten Briefe sind dem Band »Joseph Roth. Briefe« entnommen, herausgegeben und eingeleitet von Hermann Kesten, Köln, 1970 bei Kiepenheuer & Witsch erschienen; die literarischen Texte der sechsbändigen Ausgabe, herausgegeben von Fritz Hackert und Klaus Westermann, erschienen ebenfalls bei Kiepenheuer & Witsch, Köln 1989–1991. Alle in diesem Band verwendeten Texte sind im Anhang noch einmal gesondert aufgeführt.

Ich habe viele Meilen zurücklegen müssen. Zwischen dem Ort, in dem ich geboren bin und den Städten, Dörfern, durch die ich in den letzten zehn Jahren komme, um in ihnen zu verweilen, und in denen ich nur verweile, um sie wieder zu verlassen, liegt mein Leben, eher nach räumlichen Maßen meßbar als nach zeitlichen. Die zurückgelegten Straßen sind meine zurückgelegten Jahre. Nirgends, in keinem Kirchenbuch und in keinem Gemeindekataster wurde der Tag meiner Geburt eingetragen, mein Name vermerkt. Ich habe keine Heimat, wenn ich von der Tatsache absehe, daß ich in mir selbst zu Hause bin und mich bei mir heimisch fühle. Wo es mir schlecht geht, dort ist mein Vaterland. Gut geht es mir nur in der Fremde. Wenn ich mich nur einmal verlasse, verliere ich mich auch. Deshalb achte ich peinlich darauf, immer bei mir zu bleiben.

Geboren bin ich in einem winzigen Nest in Wolhynien, am zweiten September 1894, im Zeichen der Jungfrau, zu der mein Vorname Joseph irgendeine vage Beziehung unterhält. Meine Mutter war eine Jüdin von kräftiger, erdnaher, slawischer Struktur, sie sang ukrainische Lieder, denn sie war sehr unglücklich (und die Armen sind es, die bei uns zu Hause singen, nicht die Glücklichen, wie in westlichen Ländern. Deshalb sind die östlichen Lieder schöner, und wer ein Herz hat und sie hört, ist nahe dem Weinen). Sie hatte kein Geld und keinen Mann. Denn mein Vater, der sie eines Tages nach dem Westen nahm, wahrscheinlich nur, um mich zu zeugen, ließ sie in Kattowitz allein und verschwand auf Nimmerwiedersehen. Er muß ein merkwürdiger Mensch gewesen sein, ein Österreicher vom Schlag der Schlawiner, er verschwendete viel, trank wahrscheinlich und starb, als ich sechzehn Jahre alt war, im Wahnsinn. Seine Spezialität war die Melancholie, die ich von ihm geerbt habe. Ich habe ihn nie gesehen. Doch erinnere ich mich, daß ich als Knabe von vier, fünf Jahren einmal von einem Mann geträumt habe, der meinen Vater darstellte. Zehn oder zwölf Jahre später sah ich zum erstenmal eine Photographie meines Vaters. Ich kannte sie bereits. Es war der Herr aus meinem Traum.

In einem zarten Alter, in dem andere gehen lernen, fuhr ich schon auf der Eisenbahn. Ich kam früh nach Wien, verließ es bald, kehrte zurück, fuhr wieder nach dem Westen, hatte kein Geld, lebte von Unterstützungen wohlhabender Verwandten und von Lektionen, begann zu lernen, eifrig und ehrgeizig, war ein besonders braver Junge, voll stiller Bosheit und gefüllt mit Gift, bescheiden aus Hochmut, erbittert gegen die Reichen, aber ohne Solidarität mit den Armen. Sie erschienen mir dumm und ungeschickt. Auch hatte ich Angst vor jeder vulgären Äußerung. Ich war sehr glücklich, als ich in Horaz' *Odi profanum vulgus* eine autoritative Bestätigung meiner Instinkte fand. Ich liebte die Freiheit. Die Zeit, die ich bei meiner Mutter verbrachte, war meine glücklichste Zeit. In der Nacht stand ich auf, kleidete mich an und ging aus dem Haus. Ich wanderte drei, vier Tage, schlief in Häusern, deren Lage ich nicht kannte, und mit Frauen, deren Angesicht ich nicht sah und zu sehen neugierig war. Ich briet Kartoffeln auf sommerlichen Wiesen und auf harten herbstlichen Äckern. Ich pflückte Erdbeeren in Wäldern, trieb mich mit viel halbwüchsigem Gesindel herum und wurde manchmal verprügelt, gewissermaßen irrtümlich. Jeder, der mich einmal geschlagen hatte, bat mich bald darauf um Entschuldigung. Denn er fürchtete meine Rache. Sie konnte grausam sein. Ich hatte niemanden besonders lieb. Haßte ich aber einen, so wünschte ich ihm den Tod und war bereit, zu töten. Ich besaß die besten Schleudern, zielte nur gegen Köpfe und nicht nur mit Steinen, sondern auch mit Glasscherben und zerbrochenen Messerklingen. Ich bereitete Hinterhalte vor, Fangeisen, Fallgruben, Maskierungen des Geländes. Als einmal einer meiner Feinde mit einem Trommelrevolver, allerdings ohne Munition, bewaffnet erschien, fühlte ich mich gedemütigt. Ich begann, ihm zu schmeicheln, wurde allmählich, mit großem Widerwillen, sein Freund und kaufte ihm endlich den Revolver ab, und zwar für Patronen, die mir ein Förster geschenkt hatte. Ich redete meinem Freund ein, daß die Munition viel gefährlicher sei als eine Waffe ohne Munition.

Edelmütig wurde ich erst später, aber es war auch nicht von Dauer. Die ersten edlen Regungen weckte ein Mädchen in mir, ich war bereits im zweiten Semester der Germanistik. Meine Freundin stammte aus Witkowitz. Mit sechzehn Jahren war sie die Beute eines Ingenieurs geworden und von ihm schwanger. Sie gebar zum Glück ein totes Kind. Der Ingenieur kümmerte sich nicht um sie. Also ging sie nach Wien, als Erzieherin, zu argen und bösen Leuten. Was blieb mir da anderes übrig, als edel zu sein? Ich mietete ein Zimmer für das Mädchen, veranlaßte es, die blöden blonden Kinder in Matrosenkleidern zu verlassen, und beschloß, diesem armen Mädchen ein lebendiges Kind zu zeugen und den Ingenieur zu fordern. Zu diesem Zweck verkaufte ich meinen Mantel und nahm einen Vorschuß bei dem Rechtsanwalt, dessen Sohn ich unterrichtete. Ich fuhr nach Witkowitz, fand meinen Ingenieur, er bestellte mich in ein Kaffeehaus, nachdem er meinen ziemlich groben und kurzen Brief erhalten hatte. Er hatte einen schwarzen Spitzbart, schiefe, aufwärts gerichtete Brauen, funkelnde Augen, ein braunes, schönes Gesicht, schmale Hände, er erinnerte mich an den Teufel. Auf seiner Visitenkarte stand: Leutnant der Reserve. Er bezahlte mir den Kaffee, war freundlich, lächelte, gestand, daß er der Reihe nach, aus Prinzip, mit allen Töchtern seiner Werkmeister schlafe, aber zu weiteren Beschäftigungen mit ihnen keine Zeit finde. Er führte mich in ein Bordell, schenkte mir drei Mädchen auf einmal und erklärte sich bereit, mir eine der Jungfrauen aus Witkowitz freiwillig abzutreten. Er gab mir zu trinken, begleitete mich zur Bahn, wir küßten uns beim Abschied. Er ist leider 1916 im Krieg am Typhus gestorben. Er war einer meiner ersten Freunde gewesen.

Ich kehrte zurück, das Mädchen hatte inzwischen eine neue Stellung genommen. Sie schrieb mir einen schönen Abschiedsbrief, aus dem hervorging, daß ich nichts für sie sei. Sie liebte, mit Recht, immer noch den Ingenieur. Ich begann von nun an im Stadtpark, im Volksgarten, im Wiener Wald Frauen zu suchen und durch Bescheidenheit und gespielte Furchtsamkeit das Mitleid, später die Liebe der Mütter meiner Schüler zu gewinnen. Die Frauen der Staatsanwälte bevorzugten mich, weil ihre Männer so wenig Zeit hatten. Sie schenkten mir Hemden, Unterhosen, Krawatten, nahmen mich in die Logen der Oper, in Fiaker und verreisten mit mir nach Klagenfurt, Innsbruck, Graz. Sie waren meine Mütter. Ich liebte sie alle aufrichtig.

Als der Krieg ausbrach, verlor ich meine Lektionen, allmählich, der Reihe nach. Die Rechtsanwälte rückten ein, die Frauen wurden übelgelaunt, patriotisch, zeigten eine deutliche Vorliebe für Verwundete. Ich meldete mich endlich freiwillig zum 21. Jägerbataillon. Ich wollte nicht dritter Klasse fahren, ewig salutieren, ich wurde ein ehrgeiziger Soldat, kam zu früh ins Feld, an die Ostfront, meldete mich in die Offiziersschule, ich wollte Offizier werden. Ich wurde Fähnrich. Ich war bis zum Ende des Krieges an der Front, im Osten. Ich war tapfer, streng und ehrgeizig. Ich beschloß, im Militär zu bleiben. Da kam der Umsturz. Ich haßte Revolutionen, mußte mich ihnen aber fügen und, da der letzte Zug von Shmerinka abgegangen war, zu Fuß nach Hause marschieren. Drei Wochen marschierte ich. Dann fuhr ich auf Umwegen, zehn Tage lang, von Podwoloczysk nach Budapest, von hier nach Wien, wo ich, aus Mangel an Geld, für Zeitungen zu schreiben begann. Man druckte meine Dummheiten. Ich lebte davon. Ich wurde Schriftsteller.

Ich übersiedelte bald nach Berlin – die Liebe zu einer verheirateten Frau, die Furcht, meine Freiheit zu verlieren, die mir mehr wert war als mein dubioses Herz, zwang mich dazu. Ich schrieb die dümmsten Artikel und erwarb mir infolgedessen einen Namen. Ich schrieb schlechte Bücher und wurde bekannt. Zweimal lehnte mich Kiepenheuer ab. Auch das drittemal hätte er mich abgelehnt, wenn wir uns nicht kennengelernt hätten.

An einem Sonntag tranken wir Schnaps. Er war schlecht, wir wurden beide krank davon. Aus Mitleid schlossen wir Freundschaft, trotz der Verschiedenheit unserer Naturen, die sich nur im Alkohol finden. Kiepenheuer ist nämlich ein West-Phale, ich ein Ost-Phale. Es läßt sich kaum ein größerer Gegensatz denken. Er ist ein Idealist, ich bin ein Skeptiker. Er liebt die Juden, ich nicht. Er ist ein Fortschritts-Phantast, ich bin ein Reaktionär. Er ist immer jung, ich bin immer alt. Er wird fünfzig, ich werde zweihundert. Ich könnte sein Urgroßvater sein, wäre ich nicht sein Bruder. Ich bin radikal, er ist konziliant. Er ist höflich-unbestimmt, ich bin prägnant. Er ist gerecht, ich bin ungerecht. Er ist ein Optimist, ich ein Pessimist.

Es muß wohl geheime Zusammenhänge geben zwischen uns beiden. Denn manchmal stimmen wir in allem überein. Es ist, als ob wir uns gegenseitig Konzessionen machen, aber es sind gar keine. Denn er hat keinen Sinn für das Geld. Diese Eigenschaft haben wir gemeinsam. Er ist der ritterlichste Mann, den ich kenne. Ich auch. Das hat er von mir. Er verliert an meinen Büchern. Ich auch. Er glaubt an mich. Ich auch. Er wartet auf meinen Erfolg. Ich auch. Ihm ist die Nachwelt sicher. Mir auch.

Wir sind unzertrennlich; das ist sein Vorzug.

Zehnter Juni 1930. Joseph Roth

Diese poetische Lebensbeschreibung Roths war als Geschenk an seinen neuen Verleger Gustav Kiepenheuer zu dessen 50. Geburtstag gedacht.
»... Ich pflückte Erdbeeren in Wäldern ...«, schreibt Roth in oben zitiertem Brief an seinen Verleger. »Erdbeeren« nannte er einen als Fragment überlieferten Text aus dem Jahre 1929, in dem er sich seiner Kindheit erinnert. Daraus ein Auszug:

Die Stadt, in der ich geboren wurde, lag im Osten Europas, in einer großen Ebene, die spärlich bewohnt war. Nach Osten hin war sie endlos. Im Westen wurde sie von einer blauen, nur an klaren Sommertagen sichtbaren Hügelkette begrenzt.

In meiner Heimatstadt lebten etwa zehntausend Menschen. Dreitausend unter ihnen waren verrückt, wenn auch nicht gemeingefährlich: Ein linder Wahnsinn umgab sie wie eine goldene Wolke. Sie gingen ihren Geschäften nach und verdienten Geld. Sie heirateten und zeugten Kinder. Sie lasen Bücher und Zeitungen. Sie kümmerten sich um die Dinge der Welt. Sie unterhielten sich in allen Sprachen, in denen sich die sehr gemischte Bevölkerung unseres Landstriches verständigte.

Meine Landsleute waren begabt. Viele leben in großen Städten der alten und der neuen Welt. Alle sind bedeutend, manche berühmt. Aus meiner Heimat stammt der Pariser Chirurg, der die alten und reichen Menschen verjüngt und Greisinnen in Jungfrauen verwandelt; der Amsterdamer Astronom, der den Kometen Gallias entdeckt hat; der Kardinal P., der seit zwanzig Jahren die Politik des Vatikans bestimmt; der Erzbischof Lord L. in Schottland; der Mailänder Rabbiner K., dessen Muttersprache Koptisch ist; der große Spediteur S., dessen Firma auf allen Bahnhöfen der Welt zu lesen ist und in allen Häfen aller Kontinente. Ich will ihre Namen nicht nennen. Leser, die eine Zeitung abonnieren, wissen ohnehin, wie sie heißen. An meinem eigenen Namen ist nichts gelegen. Niemand kennt ihn, denn ich lebe unter einem falschen. Ich heiße – nebenbei gesagt – Naphtali Kroj.

Ich bin eine Art Hochstapler. So nennt man in Europa die Menschen, die sich für etwas anderes ausgeben, als sie sind. Alle Westeuropäer tun dasselbe. Aber sie sind keine Hochstapler, weil sie Papiere haben, Pässe, Ausweise und Taufscheine. Manche haben sogar Stammbäume. Ich aber habe einen falschen Paß, keinen Taufschein, keinen Stammbaum. Man kann also sagen: Naphtali Kroj ist ein Hochstapler.

In meiner Heimat brauchte ich kein Papier. Jeder kannte mich. Dem Bürgermeister putzte ich die Stiefel, als ich sechs Jahre alt war. Als ich zwölf alt wurde, kam ich zu einem Barbier. Da seifte ich den Bürgermeister ein. Mit fünfzehn Jahren wurde ich ein Kutscher und fuhr den Bürgermeister am Sonntag spazieren. Wir hatten dreizehn Polizisten. Mit allen trank ich Schnaps. Brauchte ich da Papiere?

Außerhalb der Stadt versahen Gendarmen den Dienst. Ihr Wachtmeister schlief mit meiner Tante jeden Donnerstagnachmittag, wenn er frei war. Ich schmuggelte manchmal Schnaps in die Stadt, aus der Umgebung – was verboten war und verzollt werden mußte. Die Zollwächter aber bekamen einen Wink vom Gendarmeriewachtmeister und ließen mich passieren.

Also stand ich in meiner Jugend mit den Behörden gut. Später wurde es anders. Andere Zeiten kamen und andere Behörden.

Ich glaube, daß bei uns zu Hause niemand Papiere hatte. Es gab ein Gericht, ein Gefängnis, Advokaten, Finanzämter – aber nirgends brauchte man sich zu legitimieren. Ob man als der oder jener verhaftet wurde – was machte es aus? Ob man Steuern bezahlte oder nicht – wer ging daran zugrunde, wem half man damit? Hauptsache war, daß die Beamten zu leben hatten. Sie lebten von Bestechungen. Deshalb kam niemand ins Gefängnis. Deshalb zahlte niemand Steuern. Deshalb hatte niemand Papiere.

Schwere Verbrechen kamen vor, leichte wurden nicht entdeckt.

Brandstiftungen überging man, sie waren nur persönliche Racheakte. Landstreichen, Betteln, Hausieren war eine alte Landessitte. Waldbrände wurden von Förstern gelöscht. Raufereien und Totschläge entschuldigte der Brauch, Alkohol zu trinken. Räuber und Wegelagerer verfolgte man nicht. Man ging von der Ansicht aus, daß sie sich selbst hart genug bestraften, indem sie auf jeden gesellschaftlichen Anschluß, auf Handel und Gespräche verzichteten. Falschmünzer tauchten zuweilen auf. Man ließ sie in Ruhe, weil sie mehr die Regierung als ihre Mitbürger schädigten. Gerichte und Advokaten hatten zu tun, weil sie langsam arbeiteten. Sie befaßten sich damit, Streitigkeiten zu schlichten und Vergleiche herbeizuführen. Zahlungstermine hielt man unpünktlich ein.

Bei uns zu Hause herrschte Frieden. Nur die engsten Nachbarn hielten Feindschaft. Die Besoffenen versöhnten sich wieder. Konkurrenten taten einander nichts Böses an. Sie rächten sich an den Kunden und Käufern. Jeder lieh jedem Geld. Alle waren einander Geld schuldig. Einer hatte dem anderen nichts vorzuwerfen.

Politische Parteien wurden nicht geduldet. Die Menschen verschiedener Nationalität unterschied man nicht, weil jeder in allen Sprachen redete. Man erkannte nur die Juden an ihrer Tracht und ihrer Überlegenheit. Manchmal machte man kleine Pogrome. Im Wirbel der Ereignisse waren sie bald vergessen. Die toten Juden waren begraben, die Beraubten leugneten, Schaden erlitten zu haben.

Alle meine Landsleute liebten die Natur, nicht um ihrer selbst willen, sondern mancher Früchte wegen, die sie spendete.

Im Herbst gingen sie in die Felder, um Kartoffeln zu braten. Im Frühling wanderten sie in die Wälder, um Erdbeeren zu pflücken. Der Herbst bestand bei uns aus flüssigem Gold und flüssigem Silber, aus Wind, Rabenschwärmen und leichten Frösten. Der Herbst war beinahe ebenso lang wie der Winter. Im August wurden die Blätter gelb, in den ersten Septembertagen lagen sie schon auf dem Boden! Niemand kehrte sie zusammen. Ich habe erst im Westen Europas gesehn, daß man den Herbst zusammenfegt zu ordentlichen Misthaufen. An unsern klaren Herbsttagen wehte kein Wind. Die Sonne war noch sehr warm, schon sehr schräg und sehr gelb. Sie ging in einem roten Westen unter und erwachte jeden Morgen in einem Bett aus Nebel und Silber. Es dauerte lange, ehe der Himmel tiefblau wurde. Dann blieb er so den ganzen kurzen Tag.

Die Felder waren gelb, stachlig, hart und taten den Sohlen weh. Sie rochen stärker als im Frühling, schärfer und etwas unbarmherzig. Die Wälder am Rand blieben tiefgrün – es waren Nadelwälder. Im Herbst hatten sie silberne Kämme auf den Häuptern. Wir brieten Kartoffeln. Es roch nach Feuer, Kohle, verbrannten Schalen, angesengter Erde. Die Sümpfe, an denen die Gegend reich war, trugen eine glänzende leichte Decke aus gläsernem Frost. Sie dufteten feucht wie Fischernetze. An vielen Stellen stieg der Rauch steil und tänzelnd in den Himmel. Aus den fernen und nahen Gehöften kam das Krähen der Hühner, die den Dunst gerochen hatten.

Im November kam der erste Schnee. Er war dünn, glasig und haltbar. Er zerging nicht mehr. Da hörten wir mit dem Kartoffelbraten auf. Wir blieben in unsern Häusern. Wir hatten schlechte Öfen, Fugen in den Türen und Ritzen in den Dielen. Unsere Fensterrahmen waren aus leichtem, feuchtem Fichtenholz gemacht, sie hatten im Sommer ihre Gestalt verändert und schlossen schlecht. Wir verstopften die Fenster mit Watte. Wir legten Zeitungspapier zwischen Türen und Schwellen. Wir hackten Holz für den Winter.

Im März, wenn die Eiszapfen von den Dächern tropften, hörten wir schon den Frühling galoppieren. Schneeglöckchen ließen wir in den Wäldern. Wir warteten bis zum Mai. Erdbeeren gingen wir pflücken. Die Spechte klopften schon in den Bäumen. Es regnete oft. Die Regen waren weich, aus einer Art samtenen Wassers. Sie dauerten gleichmäßig einen ganzen Tag, zwei Tage, eine Woche. Es wehte ein Wind, die Wolken rührten sich nicht vom Fleck, sie standen, wie Gestirne stehen, unverrückbar am Himmel. Es regnete gründlich und mit Bedacht. Die Wege wurden weich. Der Sumpf drang in die Wälder vor, die Frösche schwammen im Gehölz. Die Räder der Bauernwagen knirschten nicht mehr. Alle Wagen fuhren wie auf Gummi. Die Hufe der Pferde wurden lautlos. Alle Menschen zogen die Stiefel aus, hängten sie über den Rücken und wateten barfuß.

Über Nacht wurde es klar. Eines Morgens hörte der Regen auf. Die Sonne kam, wie heimgekehrt aus einem Urlaub.

Diesen Tag hatten wir erwartet. An diesem Tag mußten die Erdbeeren reif sein.

Wir gingen also die Straße entlang, die aus der Stadt gerade in den Wald führte. Unsere Stadt war sehr regelmäßig und höchst einfach angelegt. In der Mitte kreuzten sich ihre beiden Hauptstraßen. In diesem Mittelpunkt entstand ein kleiner Kreis, auf dem man zweimal in der Woche den Markt abhielt. Die eine Straße führte vom Bahnhof zum Friedhof. Die andere vom Gefängnis in den Wald.

Der Wald lag im Westen. Man ging mit der Sonne. Der Wald hatte am längsten Tag. Stand man an seinem äußersten westlichen Ende, so sah man die Sonne am tiefsten Rand des Horizonts verschwinden und kostete noch den letzten Sonnenstrahl.

Hier wuchsen die schönsten Erdbeeren. Sie verbargen sich nicht bescheiden, wie es sonst ihr Charakter ist. Sie stellten sich den Suchenden in den Weg. Sie zitterten auf dünnen, aber starken Stengeln. Sie waren voll und wuchsen nicht aus Demut so tief am Boden, sondern aus Stolz. Man mußte sich bücken, um sie zu erreichen. Nach Äpfeln, Kirschen und Birnen muß man sich strecken und klettern.

An den Erdbeeren klebten kleine Erdklümpchen, die man mit freiem Aug' nicht sah und die man also in den Mund steckte. Es knirschte zwischen den Zähnen, aber der Saft, der aus der Frucht drang, schwemmte die Erde weg, und das weiche Fleisch streichelte den Gaumen.

Alle Menschen sammelten Erdbeeren, obwohl es verboten war. Wenn der Förster kam, nahm er den Frauen die Töpfe weg, streute die schönen roten Erdbeeren aus und zertrat sie.

Was aber konnte er uns machen, die wir Erdbeeren sofort aßen? Er sah uns böse an und pfiff seinem Hund. Er trug ein Schild aus Messing an der Brust. Er glänzte grün, stählern und war eigentlich ein metallener Gegenstand in einer Welt aus Blatt, Holz und Erde.

Niemand fürchtete den Förster. Je mehr Erdbeeren er zertrat, desto mehr wuchsen im Walde.

Aus dem Textfragment »Erdbeeren« wollte Roth in den dreißiger Jahren einen großen Roman weiterschreiben. Es blieb jedoch nur beim Wunsch.

Eine weitere Erinnerung an seine Kindheit in Brody erscheint am 17.12.1931 in der Zeitschrift »Die Literarische Welt«.

Wiege

Das erste Erlebnis, an das ich mich erinnern kann, liegt sehr weit zurück. Zwischen ihm und der späteren, fast ununterbrochenen Kette der Erinnerungen, deren Ursprung etwa in meinem siebenten Lebensjahre zu suchen wäre, liegt eine geraume Spanne des Vergessens, so daß jenes erste Erlebnis einem belichteten Bilde gleicht, eingerahmt von Dunkelheiten, und also gleichsam noch leuchtender. Es war ein trauriges Erlebnis, jedenfalls eines, das mich traurig gemacht hatte, zum erstenmal in meinem Leben traurig; und dem Bilde, das mir, wie gesagt, sehr nahe geblieben ist, entströmt heute noch eine Art von Wehmut, Wehmut ohne Grund, also eine echte Wehmut. Und die einigermaßen phänomenale Tatsache, daß eine Erinnerung hinter einer Schicht des Vergessens so deutlich aufbewahrt sein kann, verstärkt für mich die Bedeutung des ersten Erlebens und erhebt es beinahe zu einem symbolischen Ereignis. Es war ein klarer Wintertag. Ich sehe noch in dem kleinen Zimmer, in dem ich damals lebte, den unbestimmt blauen Abglanz des klaren Himmels, eine kristallene, dicke Schicht von Schnee am Fensterbrett und ein paar merkwürdige Eisblumenformen an einer (der rechten) Seite des doppelflügeligen Fensters. Eine alte Frau in einem braungrauen, filzigen, ziemlich langen Tuch, das ihr Kopf und Rücken bedeckt, tritt ins Zimmer. Meine Mutter holt, Stück für Stück, das Bettzeug aus meiner Wiege und legt es auf einen rostbraunen, gepolsterten, breiten Lehnstuhl. Dann tritt die halbvermummte, ziemlich kleine Frau an meine Wiege, spricht etwas, hebt mit einer erstaunlichen Geschwindigkeit die Wiege hoch, hält sie, als wäre sie ein ganz geringfügiger Gegenstand ohne bemerkenswerte Dimensionen, an der Brust, spricht sehr lange, lächelt, zeigt dabei große gelbe Zähne, geht zur Tür und verläßt das Haus. Ich bin traurig, unsagbar traurig und ohnmächtig. Ich »weiß«, daß ich etwas Unwiederbringliches verloren habe. Ich bin gewissermaßen »beraubt« worden. Ich beginne zu weinen; man bringt mich in ein großes weißes Bett, das meiner Mutter. Ich schlafe ein.

Hier hört die Erinnerung auf. Die folgenden vier Jahre liegen im Schatten, im dichten Schatten des Vergessens. Später zeigte es sich, daß meine Mutter diesen Tag vergessen hatte. Sie wußte nicht mehr, etwa zehn Jahre später, wann und wem sie meine Wiege gegeben hatte. Ich wunderte mich nicht wenig darüber und nahm es ihr übel. Sie hatte meine erste Trauer nicht gesehen. Sie war ahnungslos. Und es bekümmerte mich am meisten, daß sie nicht mehr wußte, ob es ein Sommer- oder ein Wintertag gewesen war. Ein Zufall ließ mich später erfahren, wer die Wiege geerbt hatte und wann es geschehen war. Ich muß damals drei Jahre alt gewesen sein. Ich habe heute die Empfindung, daß ich an jenem Tage, in jener Stunde, ein erwachsener Mensch gewesen bin – – für eine kurze Weile, lange genug, um traurig sein zu können, traurig wie ein Großer – und vielleicht aus wichtigeren Gründen.

Einen solchen Verlust der Geborgenheit einer Wiege finden wir auch am Beginn seines Romans »Hiob«, der im Jahr 1930 im Verlag Gustav Kiepenheuer in Berlin erscheint. »Hiob« sollte Roths große Karriere als Romancier begründen. Der Verlag bewirbt den Roman auf der Vorderseite seiner Paperbackausgabe von 1930, dem Jahr der Erstausgabe, wie folgt: »Seit Heinrich Heine ist kein jüdischer Stoff in so glanzvoll schöner und erhabener Sprache, in so unvergeßlich ergreifenden und brennend innigen und schönen Bildern, in solcher Glut und Tiefe des Erlebens gestaltet worden, wie dieser Roman eines einfachen Mannes, dieses ›Hiob‹ von heute.«

Vor vielen Jahren lebte in Zuchnow ein Mann namens Mendel Singer. Er war fromm, gottesfürchtig und gewöhnlich, ein ganz alltäglicher Jude. Er übte den schlichten Beruf eines Lehrers aus. In seinem Haus, das nur aus einer geräumigen Küche bestand, vermittelte er Kindern die Kenntnis der Bibel. Er lehrte mit ehrlichem Eifer und ohne aufsehnerregenden Erfolg. Hunderttausende vor ihm hatten wie er gelebt und unterrichtet.

Unbedeutend wie sein Wesen war sein blasses Gesicht. Ein Vollbart von einem gewöhnlichen Schwarz umrahmte es ganz. Den Mund verdeckte der Bart. Die Augen waren groß, schwarz, träge und halb verhüllt von schweren Lidern. Auf dem Kopf saß eine Mütze aus schwarzem Seidenrips, einem Stoff, aus dem manchmal unmoderne und billige Krawatten gemacht werden. Der Körper steckte im halblangen, landesüblichen jüdischen Kaftan, dessen Schöße flatterten, wenn Mendel Singer durch die Gasse eilte, und die mit hartem, regelmäßigem Flügelschlag an die Schäfte der hohen Lederstiefel pochten.

Singer schien wenig Zeit zu haben und lauter dringende Ziele. Gewiß war sein Leben ständig schwer und zuweilen sogar eine Plage. Eine Frau und drei Kinder mußte er kleiden und nähren. (Mit einem vierten ging sie schwanger.) Gott hatte seinen Lenden Fruchtbarkeit verliehen, seinem Herzen Gleichmut und seinen Händen Armut. Sie hatten kein Gold zu wägen und keine Banknoten zu zählen. Dennoch rann sein Leben stetig dahin, wie ein kleiner, armer Bach zwischen kärglichen Ufern. Jeden Morgen dankte Mendel Gott für den Schlaf, für das Erwachen und den anbrechenden Tag. Wenn die Sonne unterging, betete er noch einmal. Wenn die ersten Sterne aufsprühten, betete er zum drittenmal. Und bevor er sich schlafen legte, flüsterte er ein eiliges Gebet mit müden, aber eifrigen Lippen. Sein Schlaf war traumlos. Sein Gewissen war rein. Seine Seele war keusch. Er brauchte nichts zu bereuen, und nichts gab es, was er begehrt hätte. Er liebte sein Weib und ergötzte sich an ihrem Fleische. Mit gesundem Hunger verzehrte er schnell seine Mahlzeiten. Seine zwei kleinen Söhne, Jonas und Schemarjah, prügelte er wegen Ungehorsams. Aber das Jüngste, die Tochter Mirjam, liebkoste er häufig. Sie hatte sein schwarzes Haar und seine schwarzen, trägen und sanften Augen. Ihre Glieder waren zart, ihre Gelenke zerbrechlich. Eine junge Gazelle.

Zwölf sechsjährige Schüler unterrichtete er im Lesen und Memorieren der Bibel. Jeder von den zwölf brachte ihm an jedem Freitag zwanzig Kopeken. Sie waren Mendel Singers einzige Einnahmen. Dreißig Jahre war er erst alt. Aber seine Aussichten, mehr zu verdienen, waren gering, vielleicht überhaupt nicht vorhanden. Wurden die Schüler älter, kamen sie zu andern, weiseren Lehrern. Das Leben verteuerte sich von Jahr zu Jahr. Die Ernten wurden ärmer und ärmer. Die Karotten verringerten sich, die Eier wurden hohl, die Kartoffeln erfroren, die Suppen wässerig, die Karpfen schmal und die Hechte kurz, die Enten mager, die Gänse hart und die Hühner ein Nichts.

Also klangen die Klagen Deborahs, der Frau Mendel Singers. Sie war ein Weib, manchmal ritt sie der Teufel. Sie schielte nach dem Besitz Wohlhabender und neidete Kaufleuten den Gewinn. Viel zu gering war Mendel Singer in ihren Augen. Die Kinder warf sie ihm vor, die Schwangerschaft, die Teuerung, die niedrigen Honorare und oft sogar das schlechte Wetter. Am Freitag scheuerte sie den Fußboden, bis er gelb wurde wie Safran. Ihre breiten Schultern zuckten auf und nieder im gleichmäßigen Rhythmus, ihre starken Hände rieben kreuz und quer jedes einzelne Brett, und ihre Nägel fuhren in die Sparren und Hohlräume zwischen den Brettern und kratzten schwarzen Unrat hervor, den Sturzwellen aus dem Kübel vollends vernichteten. Wie ein breites, gewaltiges und bewegliches Gebirge kroch sie durch das kahle, blaugetünchte Zimmer. Draußen, vor der Tür, lüfteten sich die Möbel, das braune, hölzerne Bett, die Strohsäcke, ein blankgehobelter Tisch, zwei lange und schmale Bänke, horizontale Bretter, festgenagelt auf je zwei vertikalen. Sobald die erste Dämmerung an das Fenster hauchte, zündete Deborah die Kerzen an, in Leuchtern aus Alpaka, schlug die Hände vors Angesicht und betete. Ihr Mann kam nach Hause, in seidigem Schwarz, der Fußboden leuchtete ihm entgegen, gelb wie geschmolzene Sonne, sein Angesicht schimmerte weißer als gewöhnlich, schwärzer als an Wochentagen dunkelte auch sein Bart. Er setzte sich, sang ein Liedchen, dann schlürften die Eltern und die Kinder die heiße Suppe, lächelten den Tellern zu und sprachen kein Wort. Wärme erhob sich im Zimmer. Sie schwärmte aus den Töpfen, den Schüsseln, den Leibern. Die billigen Kerzen in den Leuchtern aus Alpaka hielten es nicht aus, sie begannen sich zu biegen. Auf das ziegelrote, blaukarierte Tischtuch tropfte Stearin und verkrustete im Nu. Man stieß das Fenster auf, die Kerzen ermannten sich und brannten friedlich ihrem Ende zu. Die Kinder legten sich auf die Strohsäcke in der Nähe des Ofens, die Eltern saßen noch und sahen mit bekümmerter Festlichkeit in die letzten blauen Flämmchen, die gezackt aus den Höhlungen der Leuchter emporschossen und sanft gewellt zurücksanken, ein Wasserspiel aus Feuer. Das Stearin schwelte, blaue, dünne Fäden aus Rauch zogen von den verkohlten Dochtresten aufwärts zur Decke. »Ach!« seufzte die Frau. »Seufze nicht!« gemahnte Mendel Singer. Sie schwiegen. »Schlafen wir, Deborah!« befahl er. Und sie begannen, ein Nachtgebet zu murmeln.

Am Ende jeder Woche brach so der Sabbat an, mit Schweigen, Kerzen und Gesang. Vierundzwanzig Stunden später tauchte er unter in der Nacht, die den grauen Zug der Wochentage anführte, einen Reigen aus Mühsal. An einem heißen Tag im Hochsommer, um die vierte Stunde des Nachmittags, kam Deborah nieder. Ihre ersten Schreie stießen in den Singsang der zwölf lernenden Kinder. Sie gingen alle nach Hause. Sieben Tage Ferien begannen. Mendel bekam ein neues Kind, ein viertes, einen Knaben. Acht Tage später wurde es beschnitten und Menuchim genannt.

Menuchim hatte keine Wiege. Er schwebte in einem Korb aus geflochtenen Weidenruten in der Mitte des Zimmers, mit vier Seilen an einem Haken im Plafond befestigt wie ein Kronleuchter. Mendel Singer tippte von Zeit zu Zeit mit einem leichten, nicht lieblosen Finger an den hängenden Korb, der sofort anfing zu schaukeln. Diese Bewegung beruhigte den Säugling zuweilen. Manchmal aber half gar nichts gegen seine Lust, zu wimmern und zu schreien. Seine Stimme krächzte über den Stimmen der zwölf lernenden Kinder, profane, häßliche Laute über den heiligen Sätzen der Bibel. Deborah stieg auf einen Schemel und holte den Säugling herunter. Weiß, geschwellt und kolossal entquoll ihre Brust der offenen Bluse und zog die Blicke der Knaben übermächtig auf sich. Alle Anwesenden schien Deborah zu säugen. Ihre eigenen älteren drei Kinder umstanden sie, eifersüchtig und lüstern. Stille brach ein. Man hörte das Schmatzen des Säuglings.

Die Tage dehnten sich zu Wochen, die Wochen wuchsen sich zu Monaten aus, zwölf Monate machten ein Jahr. Menuchim trank immer noch die Milch seiner Mutter, eine schüttere, klare Milch. Sie konnte ihn nicht absetzen. Im dreizehnten Monat seines Lebens begann er, Grimassen zu schneiden und wie ein Tier zu stöhnen, in jagender Hast zu atmen und auf eine noch nie dagewesene Art zu keuchen. Sein großer Schädel hing schwer wie ein Kürbis an seinem dünnen Hals. Seine breite Stirn fältelte und furchte sich kreuz und quer wie ein zerknittertes Pergament. Seine Beine waren gekrümmt und ohne Leben wie zwei hölzerne Bögen. Seine dürren Ärmchen zappelten und zuckten. Lächerliche Laute stammelte sein Mund. Bekam er einen Anfall, so nahm man ihn aus der Wiege und schüttelte ihn ordentlich, bis sein Angesicht bläulich wurde und der Atem ihm beinah verging. Dann erholte er sich langsam. Man legte gebrühten Tee (in mehreren Säckchen) auf seine magere Brust und wickelte Huflattich um seinen dünnen Hals. »Macht nichts«, sagte sein Vater, »es kommt vom Wachsen!« »Söhne geraten nach den Brüdern der Mutter. Mein Bruder hat es fünf Jahre gehabt!« sagte die Mutter. »Man wächst sich aus!« sprachen die andern. Bis eines Tages die Pocken in der Stadt ausbrachen, die Behörden Impfungen vorschrieben und die Ärzte in die Häuser der Juden drangen. Manche verbargen sich. Mendel Singer aber, der Gerechte, floh vor keiner Strafe Gottes. Auch der Impfung sah er getrost entgegen.

Es war an einem heißen, sonnigen Vormittag, an dem die Kommission durch Mendels Gasse kam. Das letzte in der Reihe der jüdischen Häuser war Mendels Haus. Mit einem Polizisten, der ein großes Buch im Arm trug, ging der Doktor Soltysiuk mit wehendem, blondem Schnurrbart im braunen Angesicht, einen goldgeränderten Kneifer auf der geröteten Nase, mit breiten Schritten, in knarrend gelben Ledergamaschen und den Rock, der Hitze wegen, über die blaue Rubaschka lässig gehängt, daß die Ärmel wie noch ein paar Arme aussahen, die ebenfalls bereit schienen, Impfungen vorzunehmen: also kam der Doktor Soltysiuk in die Gasse der Juden. Ihm entgegen scholl das Wehklagen der Frauen und das Heulen der Kinder, die sich nicht hatten verbergen können. Der Polizist holte Frauen und Kinder aus tiefen Kellern und von hohen Dachböden, aus kleinen Kämmerchen und großen Strohkörben. Die Sonne brütete, der Doktor schwitzte. Nicht weniger als hundertsechsundsiebzig Juden hatte er zu impfen. Für jeden Geflohenen und Unerreichbaren dankte er Gott im stillen. Als er zum vierten der kleinen, blaugetünchten Häuschen gelangt war, gab er dem Polizisten einen Wink, nicht mehr eifrig zu suchen. Immer stärker schwoll das Geschrei, je weiter der Doktor ging. Es wehte vor seinen Schritten einher. Das Geheul derjenigen, die sich noch fürchteten, verband sich mit dem Fluchen der bereits Geimpften. Müde und vollends verwirrt ließ er sich in Mendels Stube mit einem schweren Stöhnen auf die Bank nieder und verlangte ein Glas Wasser. Sein Blick fiel auf den kleinen Menuchim, er hob den Krüppel hoch und sagte: »Er wird ein Epileptiker.« Angst goß er in des Vaters Herz. »Alle Kinder haben Fraisen«, wandte die Mutter ein. »Das ist es nicht«, bestimmte der Doktor. »Aber ich könnte ihn vielleicht gesund machen. Es ist Leben in seinen Augen.«

Gleich wollte er den Kleinen ins Krankenhaus mitnehmen. Schon war Deborah bereit. »Man wird ihn umsonst gesund machen«, sagte sie. Mendel aber erwiderte: »Sei still, Deborah! Gesund machen kann ihn kein Doktor, wenn Gott nicht will. Soll er unter russischen Kindern aufwachsen? Kein heiliges Wort hören? Milch und Fleisch essen und Hühner auf Butter gebraten, wie man sie im Spital bekommt? Wir sind arm, aber Menuchims Seele verkauf' ich nicht, nur weil seine Heilung umsonst sein kann. Man wird nicht geheilt in fremden Spitälern.« Wie ein Held hielt Mendel seinen dürren, weißen Arm zum Impfen hin. Menuchim aber gab er nicht fort. Er beschloß, Gottes Hilfe für seinen Jüngsten zu erflehen und zweimal in der Woche zu fasten, Montag und Donnerstag. Deborah nahm sich vor, auf den Friedhof zu pilgern und die Gebeine der Ahnen anzurufen um ihre Fürsprache beim Allmächtigen. Also würde Menuchim gesund werden und kein Epileptiker.

Dennoch hing seit der Stunde der Impfung über dem Haus Mendel Singers die Furcht wie ein Ungetüm, und der Kummer durchzog die Herzen wie ein dauernder heißer und stechender Wind. Deborah durfte seufzen, und ihr Mann wies sie nicht zurecht. Länger als sonst hielt sie ihr Angesicht in den Händen vergraben, wenn sie betete, als schüfe sie sich eigene Nächte, die Furcht in ihnen zu begraben, und eigene Finsternisse, um zugleich die Gnade in ihnen zu finden. Denn sie glaubte, wie es geschrieben stand, daß Gottes Licht in den Dämmernissen aufleuchte und seine Güte das Schwarze erhelle. Menuchims Anfälle aber hörten nicht auf. Die älteren Kinder wuchsen und wuchsen, ihre Gesundheit lärmte wie ein Feind Menuchims, des Kranken, böse in den Ohren der Mutter. Es war, als bezögen die gesunden Kinder Kraft von dem Siechen, und Deborah haßte ihr Geschrei, ihre roten Wangen, ihre geraden Gliedmaßen. Sie pilgerte zum Friedhof durch Regen und Sonne. Sie schlug mit dem Kopf gegen die moosigen Sandsteine, die aus den Gebeinen ihrer Väter und Mütter wuchsen. Sie beschwor die Toten, deren stumme, tröstende Antworten sie zu hören vermeinte. Auf dem Heimweg zitterte sie vor Hoffnung, ihren Sohn gesund wiederzufinden. Sie versäumte den Dienst am Herd, die Suppe lief über, die tönernen Töpfe zerbrachen, die Kasserollen verrosteten, die grünlich schimmernden Gläser zersprangen mit hartem Knall, der Zylinder der Petroleumlampe verfinsterte sich rußig, der Docht verkohlte kümmerlich zu einem Zäpfchen, der Schmutz vieler Sohlen und vieler Wochen überlagerte die Dielen des Bodens, das Schmalz im Topfe zerrann, die Knöpfe fielen dürr von den Hemden der Kinder wie Laub vor dem Winter.

Eines Tages, eine Woche vor den hohen Feiertagen (aus dem Sommer war Regen geworden, und aus dem Regen wollte Schnee werden), packte Deborah den Korb mit ihrem Sohn, legte wollene Decken über ihn, stellte ihn auf die Fuhre des Kutschers Sameschkin und reiste nach Kluczýsk, wo der Rabbi wohnte. Das Sitzbrett lag locker auf dem Stroh und rutschte bei jeder Bewegung des Wagens. Lediglich mit dem Gewicht ihres Körpers hielt Deborah es nieder, lebendig war es, hüpfen wollte es. Die schmale, gewundene Straße bedeckte der silbergraue Schlamm, in dem die hohen Stiefel der Vorüberkommenden versanken und die halben Räder der Fuhre. Der Regen verhüllte die Felder, zerstäubte den Rauch über den vereinzelten Hütten, zermahlte mit unendlicher, feiner Geduld alles Feste, auf das er traf, den Kalkstein, der hier und dort wie weißer Zahn aus der schwarzen Erde wuchs, die zersägten Stämme an den Rändern der Straße, die aufeinandergeschichteten, duftenden Bretter vor dem Eingang zur Sägemühle, auch das Kopftuch Deborahs und die wollenen Decken, unter denen Menuchim begraben lag. Kein Tröpfchen sollte ihn benetzen. Deborah berechnete, daß sie noch vier Stunden zu fahren hatte; hörte der Regen nicht auf, mußte sie vor der Herberge halten und die Decken trocknen, einen Tee trinken und die mitgenommenen, ebenfalls schon durchweichten Mohnbrezeln verzehren. Das konnte fünf Kopeken kosten, fünf Kopeken, mit denen man nicht leichtsinnig umgehen darf. Gott hatte ein Einsehen, es hörte zu regnen auf. Über hastigen Wolkenfetzen bleichte eine zerronnene Sonne, eine Stunde kaum; in einem neuen, tieferen Dämmer versank sie endgültig.

Die schwarze Nacht lagerte in Kluczýsk, als Deborah ankam. Viele ratlose Menschen waren bereits gekommen, den Rabbi zu sehn. Kluczýsk bestand aus ein paar tausend niedrigen, stroh- und schindelgedeckten Häusern, einem kilometerweiten Marktplatz, der wie ein trockener See war, umkränzt von Gebäuden. Die Fuhrwerke, die in ihm herumstanden, erinnerten an steckengebliebene Wracks; übrigens verloren sie sich, winzig und sinnlos, in der kreisrunden Weite. Die ausgespannten Pferde wieherten neben den

Fuhrwerken und traten mit müden, klatschenden Hufen den klebrigen Schlamm. Einzelne Männer irrten mit schwankenden, gelben Laternen durch die runde Nacht, eine vergessene Decke zu holen und ein klirrendes Geschirr mit Mundvorrat. Ringsum, in den tausend kleinen Häuschen, waren Ankömmlinge untergebracht. Sie schliefen auf Pritschen neben den Betten der Einheimischen, die Siechen, die Krummen, die Lahmen, die Wahnsinnigen, die Idiotischen, die Herzschwachen, die Zuckerkranken, die den Krebs im Leibe trugen, deren Augen mit Trachom verseucht waren, Frauen mit unfruchtbarem Schoß, Mütter mit mißgestalteten Kindern, Männer, denen Gefängnis oder Militärdienst drohte, Deserteure, die um eine geglückte Flucht baten, von Ärzten Aufgegebene, von der Menschheit Verstoßene, von der irdischen Gerechtigkeit Mißhandelte, Bekümmerte, Sehnsüchtige, Verhungernde und Satte, Betrüger und Ehrliche, alle, alle, alle ...

Deborah wohnte bei Kluczýsker Verwandten ihres Mannes. Sie schlief nicht. Die ganze Nacht kauerte sie neben dem Korb Menuchims in der Ecke, neben dem Herd; finster war das Zimmer, finster war ihr Herz. Sie wagte nicht mehr, Gott anzurufen, er schien ihr zu hoch, zu groß, zu weit, unendlich hinter unendlichen Himmeln, eine Leiter aus Millionen Gebeten hätte sie haben müssen, um einen Zipfel von Gott zu erreichen. Sie suchte nach toten Gönnern, rief die Eltern an, den Großvater Menuchims, nach dem der Kleine hieß, dann die Erzväter der Juden, Abraham, Isaak und Jakob, die Gebeine Mosis und zum Schluß die Erzmütter. Wo immer eine Fürsprach möglich war, schickte sie einen Seufzer vor. Sie pochte an hundert Gräber, an hundert Türen des Paradieses. Vor Angst, daß sie morgen den Rabbi nicht erreichen würde, weil zuviel Bittende da waren, betete sie zuerst um das Glück, rechtzeitig vordringen zu können, als wäre die Gesundung ihres

Sohnes dann schon ein Kinderspiel. Endlich sah sie durch die Ritzen der schwarzen Fensterläden ein paar fahle Streifen des Morgens. Schnell erhob sie sich. Sie zündete die trockenen Kienspäne an, die auf dem Herd lagen, suchte und fand einen Topf, holte den Samowar vom Tisch, warf die brennenden Späne hinein, schüttete Kohle nach, faßte das Gefäß an beiden Henkeln, bückte sich und blies hinein, daß die Funken herausstoben und um ihr Angesicht knisterten. Es war, als handelte sie nach einem geheimnisvollen Ritus. Bald siedete das Wasser, bald kochte der Tee, die Familie erhob sich, sie setzten sich vor irdene, braune Geschirre und tranken. Da hob Deborah ihren Sohn aus dem Korb. Er winselte. Sie küßte ihn schnell und viele Male, mit einer rasenden Zärtlichkeit, ihre feuchten Lippen knallten auf das graue Angesicht, die dürren Händchen, die krummen Schenkel, den aufgedunsenen Bauch des Kleinen, es war, als schlüge sie das Kind mit ihrem liebenden mütterlichen Mund. Hierauf packte sie ihn ein, schnürte einen Strick um das Paket und hängte sich ihren Sohn um den Hals, damit ihre Hände frei würden. Platz wollte sie sich schaffen im Gedränge vor der Tür des Rabbi.

Mit scharfem Heulen stürzte sie sich in die Menge der Wartenden, mit grausamen Fäusten drängte sie Schwache auseinander, niemand konnte sie aufhalten. Wer immer, von ihrer Hand getroffen und weggerückt, sich nach ihr umsah, um sie zurückzuweisen, war geblendet von dem brennenden Schmerz in ihrem Angesicht, ihrem offenen roten Mund, aus dem ein sengender Hauch zu strömen schien, von dem kristallenen Leuchten der großen, rollenden Tränen, von den Wangen, die in hellroten Flammen standen, von den dicken blauen Adern am gereckten Hals, in denen sich die Schreie sammelten, ehe sie ausbrachen. Wie eine Fackel wehte Deborah einher. Mit einem einzigen grellen Schrei, hinter dem die grauenhafte Stille einer ganzen gestorbenen Welt einstürzte, fiel Deborah vor der endlich erreichten Tür des Rabbi nieder, die Klinke in der gereckten Rechten. Mit der Linken trommelte sie gegen das braune Holz. Menuchim schleifte vor ihr her am Boden.

Jemand machte die Tür auf. Der Rabbi stand am Fenster, er kehrte ihr den Rücken, ein schwarzer, schmaler Strich. Plötzlich wandte er sich um. Sie blieb an der Schwelle, auf beiden Armen bot sie ihren Sohn dar, wie man ein Opfer bringt. Sie erhaschte einen Schimmer von dem bleichen Angesicht des Mannes, das eins zu sein schien mit seinem weißen Bart. Sie hatte sich vorgenommen, in die Augen des Heiligen zu sehen, um sich zu überzeugen, daß wirklich in ihnen die mächtige Güte lebe. Aber nun sie hier stand, lag ein See von Tränen vor ihrem Blick, und sie sah den Mann hinter einer weißen Welle aus Wasser und Salz. Er hob die Hand, zwei dürre Finger glaubte sie zu erkennen, Instrumente des Segens. Aber ganz nah hörte sie die Stimme des Rabbi, obwohl er nur flüsterte:

»Menuchim, Mendels Sohn, wird gesund werden. Seinesgleichen wird es nicht viele geben in Israel. Der Schmerz wird ihn weise machen, die Häßlichkeit gütig, die Bitternis milde und die Krankheit stark. Seine Augen werden weit sein und tief, seine Ohren hell und voll Widerhall. Sein Mund wird schweigen, aber wenn er die Lippen auftun wird, werden sie Gutes künden. Hab keine Furcht, und geh nach Haus!«

»Wann, wann, wann wird er gesund werden?« flüsterte Deborah.

»Nach langen Jahren«, sagte der Rabbi, »aber frage mich nicht weiter, ich habe keine Zeit, und ich weiß nicht mehr. Verlaß deinen Sohn nicht, auch wenn er dir eine große Last ist, gib ihn nicht weg von dir, er kommt aus dir, wie ein gesundes Kind. Und geh!« …

Draußen machte man ihr Platz. Ihre Wangen waren blaß, ihre Augen trocken, ihre Lippen leicht geöffnet, als atmeten sie lauter Hoffnung. Gnade im Herzen, kehrte sie heim.

Eine weitere Erinnerung an seine Kindheit findet sich in dem kurzen Text »Beim Uhrmacher«, abgedruckt in der »Frankfurter Zeitung« vom 21.6.1931. Roth war ein Uhrenliebhaber und Uhrensammler. Manchmal soll er sich sogar darangemacht haben, eine Uhr in alle ihre Teile zu zerlegen, um sie dann wieder präzisest zusammenzubauen.

In der kleinen Stadt, in der ich einen Teil meiner Kindheit verbrachte, gab es einen einzigen Uhrmacher; wenigstens erinnere ich mich nicht, mehr als einen in jener Zeit gekannt zu haben. Damals war mir noch das Zifferblatt einer Uhr ein rundes und ein wenig unheimliches Rätsel, ein Gegenstand für die Großen, mit dem sie die Zeit maßen, ihre Zeit, die nicht die meine war. Vor mir lag noch die Zeit wie ein uferloses Meer. Dieses, mein Zeitmeer, schien überhaupt nicht gemessen werden zu können. Und die Uhren, denen mein Blick begegnete, hingen gewöhnlich unerreichbar hoch oder lagen in den Taschen der Großen; Geheimnis umgab sie, zerbrechlich waren sie, man durfte sie nicht in der Hand halten, man konnte nicht mit ihnen spielen, sie waren »nicht für Kinder« – – mit Recht nicht für Kinder. Sie tickten, sie räusperten sich, sie schlugen. Sie maßen mit Zeiger, Schlagwerken, Glocken den erwachsenen Menschen ihre lange Zeit zu. Manchmal hielt einer von den Großen, einer bewährten Überlieferung zufolge, seine glänzende Taschenuhr vor meine Augen, legte sie an mein Ohr, ohne sie aus der Hand zu lassen, und die bange Ahnung im Herzen, ich könnte nach ihr fassen und sie zerbrechen. Er hielt das Spiel auch nicht allzulange durch. Nach einigen kurzen Sekunden barg er sie bereits wieder in der Westentasche, und über seinen Bauch bis zu deren Schlitz zog sich lediglich die verführerische metallene Spur der Kette, ein sanfter, glitzernder Bach, der einem Knopfloch entsprang und in den runden, verborgenen Uhrsee mündete. Es sei halb drei, sagten die Großen, oder auch zwölf ein Viertel – und alles war gleichgültig. Meine Zeit hatte noch keine Stunden. Aber wie oft hätte ich gewünscht, auch ich könnte den Zeigern und den Zifferblättern ihre Verkündigungen ablauschen und sie so wichtig nehmen wie die Großen! Ja, ich ahnte vielleicht wohl auch irgendeinen Zusammenhang zwischen ihrer ständigen Bereitschaft, die Zeit zu erfahren, und dem blassen Schrecken, mit dem sie von Krankheit, Tod und Toten sprachen. Sie verstummten dann, sobald ich aufzuhorchen begann, man verbarg den Tod vor mir wie die Uhren, und Leichenbegräbnis zu spielen, verbot mir meine Mutter. Deshalb blieb auch der kleine Friedhof, an dessen Mauer ich oft vorübergeführt wurde und auf dem, wie ich wußte, ein Großonkel begraben war, ein geheim ersehntes Ziel, das ich mir vornahm, einmal zu erreichen. Ein fremder, kühler Schauer durchströmte mich. Es war der Schauer der Neugier und der Ahnung. Und es gab in der Stadt nur noch *einen* Ort, an dem ich von einer ähnlichen unnennbaren, unerklärlichen Ahnung gestreift wurde und den ich manchmal betreten durfte: Es war der Laden des Uhrmachers.

Obwohl er – ich erinnere mich – jung und blond war, machte er mir doch immer den Eindruck, ein Alter zu sein, älter jedenfalls als die Männer, die ich näher kannte und die so jung waren wie er. Es war, als hätte er nicht eine einzige, sondern viele Zeiten zu leben, den zahlreichen Uhren zufolge, von denen er umgeben war – und vielleicht auch infolge der Dunkelheit, die ständig in seinem tiefen, schmalen Laden herrschte. Eine Finsternis war es geradezu – und welch eine beredte! Tausend Stimmen schien sie zu bergen: Es tickte aus ihr, es wisperte, alle Uhren gingen – und wenn die Stunden kamen, begann ein verworrenes und verwirrendes Glockenspiel wie von vielen Türmen vieler Städte, die alle in diesem einen schmalen Laden eingefangen und eingesperrt waren. Und obwohl die Glocken ja gerade die Zeugen der Gegenwart waren und keine andere Zeit kündeten wie die Gegenwart, war es dennoch (vielleicht weil sie aus der Mitte der Finsternis ertönten), als zählten sie nicht die fließenden, sondern die längst abgelaufenen Stunden aus verwehten Jahrhunderten. Und wenn der Uhrmacher seine zylinderförmige schwarze Lupe vor das Auge klemmte, um die Uhr zu untersuchen, die mein Begleiter gebracht hatte, war es mir, als sähe er durch ein schwarzumrandetes Loch in eine ferne Vergangenheit, in die Gräber vielleicht, die sich auf dem Friedhof befanden.

Ich weiß auch heute nicht genau, warum es so war. Aber immer, heute noch, wenn ich auf den hurtigen Kreislauf des Sekundenzeigers meiner Uhr sehe, merke ich mit kindischer Erschütterung jene unbestimmbare, längst geahnte Beziehung zwischen der Schnelligkeit der Zeit und der Promptheit des Todes. Und der längst erfüllte Wunsch meiner Jugend, die Zeit messen zu können, weicht einem neuen, nicht mehr von ihr zu wissen. Ist es schon die Wiederkehr jenes alten Heimwehs nach dem Friedhof? Ein müßiges metaphysisches Spiel aus müßigem Anlaß? Ich weiß es nicht. Ich weiß nur, daß die Holzwürmer genauso ticken wie die Uhren – und daß Holzwürmer in Särgen wohnen.

In seinem Essay »Juden auf Wanderschaft« aus dem Jahre 1927 beschreibt Roth ein jüdisches Städtchen, und man darf sicherlich annehmen, daß er dabei an seinen Geburtsort Brody gedacht hat.

Die kleine Stadt liegt mitten im Flachland, von keinem Berg, von keinem Wald, keinem Fluß begrenzt. Sie läuft in die Ebene aus. Sie fängt mit kleinen Hütten an und hört mit ihnen auf. Die Häuser lösen die Hütten ab. Da beginnen die Straßen. Eine läuft von Süden nach Norden, die andere von Osten nach Westen. Im Kreuzungspunkt liegt der Marktplatz. Am äußersten Ende der Nord-Süd-Straße liegt der Bahnhof. Einmal im Tag kommt ein Personenzug. Einmal im Tag fährt ein Personenzug ab. Dennoch haben viele Leute den ganzen Tag am Bahnhof zu tun. Denn sie sind Händler. Sie interessieren sich auch für Güterzüge. Außerdem tragen sie gern eilige Briefe zur Bahn, weil die Postkasten in der Stadt nur einmal täglich geleert werden. Den Weg zur Bahn legt man zu Fuß in 15 Minuten zurück. Wenn es regnet, muß man einen Wagen nehmen, weil die Straße schlecht geschottert ist und im Wasser steht. Die armen Leute tun sich zusammen und nehmen gemeinsam einen Wagen, in dem sechs Personen zwar nicht sitzen können, aber immerhin Platz finden. Der reiche Mann sitzt allein in einem Wagen und bezahlt für die Fahrt mehr als sechs Arme. Es gibt acht Droschken, die dem Verkehr dienen. Sechs sind Einspänner. Die zwei Zweispänner sind für vornehme Gäste, die manchmal durch einen Zufall in diese Stadt geraten. Die acht Droschkenkutscher sind Juden. Es sind fromme Juden, die ihre Bärte nicht schneiden lassen; aber keine allzu langen Röcke tragen wie ihre Glaubensgenossen. Ihren Beruf können sie in kurzen Joppen besser ausüben. Am Sabbat fahren sie nicht. Am Sabbat hat auch niemand etwas bei der Bahn zu suchen. Die Stadt hat 18000 Einwohner, von denen 15000 Juden sind. Unter den 3000 Christen sind etwa 100 Händler und Kaufleute, ferner 100 Beamte, einer Notar, einer Bezirksarzt und acht Polizisten. Es gibt zwar zehn Polizisten. Aber von diesen sind merkwürdigerweise zwei Juden. Was die andern Christen machen, weiß ich nicht genau. Von den 15000 Juden leben 8000 vom Handel. Sie sind kleine Krämer, größere Krämer und große Krämer.

Die anderen 7000 Juden sind kleine Handwerker, Arbeiter, Wasserträger, Gelehrte, Kultusbeamte, Synagogendiener, Lehrer, Schreiber, Thoraschreiber, Tallesweber, Ärzte, Advokaten, Beamte, Bettler und verschämte Arme, die von der öffentlichen Wohltätigkeit leben, Totengräber, Beschneider und Grabsteinhauer.

Die Stadt hat zwei Kirchen, eine Synagoge und etwa 40 kleine Bethäuser. Die Juden beten täglich dreimal. Sie müßten sechsmal den Weg zur Synagoge und nach Hause oder in den Laden zurücklegen, wenn sie nicht so viele Bethäuser hätten, in denen man übrigens nicht nur betet, sondern auch jüdische Wissenschaft lernt. Es gibt jüdische Gelehrte, die von fünf Uhr früh bis zwölf Uhr nachts im Bethaus studieren, wie europäische Gelehrte etwa in einer Bibliothek. Nur am Sabbat und an Feiertagen kommen sie zu den Mahlzeiten heim. Sie leben, wenn sie nicht Vermögen oder Gönner haben, von kleinen Gaben der Gemeinde und gelegentlichen frommen Arbeiten wie zum Beispiel: Vorbeten oder Unterricht oder Schofarblasen an hohen Feiertagen. Ihre Familie, das Haus, die Kinder versorgen die Frauen, die einen kleinen Handel mit Kukuruz im Sommer, mit Naphtha im Winter, mit Essiggurken und Bohnen und Backwerken betreiben.

Die Händler und die andern im Leben stehenden Juden beten sehr schnell und haben noch hie und da Zeit, Neuigkeiten zu besprechen und die Politik der großen Welt und die Politik der kleinen. Sie rauchen Zigaretten und schlechten Pfeifentabak im Bethaus. Sie benehmen sich wie in einem Kasino. Sie sind bei Gott nicht seltene Gäste, sondern zu Hause. Sie statten ihm nicht einen Staatsbesuch ab, sondern versammeln sich täglich dreimal an seinen reichen, armen, heiligen Tischen. Im Gebet empören sie sich gegen ihn, schreien zum Himmel, klagen über seine Strenge und führen bei Gott Prozeß gegen Gott, um dann einzugestehn, daß sie gesündigt haben, daß alle Strafen gerecht waren und daß sie besser sein wollen. Es gibt kein Volk, das dieses Verhältnis zu Gott hätte. Es ist ein altes Volk, und es kennt ihn schon lange! Es hat seine große Güte erlebt und seine kalte Gerechtigkeit, es hat oft gesündigt und bitter gebüßt, und es weiß, daß es gestraft werden kann, aber niemals verlassen.

Nach dem Besuch der Grundschule, der Baron-Hirsch-Schule, 1901–1905 schließt Roth 1913 das Kronprinz-Rudolf-Gymnasium in Brody ab. Wie vielen, so ergeht es auch Joseph Roth: Er kann den Druck der Schulzeit und die Erinnerung daran nicht loswerden.

Aus dem Tagebuch des Schülers Joseph Roth

Meiner törichten Hoffnung, die mich von der ersten Schulstunde meines Lebens bis hart vor die des Abiturs begleitet hat, daß ich mit dem Reifezeugnis in der Hand endgültig den großen und kleinen, beschämenden und degradierenden Schikanen der Schule entronnen sein würde, widersprach die Wirklichkeit leider in einem niederschmetternden Ausmaß. Es soll heute, in den sogenannten modernen Schulen, anders zugehen. Ich kann nicht daran glauben. Vielmehr scheint es mir, daß der Hang, seine Minderwertigkeit als Überlegenheit zu demonstrieren, eine charakteristische, sehr natürliche, naturnotwendige Eigenschaft des mitteleuropäischen Menschen ist. Ja, die Tatsache allein, daß er irgend etwas erfahren hat, weckt in ihm primär nicht etwa die Lust, seine Erfahrung auszuprobieren, sondern die Ahnungslosigkeit des anderen, der es nicht erfahren hat. Wahrscheinlich ist sogar der sogenannte »Wissensdurst« der bildungshungrigen, braven Menschen der böse Trieb geborener Lehrernaturen, den anderen, den Schülernaturen, ihr Wissen mitzuteilen – – ein wenig entstellt und bedrohlich infolge der in Aussicht stehenden schlechten Zensuren. Was mich betrifft, so scheint es, daß ich nun endgültig dazu verurteilt bin, ein Schüler zu bleiben. Viele Leute belehren mich, manche prüfen mich, die meisten geben mir schlechte Noten. Viel tückischer, als das Verfahren meiner Lehrer in der Schule gewesen ist, ist das meiner Lehrer von heute. Sie stellen sich, als wären sie meine Freunde, meine Kameraden, meine Kollegen, meine Gleichgestellten. Sie sitzen, essen, sprechen mit mir an demselben Tisch. Aber ich weiß sehr wohl, daß sie ihren Katalog in der Tasche haben und daß sie ihn hervorziehen werden, sobald ich sie verlassen habe. Dort stehen wir alle, die Schüler, nach dem Alphabet verzeichnet. Sie blättern bis zum Buchstaben R und tragen unter meinem Namen mit heimlicher Wollust eine große Vier ein. Später, wenn ich die Schule des Lebens verlasse, werden sie mir ein Zeugnis aushändigen, das mich wahrscheinlich nicht berechtigen wird, die Nachwelt zu betreten. Und obwohl es mich außerordentlich freuen würde, das Diesseits repetieren zu dürfen, wandere ich doch durch die Literatur mit dem schlechten Gewissen eines Schülers, dem die Lehrer nicht ganz mit Unrecht mißtrauen. Sie werden nicht verfehlen, mich beim Publikum, das eine Art Elternkonferenz ist, zu denunzieren. Vergeblich habe ich mich schon ein paarmal um ihre Gunst bemüht. Es scheint aber, daß sie an meinen sittlichsten Ernst nicht glauben. Sie halten mich für einen Spötter.

Ich wüßte gern, auf welche Weise man der Schule entrinnen könnte. Einigen ist es wirklich gelungen. Andere waren begabt genug, in den Rang von Musterschülern aufzurükken, sie werden nicht mehr geprüft. Geschieht es dennoch einmal und sie entsprechen nicht, so wird ihnen das meiste nachgesehen. Nicht so bei mir! Jedes Buch und jeder Aufsatz, die ich schreibe, liefere ich mit der alten, wohlvertrauten Ängstlichkeit ab, mit der ich vor zwanzig und mehr Jahren den gefahrvollen Weg meiner Schulhefte zu begleiten pflegte. Die Zensuren erscheinen dann in den Zeitungen und Zeitschriften, und ich nehme sie nicht ohne Beben in die Hand. Es gibt da ein paar ganz besonders strenge Lehrer, in unserer Schule heißen sie Kritiker. Manche sind zwar nicht ohne Humor, aber ihr Pflichtbewußtsein ist doch stärker entwickelt. Am meisten fürchte ich mich vor jenen, welche die Lehrfächer: Weltanschauung, Aktualität, Gesinnung und Weltveränderung unterrichten. Wenn ich nur ein Tausendstel von dem Ernst besäße, mit dem sie ihre Zensuren betrachten, könnte ich wahrscheinlich keine Zeile schreiben. Aber jede von meinen ungeschriebenen Zeilen würden sie mit einer Eins honorieren, und ich wäre ein für allemal von den schriftlichen Arbeiten befreit.

Am strengsten sind die Lehrer der Fächer: »Neue Zeit« und »Gegenwart«. Wenn ich hier ihre Namen aufzuschreiben nicht wage, so geschieht es keineswegs aus jenem Mangel an Zivilcourage, den man den erwachsenen, mitten im Leben stehenden Menschen mit Recht vorwerfen müßte; sondern vielmehr aus der begreiflichen und verzeihlichen Feigheit des Schülers, dem die Sympathien aller Großen gehören sollten. Im übrigen wäre es ja überflüssig, Namen zu nennen, die außerhalb unserer Anstalt der deutschen Literatur kein Mensch kennt. Eine ungehörige Bemerkung, die mir, wie ich fürchte, überhaupt jede Möglichkeit zu einem Aufstieg in die höhere Klasse nehmen wird. Denn die unnachsichtige Haltung meiner Lehrer ist nicht allein die Folge ihrer angeborenen Strenge und Sittlichkeit, sondern auch ihrer kurzsichtigen, ja wahnwitzigen Überzeugung, sie würden, weil sie sprechen, auch gehört und, weil sie schreiben, auch gelesen. Indessen aber scheint es, daß ich, obwohl nur ein Schüler, die geheimnisvolle Struktur unserer großen Schule besser verstehe und daß es kein leichtfertiger Irrtum von mir ist, zu glauben, daß die entscheidenden, weil zahlenden Menschen vor allem etwas von Börsenberichten halten und gar nichts von literarischen, mögen diese auch in der nächsten Nachbarschaft jener gedruckt werden. Und es ist, glaube ich, eine vergebliche Anstrengung unserer Lehrer, der Zeit zu sagen, was sie braucht, und der Welt, wodurch sie sich verändere. Die Welt hört sich nicht, und die Zeit wandelt sich nicht. Sie braust nur dahin. In dem Getöse, das sie dabei verursacht, gehen die Namen unserer Lehrer verloren und auch die Zensuren, die ich von ihnen bekomme. Diese Erwägung wäre jedem ernsten Schüler nur ein schwacher Trost. Aber einen Taugenichts wie mich befriedigt sie immerhin halbwegs ...

Die Literarische Welt, 11.7.1930

Nach dem Abitur immatrikuliert Roth sich an der Universität Lemberg.

Elf Jahre später, 1924, zieht es den Journalisten Roth in seine Heimat zurück, seine Eindrücke gibt er in der Artikelserie »Reise durch Galizien« wieder.

Daraus das Kapitel »Lemberg«.

Es ist eine große Vermessenheit, Städte beschreiben zu wollen. Städte haben viele Gesichter, viele Launen, tausend Richtungen, bunte Ziele, düstere Geheimnisse, heitere Geheimnisse. Städte verbergen viel und offenbaren viel, jede ist eine Einheit, jede eine Vielheit, jede hat mehr Zeit als ein Berichterstatter, als ein Mensch, als eine Gruppe, als eine Nation. Die Städte überleben Völker, denen sie ihre Existenz verdanken, und Sprachen, in denen ihre Baumeister sich verständigt haben. Geburt, Leben und Tod einer Stadt hängen von vielen Gesetzen ab, die man in kein Schema bringen kann, die keine Regel zulassen. Es sind Ausnahmegesetze.

Ich könnte Häuser beschreiben, Straßenzüge, Plätze, Kirchen, Fassaden, Portale, Parkanlagen, Familien, Baustile, Einwohnergruppen, Behörden und Denkmäler. Das ergäbe ebensowenig das Wesen einer Stadt, wie die Angabe einer bestimmten Anzahl von Celsiusgraden die Temperatur eines Landstriches vorstellbar macht. (In Berlin friert man schon bei plus 15 Grad Celsius.) Man müßte die Fähigkeit haben, die Farbe, den Duft, die Dichtigkeit, die Freundlichkeit der Luft mit Worten auszudrücken; das, was man aus Mangel einer treffenden Bezeichnung mit dem wissenschaftlichen Begriff »Atmosphäre« ausdrücken muß. Es gibt Städte, in denen es nach Sauerkraut riecht. Dagegen hilft kein Barock. Ich kam an einem Sonntagabend in eine kleine ostgalizische Stadt. Sie hatte eine Hauptstraße mit ganz gleichgültigen Häusern. Jüdische Händler wohnen in dieser Stadt, ruthenische Handwerker und polnische Beamte. Der Bürgersteig ist holprig, der Fahrdamm wie die Nachbildung einer Gebirgskette. Die Kanalisation ist mangelhaft. In den kleinen Seitengassen trocknet Wäsche, rot gestreift und blau kariert. Hier müßte es doch nach Zwiebeln duften, verstaubter Häuslichkeit und altem Moder?

Nein! In der Hauptstraße dieser Stadt entwickelte sich der obligate Korso. Die Kleidung der Männer von einer selbstverständlichen, sachlichen Eleganz. Die jungen Mädchen schwärmten aus wie Schwalben, mit hurtiger, zielsicherer Anmut. Ein heiterer Bettler bat mit vornehmem Bedauern um ein Almosen – und es tat ihm leid, daß er gezwungen war, mich zu belästigen. Man hörte Russisch, Polnisch, Rumänisch, Deutsch und Jiddisch. Es war wie eine kleine Filiale der großen Welt. Dennoch gibt es in dieser Stadt kein Museum, kein Theater, keine Zeitung. Aber dafür eine jener »Talmud-Thora-Schulen«, aus denen europäische Gelehrte, Schriftsteller, Religionsphilosophen hervorgehen; und Mystiker, Rabbiner, Warenhausbesitzer.

In dieser Stadt lernte ich zufällig einen Gymnasiallehrer kennen. Er sagte: »Sie sind aus Deutschland? Erklären Sie mir, was aus der Entdeckung des Professors geworden ist, der Gold aus Quecksilber gewinnt. Was bleibt dann noch? Was ist *außerdem* im Quecksilber enthalten? Ich muß fortwährend darüber nachdenken. Sie müssen wissen, daß ich sehr viel Zeit habe. Wenn ich soviel Geld hätte, ich würde nach Deutschland fahren und mich informieren. Es läßt mir keine Ruhe!« So sprach der Mann. Er wird wieder zwei Jahre warten, bis jemand aus Deutschland kommt.

Solche Menschen gedeihen in kleinen ostgalizischen Städten. In den größeren würden sie wahrscheinlich auch gedeihen. Aber es gibt keine größeren. In Ostgalizien gibt es nur eine: die Stadt *Lemberg*.

In diese Stadt bin ich zweimal gewissermaßen als ein Sieger eingezogen, und das war nicht ganz ungefährlich. Lange Zeit war sie eine »Etappe«, Sitz eines österreichischen Armeekommandos, einer deutschen Feldzeitung, vieler Militärämter, einer k. u. k. Personalsammelstelle, einer »Offiziersmenage«. Es gab eine Militärpolizei, eine »Kundschafter- und Nachrichtenstelle«, ein österreichisches und ein deutsches Bahnhofskommando, Krankenhäuser, Epidemien und Kriegsberichterstatter. Hier hauste der Krieg, hier hausten seine Begleiterscheinungen, die schlimmer, weil sie dauerhafter waren. Um diese Stadt kämpften nach dem Zusammenbruch Polen und Ruthenen, und hier ereignete sich der Novemberpogrom. Und heute noch sieht *Lemberg* wie eine Etappe aus.

Die Hauptstraße hieß einmal »Karl-Ludwig-Straße«, aus Loyalität gegenüber dem Herrscherhause. Heute heißt sie die »Straße der Legionen«. Es sind die polnischen Legionen gemeint. Hier war einmal der Korso der österreichischen Offiziere. Heute spazieren die polnischen Offiziere. Hier hörte man immer Deutsch, Polnisch, Ruthenisch.

Man spricht heute Polnisch, Deutsch und Ruthenisch. In der Nähe des Theaters, das am unteren Ende die Straße abgrenzt, sprechen die Menschen Jiddisch. Immer sprachen sie so in dieser Gegend. Sie werden wahrscheinlich niemals anders reden.

Gegen diese Vielsprachigkeit wehrt sich das neugestärkte, durch die jüngste Entwicklung der Geschichte gewissermaßen bestätigte polnische Nationalbewußtsein – mit Unrecht. Junge und kleine Nationen sind empfindlich. Große sind es manchmal auch. Nationale und sprachliche Einheitlichkeit kann eine Stärke sein, nationale und sprachliche Vielfältigkeit ist es immer. In diesem Sinn ist Lemberg eine Bereicherung des polnischen Staates. Es ist ein bunter Fleck im Osten Europas, dort, wo es noch lange nicht anfängt, bunt zu werden. Die Stadt ist ein bunter Fleck: rot-weiß, blau-gelb und ein bißchen schwarz-gelb. Ich wüßte nicht, wem das schaden könnte.

Diese Buntheit schreit nicht, blendet nicht, macht kein Aufsehen, ist nicht um ihrer selbst willen da, wie die Buntheit balkanisch-orientalischer Städte, wie die Budapester zum Beispiel, das balkanischer ist als der Balkan. Die polyglotte Farbigkeit der Stadt Lemberg ist wie am frühen Morgen noch im Halbschlummer, schon in halber Wachheit. Es ist wie die erste Jugend einer Buntheit. Junge Bäuerinnen mit Körben fahren im Bauernwagen durch die Hauptstraße, Heu duftet. Ein Drehorgelmann spielt ein Volkslied. Stroh und Häcksel sind über den Fahrdamm gestreut. Die Damen, die in die Konditorei gehen, tragen die letzten Toiletten aus Paris, Kleider, die bereits den Anspruch erheben, »Schöpfungen« zu sein. In den Seitenstraßen staubt man Teppiche.

Adam *Mickiewicz*, der große polnische Dichter, steht in der Straßenmitte. Kaftanjuden patrouillieren zu seinen Füßen, die Wachtposten des Handels. Ein Mann mit einem Sack über der rechten Schulter schreit »Handele!« mit melodischer Weinerlichkeit. Das hindert keinen einzigen der schlanken, sehr kriegerischen Kavallerieoffiziere, mit seinem großen, gebogenen Säbel zu scheppern, mit den musikalischen Sporen zu klirren. Er klirrt, scheppert, schreitet mit anmutiger Männlichkeit in einer kleinen Wolke aus Kriegsmusik dahin und ist dennoch ein friedlicher Mensch – und als hätte er keinen gewaltigen Schleppsäbel, sondern nur einen Regenschirm, so zwängt er sich durch die dichtgeballten Gruppen der Händler, welche die Politik der Welt besprechen und einen Handel abschließen und beides gleichzeitig. So demokratisch ist hier das Militär. Ich sah einen Oberleutnant mit vielen Kriegsauszeichnungen und bunten Bändchen an der Brust. In der Hand trug er ein Glas »Eingemachtes«. Seiner Frau hielt er den Marktkorb. Dieser Kopfsprung ins Ewig-Menschliche, ins Private, ins Häusliche versöhnt mit den kriegerischen Wolken aus Sporenklang und Ordensglanz. In anderen Städten trägt ein »Bursche«, drei Schritte hinter den Herrschaften Oberleutnants, das Eingemachte. Manchmal ist es gut zu sehen, daß ein Oberleutnant ein Mensch ist.

Die Stadt demokratisiert, vereinfacht, vermenschlicht, und es scheint, daß diese Eigenschaften mit ihren kosmopolitischen Neigungen zusammenhängt. Die Tendenz ins Weite ist immer gleichzeitig ein Wille zur selbstverständlichen Sachlichkeit. Man kann nicht feierlich sein, wenn man *vielfältig* ist. Sakrales selbst wird hier populär. Die großen alten Kirchen treten aus der Reserve ihres heiligen Zwecks und mischen sich unter das Volk. Und das Volk ist gläubig. Neben der großen Synagoge blüht der jüdische Straßenhandel. An ihren Mauern lehnen die Händler. Vor den Kirchenportalen hocken die Bettler. Wenn der liebe Gott nach Lemberg käme, er ginge zu Fuß durch die »Straße der Legionen«.

Straßen, Plätze, Häuser, die vornehm zu sein die Bestimmung und die Pflicht haben, Schlösser hinter Gittern, öffentliche Gebäude, zu denen man auf Stiegen emporschreitet – alle sind populär. Die strenge Form lockert sich volkstümlich. Die Milderung der strengen Form artet auch in Unordnung aus, in zerstörende Langsamkeit, selbstmörderische Verwirrung. Die Gesetze sind zahlreich. Ihre Übertretung oberstes Gesetz, wenn auch ungeschriebenes. Der alte »österreichische Schlendrian« findet eine adäquate Fortsetzung in der Lässigkeit, die slawisch ist und eine Begleiterin der Melancholie.

Es gibt ein Literaten-Café, »Roma« heißt es. Gute Bürger besuchen es. Auch hier verwischen sich die Grenzen zwischen Seßhaftigkeit und Boheme. Der Sohn des bekannten Rechtsanwalts ist Stammgast, Regisseur, Literat. Am Nebentisch könnten seine Angehörigen sitzen. Alle Trennungsstriche sind mit schwacher, kaum sichtbarer Kreide gezogen. Es ist die Stadt der verwischten Grenzen. Der östlichste Ausläufer der alten kaiserlich und königlichen Welt. Hinter Lemberg beginnt Rußland, eine andere Welt. Das weit westlichere Krakau ist weniger österreichisch. Es blieb immer ein nationales Museum. Zwischen Wien und Lemberg ist heute noch, wie immer, der Radioaustausch der Kultur. Aber Bukarest ist noch dazugekommen. Der Umsturz hat nämlich alle galizischen Städte um einige Meilen nach Osten gerückt. Vielleicht zum Segen des Ostens …

Frankfurter Zeitung, 22.11.1924

In Lemberg studiert Roth aber nur ein Semester lang, bereits 1914 reist er in die Reichs-, Haupt- und Residenzstadt Wien, um sich an der Universität »Alma mater Rudolphina« für Germanistik einzuschreiben. Er mietet ein kleines Zimmer in der Leopoldstadt, dem 2. Bezirk, in dem die meisten Juden Wiens beheimatet waren.

Wien

1

Die Ostjuden, die nach Wien kommen, siedeln sich in der Leopoldstadt an, dem zweiten der zwanzig Bezirke. Sie sind dort in der Nähe des Praters und des Nordbahnhofs. Im Prater können Hausierer leben – von Ansichtskarten für die Fremden und vom Mitleid, das den Frohsinn überall zu begleiten pflegt. Am Nordbahnhof sind sie alle angekommen, durch seine Hallen weht noch das Aroma der Heimat, und es ist das offene Tor zum Rückweg.

Die Leopoldstadt ist ein freiwilliges Getto. Viele Brücken verbinden sie mit den andern Bezirken der Stadt. Über diese Brücken gehen tagsüber die Händler, Hausierer, Börsenmakler, Geschäftsmacher, also alle unproduktiven Elemente des eingewanderten Ostjudentums. Aber über dieselben Brücken gehen in den Morgenstunden auch die Nachkommen derselben unproduktiven Elemente, die Söhne und Töchter der Händler, die in den Fabriken, Büros, Banken, Redaktionen und Werkstätten arbeiten.

Die Söhne und Töchter der Ostjuden sind produktiv. Mögen die Eltern schachern und hausieren. Die Jungen sind die begabtesten Anwälte, Mediziner, Bankbeamten, Journalisten, Schauspieler.

Die Leopoldstadt ist ein armer Bezirk. Es gibt kleine Wohnungen, in denen sechsköpfige Familien wohnen. Es gibt kleine Herbergen, in denen fünfzig, sechzig Leute auf dem Fußboden übernachten.

Im Prater schlafen die Obdachlosen. In der Nähe der Bahnhöfe wohnen die Ärmsten aller Arbeiter. Die Ostjuden leben nicht besser als die christlichen Bewohner dieses Stadtteils.

Sie haben viele Kinder, sie sind an Hygiene und Sauberkeit nicht gewöhnt, und sie sind gehaßt.

Niemand nimmt sich ihrer an. Ihre Vettern und Glaubensgenossen, die im ersten Bezirk in den Redaktionen sitzen, sind »schon« Wiener und wollen nicht mit Ostjuden verwandt sein oder gar verwechselt werden. Die Christlichsozialen und Deutschnationalen haben den Antisemitismus als wichtigen Programmpunkt. Die Sozialdemokraten fürchten den Ruf einer »jüdischen Partei«. Die Jüdischnationalen sind ziemlich machtlos. Außerdem ist die jüdischnationale Partei eine bürgerliche. Die große Masse der Ostjuden aber ist Proletariat.

Die Ostjuden sind auf die Unterstützung durch die bürgerlichen Wohlfahrtsorganisationen angewiesen. Man ist geneigt, die jüdische Barmherzigkeit höher einzuschätzen, als sie verdient. Die jüdische Wohltätigkeit ist ebenso eine unvollkommene Einrichtung wie jede andere. Die Wohltätigkeit befriedigt in erster Linie die Wohltäter. In einem jüdischen Wohlfahrtsbüro wird der Ostjude von seinen Glaubensgenossen und sogar von seinen Landsleuten oft nicht besser behandelt als von Christen. Es ist furchtbar schwer, ein Ostjude zu sein; es gibt kein schwereres Los als das eines fremden Ostjuden in Wien.

2

Wenn er den zweiten Bezirk betritt, grüßen ihn vertraute Gesichter. Grüßen sie ihn? Ach, er sieht sie nur. Die schon vor zehn Jahren hierhergekommen sind, lieben die Nachkommenden gar nicht. Noch einer ist angekommen. Noch einer will verdienen. Noch einer will leben.

Das Schlimmste: daß man ihn nicht umkommen lassen kann. Er ist kein Fremder. Er ist ein Jude und ein Landsmann.

Irgend jemand wird ihn aufnehmen. Ein anderer wird ihm ein kleines Kapital vorstrecken oder Kredit verschaffen. Ein dritter wird ihm eine »Tour« abtreten oder zusammenstellen. Der Neue wird ein Ratenhändler.

Der erste, schwerste Weg führt ihn ins Polizeibüro.

Hinter dem Schalter sitzt ein Mann, der die Juden im allgemeinen und die Ostjuden im besonderen nicht leiden mag.

Dieser Mann wird Dokumente verlangen. Unwahrscheinliche Dokumente. Niemals verlangt man von christlichen Einwanderern derlei Dokumente. Außerdem sind christliche Dokumente in Ordnung. Alle Christen haben verständliche, europäische Namen. Juden haben unverständliche und jüdische. Nicht genug daran: Sie haben zwei und drei durch ein *false* oder ein *recte* verbundene Familiennamen. Man weiß niemals, wie sie heißen. Ihre Eltern sind nur vom Rabbiner getraut worden. Diese Ehe hat keine gesetzliche Gültigkeit. Hieß der Mann Weinstock und die Frau Abramofsky, so hießen die Kinder dieser Ehe: Weinstock recte Abramofsky oder auch Abramofsky false Weinstock. Der Sohn wurde auf den jüdischen Vornamen Leib Nachman getauft. Weil dieser Name aber schwierig ist und einen aufreizenden Klang haben könnte, nennt sich der Sohn Leo. Er heißt also: Leib Nachman genannt Leo Abramofsky false Weinstock.

Solche Namen bereiten der Polizei Schwierigkeiten. Die Polizei liebt keine Schwierigkeiten. Wären es nur die Namen. Aber auch die Geburtsdaten stimmen nicht. Gewöhnlich sind die Papiere verbrannt. (In kleinen galizischen, litauischen und ukrainischen Orten hat es in den Standesämtern immer gebrannt.) Alle Papiere sind verloren. Die Staatsbürgerschaft ist nicht geklärt. Sie ist nach dem Krieg und der Ordnung von Versailles noch verwickelter geworden. Wie kam jener über die Grenze? Ohne Paß? Oder gar mit einem falschen? Dann heißt er also nicht so, wie er heißt, und obwohl er so viele Namen angibt, die selbst gestehen, daß sie falsch sind, sind sie auch wahrscheinlich noch objektiv falsch. Der Mann auf den Papieren, auf dem Meldezettel ist nicht identisch mit dem Mann, der soeben angekommen ist. Was kann man tun? Soll man ihn einsperren? Dann ist nicht der Richtige eingesperrt. Soll man ihn ausweisen? Dann ist ein Falscher ausgewiesen. Aber wenn man ihn zurückschickt, damit er neue Dokumente, anständige, mit zweifellosen Namen bringe, so ist jedenfalls nicht nur der Richtige zurückgeschickt, sondern eventuell aus einem Unrichtigen ein Richtiger gemacht worden.

Man schickt ihn also zurück, einmal, zweimal, dreimal. Bis der Jude gemerkt hat, daß ihm nichts anderes übrigbleibt, als falsche Daten anzugeben, damit sie wie ehrliche aussehen. Bei einem Namen zu bleiben, der vielleicht nicht sein eigener, aber doch ein zweifelloser, glaubwürdiger Namen ist. Die Polizei hat den Ostjuden auf die gute Idee gebracht, seine echten, wahren, aber verworrenen Verhältnisse durch erlogene, aber ordentliche zu kaschieren.

Und jeder wundert sich über die Fähigkeit der Juden, falsche Angaben zu machen. Niemand wundert sich über die naiven Forderungen der Polizei.

3

Man kann ein Hausierer oder ein Ratenhändler sein.

Ein Hausierer trägt Seife, Hosenträger, Gummiartikel, Hosenknöpfe, Bleistifte in einem Korb, den er um den Rükken umgeschnallt hat. Mit diesem kleinen Laden besucht man verschiedene Cafés und Gasthäuser. Aber es ist ratsam, sich vorher zu überlegen, ob man gut daran tut, hier und dort einzukehren.

Auch zu einem einigermaßen erfolgreichen Hausieren gehört eine jahrelange Erfahrung. Man geht am sichersten zu Piowati, um die Abendstunden, wenn die vermögenden

Leute koschere Würste mit Kren essen. Schon der Inhaber ist es dem jüdischen Ruf seiner Firma schuldig, einen armen Hausierer mit einer Suppe zu bewirten. Das ist nun auf jeden Fall ein Verdienst. Was die Gäste betrifft, so sind sie, wenn bereits gesättigt, sehr wohltätiger Stimmung. Bei niemandem hängt die Güte so innig mit der körperlichen Befriedigung zusammen wie beim jüdischen Kaufmann. Wenn er gegessen hat und wenn er gut gegessen hat, ist er sogar imstande, Hosenträger zu kaufen, obwohl er sie selbst in seinem Laden führt. Meist wird er gar nichts kaufen und ein Almosen geben.

Man darf natürlich nicht etwa als der sechste Hausierer zu Piowati kommen. Beim dritten hört die Güte auf. Ich kannte einen jüdischen Hausierer, der alle drei Stunden in denselben Piowati-Laden eintrat. Die Generationen der Esser wechseln alle drei Stunden. Saß noch ein Gast von der alten Generation, so mied der Hausierer dessen Tisch. Er wußte genau, wo das Herz aufhört und wo die Nerven beginnen.

In einem ganz bestimmten Stadium der Trunkenheit sind auch die Christen gutherzig. Man kann also am Sonntag in die kleinen Schenken und in die Cafés der Vororte eintreten, ohne Schlimmes zu befürchten. Man wird ein wenig gehänselt und beschimpft werden, aber so äußert sich eben die Gutmütigkeit. Besonders Witzige werden den Korb wegnehmen, verstecken und den Hausierer ein wenig zur Verzweiflung bringen. Er lasse sich nicht erschrecken! Es sind lauter Äußerungen des goldenen Wiener Herzens. Ein paar Ansichtskarten wird er schließlich verkaufen.

Alle seine Einnahmen reichen nicht aus, ihn selbst zu ernähren. Dennoch wird der Hausierer Frau, Töchter und Söhne zu erhalten wissen. Er wird seine Kinder in die Mittelschule schicken, wenn sie begabt sind, und Gott will, daß sie begabt sind. Der Sohn wird einmal ein berühmter

Rechtsanwalt sein, aber der Vater, der so lange hausieren mußte, wird weiter hausieren wollen. Manchmal fügt es sich, daß die Urenkel des Hausierers christlich-soziale Antisemiten sind. Es hat sich schon oft so gefügt.

4

Welch ein Unterschied zwischen einem Hausierer und einem Ratenhändler! Jener verkauft für bares Geld und dieser auf Ratenzahlung. Jener braucht eine kleine Tour und dieser eine große. Jener fährt nur mit der Vorortbahn und dieser auch mit der großen Eisenbahn. Aus jenem wird niemals ein Kaufmann, aus diesem vielleicht.

Der Ratenhändler ist nur in einer Zeit der festen Valuta möglich. Die große Inflation hat allen Ratenhändlern die traurige Existenz genommen. Sie sind Valutenhändler geworden. Auch einem Valutenhändler ging es nicht gut. Kaufte er rumänische Lei, so fielen sie an der Börse. Verkaufte er sie, fingen sie an zu steigen. Wenn der Dollar in Berlin hoch stand, die Mark in Wien ebenfalls, so fuhr der Valutenhändler nach Berlin Mark einkaufen. Er kam nach Wien zurück, um für die hohen Mark Dollar einzukaufen. Dann fuhr er mit den Dollars nach Berlin, um noch mehr Mark einzukaufen. Aber so schnell fährt keine Eisenbahn, wie eine Mark fällt. Ehe er nach Wien kam, hatte er schon die Hälfte. Der Valutenhändler hätte mit allen Börsen der Welt in telephonischer Verbindung stehen müssen, um wirklich zu verdienen. Er aber stand nur mit einer schwarzen Börse seines Aufenthaltsortes in Verbindung. Man hat die Schädlichkeit, aber auch die Informiertheit der schwarzen Börse gewaltig überschätzt. Noch schwärzer als die schwarze Börse war die offizielle, schneeweiße, in Unschuld prangende und von der Polizei geschützte. Die schwarze Börse war die schmutzige Konkurrenz einer schmutzigen Institution. Die

Valutenhändler waren die gescholtenen Konkurrenten der ehrenhaft genannten Banken. Nur die wenigsten kleinen Valutenhändler sind wirklich reich geworden.

Die meisten sind heute wieder, was sie gewesen sind: arme Ratenhändler.

5

Die Kunden des Ratenhändlers sind Leute, die kein Geld besitzen, aber ein Einkommen. Studenten, kleine Beamte, Arbeiter. Jede Woche kommt der Ratenhändler zu den Kunden einkassieren und neue Ware verkaufen. Da der Bedarf der kleinen Leute groß ist, kaufen sie verhältnismäßig viel. Da ihr Einkommen sehr gering ist, zahlen sie verhältnismäßig wenig. Der Ratenhändler weiß nicht, worüber er sich freuen soll: über den steigenden Absatz oder über den fallenden. Je mehr er verkauft, desto langsamer bekommt er sein Geld.

Soll er die Preise erhöhen? Dann gehen die Leute in das nächste Warenhaus, deren es jetzt in allen kleinen Städten einige gibt. Der Ratenhändler ist für sie billiger, weil er die Eisenbahn bezahlt, die sie sonst bezahlen müssen. Mit ihm kommt das Warenhaus zu den Kunden. Er ist bequemer.

Infolgedessen ist sein Leben unbequem. Wenn er die Eisenbahn ersparen will, muß er, schwer bepackt, zu Fuß gehen. Also geht er langsam. Dabei kommt er nicht überall zurecht. Er muß Sonntag bei allen sein, die ihm Geld schuldig sind. Der Lohn ist Sonnabend bezahlt worden, er ist also Montag nicht mehr vorhanden. Fährt der Ratenhändler aber Eisenbahn, so zahlt er auf jeden Fall, er kommt auch überall zurecht, aber sehr oft ist der Wochenlohn schon am Sonntag nicht mehr vorhanden.

So sind die jüdischen Schicksale.

6

Was kann ein Ostjude sonst werden? Ist er Arbeiter, so nimmt ihn keine Fabrik. Es gibt viele heimische Arbeitslose. Aber selbst wenn es sie nicht gäbe – man nimmt nicht einmal christliche Ausländer, geschweige denn jüdische.

Es gibt auch ostjüdische Handwerker. In der Leopoldstadt und in der Brigittenau leben viele ostjüdische Herrenschneider. Die Juden sind begabte Schneider. Aber es ist ein Unterschied, ob man ein Lokal, einen »Modesalon« im ersten Bezirk, in der Herrengasse hat oder eine Werkstatt in der Küche eines Hauses in der Kleinen Schiffgasse.

Wer kommt in die Kleine Schiffgasse? Wer nicht gezwungen ist hinzugehen, der geht lieber an ihr vorbei. In der Kleinen Schiffgasse riecht es nach Zwiebeln und Petroleum, nach Hering und Seife, nach Spülwasser und Hausrat, nach Benzin und Kochtöpfen, nach Schimmel und Delikatessen. Schmutzige Kinder spielen in der Kleinen Schiffgasse. Man staubt Teppiche an offenen Fenstern und lüftet Betten. Flaumfedern schwimmen in der Luft.

In so einer Gasse wohnt der jüdische kleine Schneider. Aber wäre es nur die Gasse! Seine Wohnung besteht aus einem Zimmer und einer Küche. Und nach den rätselhaften Gesetzen, nach denen Gott die Juden regiert, hat ein armer ostjüdischer Schneider sechs und mehr Kinder, aber nur selten einen Gehilfen. Die Nähmaschine rasselt, das Bügeleisen steht auf dem Nudelbrett, auf dem Ehebett nimmt er Maß. Wer sucht einen solchen Schneider auf?

Er »zehrt« nicht »am Mark der Eingeborenen«, der ostjüdische Schneider. Er lockt keinen Kunden dem christlichen Schneider weg. Er kann zuschneiden, seine Arbeit ist vorzüglich. Vielleicht wird er nach zwanzig Jahren einen Modesalon im ersten Bezirk, in der Herrengasse haben. Aber dann wird er ihn auch redlich verdient haben. Auch

Ostjuden sind keine Zauberer. Was sie erreichen, kostet Mühsal, Schweiß und Not.

7

Wenn ein Ostjude viel Glück und Geld hat, kann er unter Umständen eine »Konzession« erhalten und einen Laden aufmachen. Seine Kunden sind die kleinen, armen Leute des Viertels. Zum Beispiel der oben geschilderte Herrenschneider. Der zahlt nicht bar, er hat Kredit. Das sind die »Geschäfte« der Ostjuden.

Es gibt ostjüdische Intellektuelle. Lehrer, Schreiber und so weiter. Es gibt auch Almosenempfänger. Verschmähte Bettler. Straßenbettler. Musikanten. Zeitungsverkäufer. Sogar Stiefelputzer.

Und sogenannte »Lufthändler«. Händler mit »Luftware«. Die Ware liegt noch irgendwo in Ungarn auf einem Bahnhof. Sie liegt aber gar nicht auf dem ungarischen Bahnhof. Sie wird am Franz-Josephs-Kai gehandelt.

Es gibt ostjüdische Betrüger. Freilich: Betrüger! Aber es gibt auch westeuropäische Betrüger.

8

Die zwei großen Straßen der Leopoldstadt sind: die Taborstraße und die Praterstraße. Die Praterstraße ist beinahe herrschaftlich. Sie führt direkt ins Vergnügen. Juden und Christen bevölkern sie. Sie ist glatt, weit und hell. Sie hat viele Cafés.

Viele Cafés sind auch in der Taborstraße. Es sind jüdische Cafés. Ihre Besitzer sind meist jüdisch, ihre Gäste fast durchwegs. Die Juden gehen gerne ins Kaffeehaus, um Zeitung zu lesen, Tarock und Schach zu spielen und Geschäfte zu machen.

Juden sind gute Schachspieler. Sie haben auch christliche Partner. Ein guter christlicher Schachspieler kann kein Antisemit sein.

In den jüdischen Cafés gibt es stehende Gäste. Sie bilden im wahren Sinne des Wortes die »Laufkundschaft«. Sie sind Stammgäste, ohne Speise und Trank einzunehmen. Sie kommen achtzehnmal im Lauf eines Vormittags ins Lokal. Das Geschäft erfordert es.

Sie verursachen viel Geräusch. Sie sprechen eindringlich, laut und ungezwungen. Weil alle Besucher Menschen von Welt und guten Manieren sind, fällt niemand auf, obwohl er auffällig ist.

In einem echten jüdischen Kaffeehaus kann man den Kopf unter den Arm nehmen. Niemand kümmert sich darum.

9

Der Krieg hat viele ostjüdische Flüchtlinge nach Wien gebracht. Solange ihre Heimat besetzt war, gab man ihnen »Unterstützungen«. Man schickte ihnen nicht etwa das Geld nach Haus. Sie mußten in den kältesten Wintertagen, in den frühesten Nachtstunden anstehen. Alle: Greise, Kranke, Frauen, Kinder.

Sie schmuggelten. Sie brachten Mehl, Fleisch, Eier aus Ungarn. Man sperrte sie in Ungarn ein, weil sie die Nahrungsmittel aufkauften. Man sperrte sie in Österreich ein, weil sie nichtrationierte Lebensmittel ins Land brachten. Sie erleichterten den Wienern das Leben. Man sperrte sie ein.

Nach dem Krieg wurden sie, zum Teil gewaltsam, repatriiert. Ein sozialdemokratischer Landeshauptmann ließ sie ausweisen. Für Christlichsoziale sind's Juden. Für Deutschnationale sind sie Semiten. Für Sozialdemokraten sind sie unproduktive Elemente.

Sie aber sind arbeitsloses Proletariat. Ein Hausierer ist ein Proletarier. Wenn er nicht mit den Händen arbeitet, so schafft er mit den Füßen. Wenn er keine bessere Arbeit findet, so ist es nicht seine Schuld. Wozu diese Selbstverständlichkeiten? Wer glaubt das Selbstverständliche?

Zu Roths Kommilitonen zählen die späteren Schriftsteller Joseph Wittlin und Soma Morgenstern, mit denen er bis zu seinem Tode befreundet sein wird.

Schon während seines Studiums beginnt Roth zu publizieren. Heinz Kindermann, Assistent von Roths Professor Walther Brecht und späterer Ordinarius des Instituts für Theaterwissenschaft an der Universität Wien, der zur Zeit des Nationalsozialismus keine unbedeutende kulturelle Rolle in Wien spielte, ist Vorbild für Roths erste Prosaarbeit »Der Vorzugsschüler«, die 1916 in »Österreichs Illustrierter Zeitung« abgedruckt wird.

Des Briefträgers Andreas Wanzls Söhnchen, Anton, hatte das merkwürdigste Kindergesicht von der Welt. Sein schmales, blasses Gesichtchen mit den markanten Zügen, die eine gekrümmte, ernste Nase noch verschärfte, war von einem äußerst kargen, weißgelben Haarschopf gekrönt. Eine hohe Stirn thronte ehrfurchtgebietend über dem kaum sichtbaren weißen Brauenpaar, und darunter sahen zwei blaßblaue, tiefe Äuglein sehr altklug und ernst in die Welt. Ein Zug der Verbissenheit trotzte in den schmalen, blassen, zusammengepreßten Lippen, und ein schönes, regelmäßiges Kinn bildete einen imposanten Abschluß des Gesichtes. Der Kopf stak auf einem dünnen Halse, sein ganzer Körperbau war schmächtig und zart. Zu seiner Gestalt bildeten nur die starken roten Hände, die an den dünn-gebrechlichen Handgelenken wie lose angeheftet schlenkerten, einen sonderbaren Gegensatz. Anton Wanzl war stets nett und reinlich gekleidet. Kein Stäubchen auf seinem Rock, kein winziges Loch im Strumpf, keine Narbe, kein Ritz auf dem glatten, blassen Gesichtchen. Anton Wanzl spielte selten, raufte nie mit den Buben und stahl keine roten Äpfel aus Nachbars Garten. Anton Wanzl *lernte* nur. Er lernte vom Morgen bis spät in die Nacht. Seine Bücher und Hefte waren fein säuberlich in knatterndes weißes Packpapier gehüllt, auf dem ersten Blatte stand in der für ein Kind seltsam kleinen, netten Schrift sein Name. Seine glänzenden Zeugnisse lagen feierlich gefaltet in einem großen ziegelroten Kuvert dicht neben dem Album mit den wunderschönsten Briefmarken, um die Anton noch mehr als um seine Zeugnisse beneidet wurde.

Anton Wanzl war der ruhigste Junge im ganzen Ort. In der Schule saß er still, die Arme nach Vorschrift »verschränkt«, und starrte mit seinen altklugen Äuglein auf den Mund des Lehrers. Freilich war er Primus. Ihn hielt man stets als Muster der ganzen Klasse vor, seine Schulhefte wiesen keinen roten Strich auf, mit Ausnahme der mächtigen 1, die regelmäßig unter allen Arbeiten prangte. Anton gab ruhige, sachliche Antworten, war stets vorbereitet, nie krank. Auf seinem Platz in der Schulbank saß er wie angenagelt. Am unangenehmsten waren ihm die Pausen. Da mußten alle hinaus, das Schulzimmer wurde gelüftet, nur der »Aufseher« blieb. Anton aber stand draußen im Schulhof, drückte sich scheu an die Wand und wagte keinen Schritt, aus Furcht, von einem der rennenden, lärmenden Knaben umgestoßen zu werden. Aber wenn die Glocke wieder läutete, atmete Anton auf. Bedächtig, wie sein Direktor, schritt er hinter den drängenden, polternden Jungen einher, bedächtig setzte er sich in die Bank, sprach zu keinem ein Wort, richtete sich kerzengerade auf und sank automatenhaft wieder auf den Platz nieder, wenn der Lehrer »Setzen!« kommandiert hatte.

Anton Wanzl war kein glückliches Kind. Ein brennender Ehrgeiz verzehrte ihn. Ein eiserner Wille zu glänzen, alle seine Kameraden zu überflügeln, rieb fast seine schwachen Kräfte auf. Vorderhand hatte Anton nur *ein* Ziel. Er wollte »Aufseher« werden. Das war nämlich zur Zeit ein anderer, ein »minder guter« Schüler, der aber der Älteste in der Klasse war und dessen respektables Alter im Klassenlehrer Vertrauen erweckt hatte. Der »Aufseher« war eine Art Stellvertreter des Lehrers. In dessen Abwesenheit hatte der also ausgezeichnete Schüler auf seine Kollegen aufzupassen, die Lärmenden »aufzuschreiben« und dem Klassenlehrer anzugeben, für eine blanke Tafel, feuchten Schwamm und zugespitzte Kreide zu sorgen, Geld für Schulhefte, Tintenfässer und Reparaturen rissiger Wände und zerbrochener Fensterscheiben zu sammeln. Ein solches Amt imponierte dem kleinen Anton gar gewaltig. Er brütete in schlaflosen Nächten grimmige, racheheiße Pläne aus, er sann unermüdlich nach, wie er den »Aufseher« stürzen könnte, um selber dieses Ehrenamt zu übernehmen. Eines Tages hatte er es heraus.

Der »Aufseher« hatte eine merkwürdige Vorliebe für Farbenstifte und -tinten, für Kanarienvögel, Tauben und junge Küchlein. Geschenke solcher Art konnten ihn leicht bestechen, und der Geber durfte nach Herzenslust lärmen, ohne angezeigt zu werden. Hier wollte Anton eingreifen. Er selbst gab nie Geschenke. Aber noch ein zweiter Junge zahlte keinen Tribut. Es war der Ärmste der Klasse. Da der »Aufseher« den Anton nicht anzeigen konnte, weil man diesem Jungen keinen Schabernack zutraute, war der arme Knabe das tägliche Opfer der aufseherischen Anzeigenwut. Hier konnte Anton ein glänzendes Geschäft machen. Keiner würde ahnen, daß er »Aufseher« werden wolle. Nein, nahm er sich des armen, windelweich geprügelten Jungen an und verriet er dem Lehrer die schändliche Bestechlichkeit des jungen Tyrannen, so würde man das sehr gerecht, ehrlich und mutig nennen. Aber auch kein anderer hatte dann Aussicht auf den vakanten Aufseherposten als eben Anton. Und so faßte er sich eines Tages ein Herz und schwärzte den »Aufseher« an. Derselbe wurde sofort unter Verabreichung einiger Rohrstockstreiche seines Amtes enthoben und Anton Wanzl zum »Aufseher« feierlich ernannt. Er hatte es erreicht.

Anton Wanzl saß sehr gerne auf dem schwarzen Katheder. Es war so ein wonniges Gefühl, von einer respektablen Höhe aus das Klassenzimmer zu überblicken, mit dem Bleistift zu kritzeln, hie und da Mahnungen auszuteilen und ein bißchen Vorsehung zu spielen, indem man ahnungslose Polterer aufschrieb, der gerechten Strafe zuführte und im vorhinein wußte, wen das unerbittliche Schicksal ereilen werde. Man wurde vom Lehrer ins Vertrauen gezogen, durfte Schulhefte tragen, konnte wichtig erscheinen, genoß ein Ansehn. Aber Anton Wanzls Ehrgeiz ruhte nicht. Stets hatte er ein neues Ziel vor Augen. Und darauf arbeitete er mit allen Kräften los.

Dabei konnte er aber keineswegs ein »Lecker« genannt werden. Er bewahrte äußerlich stets seine Würde, jede seiner kleinen Handlungen war wohldurchdacht, er erwies den Lehrern kleine Aufmerksamkeiten mit einem ruhigen Stolz, half ihnen in die Überröcke mit der strengsten Miene, und jede seiner Schmeicheleien war unauffällig und hatte den Charakter einer Amtshandlung.

Zu Hause hieß er »Tonerl« und galt als Respektsperson. Sein Vater hatte das charakteristische Wesen eines kleinstädtischen Briefträgers, halb Amtsperson, halb privater Geheimsekretär und Mitwisser mannigfaltiger Familiengeheimnisse, ein bißchen würdevoll, ein bißchen untertänig, ein wenig stolz, ein wenig trinkgeldbedürftig. Er hatte den charakteristischen geknickten Gang der Briefträger, scharrte mit den Füßen, war klein und dürr wie ein Schneiderlein, hatte eine etwas zu weite Amtskappe und bißchen zu lange Hosen an, war aber im übrigen ein recht »anständiger

Mensch« und erfreute sich bei Vorgesetzten und Bürgern eines gewissen Ansehens.

Seinem einzigen Söhnchen bewies Herr Wanzl eine Hochachtung, wie er sie nur noch vor dem Herrn Bürgermeister und dem Herrn Postverwalter hatte. Ja, dachte sich oftmals Herr Wanzl an seinen freien Sonntagnachmittagen: Der Herr Postverwalter ist eben ein Postverwalter. Aber was mein Anton noch alles werden kann! Bürgermeister, Gymnasialdirektor, Bezirkshauptmann und – hier machte Herr Wanzl einen großen Sprung – vielleicht gar Minister? Wenn er solche Gedanken seiner Frau äußerte, so führte diese erst den rechten, dann den linken blauen Schürzenzipfel an beide Augen, seufzte ein bißchen und sagte bloß: »Ja, ja.« Denn Frau Margarethe Wanzl hatte vor Mann und Sohn einen gewaltigen Respekt, und wenn sie schon einen Briefträger hoch über alle andern stellte, wie nun gar einen Minister?!

Der kleine Anton aber vergalt den Eltern ihre Sorgfalt und Liebe mit sehr viel Gehorsam. Freilich, das fiel ihm gar nicht allzu schwer. Denn da seine Eltern wenig befahlen, hatte Anton wenig zu gehorchen. Aber zugleich mit seinem Ehrgeiz, der beste Schüler zu sein, ging auch sein Bestreben, ein »guter Sohn« genannt zu werden. Wenn ihn seine Mutter vor den Frauen lobte, sommers, draußen vor der Türe, auf der dottergelben Holzbank, und Anton auf dem Hühnerbauer mit seinem Buche saß, so schwoll sein Herz vor Stolz. Er machte freilich dabei die gleichgültigste Miene, schien, ganz in seine Sache vertieft, von den Weiberreden kein Wort zu hören. Denn Anton Wanzl war ein geriebener Diplomat. Er war so gescheit, daß er nicht gut sein konnte.

Nein, Anton Wanzl war nicht gut. Er hatte keine Liebe, er fühlte kein Herz. Er tat nur, was er für klug und praktisch fand. Er gab keine Liebe und verlangte keine. Nie hatte er das Bedürfnis nach einer Zärtlichkeit, einer Liebkosung, er war nicht wehleidig, er weinte nie. Anton Wanzl hatte auch keine Tränen. Denn ein braver Junge *durfte* nicht weinen.

So wurde Anton Wanzl älter. Oder besser: Er wuchs heran. Denn jung war Anton nie gewesen.

Anton Wanzl änderte sich auch nicht im Gymnasium. Nur in seinem äußeren Wesen war er noch sorgfältiger geworden. Er war weiter der Vorzugsschüler, der Musterknabe, fleißig, sittsam und tugendhaft, er beherrschte alle Gegenstände gleich gut und hatte keine sogenannten »Vorlieben«, weil er überhaupt nichts hatte, was mit Liebe zusammenhing. Nichtsdestoweniger deklamierte er Schillersche Balladen mit feurigem Pathos und künstlerischem Schwung, spielte Theater bei verschiedenen Schulfeiern, sprach sehr altklug und weise von der Liebe, verliebte sich aber selbst nie und spielte den jungen Mädchen gegenüber die langweilige Rolle des Mentors und Pädagogen. Aber er war ein vorzüglicher Tänzer, auf Kränzchen gesucht, von tadellos lackierten Manieren und Stiefeln, steifgebügelter Haltung und Hose, und seine Hemdbrust ersetzte an Reinheit, was seinem Charakter von dieser Eigenschaft fehlte. Seinen Kollegen half er stets, aber nicht weil er helfen wollte, sondern aus Furcht, er könnte einmal auch was vom andern brauchen. Seinen Lehrern half er weiter in die Überröcke, war stets bei der Hand, wenn man ihn brauchte, aber ohne Aufsehen zu erregen, und wurde trotz seines kränklichen Aussehens nie krank.

Nach der glänzend bestandenen Matura, den obligaten Glückwünschen und Gratulationen, den elterlichen Umarmungen und Küssen dachte Anton Wanzl über die weitere Richtung seiner Studien nach. Theologie! Dazu hätte er sich vielleicht am besten geeignet, dazu befähigte ihn seine blasse Scheinheiligkeit. Aber – Theologie! Wie leicht konnte man sich da kompromittieren! Nein, das war es nicht.

Arzt werden, dazu liebte er die Menschen zu wenig. Advokat wäre er gerne geworden, Staatsanwalt am liebsten – aber Jurisprudenz – das war nicht vornehm, galt nicht für ideal. Aber man war Idealist, wenn man Philosophie studierte. Und zwar: Literatur. Ein »Bettlerberuf« – sagten die Leute. Aber man konnte zu Geld und Ansehn kommen, wenn man es geschickt anstellte. Und etwas geschickt anstellen – das konnte Anton.

Anton war also Student. Aber einen so »soliden« Studenten hatte die Welt noch nicht gesehen. Anton Wanzl rauchte nicht, trank nicht, schlug sich nicht. Freilich, einem Verein mußte er angehören, das lag tief in seiner Natur. Er mußte Kollegen haben, die er überflügeln konnte, er mußte glänzen, ein Amt haben, Vorträge halten. Und wenn auch die übrigen Vereinsmitglieder Anton ins Gesicht lachten, ihn einen Stubenhocker und Büffler nannten, so hatten sie doch im stillen einen gewaltigen Respekt vor dem jungen Menschen, der noch in den grünen Semestern steckte und dennoch ein so ungeheures Wissen besaß.

Auch bei den Lehrern fand Anton Achtung. Daß er klug war, erkannten sie auf den ersten Blick. Er war übrigens ein äußerst notwendiges Nachschlagewerk, ein wandelndes Lexikon, er wußte alle Bücher, Verfasser, Jahreszahlen, Verlagsbuchhandlungen, er kannte alle neuen, verbesserten Auflagen, er war ein Schnüffler und Bücherwurm. Aber er hatte auch eine scharfe Kombinationsgabe, ein klein bißchen Stoffhuber, was den Professoren aber am meisten behagte, war eine wahrhaft köstliche Naturgabe. Er konnte nämlich stundenlang mit dem Kopf nicken, ohne zu ermüden. Er gab immer recht. Dem Professor gegenüber kannte er keinen Widerspruch. Und so kam es, daß Anton Wanzl in den Seminarübungen eine bekannte Persönlichkeit war. Er war stets gefällig, immer ruhig und dienstbeflissen, er fand unauffindbare Bücher auf, schrieb Zettel aus und Vortragsankündigungen, aber auch Überröcke hielt er weiter, war Schweizer, Türsteher, Professorenbegleiter.

Nur auf *einem* Gebiete hatte Anton Wanzl sich noch nicht hervorgetan: auf dem der Liebe. Aber er hatte kein Bedürfnis nach Liebe. Freilich, wenn er so im stillen überlegte, so fand er, daß erst der Besitz eines Weibes ihm bei Freunden und Kollegen die vollkommenste Achtung verschaffen konnte. Dann erst würden die Spötteleien aufhören, dann stände er, Anton, da, ehrfurchtgebietend, hochgeachtet, unerreichbar, das Muster eines Mannes.

Und auch seine unermeßliche Herrschsucht verlangte nach einem Wesen, das ihm vollständig ergeben wäre, das er kneten und formen konnte nach seinem Willen. Anton Wanzl hatte bis jetzt gehorcht. Nun wollte er einmal befehlen. In allem gehorchen würde ihm nur ein liebendes Weib. Man mußte es nur geschickt anstellen. Und etwas geschickt anstellen, das konnte Anton. –

Die kleine Mizzi Schinagl war Miederverkäuferin bei Popper, Eibenschütz & Co. Sie war ein nettes, dunkles Ding mit zwei großen braunen Rehaugen, einem schnippischen Näschen und einer etwas zu kurzen Oberlippe, so daß das blitzblanke Mäuschengebiß schimmernd hervorblinkte. Sie war schon »wie verlobt«, und zwar mit Herrn Julius Reiner, Commis und Spezialist in Krawatten und Schnupftüchern, ebenfalls bei der Firma Popper, Eibenschütz & Co. An dem sauberen jungen Mann fand Mizzi zwar ein ziemliches Wohlgefallen, aber ihr kleines Köpfchen und noch weniger ihr Herz konnte sich den Herrn Julius Reiner als den Gatten der Mizzi Schinagl vorstellen. Nein, der konnte unmöglich ihr Mann werden, der junge Mensch, der noch vor kaum zwei Jahren von Herrn Markus Popper zwei schallende Ohrfeigen erhalten hatte. Mizzi mußte einen Mann haben, zu dem sie aufblicken sollte, einen Ehrenmann von höherer sozialer Stellung. Das echt weibliche Wesen, dessen angeborenen Takt ein Mann erst durch Bildung erwerben muß, empfand manche Seiten des Spezialisten in Krawatten und Schnupftüchern doppelt unschön. Am liebsten wäre Mizzi Schinagl ein junger Student gewesen, einer von den vielen buntbekappten jungen Leuten, die draußen nach Geschäftsschluß auf die weiblichen Angestellten warteten. Mizzi hätte sich so gerne von einem Herrn auf der Straße ansprechen lassen, wenn nur der Julius Reiner nicht so furchtbar achtgegeben hätte.

Aber da hatte grade ihre Tante, Frau Marianne Wontek in der Josefstadt, einen neuen, liebenswürdigen Zimmerherrn bekommen. Herr Anton Wanzl war zwar sehr ernst und gelehrt, aber von einer zuvorkommenden Höflichkeit, besonders Fräulein Mizzi Schinagl gegenüber. Sie brachte ihm an den Sonntagnachmittagen den Jausenkaffee in seine Stube, und der junge Herr dankte immer mit einem freundlichen Wort und einem warmen Blick. Ja, einmal lud er sie sogar zum Sitzen ein, aber Mizzi dankte, murmelte etwas von Nicht-stören-Wollen, errötete und schlüpfte etwas verwirrt ins Zimmer der Tante. Als Herr Anton aber sie einmal auf der Straße grüßte und sich anschloß, ging Mizzi sehr gerne mit, machte sogar einen kleinen Umweg, um zu ihrer Wohnung zu gelangen, verabredete mit Herrn stud. phil. Anton Wanzl ein Rendezvous am Sonntag und zankte am nächsten Morgen mit Julius Reiner.

Anton Wanzl erschien einfach, aber elegant gekleidet, sein fades, blasses Haar war heute sorgfältiger gescheitelt als je, eine kleine Erregung war seinem weißen, kalten Marmorantlitz doch anzumerken. Er saß im Stadtpark neben Mizzi Schinagl und dachte angestrengt darüber nach, was er eigentlich reden sollte. In einer solch fatalen Situation war er noch nie gewesen. Aber Mizzi wußte zu plaudern. Sie erzählte das und jenes, es wurde Abend, der Flieder duftete, die Amsel schlug, der Mai kicherte aus dem Gebüsch, da vergaß sich Mizzi Schinagl und sagte etwas unvermittelt: »Du, Anton, ich liebe dich.« Herr Anton Wanzl erschrak ein wenig, Mizzi Schinagl noch mehr, sie wollte ihr glühendes Gesichtchen irgendwo verbergen und wußte kein besseres Versteck als Herrn Anton Wanzls Rockklappen. Herrn Anton Wanzl war das noch nie passiert, seine steife Hemdbrust knackte vernehmlich, aber er faßte sich bald – einmal mußte das doch geschehn!

Als er sich beruhigt hatte, fiel ihm etwas Vortreffliches ein. »Ich bin dîn, du bist mîn«, zitierte er halblaut. Und daran knüpfte er einen kleinen Vortrag über die Periode der Minnesinger, er sprach mit Pathos von Walther von der Vogelweide, kam auch auf die erste und zweite Lautverschiebung, von da auf die Schönheit unserer Muttersprache und ohne einen rechten Übergang auf die Treue der deutschen Frauen. Mizzi lauschte angestrengt, sie verstand kein Wort, aber das war eben der Gelehrte, so mußte ein Mann wie Herr Anton Wanzl eben sprechen. Sein Vortrag kam ihr just so schön vor wie das Pfeifen der Amsel und das Flöten der Nachtigall. Aber vor lauter Liebe und Frühling hielt sie es nicht länger aus und unterbrach Antons wunderschönen Vortrag durch einen recht angenehmen Kuß auf die schmalen, blassen Lippen Wanzls, den dieser zu erwidern nicht minder angenehm fand. Bald regnete es Küsse auf ihn nieder, derer sich Herr Wanzl weder erwehren konnte noch wollte. Sie gingen schließlich stumm nach Hause, Mizzi hatte zu viel auf dem Herzen, Anton wußte trotz angestrengten Nachdenkens kein Wort zu finden. Er war froh, als ihn Mizzi nach einem Dutzend heißer Küsse und Umarmungen entlassen hatte.

Seit jenem denkwürdigen Tage »liebten« sie sich.

Herr Anton Wanzl hatte sich bald gefunden. Er lernte an Wochentagen und liebte an Sonntagen. Seinem Stolze schmeichelte es, daß er von einigen »Bundesbrüdern« mit

Mizzi gesehen und mit einem vieldeutigen Lächeln begrüßt worden war. Er war fleißig und ausdauernd, und nicht mehr lange dauerte es, und Herr Anton Wanzl war Doktor.

Als »Probekandidat« kam er ins Gymnasium, von den Eltern brieflich bejubelt und beglückwünscht, von den Professoren »wärmstens« empfohlen, von dem Direktor herzlich begrüßt.

Hofrat Sabbäus Kreitmeyr war Direktor des II. k.k. Staatsgymnasiums, ein Philologe von Ruf, mit vielen sogenannten »Verbindungen«, bei den Schülern beliebt, bei Vorgesetzten gut angeschrieben, und verkehrte in der besten Gesellschaft. Seine Frau Cäcilie wußte ein »großes Haus« zu führen, veranstaltete Abende und Bälle, die den Zweck hatten, das einzige Töchterchen des Direktors, Lavinia – wie dieser sie etwas unpassend benannt hatte –, unter die Haube zu bringen. Hofrat Sabbäus Kreitmeyr war, wie die meisten Gelehrten alten Schlages, ein Pantoffelheld, er fand alles für richtig, was seine würdige Gemahlin anordnete, und glaubte an sie wie an die alleinseligmachenden Regeln der lateinischen Grammatik. Seine Lavinia war ein sehr gehorsames Kind, las keine Romane, beschäftigte sich nur mit der antiken Mythologie und verliebte sich nichtsdestoweniger in ihren jungen Klavierlehrer, den Virtuosen Hans Pauli.

Hans Pauli war eine echte Künstlernatur. Das naive Kindergemüt Lavinias hatte es ihm angetan. Er war in der Liebe noch recht unerfahren, Lavinia war das erste weibliche Wesen, mit dem er stundenlang zusammensaß, bei ihr fand er Bewunderung, die ihm sonst nicht sehr oft zuteil wurde; und wenn auch die Hofratstochter nicht schön zu nennen war – sie hatte eine etwas zu breite Stirn und wässerige, farblose Augen –, so konnte man sie doch nicht, schon ihrer schönen Statur wegen, gerade unhübsch nennen. Hans Pauli träumte zudem von einer »deutschen« Frau, hielt viel auf Treue und verlangte, wie die meisten Künstler, ein weibliches Weib, bei dem er seine Launen austoben, aber auch Trost und Erholung finden könnte. Nun schien ihm Fräulein Lavinia dazu am besten geeignet, und da noch um sie der Zauber knospender Jugend wehte, schlug die Künstlerphantasie Herrn Hans Pauli ein Schnippchen, und der angehende Virtuose von Ruf verliebte sich stracks in Fräulein Lavinia Kreitmeyr.

Wie es um die beiden stand, erkannte Herr Anton Wanzl gleich am ersten Abend, den er im Kreitmeyrschen Hause zubrachte. Lavinia Kreitmeyr gefiel ihm nicht im geringsten. Aber der Instinkt, mit dem Vorzugsschüler des Lebens stets ausgerüstet sind, sagte ihm, daß Lavinia eine gar passende Frau für ihn wäre und Herr Hofrat Sabbäus ein noch passenderer Schwiegervater. Diesen kindischen Künstler Pauli konnte man leicht an die Luft setzen. Man mußte es nur geschickt anstellen. Und etwas geschickt anstellen – das verstand Anton.

Herr Anton Wanzl hatte es nach einer halben Stunde herausgefunden, daß Frau Cäcilie die wichtigste Rolle im Hause spielte. Wollte er die Hand des Frl. Lavinia, so mußte er vor allem das Herz der Mutter gewinnen. Und da er sich auf die Unterhaltung älterer Matronen besser verstand als auf die junger Mädchen, so verband er nach der alten lateinischen Regel das dulce mit dem utile und machte den Kavalier der Frau Direktor. Er sagte ihr manche zarte Schmeichelei, die ein Pauli in seiner reinen Torheit Fräulein Lavinia gesagt hätte. Und bald hatte Frau Cäcilie Kreitmeyr den Herrn Anton Wanzl ins Herz geschlossen. Seinem Rivalen Hans Pauli gegenüber benahm sich Anton mit kühner ironisierender Höflichkeit. Dem Musiker verriet sein künstlerisches Feingefühl, mit wem er es zu tun habe. Er, der Tor, das Kind, durchschaute Herrn Anton Wanzl tiefer als alle Professoren und weisen Männer. Aber Hans Pauli war kein Diplomat. Er äußerte Anton Wanzl gegenüber stets unverhohlen seine Meinung. Anton blieb kühl und sachlich, Pauli erhitzte sich, Anton rückte bald mit seiner schweren Rüstung der Gelehrsamkeit ins Feld, gegen solche Waffen konnte Hans Pauli nichts ausrichten, denn er war wie so viele Musiker ohne größeres Wissen, seine schwerfällige Verträumtheit erdrückte in ihm dasjenige, was man in der Gesellschaft »Geist« nennt, und er mußte sich beschämt zurückziehen.

Fräulein Lavinia Kreitmeyr schwärmte zwar für Bach und Beethoven und Mozart, aber als rechte Tochter eines Philologen von Ruf hatte sie eine gleich große Verehrung für die Wissenschaft. Hans Pauli war ihr wie ein Orpheus erschienen, dem Flora und Fauna lauschen mußten. Nun aber war ein Prometheus gekommen, der das heilige Feuer vom Olymp geradewegs in die Wohnung des Herrn Hofrat Kreitmeyr brachte. Hans Pauli aber hatte sich mehrere Male blamiert, er zählte in der Gesellschaft kaum mit. Auch war Anton Wanzl ein Mann, den auch der Hofrat sehr hoch stellte, den Mama so sehr lobte. Lavinia war eine gehorsame Tochter. Und als Herr Kreitmeyer ihr eines Tages riet, Herrn Dr. Wanzl die Hand zum Bunde fürs Leben zu reichen, sagte sie: »Ja.« Ein gleiches »Ja« bekam auch der hocherfreute Anton zu hören, als er bei Fräulein Lavinia bescheiden anfragte. Die Verlobung wurde für einen bestimmten Tag, den Geburtstag der Lavinia, angesetzt. Hans Pauli aber verstand jetzt die Tragik seines Künstlerlebens. Er war verzweifelt, daß man ihm einen Anton Wanzl vorgezogen, er haßte die Menschen, die Welt, Gott. Dann setzte er sich auf einen Dampfer, reiste nach Amerika, spielte in Kinos und Varietés, wurde ein verlottertes Genie und starb schließlich vor Hunger auf der Straße. An einem wunderschönen Juniabend wurde im hofrätlichen Hause die Verlobung gefeiert. Frau Cäcilie rauschte in grauseidenem Kleide, Herr Hofrat Kreitmeyr fühlte sich unbehaglich in seinem schlechtsitzenden Frack und zupfte abwechselnd bald an seiner windschiefen Krawatte, bald an den blitzblanken Manschettenröllchen. Herr Anton strahlte vor Freude an der Seite seiner hellgekleideten, etwas ernsten Braut, Toaste wurden gehalten und erwidert, Becher erklangen, Hochrufe dröhnten bis hinaus durch die offenen Fenster in das Tuten der Autos.

Draußen rauschten die Wellen der Donau ihr uraltes Lied von Werden und Vergehen. Sie trugen die Sterne mit und die weißen Wölklein, den blauen Himmel und den Mond. In heißduftenden Jasminbüschen lag die Nacht und hielt den Wind in ihren weichen Armen, daß nicht der leiseste Hauch durch die schwüle Welt ging.

Mizzi Schinagl stand am Ufer. Sie fürchtete sich nicht vor dem tiefdunklen Wasser unten. Drin mußte es wohlig und weich sein, man stieß sich nicht an Kanten und Ecken wie auf der dummen Erde droben, und nur Fische gab es drin, stumme Wesen, die nicht lügen konnten, so entsetzlich lügen wie die bösen Menschen. Stumme Fische! Stumme! Auch ihr Kindchen war stumm, tot geboren. »Es ist am besten so«, hatte Tante Marianne gesagt. Ja, ja, es war wirklich am besten. Und das Leben war doch so schön! Heute, vor einem Jahr. Ja, wenn das Kindchen lebte, so mußte auch sie leben, die Mutter. Aber so! Das Kind war tot, und das Leben tot – –

Durch die nächtliche Stille klang plötzlich ein Lied aus tiefen Männerkehlen. Burschengesänge, alte Lieder, – – Studenten waren es. Ob wohl alle Studenten so waren? Nein! Der Wanzl! Der war doch nicht einmal ein richtiger Student! Oh, sie kannte ihn gut! Ein Feigling war er, ein Heuchler, ein Scheinheiliger! Oh, wie sie ihn haßte!

Die Lieder klangen immer näher. Deutliche Schritte waren vernehmbar.

Antons »Bundesbrüder« kehrten von einem Sommerfest

zurück. Herr stud. jur. Xandl Hummer, hoch in den Dreißigern, im 18. Semester, »Bierfaß« genannt, betrank sich nicht leicht und holte jetzt rüstig aus. Seine kleinen Äuglein erspähten dort ferne am Ufer eine Frauengestalt. »Holla. Brüder, es gilt ein Leben zu retten!« sagte er.

»Fräulein«, rief er, »warten Sie einen Augenblick! Ich komm' schon!« Mizzi Schinagl sah trübe in das aufgedunsene, rote Gesicht Xandls. Ein jäher Gedanke durchzuckte ihr Hirn. Wie, wenn – – Ja, ja, sie wollte sich rächen! Rächen an der Welt, an der Gesellschaft!

Mizzi Schinagl lachte. Ein gelles, schneidendes Lachen. So lacht eine – dachte sie. Nur noch einen Blick warf sie ins Wasser. Und starrte dann eine Weile in die Luft.

Sie hörte nicht die rohen Späße des Studenten. Er aber nahm ihren Arm. Im Triumph wurde sie auf die »Bude« Xandls geführt.

Am nächsten Morgen brachte sie »Bierfaß« in die »Pension« zu »Tante« Waclawa Jancic am Spittel. –

Herr Anton Wanzl war mit seiner jungen Frau von der Ferien- und Hochzeitsreise zurückgekehrt. Er war ein gewissenhafter, strenger, gerechter Lehrer. Er wuchs in den Augen der Vorgesetzten, spielte eine Rolle in der besseren Gesellschaft und arbeitete an einem wissenschaftlichen Werk. Sein Gehalt stieg und stieg, er wuchs von einer Rangklasse in die andere. Seine Eltern hatten ihm den Gefallen erwiesen und waren kurz nach seiner Hochzeit beide fast in derselben Zeit gestorben. Herr Anton Wanzl aber ließ sich jetzt zu der größten Verwunderung aller in seine Heimatstadt versetzen.

Das kleine Gymnasium verwaltete dort ein alter Direktor, ein lässiger Mann, alleinstehend, ohne Weib und Kind, der nur in der Vergangenheit lebte und sich um seine Pflichten nicht kümmerte. Nichtsdestoweniger war ihm sein Amt lieb geworden, er mußte lachende, junge Gesichter um sich sehen, seine Bäume im großen Park pflegen, von den Bürgern des Städtchens ehrfürchtig gegrüßt werden. Man hatte drüben im Landesschulrat Mitleid mit dem alten Manne und wartete nur noch auf seinen Tod.

Anton Wanzl kam und nahm die Verwaltung der Schule in die Hand. Als Rangältester wurde er Sekretär, er schrieb Berichte an den Schulrat, bekam die Kasse in Verwaltung, beaufsichtigte den Unterricht und die Reparaturen, schaffte Ordnung. Er kam auch hie und da nach Wien und hatte Gelegenheit, an den Abenden, die seine Schwiegermutter seltener zwar, aber doch immer noch veranstaltete, hie und da einem Herrn von der Statthalterei auch mündlichen Bericht zu erstatten. Dabei verstand er es vortrefflich, seine eigene Tätigkeit ins hellste Licht zu rücken, von seinem Direktor mit einem bedauernden Unterton in der Stimme zu sprechen und seine Worte mit einem vielsagenden Achselzucken zu begleiten. Frau Cäcilie Kreitmeyr aber besorgte das übrige.

Eines Tages spazierte der alte Herr Direktor mit seinem Sekretär Dr. Wanzl in den schönen Gartenanlagen des Gymnasiums. Der alte Herr freute sich beim Anblick der Bäume, hie und da huschte ein frisches Jungengesicht vorbei und verschwand wieder. Des Herrn Direktors altes Greisenherz freute sich.

Gerade bog der Schuldiener in die Allee ein, grüßte und überreichte einen mächtigen Brief. Der Herr Direktor schnitt das große weiße Kuvert bedächtig auf, zog das Blatt mit dem großen Amtssiegel hervor und begann zu lesen. Ein Ausdruck des Schreckens belebte plötzlich seine alten, schlaffen Züge. Er machte eine Bewegung, als wollte er nach seinem Herz greifen, schwankte und fiel. Nach einigen Sekunden war er in den Armen seines Sekretärs gestorben.

Dem Herrn Direktor Dr. Anton Wanzl ging es gut. Sein Ehrgeiz ruhte seit Jahren. Manchmal dachte er wohl an eine Universitätsprofessur, die er hätte erreichen können, aber bald hatte er sich die Sache überlegt. Er war mit sich sehr zufrieden. Und noch mehr mit den Menschen. Manchmal im tiefsten Winkel seines Herzens lachte er über die Leichtgläubigkeit der Welt. Aber seine blassen Lippen blieben geschlossen. Selbst wenn er allein war, in seinen vier Wänden lachte er nicht. Er fürchtete, die Wände hätten nicht nur Ohren, sondern auch Augen und könnten ihn verraten.

Kinder hatte er keine, sehnte sich auch nicht nach ihnen. Zu Hause war er der Herr, seine Gemahlin blickte bewundernd zu ihm empor, seine Schüler verehrten ihn. Nur nach Wien kam er seit einigen Jahren nicht mehr. Dort war ihm einmal was höchst Fatales passiert. Als er einmal in der Nacht mit seiner Frau aus der Oper heimkehrte, begegnete ihm an der Ecke ein aufgeputztes Frauenzimmer, warf einen Blick auf Frau Lavinia an seiner Seite und lachte schrill auf. Lange klang dieses wilde Lachen Herrn Anton Wanzl in den Ohren.

Direktor Wanzl lebte noch lange glücklich an der Seite seiner Frau. Aber seine stark überspannten Kräfte ließen mählich nach. Der überanstrengte Organismus rächte sich. Die lange durch die Macht des straffen Willens zurückgehaltene Schwäche brach auf einmal durch. Eine schwere Lungenentzündung warf Anton Wanzl aufs Krankenlager, das ihn nicht mehr loslassen sollte. Nach einigen Wochen schweren Leidens starb Anton Wanzl.

Alle Schüler waren gekommen, alle Bürger des Städtchens, Kränze mit langen schwarzen Schleifen überdeckten den Sarg, Reden wurden gehalten, Abschiedsworte nachgerufen.

Herr Anton Wanzl aber lag tief drinnen im schwarzen Metallsarg und lachte. Anton Wanzl lachte zum ersten Male. Er lachte über die Leichtgläubigkeit der Menschen, über die Dummheit der Welt. Hier durfte er lachen. Die Wände seines schwarzen Kastens konnten ihn nicht verraten. Und Anton Wanzl lachte. Lachte stark und herzlich. Seine Schüler ließen es sich nicht nehmen, ihrem verehrten und geliebten Direktor einen marmornen Grabstein zu setzen. Auf diesem standen unter dem Namen des Verstorbenen die Verse:

»Üb immer Treu und Redlichkeit
Bis an dein kühles Grab!«

1916 ist auch das Jahr, in dem sich Roth als Freiwilliger zum Kriegsdienst meldet. Er wird nach Galizien überstellt und dem Pressedienst zugeteilt.

An seine Cousine Paula Grübel schreibt er am 24.8.1917 aus Ostgalizien.

Feldpost 632 am 24. VIII. 1917

Liebe Paula,
unter der angehäuften Post von knapp 4 Wochen befand sich auch Dein Brief, der mich umso mehr freute, als er eine geradezu erstaunliche Reife der Sprache, wie des Denkens beweist. Solltest Du so alt geworden sein?

Ich befinde mich gegenwärtig in einem ostgalizischen Augiasstall, einem ganz kleinen Städtchen. Im grauen Dreck sieht man bloß ein paar Judengeschäfte. Alles schwimmt, wenn es regnet, alles stinkt, wenn die Sonne scheint. Doch hat der Aufenthalt hier einen großen Vorzug: man ist 10 Kilometer vom Schuß entfernt. Reservestellung.

Materiell geht es mir nicht mehr so, wie früher. Die Zeitung geht nämlich ein und nun die Aureole des Redakteurs entschwunden ist, bin ich nichts mehr, als ein Einjährig-Freiwilliger. Dementsprechend die Behandlung.

Doch will das nichts sagen bei Leuten meines Schlages. Hauptsache ist das Erleben, die Intensität des Fühlens, das starke Sich-Hineinbohren in das Ereignis. Ich habe furchtbare Momente erlebt und Momente voll grausiger Schönheit. Zum aktiven Schaffen ist hier wenig Gelegenheit, ein paar lyrische Gedichte ausgenommen, die aber eher passivem Empfinden entspringen.

Deine Mitteilungen über die Lektüre mit Frau Szajnocha freute mich sehr, übrigens scheint sich der Einfluß dieser Lektüre in Deinem Briefe stark geltend gemacht zu haben. Ich grüße die Dame bestens und lasse mich ihr empfehlen.

Beiliegendes Gedicht sende ich Dir auf Wunsch, bitte lies es genau. Seine Schönheit liegt in der Originalität der Bilder. Eines der wenigen Dinge, die mir vollauf gelungen sind.

Am 5./VIII. erschien von mir ein Gedicht in der Sonntagsbeilage des »Prager Tagblatt«. Bitte, bestelle eine Nummer. Ich möchte es zu Kontrollzwecken bei einer eventuellen späteren gesammelten Ausgabe haben.

In den nächsten Tagen hoffe ich in Lbg. sein zu können. Euren Entschluß, dorthin zu fahren betrachte ich als etwas verfrüht. Ich werde mich darüber in einem Briefe an Onkel näher aussprechen.

Ich glaube in 2–3 Wochen von hier wegzukommen. Vielleicht gelange ich nach Lbg. Personalsammelstelle, um von dort wieder ins Feld zu kommen, vielleicht auch nach Sternberg. Möglich ist es auch, daß unsere Redaktion nach Albanien geht, um dort eine albanische Zeitung zu gründen. Ich käme dann mit.

Herzlichsten Gruß Dein M.

Unterzeichnet ist der Brief mit »Dein M.«. Roth nannte sich seinen Cousinen Paula und Resia gegenüber gerne in verspielter Weise »Muniu« oder »Mu«.

Zu einer Versetzung nach Albanien kam es nicht. Dieses Land wird er erst zehn Jahre später als Reiseberichterstatter im Auftrag der »Frankfurter Zeitung« bereisen.

Mit Kriegsende kehrt Roth wieder nach Wien zurück. In dem Ich-Erzähler Gabriel Dan des Romans »Hotel Savoy«, erschienen 1924 im Verlag »Die Schmiede« in Berlin, kann man den Heimkehrer Roth vermuten.

Ich komme um zehn Uhr vormittags im Hotel Savoy an. Ich war entschlossen, ein paar Tage oder eine Woche auszuruhen. In dieser Stadt leben meine Verwandten – meine Eltern waren russische Juden. Ich möchte Geldmittel bekommen, um meinen Weg nach dem Westen fortzusetzen.

Ich kehre aus dreijähriger Kriegsgefangenschaft zurück, habe in einem sibirischen Lager gelebt und bin durch russische Dörfer und Städte gewandert, als Arbeiter, Taglöhner, Nachtwächter, Kofferträger und Bäckergehilfe.

Ich trage eine russische Bluse, die mir jemand geschenkt hat, eine kurze Hose, die ich von einem verstorbenen Kameraden geerbt habe, und Stiefel, immer noch brauchbare, an deren Herkunft ich mich selbst nicht mehr erinnere.

Zum erstenmal nach fünf Jahren stehe ich wieder an den Toren Europas. Europäischer als alle anderen Gasthöfe des Ostens scheint mir das Hotel Savoy mit seinen sieben Etagen, seinem goldenen Wappen und einem livrierten Portier. Es verspricht Wasser, Seife, englisches Klosett, Lift, Stubenmädchen in weißen Hauben, freundlich blinkende Nachtgeschirre wie köstliche Überraschungen in braungetäfelten Kästchen; elektrische Lampen, aus rosa und grünen Schirmen erblühend wie aus Kelchen; schrillende Klingeln, die einem Daumendruck gehorchen; und Betten, daunengepolsterte, schwellend und freudig bereit, den Körper aufzunehmen.

Ich freue mich, wieder ein altes Leben abzustreifen wie so oft in diesen Jahren. Ich sehe den Soldaten, den Mörder, den fast Gemordeten, den Auferstandenen, den Gefesselten, den Wanderer.

Ich ahne Morgendunst, höre den Trommelwirbel der marschierenden Kompanie, auf klirrende Fensterscheiben im höchsten Stockwerk; erblicke einen Mann in weißen Hemdsärmeln, die zuckenden Glieder der Soldaten, eine Waldlichtung, die vom Tau glänzt; ich stürze ins Gras vor »fiktivem Feind« und habe den brünstigen Wunsch, hier liegenzubleiben, ewig, im samtenen Gras, das die Nase streichelt.

Ich höre die Stille des Krankensaals, die weiße Stille. Ich stehe an einem Sommermorgen auf, höre das Trillern gesunder Lerchen, schmecke den Morgenkakao mit Buttersemmel und den Duft von Jodoform in der »ersten Diät«.

Ich lebe in einer weißen Welt aus Himmel und Schnee, Baracken bedecken die Erde wie gelber Aussatz. Ich schmecke den süßen letzten Zug aus einem aufgeklaubten Zigarettenstummel, lese die Inseratenseite einer heimatlichen, uralten Zeitung, aus der man vertraute Straßennamen wiederholen kann, den Gemischtwarenhändler erkennt, einen Portier, eine blonde Agnes, mit der man geschlafen hat.

Ich höre den wonnigen Regen in durchwachter Nacht, die hurtig schmelzenden Eiszapfen in lächerlicher Morgensonne, ich greife die mächtigen Brüste einer Frau, die man unterwegs getroffen, ins Moos gelegt hat, die weiße Pracht ihrer Schenkel. Ich schlafe den betäubenden Schlaf auf dem Heuboden, in der Scheune. Ich schreite über zerfurchte Äkker und lausche dem dünnen Sang einer Balalaika.

So vieles kann man in sich saugen, und dennoch unverändert in Körper, Gang und Gehaben bleiben. Aus Millionen Gefäßen schlürfen, niemals satt sein, wie ein Regenbogen in allen Farben schillern, dennoch immer ein Regenbogen sein, von der gleichen Farbenskala.

Im Hotel Savoy konnte ich mit einem Hemd anlangen und es verlassen als der Gebieter von zwanzig Koffern – und immer noch der Gabriel Dan sein. Vielleicht hat mich dieser Einfall so selbstbewußt gemacht, so stolz und herrisch, daß der Portier mich grüßt, mich, den armen Wanderer in der russischen Bluse, daß ein Boy geschäftig meiner harrt, obwohl ich gar kein Gepäck habe.

Ein Lift nimmt mich auf, Spiegel zieren seine Wände, der Liftboy, ein älterer Mann, läßt das Drahtseil durch seine Fäuste gleiten, der Kasten hebt sich, ich schwebe – und es kommt mir vor, als würde ich so noch eine geraume Weile in die Höhe fliegen. Ich genieße das Schweben, berechne, wieviel Stufen ich mühsam erklimmen müßte, wenn ich nicht in diesem Prachtlift säße, und werfe Bitterkeit, Armut, Wanderung, Heimatlosigkeit, Hunger, Vergangenheit des Bettlers hinunter – tief, woher es mich, den Emporschwebenden, nimmermehr erreichen kann.

Mein Zimmer – ich habe eines der billigsten bekommen – liegt im sechsten Stockwerk und trägt die Nummer 703. Die Zahl gefällt mir – ich bin zahlengläubig –, die Null in der Mitte ist wie eine Dame, von einem ältern und einem jüngern Herrn flankiert. Auf dem Bett liegt eine gelbe Decke; gottlob, keine graue, die ans Militär erinnern könnte. Ich knipse ein paarmal das Licht an und aus, schlage die Tür des Nachtkästchens auf, die Matratze gibt dem Druck der Hand nach und federt empor, Wasser blinkt aus der Karaffe, das Fenster geht in Lichthöfe, in denen lustig bunte Wäsche flattert, Kinder schreien, Hühner lustwandeln.

Ich wasche mich und schlüpfe langsam ins Bett, jede Sekunde koste ich aus. Ich öffne das Fenster, die Hühner schwatzen laut und lustig, es ist wie süße Schlafmusik.

Ich schlafe ohne Traum den ganzen Tag.

Aus finanziellen Gründen kann der Kriegsheimkehrer Roth sein Studium nicht fortsetzen. Erste lyrische Versuche hatte er bereits in den letzten Kriegsjahren in der Tageszeitung »Der Abend« und in der Wochenschrift »Der Friede« publizieren können, die von Dr. Benno Karpeles geleitet wurde. Roth nimmt mit diesem Kontakt auf und wird als fester Redakteur und Lokalreporter in der neugegründeten Tageszeitung »Der Neue Tag« angestellt, für die er von 1919–1920 regelmäßig Beiträge liefern wird. Zu seinen Redaktionskollegen zählen Alfred Polgar, Egon Erwin Kisch, Anton Kuh, Leo Perutz und Arnold Höllriegel, denen Roth schon damals in seinen Anfängen als Feuilletonist in keiner Weise nachstand. Seine erste journalistische Arbeit beschreibt einen Besuch in »Steinhof«, der Landes-Heil- und Pflegeanstalt für Geistes- und Nervenkranke mit dem Titel »Die Insel der Unseligen«.

Es ist wie die Ironie des Schicksals: Jahre später muß Roth seine nervenkranke Frau Friedl in die Anstalt »Steinhof« einweisen lassen.

Die Insel der Unseligen

Ein Besuch in »Steinhof«

Da liegt sie, die Gartenstadt der Irrsinnigen, Zufluchtsort an dem Wahnsinn der Welt Gescheiterter, Heimstätte der Narren und Propheten. Goldregen leuchtet über weißem Kies, Kastanien haben festlich leuchtende Knospen angesteckt, und Lerchengeschmetter prasselt nieder aus blauen Lüften. Friedlich im Frühling und blau gebettet ist die Stadt mit dem lächelnden Antlitz und dem vergrämten Herzen. Die Häuser sind alle gleich gebaut und heißen »Pavillon«, haben römische Ziffern an der Stirnseite und fest verschlossene Pforten. Um manche ist ein Garten gebaut, und dort lustwandeln, sitzen, laufen, stehen die Hausbewohner herum. Es ist gerade die Zeit, da sie an die Luft geführt werden. Eine Frau hält beide Hände waagrecht vor sich hingestreckt, während sie auf und ab geht, rastlos, unermüdlich, immerzu, summt sie ein melancholisch-monotones Lied. Offenbar glaubt sie, ein Kinderwagerl vor sich herzuschieben. Ein Mann hockt auf dem Boden und müht sich vergeblich, deutliche Kreise in die noch harte Erde zu zeichnen. Ein anderer bewegt die Fäuste, dreht eine Faust nach innen, hält die andere waagrecht und still und verfolgt aufmerksam jede seiner eigenen Bewegungen. Aber um andere Häuser ist es still, da ist kein Garten. Das Haus der Tobsüchtigen, der Schwerverbrecher und Breitwieser-Kumpane ist dunkel und dräuend, hat fürsorgliche, feste Eisengitter, durch die von Zeit zu Zeit eine grinsende Menschenfratze heraussieht. Das Haus der Idioten ist dunkel, Trübsinn und Schwermut lagern über dem ganzen Trakt. Innen aber ist es hell, hat viele Glastüren, durch die die Sonne teilnahmsvoll ihre Stiefkinder besucht. Besucher kommen. Frauen, alte, junge, vergrämte, heitere, gleichgültige und bekümmerte. Alle tragen große Taschen, Pakete, Liebesgaben. Erst muß man zum Inspektionsarzt, bekommt einen blauen Zettel, geht in das betreffende Haus und läutet an. Ein Wärter öffnet, nimmt den Zettel ab. Dann kommt das Wiedersehen. Manche Kranke sind erfreut über den Besuch, manche sind verstört, nichts wissen wollend, die einen lachen, die andern weinen. Aber fast alle, die ich sah, durchsuchen zuerst die Taschen, die meisten freuen sich mehr über das Mitgebrachte als über den Besuch.

Hunger

Jawohl, Hunger. Auch hier hat er seinen Einzug gehalten. Ein schon genesener Patient, der jetzt mit dem Schreiben der Krankengeschichten seine Langeweile totzuschlagen bemüht ist, erzählt mir, daß Hunger und Unterernährung oft Geisteskrankheit hervorrufen und daß gerade in letzter Zeit häufig infolge Hungers tobsüchtig Gewordene eingeliefert werden. Die Nerven haben weniger Blutzufluß, sind nicht genügend »geölt«, und die Räderchen dieser göttlichsten aller Maschinerien geraten in Verwirrung: Der eine verdächtigt seinen Hausgenossen, daß sie ihm das ihm gebührende Essen verweigern, um es sich selbst zuzuführen, wird tobsüchtig, schlägt drauflos. Ein anderer verliert die Fähigkeit zu denken überhaupt, starrt trübe vor sich hin: Er ist hungrig. Dem ist in der Anstalt freilich wenig geholfen. In der Früh ein fragwürdiger »Schwarzer«, zu Mittag eine Brühe, Kraut oder Rüben, zum Nachtmahl noch einmal Rüben. Erst in den letzten Tagen ist das Essen wieder etwas besser geworden. Heute ist gerade ein Fleischtag. Es gelingt mir, einen Speisezettel zu bekommen, ich zeige ihn einem Patienten. Er schüttelt den Kopf: »Süßkraut?! Ich weiß, es wird wieder Sauerkraut werden. Und mit dem Fleisch ist es auch nicht weit her!« Aber selbst wenn – es ist nicht alle Tage Fleischtag, es gibt vier Klassen, und auf die Patienten der vierten Klasse kommt Hunger- statt Fleischportion. Ihr Unglück ist im allgemeinen das gleiche – ihre Kost nicht dieselbe. Ich lasse hier den Speisezettel folgen:

Speisenfolge
für Sonntag, den 12. April 1919

	Mittags:	Abends:
III. Klasse	Graupensuppe Rindfleisch Sauerkraut	Gulasch Haferreis
IV. Klasse	Graupensuppe Gulasch Sauerkraut	Süßkraut

Militär:	Graupensuppe Rindfleisch Sauerkraut	Süßkraut
Pflegepersonen:	Graupensuppe Rindfleisch Sauerkraut	Gulasch Graupen
Traktpfleger:	Bröselnudeln	

Wien, am 11. April 1919

Interviews

Ich habe von einigen interessanten »Fällen« gehört, und ich lasse mich bei ihnen anmelden. Ob der Herr Doktor bereit wäre, mich zu empfangen? Jawohl, sehr gerne. Ein großer blonder Mann, glattrasiert, mit ausdrucksvollen Zügen, sympathischen blauen Augen, empfängt mich. »Dr. Theodosius Regelrecht, Advokaturskandidat«. Seinen Namen hat er abgelegt, er will überhaupt von seiner Familie nichts wissen, er heißt »Regelrecht« und damit basta. Er schreibt an seinen Memoiren, behauptet, viel erlebt zu haben, und ist jedenfalls eine Persönlichkeit. »Sie gehören zur Papierverwertungsbranche?« Seine erste Frage ist etwas verblüffend, ich erwidere mit einem kleinlauten »Ja«. »Ich habe also die zweifelhafte Ehre«, fährt er fort, »in Ihnen einen Teil jener unmaßgeblichen Meinung zu sehen, die man die ›öffentliche‹ nennt? Sie sind einer jener ›freien Berufe‹, die sich infolge eines fatalen Versehens der Natur nicht am Strich anbieten können und es infolgedessen über oder unter dem Strich tun! Nun, stellen Sie Ihre Fragen?« »Wie denken Sie über die politische Lage Deutschösterreichs, Herr Doktor?« »Deutschösterreich ist ein kaiserloses Kaiserreich, aber keine Republik. Reichspräsident, Staatskanzler, oder wie das Oberhaupt heißt, würde sich zum rücksichtslosesten Bolschewismus bekehren um den Preis – einer Königskrone. Sämtliche ehemaligen österreichisch-ungarischen Nationen schließen sofort Frieden und Donauföderation, wenn man ihnen gestattet, noch einmal an einem Kaiserjubiläumsfestzug teilzunehmen. Sämtliche Zeitungen würden den Staatsanwalt – ich glaube, er hieß Dr. Mager – mit einem wahren Grubenhundefreudengeheul begrüßen, wenn ihnen gestattet würde, die Rubrik ›Hof- und Personalnachrichten‹ wiedereinzuführen. Alle Telepathen und Ringkämpfer verlieren sofort ihr ganzes Publikum, wenn irgendeine Hoheit noch einmal geruht, vor einem Grinzinger Kriegsspital wieder vorzufahren, und die Sehnsucht der Wiener nach der Burgmusik ist so unüberwindlich, daß sie aus Mangel an dieser Kommunistenversammlungen abhalten.« »Glauben Sie an den Kommunismus, Herr Doktor?« »Er kann kommen, aber wenn er kommt, wird er ein Kommunismus mit einem ›goldenen Herzen‹ sein. Auch in Budapest ruft man ja *›Eljen Kun!‹* nur deshalb, weil man nicht mehr *›Eljen Kiralyi!‹* rufen kann!« »Glauben Sie an die Wiederkehr der Monarchie?« »Was ist das für eine Frage? Kommunismus oder Monarchie – beides ist deutschösterreichisch, und beide sind nicht. Im übrigen habe ich mich lange genug aufgehalten. Berichten Sie dem Irrenhaus, das sich ›Welt‹ nennt und für das Sie schreiben, daß ich, Dr. Theodosius Regelrecht, keineswegs gesinnt bin zurückzukehren. Ich bin nicht irrsinnig!«

Damit ging ich. Mein nächster Besuch galt einem würdigen, graubärtigen Herrn, der eine bunte Papierkrone auf dem Kopf trägt und sich den »letzten Kaiser« nennt. Offenbar liest auch er Zeitung, denn er ruft immer wieder: »Mich werden sie nicht absetzen!« Seine traurige Majestät ist unnahbar, also ging ich weiter.

Im Korridor eilt ein kleines, dürres Männchen auf mich zu. »Dr. Regelrecht hat mir von Ihnen erzählt. Ich bin bereit, stehe Ihnen zur Verfügung. Ich habe gehört: Die Monarchie ist aufgelöst, der Reichsrat nach Hause geschickt, und in der Nationalversammlung hat ein Staatssekretär eine Thronrede gehalten in Vertretung des Kaisers, den er zu diesem Zweck in die Schweiz geschickt hat. Oh, das Ende der Welt!« »Sind Sie nicht etwas zu pessimistisch?« »Ich? Im Gegenteil! Ich sehe nur, daß sich die Welt zu neuer Anschauung bekehrt. Seit Jahr und Tag predige ich: ›Die Welt steht auf dem Kopf.‹ Deshalb haben sie mich für verrückt erklärt. Aber jetzt *steht* sie auf dem Kopf!« »Wie sind Sie hergekommen?« »Oh, ganz einfach! Sieben Kriegsanleihen hatte ich ruhig mitgezeichnet. Als man mich aber aufforderte, noch eine achte mitzumachen, bekam ich einen Lachkrampf und rief: ›Die Welt steht auf dem Kopf!‹ Hätte ich damals, wozu wohl mehr Anlaß gewesen wäre, einen *Weinkrampf* bekommen, man hätte mich eingesperrt. So kam ich hierher und hatte durch einen monatelangen Verkehr mit Menschen, die reiche und große Ideen haben und die man deshalb ›Idioten‹ nennt, Gelegenheit, meine Weltanschauung zu vertiefen. Ich rate Ihnen: Kommen Sie zu uns! Sie sind Schriftsteller, und es dürfte Ihnen schon gar nicht schwerfallen! Denn die Ärzte glauben einem niemals, daß man vernünftig ist. Ich verzeihe es ihnen: Ihr Studium und ihr Verkehr mit Kollegen berechtigen sie zu diesem Mißtrauen. Aber kommen Sie zu uns, gründen Sie eine Zeitung. Ich will sofort abonnieren. Es soll eine satirische Wochenschrift sein, und Sie brauchen keine Witze zu verfassen! Drucken Sie bloß psychiatrische Gutachten nach und behördliche Erlässe! Und jetzt leben Sie wohl!« ...

Offen gestanden: Er fällt mir schwer. Abend hüllt die Insel der Unseligen – oder Seligen? – in blauen Dunst. Nur die Kuppel der von Otto *Wagner* erbauten prachtvollen Kirche glänzt noch herüber. Vielleicht hat er recht, der kleine Professor? Ist die Welt nicht ein Tollhaus? Und ist es nicht praktisch, sich rechtzeitig ein warmes Plätzchen im »Steinhof« zu sichern? Ich werde es vielleicht doch tun. Und – eine Zeitung gründen. Ich suche auf diesem Wege Mitarbeiter …

Der Neue Tag, 20.4.1919

Bereits in diesem Beitrag läßt sich erkennen, welch journalistische Begabung in Joseph Roth steckte.

Für den »Neuen Tag« verfaßt Roth 1919 auch seine ersten Reiseberichte mit dem Titel »Reise durchs Heanzenland«, das war Deutsch-Westungarn, das spätere Burgenland. Die Redaktion sandte ihn dorthin, um über die politische Situation zu berichten und für den Anschluß dieses Teiles Ungarns an Österreich in Wien Stimmung zu machen.

Keine besondere Stimmung für den Anschluß
– Schikanierungen durch die Soldateska –
Pogromstimmung und Kampfbereitschaft,
geschürt durch die Feldbacher Offiziere

Obwohl die Ungarn wußten, daß der Anschluß des uns von der Entente zugesagten deutschen Teiles von Westungarn ganz unabhängig von unserem und ihrem Verhalten für oder gegen den Anschluß ohne Volksabstimmung und unter dem Diktat der Entente erfolgen würde, hatte die ungarische Propaganda dennoch keinen Moment nachgelassen. Es waren alle möglichen Mittel angewendet worden. Man bat, versprach, schmeichelte.

Der Nationalitätenminister *Bleyer* hatte selbst das Land bereist, und seine volkstümliche Erscheinung – er sieht wie ein wohlhabender ungarischer Landwirt aus – hatte nicht wenig dazu beigetragen, daß die Bauern in Scharen zu den Versammlungen strömten und sich von Bleyer wirklich überzeugen ließen. Die ungarische Gentry, jene ganze Clique von Magnaten und Großgrundbesitzern, die den Sturz der Kun-Regierung vorbereiten halfen und ganz ungeheure Geldmengen zur Erhaltung und Ausrüstung des ungefähr 25 000 Mann zählenden Freiwilligenheeres *Lehars* zur Verfügung gestellt hatten, zahlte auch weiterhin Unsummen für die Propaganda. Der Kaplan Johann *Huber*, politischer Beirat des Nationalitätenministers *Bleyer*, selbst ein Sohn deutscher Eltern und mit der Psychologie des deutschen Bauers in Westungarn genau vertraut, schwitzte in Budapest bei der Abfassung jener Unmenge von Plakaten, Flugschriften und Werbezetteln, die ein bis zwei Wochen lang ganz Westungarn überschwemmten. In riesigen Lettern prangte zum Beispiel folgendes Plakat an allen westungarischen Häuserfronten:

Eine große Gefahr für
Westungarn
ist die geplante
Besetzung durch die Wiener Volkswehr,
welche eine sogenannte Proletarierarmee ist und einzelne
Bataillone ausschließlich aus Bolschewiken bestehen.
Sie haben durchgesetzt, daß
Bela Kun samt Mordgesellen nach Österreich flüchten und
in einer Sommerfrische in Saus und Braus leben können.
Die Wiener Volkswehr fühlt mit den ungarischen
Mord-Bolschewiken brüderlich,
ihr Einmarsch in Ungarn würde
die Freilassung aller verhafteten Bolschewiken und

sofortige Entwaffnung unseres Militärs, Gendarmerie, Polizei und gesamten Bürgerschaft bedeuten.
Die Bevölkerung wäre abermals den Raub- und Mordgelüsten jener Menschen preisgegeben, welche in viereinhalb Monaten Westungarn ausgeraubt, das Volk gequält und zahlreiche Morde begangen haben!
Volk von Westungarn!
In zwölfter Stunde größter Gefahr raffe dich auf zur Abwehr gegen den Einmarsch der Wiener bolschewistischen Volkswehr!
Mit brüderlichem Gruß
der Ausschuß für ein freies Westungarn,
Ödenburg, Szechenyiplatz 2

Der deutsche westungarische Bauer ist von Natur eher mißtrauisch als leichtgläubig. Aber über die Tatsache, daß Bela Kun in einer deutschösterreichischen Sommerfrische lebt, kommt er nicht hinweg, und seine ehrliche Einfalt erzittert bei dem Schimmer von einem Gedanken, der Bolschewismus könnte wiederkehren. Die Flugzettel des Vorbereitungskomitees für den »Kulturbund von Deutsch-Westungarn« sahen in Form und inhaltlicher Farbe den Veröffentlichungen des Kaplans *Huber* sehr ähnlich. Von einem Anschluß sprach auch dieser Kulturbund nicht. Einer dieser Flugzettel hat folgenden Wortlaut: »Deutsche, wacht auf! Endlich ist die Zeit herangerückt, in der wir uns offen und frei für unsere deutsche Muttersprache bekennen dürfen, in der wir deutscher Kultur unbeengt und unbeeinflußt dienen können und wollen.

Wir wollen keine andere Politik verfolgen als nur die deutsche, die arische, denn in ihr sehen wir unsere Zukunft. Das Vorbereitungskomitee.«

Man sieht, es trieft genauso von Christentum wie die Veröffentlichungen Friedrichs, Bleyers und Lehars. Dieser

Flugzettel verrät keine Unzufriedenheit mit der magyarischen Herrschaft. Er ist im Gegenteil ein Jubelschrei aus vom Kommunismus befreiter deutscher Kehle. Geza *Zsombor*, der Mann mit den Chamäleoneigenschaften, der wieder als Gouverneur in *Ödenburg* residiert trotz seiner arg kompromittierenden Vergangenheit, hatte den Auftrag bekommen, in Budapest Subventionen zum Zwecke der Bestechung der deutschen Zeitungen in Westungarn zu sammeln. Ob es gelungen ist, ist natürlich nicht bekannt geworden. Jedenfalls erschien kurze Zeit darauf die von den ungarischen Herren sehr propagierte »Christliche Ödenburger Zeitung«, die für Friedrich und das ungarische Vaterland schwärmte und es als die einzige Pflicht des deutschen Bauers bezeichnete, gut christlich und ebensogut ungarisch zu bleiben. Oberst *Lehar verteilte Waffen* an die westungarische Bauernschaft. Diese Waffen sollten ein Zeichen des Vertrauens bedeuten und waren eine Aufforderung, sich gegen ein eventuelles Eindringen der »bolschewistischen« Volkswehr zu verteidigen. Der westungarische Bauer war geblendet von dem Glanz der goldenen Portepees und Versprechungen. Er glaubt an Ungarn. Er mißtraut Deutschösterreich. Dem Deutschösterreich mit der »jüdischen« Regierung. Gegen die Deutschen wurden keine Gewalttaten verübt. Verhaftet wurden nur Kommunisten und Juden. Da halfen die Deutschen redlich mit. Die ungarischen Herrschaften waren viel zu klug, um Terror gegen den deutschen Bauer auszuüben. Die Nachrichten, die darüber hierhergelangten, waren falsch.

Dr. Gregorius

Dem Oberstleutnant Dr. Gregorius, einem Siebenbürger Sachsen, wurde von einer Korrespondenz der Vorwurf gemacht, daß er Anschlußfreunde verhaften und in Ketten legen lasse. Ohne den Dr. Gregorius zu kennen, traf ich zufällig mit ihm zusammen. Ich lernte in ihm einen Menschen von fanatischem Rechtsgefühl kennen, einen philosophisch geschulten Denker und einen Vegetarier, der kein Huhn speisen kann, weil er gegen jeden Mord ist. Ich unterhielt mich mit ihm zwei Stunden lang über Christus, die Entwicklung der Menschheit und die Rassenzucht. Dieser Mensch soll jemanden in Ketten gelegt haben! Ganz abgesehen davon, daß es in ganz Sauerbrunn, wo Dr. Gregorius Kommandant ist, keine einzige Handschelle gibt! Dr. Gregorius hat wohl Verhaftungen vorgenommen, aber in Fesseln gelegt hat er keinen.

Wer ist ein Kommunist?

Ein Kommunist ist jeder, der ein ausgesprochen jüdisches Aussehen hat. Die aus dem Feldbacher Lager an die Grenzorte kommandierten Offiziere sind fanatische Judenfresser. Daß sie in ihrem Judenhasse, der eigentlich Kommunistenhaß ist, es sich nicht nehmen lassen, hie und da Prügel auszuteilen oder ganz ruhig zuzusehen, wie *Ennsbruder* von der Eskorte niedergeknallt wird, ist nur natürlich. Denn diese Feldbacher sind ein eigenes Völkchen mit eigenen Sitten und Weltanschauungen. Sie verachten nicht nur jeden Zivilisten, sie verwechseln ihn sogar mit einem Juden und diesen mit einem »Kommunisten«. Ihnen gegenüber sind die Zivilbehörden machtlos und die Stabsoffiziere ohne Einfluß. Im Kupee hörte ich, wie sich ein Feldbacher Unterleutnant rühmte, bei der Ermordung Ennsbruders mit dabeigewesen zu sein, und wie er auf die Vorwürfe eines Stabsoffiziers nur trotzig erwiderte: Alle müsse man so hinmachen. Aus diesem westungarischen Militär entwikkelt sich allmählich eine Soldateska, und aus den Offizieren werden Landsknechte. Es sind Leute, die selbst Unsägliches von Tibor *Szamuely* gelitten haben und die ein unauslöschlicher Blutdurst immerfort quält. Allmählich wachsen sie auch *Lehar* selbst über den Kopf und den Älteren, besonnenen Stabsoffizieren.

Die Bevölkerung und der Anschluß

So kommt es, daß, was die deutschnationale Propaganda und die »Fürstenfelder Nachrichten« nicht zustande brachten, die Feldbacher Offiziere taten. Juden und Arbeiter möchten gerne nach Deutschösterreich. Die Bauern nicht sehr gern. Auch die christlich-deutsche Stadtbevölkerung nicht. In Sauerbrunn verkaufte gestern ein Kolporteur die Extra-Ausgabe mit der Nachricht, daß der Anschluß durchgeführt würde, und die deutsche Frau rang verzweifelt darüber die Hände: »Bela Kun kommt wieder ins Land!«

Die Bauern kümmern sich in ihrer eisernen Ruhe um den Friedensvertrag gar nicht. Sie gehen ruhig ihrer Feldarbeit nach und lassen sich Zeit bis Sonntag. Dann wird man darüber sprechen. Und wenn Bela Kun wirklich kommen sollte, so hat man dagegen ja Mittel. Hilflos ist man nur gegenüber dem unerbittlich eintretenden Preisrückgang. Denn der Ochs wird – wenn der Anschluß kommt – billiger werden. Der Bauer nicht um ein Haar besser ...

Auch die paar tausend Zigeuner, die wir mitbekommen, kümmern sich um den Anschluß nicht. Ich glaube, sie werden in Deutschösterreich zu einem Problem werden.

Pogrome

Man hat das Christentum zu Agitationszwecken gepachtet. Da man die nötige Liebe nicht aufbringen kann, um sein Christentum zu beweisen, bringt man den nötigen Haß auf und widerlegt es. Noch nie ist mit dem Namen Christi schändlicherer Mißbrauch getrieben worden als jetzt in Ungarn. Der spanischen Inquisition konnte man wenigstens die Naivität des Mittelalters zugute schreiben. Aber dieser neuzeitliche Antisemitismus ist politische Geschäfts- und niemals Überzeugungssache. Wenn es wahr ist, daß man die Kultur eines Volkes danach abschätzt, wie es seine Juden behandelt, so müßte man die ungarische Kultur nicht sehr hoch einschätzen. Zum Glück ist wenigstens, was Westungarn betrifft, die Judenhatz, wie übrigens auch bei uns, nur der Zeitvertreib der Halbgebildeten, der Pseudointelligenz. Die Behörden und jene Stellen, die man die »maßgebenden« nennt, *tun das Mögliche*, um Ausschreitungen zu verhindern. Der Mob befriedigt seine bestialischen Gelüste in derselben Weise wie unter der Kommunistenherrschaft. War die Losung früher: Bourgeois! so heißt sie jetzt: Jud! Die große Bauernschar aber strömt ihren ganz wilden Haß, von christlichsozialen Leitartikelfedern aufgestachelt, gegen den Kommunismus aus. Und Kommunismus heißt: Judenschaft! So sagt Herr Lingauer, der Herr Chefredakteur und Leitartikelschreiber.

Solange dieser Herr *Lingauer* nicht im Lande weilte, war es ruhig. Kaum war er zurückgekommen, so setzte er sich an den Schreibtisch und machte in Judenhatz. Das Land sollte christlich werden. Es wurde christlichsozial, d. h. antisemitisch. Die Offiziere, die sich massenhaft in die neugebildete Lehar-Armee meldeten, bestanden zum größten Teile aus Opfern des Kommunismus. Entweder aus Geflüchteten und in die Heimat Zurückgekehrten oder aus jenen, die von den Kommunisten in der unmenschlichsten Weise geprügelt, ausgehungert, gequält, mißhandelt worden waren. Der junge Fähnrich, der vom Leben nicht mehr kannte als das Dienstreglement und die Bestandteile des Gewehres, dessen Gehirn Gelenksübungen kontrollierte statt der Funktionen des Denkens, dessen Seele unbeschwert war von Problemen und dessen Auge wohl die Fähigkeit besaß, mit dem Feldstecher feindliche Schleichpatrouillen, aber niemals Ursachen und Zusammenhänge zu erkennen, sah in seinen Peinigern nicht Kommunisten, sondern Judenbengel. Ein siebzehnjähriger Judenjüngling war es, der einem auf dem Boden liegenden, zu Tode mißhandelten Offizier noch fünf Revolverschüsse nachsandte. Ein Jude, der die junge Frau eines Oberleutnants so lange schlug, bis sie taub wurde. Das alles spielte sich vor der Feldbacher Internierung ab. Von daher kommen die Offiziere der Leharschen Armee. Sie sehen in jedem Juden einen Kommunisten und in jedem Kommunisten ihren persönlichen Todfeind. Die jüngeren unter den Offizieren glaubten, sich an Tibor Szamuely am besten dadurch zu rächen, daß sie ihn nachahmen. Die älteren Offiziere sahen ein, daß Gewalt nur Gewalt erzeugt, und haben Angst vor dem Ruf des »weißen Terrors«. Sie bemühen sich ehrlich und aufrichtig, Gewalttaten gegen Juden zu verhindern. Aber da es in der Lehar-Armee viel mehr Fähnriche als Stabsoffiziere gibt, kann nicht hinter jedem Fähnrich ein Stabsoffizier stehen. Lehar schreibt Befehle und Erlässe. Aber eindringlicher als Erlässe sind die Leitartikel, die Herr *Lingauer* schreibt.

Allerdings kann den Juden vieles vorgeworfen werden: Sie treiben unerhörten Schleichhandel, hamstern Blaugeld und was sonst noch der unangenehmen Dinge mehr sind. In *Karszthey* begingen die Juden den groben Fehler, einen ihrer angesehensten Mitbürger, Bela *Berenyi,* mit einer Bitte an Vazsony nach Budapest zu entsenden und die – *rumänische Besetzung* zu verlangen. Bela Berenyi wurde verhaftet, dann zwar wieder freigelassen, aber Herr Lingauer triumphierte.

Wer ist Lingauer?

Ein etwa 45jähriger Mann, groß, schlank, mit einem interessanten Schmiß im Gesicht, erklärter Damenfreund und -liebling. Sohn eines österreichischen Beamten, der in der Bachschen Ära nach Ungarn gekommen war. *Lingauer* wurde Journalist, Redakteur des »Vasvar Megye« und gehörte allen Parteien an. Er war Mitglied der Freimaurerloge von Steinamanger, machte Schulden, ließ sie sich von der Loge bezahlen und mußte infolgedessen austreten. Seit damals machte er in Antisemitismus. Jetzt ist *Lingauer* mehr Herr in Westungarn als Lehar oder der Bischof. Es gibt wohl keine Leharbuben, wohl aber Lingauerbuben, junge Feldbacher Offiziere, die sich allabendlich damit vergnügen, Pogromlieder im Kaffeehaus zu singen. Pogromlieder sind auch die meisten Leitartikel Lingauers. Diese Leitartikel bilden den Gesprächsstoff in ganz Westungarn bei Juden und Antisemiten. Sie bilden Gesprächsstoff und Veranlassung zu Schikanen jeder Art. Die jüdischen Reserveoffiziere, die sich in die Bürgerwehr gemeldet hatten, wurden beim Einzug Lingauers und der Feldbacher »aus Familienrücksichten beurlaubt«. Die sogenannte Husarenkaserne wurde gefürchteter Schauplatz von Judenprügeleien. Die Hauptrolle spielte dabei der Herr Hauptmann

Zolan alias Hirschler

Dieser gab sich für einen ungarischen Edelmann und Antisemiten aus und war einer der gefürchtetsten Rohlinge. Er war natürlich ein dicker Freund Lingauers, attackierte und schikanierte Juden, wo er sie traf, und ohrfeigte eines Tages einen jüdischen Kellner im Kaffeehaus. Dabei schimpfte er wütend auf die Juden. Auf diesen Lärm hin trat plötzlich ein Gast auf ihn zu und begrüßte ihn mit folgenden Worten: »Wie geht's, Herr Hirschler?« Es stellte sich heraus, daß Hauptmann Zolan Hirschler geheißen hatte und der Sohn eines jüdischen Kaufmannes war. Seit jener Szene war Hauptmann Zolan verschwunden.

Westungarische Existenzen

Westungarn ist heute ein Land von politischen Abenteurern, säbelrasselnden Offizieren und verprügelten Juden.

Für Deutschösterreich ist die starke antisemitische Strömung jedenfalls von Schaden wie alles, was Unruhen hervorzurufen geeignet ist. Es wird gelten, gut aufzupassen. Ich habe selbst bei vielen Bauern *Gewehre* und *Munition* gesehen. Die Waffen hatten die Bauern von Lehar erhalten, damit sie als Bürger- und Bauernwehr gegen die noch etwa im Lande befindlichen und einen eventuellen Putsch planenden Kommunisten kämpfen können. Ein hoher ungarischer Funktionär sagte mir: »Wenn wir uns zurückziehen, so lassen wir den Bauern die Gewehre. Die werden sie gegen andere kehren.« Das heißt: Die Bauern werden gegen die deutschösterreichische »Judenregierung« losziehen. Eine Entwaffnung der Bauernschaft wird also notwendig sein. Das »Christliche Ödenburger Tagblatt«, dessen heutiger Leitartikel den schönen Titel trägt: »Der Bauer, der starke Fels in der roten Flut« und in dem Satz gipfelt: »Nur der Bauer ... als Hüter der väterlichen Erde, der *deutsche* und *ungarische Bauer«* – dieses hochpatriotisch-ungarisch-patentiert-christliche Blatt wird gewiß, wie alle die andern seines Kalibers, auch in Deutschösterreich nicht aufhören, zu hetzen und zu schüren. Gefährlicher als Gewehre sind die Leitartikelfedern.

Die Feldbacher Offiziere werden die Besetzung um jeden Preis zu verhindern trachten. Ihre Existenz hängt an Westungarn. Die Entente wird eingreifen müssen, denn sie hat uns das Land zugesprochen.

Der Neue Tag, 5.9.1919

Als »Der Neue Tag« im April 1920 eingestellt werden muß, verliert Roth seine Arbeit als Journalist. Es zieht den Sechsundzwanzigjährigen in die aufstrebende Metropole Berlin.

Berlin

1

Kein Ostjude geht freiwillig nach Berlin. Wer in aller Welt kommt freiwillig nach Berlin?

Berlin ist eine Durchgangsstation, in der man aus zwingenden Gründen länger verweilt. Berlin hat kein Getto. Es hat ein jüdisches Viertel. Hierher kommen die Emigranten, die über Hamburg und Amsterdam nach Amerika wollen. Hier bleiben sie oft stecken. Sie haben nicht genug Geld. Oder ihre Papiere sind nicht in Ordnung.

(Freilich: die Papiere! Ein halbes jüdisches Leben verstreicht in zwecklosem Kampf gegen Papiere.)

Die Ostjuden, die nach Berlin kommen, haben oft ein Durchreisevisum, das sie berechtigt, zwei bis drei Tage in Deutschland zu bleiben. Es sind schon manche, die nur ein Durchreisevisum hatten, zwei bis drei Jahre in Berlin geblieben.

Von den alteingesessenen Berliner Ostjuden sind die meisten noch vor dem Kriege gekommen. Verwandte sind ihnen nachgereist. Flüchtlinge aus den okkupierten Gebieten kamen nach Berlin. Juden, die in Rußland, in der Ukraine, in Polen, in Litauen der deutschen Okkupationsarmee

Dienste geleistet hatten, mußten mit der deutschen Armee nach Deutschland.

Es gibt auch ostjüdische Verbrecher in Berlin. Taschendiebe, Heiratsschwindler, Betrüger, Banknotenfälscher, Inflationsschieber. Fast keine Einbrecher. Keine Mörder, keine Raubmörder.

Vom Kampf um die Papiere, gegen die Papiere ist ein Ostjude nur dann befreit, wenn er den Kampf gegen die Gesellschaft mit verbrecherischen Mitteln führt. Der ostjüdische Verbrecher ist meist schon in seiner Heimat Verbrecher gewesen. Er kommt nach Deutschland ohne Papiere oder mit falschen. Er meldet sich nicht bei der Polizei.

Nur der ehrliche Ostjude – er ist nicht nur ehrlich, sondern auch furchtsam – meldet sich bei der Polizei. Das ist in Preußen weit schwieriger als in Österreich. Die Berliner Kriminalpolizei hat die Eigenschaft, in den Häusern nachzukontrollieren. Sie prüft auch auf der Straße Papiere. In der Inflation geschah es häufig.

Der Handel mit alten Kleidern ist nicht verboten, aber er ist auch nicht geduldet. Wer keinen Gewerbeschein besitzt, darf meine alte Hose nicht kaufen. Er darf sie auch nicht verkaufen.

Dennoch kauft er sie. Er verkauft sie auch. Er steht in der Joachimsthaler Straße oder Ecke Joachimsthaler Straße und Kurfürstendamm und tut so, als täte er gar nichts. Er muß den Passanten ansehen, ob sie erstens alte Kleider zu verkaufen haben, und zweitens, ob sie Geld gebrauchen.

Die gekauften Kleider: verkauft man am nächsten Morgen an der Kleiderbörse.

Auch unter den Hausierern gibt es Rangunterschiede. Es gibt reiche, mächtige Hausierer, zu denen die kleinen sehr demütig aufblicken. Je reicher ein Hausierer ist, desto mehr verdient er. Er geht nicht auf die Straße. Er hat es nicht nötig. Ja, ich weiß nicht einmal, ob ich ihn wirklich »Hausierer« nennen darf. Eigentlich hat er einen Laden mit alten Kleidern und einen Gewerbeschein. Und wenn es nicht sein eigener Gewerbeschein ist, so ist es der eines Eingesessenen, eines Berliner Bürgers, der nichts vom Kleiderhandel versteht, aber prozentual am Geschäft beteiligt ist.

In der Kleiderbörse versammeln sich am Vormittag die Ladeninhaber und die Hausierer. Diese bringen den Ertrag des vergangenen Tages, alle alten Röcke und Kleider. Im Frühling ist Hausse in Sommer- und Sportanzügen. Im Herbst ist Hausse in Cutaways, Smokings und gestreiften Hosen. Wer im Herbst mit Sommer- und Leinenanzügen kommt, versteht das Geschäft nicht. Die Kleider, die der Hausierer den Passanten für ein lächerliches Geld abgekauft hat, verkauft er mit einem lächerlich geringen Aufschlag an den Ladeninhaber. Dieser läßt die Kleider bügeln, »auffrischen«, richten. Dann hängt er sie vor sein Ladenschild und läßt sie flattern im Wind.

Wer alte Kleider gut zu verkaufen versteht, wird bald neue Kleider verkaufen können. Er wird ein Magazin eröffnen statt eines Ladens. Er wird einmal Warenhausbesitzer werden.

In Berlin kann auch ein Hausierer Karriere machen. Er wird sich schneller assimilieren als seine Standesgenossen in Wien. Berlin gleicht die Verschiedenen aus und ertötet Eigenheiten. Deshalb gibt es kein großes Berliner Getto.

Es gibt nur ein paar kleine Judenstraßen, in der Nähe der Warschauer Brücke und im Scheunenviertel. Die jüdischste aller Berliner Straßen ist die traurige Hirtenstraße.

2

So traurig ist keine Straße der Welt. Die Hirtenstraße hat nicht einmal die hoffnungslose Freudigkeit eines vegetativen Schmutzes.

Die Hirtenstraße ist eine Berliner Straße, gemildert durch ostjüdische Einwohner, aber nicht verändert. Keine Straßenbahn durchfährt sie. Kein Autobus. Selten ein Automobil. Immer Lastwagen, Karren, die Plebejer unter den Fahrzeugen. Kleine Gasthäuser stecken in den Mauern. Man geht auf Stufen zu ihnen empor. Auf schmalen, unsauberen, ausgetretenen Stufen. Sie gleichen dem Negativ ausgetretener Absätze. In offenen Hausfluren liegt Unrat. Auch gesammelter, eingekaufter Unrat. Unrat als Handelsobjekt. Altes Zeitungspapier. Zerrissene Strümpfe. Alleinstehende Sohlen. Schnürsenkel. Schürzenbänder. Die Hirtenstraße ist langweilig vororthaft. Sie hat nicht den Charakter einer Kleinstadtstraße. Sie ist neu, billig, schon verbraucht, Schundware. Eine Gasse aus einem Warenhaus. Aus einem billigen Warenhaus. Sie hat einige blinde Schaufenster. Jüdisches Gebäck, Mohnbeugel, Semmeln, schwarze Brote liegen in den Schaufenstern. Ein Ölkännchen, Fliegenpapier, schwitzendes.

Außerdem gibt es da jüdische Talmudschulen und Bethäuser. Man sieht hebräische Buchstaben. Sie stehen fremd an diesen Mauern. Man sieht hinter halbblinden Fenstern Bücherrücken.

Man sieht Juden mit dem Talles unterm Arm. Sie gehen aus dem Bethaus Geschäften entgegen. Man sieht kranke Kinder, alte Frauen.

Der Versuch, diese Berliner langweilige, so gut wie möglich saubergehaltene Straße in ein Getto umzuwandeln, ist immer wieder stark. Immer wieder ist Berlin stärker. Die Einwohner kämpfen einen vergeblichen Kampf. Sie wollen sich breitmachen? Berlin drückt sie zusammen.

3

Ich trete in eine der kleinen Schankwirtschaften. Im Hinterzimmer sitzen ein paar Gäste und warten auf das Mittagessen. Sie tragen die Hüte auf dem Kopf. Die Wirtin steht zwischen Küche und Gaststube. Hinter dem Ladentisch steht der Mann. Er hat einen Bart aus rotem Zwirn. Er ist furchtsam.

Wie sollte er nicht furchtsam sein? Kommt nicht die Polizei in diesen Laden? War sie nicht schon einige Male da? Der Schankwirt reicht mir auf jeden Fall die Hand. Und auf jeden Fall sagt er: »Oh, das ist ein Gast! Sie sind schon so lange nicht dagewesen.« Niemals schadet eine herzliche Begrüßung.

Man trinkt das Nationalgetränk der Juden: Met. Das ist der Alkohol, an dem sie sich berauschen können. Sie lieben den schweren dunkelbraunen Met, er ist süß, herb und kräftig.

4

Manchmal kommt nach Berlin der »Tempel Salomonis«. Diesen Tempel hat ein Herr Frohmann aus Drohobycz getreu nach den genauen Angaben der Bibel hergestellt, aus Fichtenholz und Pappmaché und Goldfarbe. Keineswegs aus Zedernholz und echtem Gold wie der große König Salomo.

Frohmann behauptet, er hätte sieben Jahre an diesem Miniaturtempelchen gebaut. Ich glaube es. Einen Tempel wiederaufzubauen, genau nach den Angaben der Bibel, erfordert ebensoviel Zeit wie Liebe. Man sieht jeden Vorhang, jeden Vorhof, jede kleinste Turmzacke, jedes heilige Gerät. Der Tempel steht auf einem Tisch im Hinterzimmer einer Schenke. Es riecht nach jüdischen zwiebelgefüllten Fischen.

Sehr wenige Besucher kommen. Die Alten kennen den Tempel schon, und die Jungen wollen nach Palästina, nicht um Tempel, sondern um Landstraßen zu bauen.

Und Frohmann fährt von einem Getto zum anderen, von Juden zu Juden und zeigt ihnen sein Kunstwerk, Frohmann, der Hüter der Tradition und des einzigen großen architektonischen Werkes, das die Juden jemals geschaffen haben und das sie infolgedessen niemals vergessen werden. Ich glaube, daß Frohmann der Ausdruck dieser Sehnsucht ist, der Sehnsucht eines ganzen Volkes. Ich habe einen alten Juden vor dem Miniaturtempel stehen gesehen. Er glich seinen Brüdern, die an der einzig übriggebliebenen heiligen Mauer des zerstörten Tempels in Jerusalem stehen, weinen und beten.

5

Das Kabarett fand ich zufällig, während ich an einem hellen Abend durch die dunklen Straßen wanderte, durch die Fensterscheiben kleiner Bethäuser blickte, die nichts anderes waren als simple Verkaufsläden bei Tag und Gotteshäuser des Morgens und des Abends. So nahe sind den Juden des Ostens Erwerb und Himmel; sie brauchen für ihren Gottesdienst nichts als zehn Erwachsene, das heißt über dreizehn Jahre alte Glaubensgenossen, einen Vorbeter und die Kenntnis der geographischen Lage, um zu wissen, wo Osten ist, der Misrach, die Gegend des Heiligen Landes, der Orient, aus dem das Licht kommen soll.

In dieser Gegend wird alles improvisiert: der Tempel durch die Zusammenkunft, der Handel durch das Stehenbleiben in der Straßenmitte. Es ist immer noch der Auszug aus Ägypten, der schon Jahrtausende anhält. Man muß immer auf dem Sprung sein, alles mit sich führen, das Brot und eine Zwiebel in der Tasche, in der anderen die Gebetriemen.

Wer weiß, ob man in der nächsten Stunde nicht schon wieder wandern muß. Auch das Theater entsteht plötzlich.

Jenes, das ich sah, war im Hof eines schmutzigen und alten Gasthofes etabliert. Es war ein viereckiger Lichthof, Gänge und Korridore mit Glasfenstern klebten an seinen Wänden und enthüllten verschiedene Intimitäten der Häuslichkeit, Betten, Hemden und Eimer. Eine alte verirrte Linde stand in der Mitte und repräsentierte die Natur. Durch ein paar erleuchtete Fenster sah man das Innere einer rituellen Gasthofküche. Der Dampf stieg aus den kochenden Töpfen, eine dicke Frau schwang einen Löffel, ihre fetten Arme waren halb entblößt. Unmittelbar vor den Fenstern und so, daß sie es zur Hälfte verdeckte, stand ein Podium, von dem aus man direkt in den Flur des Restaurants gelangen konnte. Vor dem Podium saß die Musik, eine Kapelle aus sechs Männern, von denen die Sage ging, daß sie Brüder sind und Söhne des großen Musikers Mendel aus Berdiczew, an den sich noch die ältesten Juden aus dem Osten erinnern können und dessen Geigenspiel so herrlich war, daß man es nicht vergessen kann, weder in Litauen noch in Wolynien, noch in Galizien.

Die Schauspielertruppe, die hier bald auftreten sollte, nannte sich »Truppe Surokin«. Surokin hieß ihr Direktor, Regisseur und Kassierer, ein dicker, glattrasierter Herr aus Kowno, der schon in Amerika gesungen hatte, Vorbeter und Tenor, Synagogen- und Opernheld, verwöhnt, stolz und herablassend, Unternehmer und Kamerad zu gleichen Teilen. Das Publikum saß an kleinen Tischen, aß Brot und Wurst und trank Bier, holte sich Speise und Trank selbst aus dem Restaurant, unterhielt sich, schrie, lachte. Es bestand aus kleinen Kaufleuten und deren Familien, nicht mehr orthodox, sondern »aufgeklärt«, wie man im Osten Juden nennt, die sich rasieren lassen (wenn auch nur einmal wöchentlich) und europäische Kleidung tragen. Diese

Juden befolgen die religiösen Bräuche mehr aus Pietät als aus religiösem Bedürfnis: Sie denken an Gott nur, wenn sie ihn brauchen, und es ist ihr Glück, daß sie ihn ziemlich oft brauchen. Unter ihnen finden sich Zyniker und Abergläubische, aber alle werden in bestimmten Situationen sentimental und in ihrer Gerührtheit rührend. Sie sind in Dingen des Geschäfts rücksichtslos gegeneinander und gegen Fremde – und doch braucht man nur an eine bestimmte verborgene Saite zu rühren, um sie opferwillig, gütig und human zu machen. Ja, sie können weinen, besonders in einem solchen Freilufttheater, wie es dieses war.

Die Truppe bestand aus zwei Frauen und drei Männern – und bei dem Versuch zu schildern, wie und was sie auf dem Podium aufgeführt haben, stocke ich. Das ganze Programm war improvisiert. Zuerst trat ein dünner, kleiner Mann auf, in seinem Gesicht saß die Nase wie ein Fremdes, sehr Verwundertes; es war eine impertinente, zudringlich fragende und dennoch rührende, lächerliche Nase, eher slawisch als jüdisch, breite Flügel mit einem unvermutet spitzen Ende. Der Mann mit dieser Nase spielte einen Batlen, einen närrisch-weisen Spaßmacher, er sang alte Lieder und verulkte sie, indem er ihnen überraschende komische, widersinnige Pointen anhängte. Dann sangen beide Frauen ein altes Lied, ein Schauspieler erzählte eine humoristische Geschichte von Scholem Alechem, und zum Schluß rezitierte der Herr Direktor Surokin moderne hebräische und jiddische Gedichte lebender und jüngst verstorbener jüdischer Autoren; er sprach die hebräischen Verse und gleich darauf ihre jüdische Übersetzung, und manchmal begann er, zwei, drei Strophen leise zu singen, als sänge er so für sich, in seinem Zimmer, und es wurde totenstill, und die kleinen Kaufleute hatten große Augen und stützten das Kinn auf die Faust, und man hörte das Rauschen der Linde.

Ich weiß nicht, ob Sie alle die jüdischen Melodien des

Ostens kennen, und ich will versuchen, Ihnen eine Vorstellung von dieser Musik zu geben. Ich glaube, sie am deutlichsten gekennzeichnet zu haben, wenn ich sie bezeichne als eine Mischung von Rußland und Jerusalem, von Volkslied und Psalm. Diese Musik ist synagogal-pathetisch und volkstümlich naiv. Der Text scheint, wenn er nur gelesen wird, eine heitere, flotte Musik zu erfordern. Hört man ihn aber gesungen, so ist es ein schmerzliches Lied, das »unter Tränen lächelt«. Hat man es einmal gehört, so klingt es wochenlang nach, der Gegensatz war ein scheinbarer, in Wirklichkeit *kann* dieser Text in keiner anderen Melodie gesungen werden. Er lautet:

> Ynter die griene Beimelach
> sizzen die Mojschelach, Schlojmelach,
> Eugen wie gliehende Keulalach …
> (Augen wie glühende Kohlen)

Sie sitzen! Sie tummeln sich nicht etwa unter den grünen Bäumen. Tummelten sie sich – dann wäre der Rhythmus dieser Zeilen so flott, wie er es auf den ersten Blick zu sein scheint. Aber sie tummeln sich nicht, die kleinen Judenknaben.

Ich hörte das alte Lied, das Jerusalem, die Stadt singt, so wehmütig, daß ihr Schmerz über ganz Europa weit hinein nach dem Osten weht, über Spanien, Deutschland, Frankreich, Holland, den ganzen bitteren Weg der Juden entlang. Jerusalem singt:

> Kim, kim, Jisruleki l aheim (nach Hause)
> in dein teures Land arain …

Diesen Sang verstanden alle Kaufleute. Die kleinen Menschen tranken kein Bier und aßen keine Würste mehr. So wurden sie präpariert für die schöne ernste, sogar schwierige und manchmal abstrakte Poesie des großen hebräischen Dichters Bialik, dessen Lieder in fast alle Kultursprachen übersetzt sind und von dem eine Wiederbelebung der hebräischen Schriftsprache ausgegangen sein soll, die sie endgültig zu einer lebendigen macht. Dieser Dichter hat den Zorn alter Propheten und die süße Stimme eines jubelnden Kindes.

Vor seiner Abreise aus Österreich lernt Roth jedoch in seinem Stammcafé »Herrenhof« im ersten Wiener Bezirk die achtzehnjährige Friedl Reichler kennen. Oft kehrt er aus Berlin ihretwegen für kurze Zeit nach Wien zurück, um sie, die eigentlich schon mit einem seiner Journalistenkollegen verlobt war, für sich zu gewinnen. Schließlich heiraten die beiden am 5. März 1922 in Wien und gehen gemeinsam nach Berlin. Nach dem kurzen Versuch einer gemeinsamen Wohnung mit seiner Frau in Schöneberg wird das »Hotel am Zoo« zum häufigsten Wohnsitz in Berlin. Von nun an wird Joseph Roth fast nur in Hotels wohnen.

Ankunft im Hotel

Das Hotel, das ich wie ein Vaterland liebe, liegt in einer der großen europäischen Hafenstädte, und die schweren, goldenen Antiqua-Lettern, in denen sein banaler Name über den Dächern der langsam emporsteigenden Häuser aufleuchtet, sind für mein Auge lauter metallene Fahnen, stehende Fähnchen, die zur Begrüßung glänzen, statt zu flattern: Wie andere Männer zu Heim und Herd, zu Weib und Kind heimkehren, so komme ich zurück zu Licht und Halle, Zimmermädchen und Portier – und es gelingt mir immer, die Zeremonie der Heimkehr so vollendet abrollen zu lassen, daß die einer förmlichen Einkehr ins Hotel gar nicht beginnen kann. Der Blick, mit dem mich der Portier begrüßt, ist mehr als eine väterliche Umarmung. Und als wäre er wirklich mein Vater, bezahlt er aus eigener Westentasche den Chauffeur, um den ich mich nicht mehr kümmere. Der Empfangschef im Cutaway tritt aus seinem gläsernen Verschlag und lächelt mehr, als er sich verbeugt. So selig scheint ihn meine Ankunft zu machen, daß sein Rücken seinem Mund Freundlichkeit abgibt und das Berufliche sich mit dem Menschlichen in der Begrüßung teilt. Er würde sich schämen, mir einen Meldezettel vorzulegen; so genau weiß er, daß ich das Gesetz als eine persönliche Beleidigung empfinde. Meinen Meldezettel schreibt er später, wenn ich schon im Zimmer bin, mit eigener Hand, obwohl er keine Ahnung hat, woher ich komme. Nach Lust und Laune schreibt er irgendeinen Namen hin, einen der Städte, die er für würdig hält, von mir besucht zu werden. Meine Daten sind ihm geläufiger als mir selbst. Wahrscheinlich kehren im Laufe der Jahre noch andere Männer bei ihm ein, die so heißen wie ich. Aber ihre Daten kennt er nicht, und stets erscheinen sie ihm ein wenig verdächtig, als wären sie illegale Usurpatoren meines Namens. Der Liftboy nimmt meine Koffer unter seine Arme. So dürfte ein Engel seine Flügel ausbreiten. Niemand fragt, wie lange ich zu bleiben gedenke, ob eine Stunde oder ein Jahr: Dem Vaterland ist beides lieb. Der Portier flüstert mir zu: »627! ist Ihnen recht?« – – als wüßte ich so genau wie er, was es für ein Zimmer ist …

Nun – ich weiß es ja auch! Ich liebe das »Unpersönliche« dieses Zimmers, wie ein Mönch seine Zelle lieben mag. Und wie andere erfreut ihre Bilder wiedersehen mögen, ihre Teller, ihre Löffel, ihre Kinder und ihre Bibliotheken, begrüße ich die billige Tapete, das schimmernde, unschuldige Porzellan der Schüssel, die weißen, metallenen, blinkenden Hähne der Wasserleitung und das weiseste aller Bücher: das

Telephonbuch. Mein Fenster geht natürlich nie in den Hof. Es ist das Fenster eines Stammgastes, es hat kein Visavis und führt dennoch in eine Straße. Gegenüber sind: ein Schornstein, der Himmel und eine Wolke … Aber es ist immerhin nicht so entlegen, daß nicht die summarische Melodie des großen, benachbarten Platzes als ein Echo der lieben Welt an meine Wände heranschlüge; dermaßen, daß ich einsam bin und nicht vereinsamt, allein und nicht verlassen, abgesondert und nicht getrennt. Wenn ich das Fenster öffne, ist die Welt bei mir zu Gast. Von weither dröhnen die heiseren Sirenen der Schiffe. Ganz nahe klingeln die törichten Schellen der Straßenbahnen. Die Autohupen scheinen mich beim Namen zu rufen – wie zu einem Landesvater grüßen sie zu mir herauf. Der Schutzmann in der Mitte regelt die Manifestation. Die Zeitungsjungen werfen Blätternamen empor wie Bälle. Und kleine Straßenszenen arrangieren sich wie Theaterstücke. Ein Druck auf den Knopf aus falschem Elfenbein: und rückwärts im Korridor leuchtet ein grünes Lämpchen auf, Signal für den Kellner. Da ist er schon! Seine berufliche Beflissenheit ist nur noch in seinem Frack vorhanden – in seiner Brust unter dem steifen Hemd wohnt die menschliche Wärme; eigens für mich aufbewahrt, gehütet während der ganzen Zeit meiner Abwesenheit. Wenn er der Küche tief unten telephonisch meine Bestellung weitergibt, vergißt er nicht hinzuzufügen, für wen er bestellt; und wie mein Druck auf den Knopf das grüne Lämpchen im Korridor entzündet hat, so ruft der Klang meines Namens im Gedächtnis des Kochs eine bestimmte Erinnerung an die Wünsche meines Geschmacks hervor. Der Kellner lächelt. Hier ist es ihm erspart zu reden. Er braucht nichts mehr zu fragen. Er hat keinen Irrtum zu befürchten. Er ist bereits so mit mir vertraut, daß er mir gerne das Trinkgeld stunden würde – – gegen Zinsen. Sein Glaube an die Unerschöpflichkeit meiner Einnahmequellen ist selbst unerschöpflich.

Und käme ich in Lumpen und als ein Bettler daher, er hielte es für eine witzige Verkleidung. Er weiß, daß ich nur ein Schriftsteller bin. Und dennoch gibt er mir Kredit ...

Ich hebe das Telephon ab. Nicht, um zu telephonieren – – nur, um dem Telephonisten in der Zentrale des Hotels Guten Tag! zu sagen. Er verbindet mich oft und fleißig. Er verleugnet mich. Er warnt mich. Er teilt mir des Morgens wichtige Begebenheiten aus der Zeitung mit. Und wenn der Geldbriefträger zu mir kommt, verkündet er es mir mit einem diskreten Jubel. Er ist ein Italiener. Der Kellner ist ein Österreicher. Der Portier ein Franzose aus der Provençe. Der Empfangschef ein Mann aus der Normandie. Der Oberkellner ein Bayer. Das Zimmermädchen eine Schweizerin. Der Lohndiener ein Holländer. Der Direktor ein Levantiner; und seit Jahren hege ich den Verdacht, daß der Koch ein Tscheche ist. Aus den übrigen Teilen der Welt kommen die Gäste. Die Kontinente und die Meere, die Inseln, die Halbinseln, die Schiffe, die Christen, die Juden, die Buddhisten, die Mohammedaner und selbst die Dissidenten sind in diesem Hotel vertreten. Der Kassier addiert, subtrahiert, zählt, schwindelt in allen Sprachen, wechselt alle Geldsorten. Von der Enge ihrer Heimatliebe befreit, von der Dumpfheit ihrer patriotischen Gefühle gelöst, von ihrem nationalen Hochmut ein wenig beurlaubt, kommen hier die Menschen zusammen und scheinen wenigstens, was sie immer sein sollten: Kinder der Welt. Bald werde ich hinuntergehen – – und das erst wird meine echte Ankunft sein. Der Empfangschef wird herankommen, um mir Neuigkeiten zu erzählen und von mir Neuigkeiten zu hören. Sein Interesse gilt mir ganz, wie das des Astronomen dem Kometen in der ersten Stunde des Wiedererscheinens am Horizont. Habe ich mich verändert? Bin ich überhaupt noch derselbe? Das Auge, delikat und genau wie ein Fernrohr, mustert den Stoff meines Anzugs, die Form meiner

Stiefel – – und die Versicherung: »Sie sehen erfreulich gut aus!« bezieht sich weniger auf den Zustand meiner Gesundheit als auf den scheinbaren meiner Zahlungsfähigkeit. Ja, noch sind Sie der Alte! sagt eigentlich dieses Kompliment. – Noch sind Sie Gott sei Dank nicht so tief gesunken, um in ein anderes Hotel gehen zu müssen. Sie sind unser Gast und unser Kind! Sie bleiben es!

Mein Interesse hinwiederum gilt allem, was das Hotel betrifft, als hätte ich wirklich einmal Anteile zu erben. Wie die Geschäfte in diesem Monat gehen? Welche Schiffe in diesem Monat ankommen? Lebt der alte Kellner noch? Der Direktor war krank? Kein internationaler Hoteldieb dagewesen? – In dieser schönen Stunde kümmert mich alles! Ich möchte die Bücher nachsehen, die Einnahmen kontrollieren. Unterscheide ich mich etwa von einem Mann, der aus Patriotismus das Budget seines Staates kontrolliert, die politische Richtung seiner Minister, die Gesundheit des Staatsoberhauptes, die Organisation der Polizei, die Ausrüstung des Heeres, die Panzerkreuzer der Marine? Ich bin ein Hotelbürger, ein Hotelpatriot.

Bald, bald kommt der Augenblick, wo der Portier in ein entlegenes Fach greift und ein Bündel Briefe, Telegramme, Zeitschriften für mich hervorlangt. Ein schneller Blick fliegt aus der Loge zu mir herüber, der Vorbote der Botschaften. Veraltet und dennoch neu sind die Briefe. Sie haben lange auf mich gewartet. Ihren Inhalt kenne ich schon zum Teil, habe ihn auf anderen Wegen bereits erfahren. Aber wer weiß?! Unter den Briefen, die ich vermute, sind vielleicht andere, die mich überraschen, vielleicht gar aus dem Gleichgewicht bringen, in eine neue Bahn stoßen?! Wie kann der Portier so ruhig lächeln, während er mir die Post übergibt? Seine Ruhe ist die Folge einer langen Erfahrung, einer väterlichen, bittersüßen Weisheit. Er weiß schon, daß nichts Überraschendes kommt, er weiß von der Monotonie des bewegten Lebens, und niemand kennt so gut wie er die Lächerlichkeit meiner vagen, romantischen Vorstellungen. An den Koffern erkennt er die Passagiere und an den Umschlägen die Briefe. »Hier ist die Post!« sagt er gleichgültig. Und dennoch vollführt seine Hand, die mir das Paket reicht, noch eine höfliche Wendung im Gelenk, sie verbeugt sich gleichsam selbständig, nach einem uralten Brauch, einem Ritus der Portierhände ...

Hier in der Halle bleibe ich sitzen. Sie ist die Heimat und die Welt, die Fremde und die Nähe, meine ahnenlose Galerie! Hier beginne ich, über das Hotelpersonal, meine Freunde, zu schreiben. Es sind lauter Persönlichkeiten! Weltbürger! Menschenkenner! Sprachenkenner, Seelenkenner! Keine Internationale neben der ihrigen! Sie sind die wahrhaft Internationalen! (Der Patriotismus beginnt erst bei den Aktionären des Hotels.)

Ich fange an, meinen Freund, den Portier, zu beschreiben.

Frankfurter Zeitung, 19.1.1929

Der Portier

Am Nachmittag, »zwischen den Zügen«, wenn die Halle leer und still ist und ein gelbliches, idyllisches Sonnenlicht in die Portierloge strömt, erinnert mich der Portier an eine Art von goldbetreßtem und beweglichem Heiligen in einer Nische. Er faltet, um die Ähnlichkeit noch vollkommener zu machen, seine Hände über die goldenen Knöpfchen, die seinen Bauch verschließen, und gibt sich einer beharrlichen Betrachtung der Luft hin, dem Spiel der Sonnenstäubchen und wahrscheinlich einigen Gedanken, die sein Privatleben berühren dürften. Schließlich beginnt er sich seiner Untätigkeit vor den Boys zu schämen, die in einer kleinen Gruppe beisammenstehen und in denen sich vielleicht schon der Übermut der Jugend regen könnte, und er erfindet einige höchst überflüssige, exemplarisch gedachte Tätigkeiten, aus moralischen Gründen. So zieht er zum Beispiel seine schwere, goldene Uhr aus der Westentasche und vergleicht sie mit der elektrischen Wanduhr, deren großes, weißes, rundes Angesicht wie ein Hotel-Mond, aufgehängt an zwei grobgeflochtenen Ketten, gespenstisch silbern die goldene Atmosphäre des Nachmittags unterbricht. Es ist so still, daß man den großen Zeiger nach jedem Minutenruck ächzen hört, und dieser Klang bekommt etwas Menschliches in der Stille. Lange blickt der Portier auf die Uhren, als wollte er die eine oder die andere auf einem kleinen Sekundenfehltritt erwischen. Dann steckt er mit einer enttäuschten Miene, die ein visueller Seufzer ist, seine Uhr wieder ein. Er legt zwei große Bücher so übereinander, daß ihre Kanten genau übereinstimmen, rückt das Tischtelephon neben das Tintenfaß, rollt mit einer flachen Hand den Federhalter in die für ihn bestimmte Mulde, bläst ein imaginäres Stäubchen vom Tisch, betrachtet lange einen lockeren Knopf an seinem Ärmel und dreht ihn, um sich zu vergewissern, daß er heute noch nicht abfallen wird. Niemand wagt ihn zu stören. In dieser nahezu andächtigen Stunde könnten seine Gehilfen, zwei Männer in Zivil, die schweigsam vor dem Eingang stehen, keine Frage an ihn richten.

Es sind übrigens immer zwei andere Männer, die sich in seiner Nähe aufhalten, und es dürfte ihrer sechs geben. Genau kann ich ihre Zahl nicht nennen, weil sie niemals gleichzeitig und vollzählig vorhanden sind. Wenn die einen kommen, sind die anderen unterwegs, in Konsulaten, Apotheken, Blumenläden, fremden Wohnungen, von den Gelegenheiten in Anspruch genommen, deren Boten, Kunden und Diener sie sind. Ob sie zum besoldeten Hotelpersonal gehören oder zu den protegierten Freunden des Portiers, ist mir seit Jahren festzustellen nicht möglich. Allem Anschein nach ist der und nicht das Hotel ihr Brotgeber, er, der Vater der Gelegenheiten. Sie gehorchen ihm, wie Jagdhunde dem Treiber – – und sie mögen sich auf noch so entfernten Wegen befinden, immer ist es, als hielte er sie alle an unsichtbaren, dehnbaren Schnüren und als wäre es ihm möglich, sie jeden Augenblick zu erreichen. Er behandelt sie wie eine Art armer heruntergekommener Verwandter, die man vom Schicksal mitbekommen hat, eine erbliche Krankheit. Ihre Existenz hat zweifellos etwas Rätselhaftes – ein Leben ohne Uniform und ohne Abzeichen. Hier trägt jedermann sonst das Abzeichen seines Dienstes und seiner Bestimmung, nur sie haben die Anonymität eines Zivils, das an die Ränder der Gesellschaft denken läßt, eine Gehetztheit verrät, ein gejagtes Jagen, an Polizei erinnert und gleichzeitig an verbotene Wege.

Genug von ihnen! In dieser stillen Stunde sind sie für den Portier Luft, weniger als Luft, die er immerhin manchmal zu betrachten geneigt ist. Sie aber sieht er nicht an, selbst wenn er zu ihnen spricht. Er hat die Fähigkeit, von dem erhöhten Podium, auf dem er steht, einen Auftrag hinunterzuerteilen, ohne eine bestimmte Person anzusehen, als wäre die Halle bevölkert von Dienstbeflissenen, die nur auf einen Befehl warten. Und nur wenn ein Gast an den Tisch tritt, um eine Bestellung aufzugeben, neigt er sachte den Kopf – nicht etwa um besser zu hören, sondern um seine Überlegenheit zu verbergen, welche die Gäste nicht gerne merken mögen.

Denn er ist ihnen ohne Zweifel überlegen. Ich finde an seinem starken Kopf, der breiten weißen Stirn, an deren Schläfen die schwarzen Haare schon silbrig zu schimmern beginnen, den weit auseinanderliegenden hellgrauen Augen, über denen sich die dichten und großen Brauen in vollkommener Rundung wölben, dem tiefen Ansatz der später kräftig vorspringenden, knochigen Nase, dem großen und abwärts gebogenen Mund, den der melierte Schnurrbart in ähnlich vollkommener Wölbung überschattet, wie die Braue das Aug', dem massiven Kinn, in dessen Mitte ein verlorenes, schmales Grübchen liegengeblieben ist als eine Erinnerung an die Kindheit: Ich finde an diesem Angesicht gewisse Züge von porträtierten großen Herren wieder, einen bestimmten Ausdruck von stolzer Kälte, einen Hauch, der über das ganze Angesicht gebreitet ist wie ein durchsichtiges, klares Visier aus bitterem Frost. Das Angesicht ist bräunlich gerötet, als käme es aus einem Leben im Freien, aus einem Leben zwischen Korn, Wasser, Wald und Wind, die Haut ist straff – und die wenigen starken Runzeln über der Nase und die vielen zarteren dicht unter den Augen scheinen nicht von alltäglichen Sorgen eingegraben worden zu sein, sondern freiwillig empfangene Zeichen, Tätowierungen des Lebens und der Erfahrungen, ausgeführt von Wind und Wetter …

Wie er sich jetzt vor dem Herrn verneigt, ist es keine Verbeugung, sondern eine körperliche Herablassung. Wie er einen Auftrag entgegennimmt, ist es, als erhörte er eine Bitte. Wie er so zustimmend nickt, erinnert er an den milden Richter aus amerikanischen Filmen (wo allein noch milde Richter vorkommen). Der Gast macht ihm jetzt einen Vorwurf. Aber es sieht aus, als dächte der Portier nach, wer wohl von allen der Schuldige sein könnte. Und mittels einer kleinen, außerordentlich nebensächlichen Frage wird er aus einem Pflichtvergessenen ein Mitfühlender, und sein Versäumnis verwandelt sich in Teilnahme. Als wäre der Herr zu ihm gekommen, nicht um ihm etwas vorzuhalten, sondern um sich bei ihm zu beklagen! »Heda!« ruft der Portier zu der Gruppe der untätigen Boys hinüber. »Wer von euch hat den Anzug von 375 zum Bügeln getragen?« – Schweigen. – Es war kein Boy, sondern der Hausdiener, den der Portier eben mit dem Autobus zur Bahn geschickt hat. Er erinnert sich sehr wohl an den Protest des Hausdieners, den

Anzug, die besondere Dringlichkeit des Auftrags. Aber er hat nicht einen Augenblick ein Schuldbewußtsein. Ich will nicht damit angedeutet haben, daß er etwa kein Gewissen hätte! Es ist nur anders beschaffen! Es ist weiter, räumlicher, vergleichbar dem eines Generals zum Beispiel, von wichtigeren Dingen in Anspruch genommen, von der Sorge ums Ganze erfüllt. – »Marsch hinunter – und den Anzug geholt!« befiehlt er jetzt. Wer gäbe noch was für die Unversehrtheit eines Boys, der in dieser Situation zu fragen wagte: Wo ist der Anzug zu holen?! Es ist jetzt etwas im Auge des Portiers erwacht, etwas, das an einen Peitschenknall im Zirkus erinnert, einen gezückten Dolch, ein Unwetter am Horizont ... Der Boy fragt nicht; er läuft. Über der Gruppe der zurückbleibenden Jungen läßt sich ein brütendes Schweigen nieder, eine verhängte sommerliche Schwüle. Einsam steht der betreßte Meister auf seiner Höhe und atmet eine Wolke stummen Grolls in die Halle ...

Dennoch könnte er sofort wieder lächeln, wenn ein Gast, wie ich zum Beispiel, gerade das Bedürfnis hätte, ihn um etwas anzugehn. Nichts an ihm – der mir durchaus nicht so verständlich ist, wie ich glauben machen will – ist mir so merkwürdig wie seine Gabe, Zorn und gute Laune, abweisende Erhabenheit und dienstbereite Beflissenheit, Gleichgültigkeit und Neugier sehr schnell aufeinander folgen zu lassen. Es scheint mir manchmal, daß jede seiner Stimmungen mit ihrem Gegenteil gefüttert ist und daß er seine Laune nur zu wenden braucht, um sich zu verwandeln. Jetzt, zehn Minuten bevor die ersten Gäste vom »Mailänder Expreß« kommen, rüstet er sich zum Empfang, das heißt: er rückt an der Weste. »Zehn Minuten!« ruft er dem Empfangschef zu. Es ereignet sich etwas Außerordentliches: Er verläßt seine Loge. Er steigt von seinem erhöhten Platz und zerstäubt die Gruppe der Boys, von denen jeder an eine bestimmte Stelle läuft, der eine zur Drehtür, ein anderer zum Lift für

Gepäck, der zu dem für Personen, jener an die Treppe, zwei zur Garderobe. Noch zwei Minuten – und das erste Automobil fährt vor. Der Portier spitzt die Lippen und läßt einen leise zischenden Schlangenruf ertönen. Aus einem dunklen Seitengang stürzt ein Gepäckträger in grüner Schürze hervor. Schon hört man draußen einen surrenden Motor. Schon kommen die ersten Gepäckstücke. Der Portier wirft einen Blick auf sie, und da es lederne Koffer sind und ein dunkelgraues, grünkariertes Plaid und ein ledergesäumtes Stoff-Etui für Regenschirme und Spazierstöcke, rückt er noch einmal an seiner Weste. Bei jedem neuen Gast tauscht er einen schnellen Blick mit dem Empfangschef – und jeder Blick bedeutet: eine Zimmernummer, ein Stockwerk, einen Preis, eine Mahnung, eine Warnung, Zufriedenheit oder Mißmut. Ja, es gibt Gäste, bei deren Eintritt der Portier ganz sachte ein Auge schließt, so daß ihnen die Auskunft zuteil wird, es sei alles besetzt. Manchmal – aber das kommt höchstens einmal in der Woche vor – macht der Portier eine Verbeugung, und wenn er sich wieder aufgerichtet hat, sieht man, daß ein Lächeln sein Gesicht verklärt, ein ansteckendes Lächeln übrigens, das sich auf alle überträgt wie ein Gähnen. Dann geht der Gast an lauter lächelnden Gesichtern vorbei, wie zwischen zwei Reihen von Lichtern.

Nebenbei gesagt, sehe ich bei dieser Gelegenheit, daß der Portier eine wollige graue Zivilhose, die zu einem offenbar eleganten Straßenanzug gehört, unter seiner halben Uniform trägt, als wollte er so andeuten, daß er nur zur oberen Hälfte livriert ist, zu jener nämlich, mit der er sich so selten verneigt. Es verrät mir ein wenig von seinem Privatleben, von dem ich einiges zu wissen glaubte. Es ist eine kleine Enthüllung mehr, bilde ich mir ein. Gewiß hat er seine Beziehungen zu Schneidern, und es ist sogar anzunehmen, daß sich Handwerker um seine Gunst bemühen und ihm besonders billige Kleider liefern. Am Abend, nach sechs Uhr, verschwindet unser Freund in der Garderobe, aus der er nach fünf Minuten mit einer fremden, verwandelten Würde wieder heraustritt. Zum ersten Male sieht man ihn Grüße erwidern. Den schwarzen Stock mit dem silbernen Knauf in der grau behandschuhten Linken, lüftet er mit der Rechten den schwarzen Halbzylinder, den er mit vornehmer konservativer Treue immer noch trägt, lüftet ihn höflich, aber flüchtig vor den Boys, die sich sehr tief vor ihm verneigen. Leutselig plaudert er noch eine Weile mit dem Nachtportier. Gäste, die in der Halle sitzen oder die ihm in den Weg kommen, würdigt er nicht eines Blickes. Noch einmal schweift sein Auge durch das Rund des Raumes, entdeckt mich und sprüht mir einen Funken Freundlichkeit herüber. Dann begibt er sich endgültig zur Drehtür. Und an der gravitätischen Schwere, mit der jetzt ihre Fächer langsam rotieren, merkt man erst, wer eben das Hotel verlassen hat …

Frankfurter Zeitung, 24.1.1929

Abschied vom Hotel

Ich hätte noch gern den und jenen meiner Freunde in diesem Hotel wiedergesehen, aber ich muß es morgen schon verlassen. Lange genug bin ich diesmal hiergewesen. Ich wäre unwürdig des großen Glücks, ein Fremder zu sein, wenn ich noch länger bliebe. Ich könnte dieses Hotel zum Heim degradieren, wenn ich es nicht ohne Not verließe. Ich will hier heimisch sein, aber nicht zu Hause. Ich möchte kommen und gehen, kommen und gehen. Es ist schöner zu wissen, daß hier ein Hotel auf mich wartet. Ich weiß schon, daß auch dies eine Sentimentalität ist und daß ich aus Angst vor der überlieferten einer Original-Sentimentalität erliege. Aber so beschaffen ist das menschliche Herz.

Ich werde heute schon meine Abreise dem Portier ankündigen. Oh, nicht etwa, weil es hier eine Vorschrift erforderte! In diesem Hotel gibt es keine »Avisos« in den Zimmern, keinen »Auszug aus den Polizeiverordnungen, betreffend das Gastgewerbe aus dem Jahre 1891, A IV, §§ 18 und 22 ff.«, keine »Hausordnung«, und nirgends »werden die p. t. Gäste gebeten, die Abreise rechtzeitig bekanntzugeben, da andernfalls noch eine Nacht berechnet werden müßte, Hochachtungsvoll, die Direktion.« Nein, in diesem Hotel gibt es keine Sprüche an den Wänden! Auch daß ein »Restaurant im Hause« ist, bedarf hier keiner besonderen Betonung, denn das Restaurant ist gut, und also speist man dort gerne. Wenn ich heute schon dem Portier meine Abreise ankündige, so geschieht es, weil ich so maßlos viel Güte brauche und weil ich heute schon hören will, wie er sagt: »Ach, schon wieder?!« – Welch unbeschreiblicher Ton! Das wird ganz leise gesprochen, als wäre es ein Geheimnis; als könnte der Entschluß abzureisen, solange nur wir zwei davon wissen, immer noch aufgeschoben werden ... Das ist so langsam, so gedehnt wie eine Klage, die für eine lange Zeit jetzt ausgedrückt sein soll. Das scheint aus jener unwahrscheinlichen Ferne zu kommen, in die ich eben zu gehen gedenke. Guter Mann! – Was wird er ohne mich machen? Wen wird er grüßen, wenn er am Abend in seinem noblen Zivil das Hotel verläßt? Wie gut haben wir uns verstanden! Mit Hilfe von Blicken pflegten wir uns auseinanderzusetzen: die wirklich internationale Sprache der Stenoskopie! Das ist nun zu Ende ...

Aber Männer müssen hart sein, und also erkundigt sich der Portier nach dem Zug oder dem Schiff, die ich zu nehmen entschlossen bin. Ich sage nur das Ziel und ungefähr die Zeit, etwa »am Abend«. Und er präzisiert: da ist Zug Nummer 743 mit Schlafwagen 18 Uhr 32, zweimal Aufenthalt, Speisewagen bis zweiundzwanzig, das heißt zehn

Uhr abends. Und es folgt eine Reihe anderer Vorschläge. Ich überlasse ihm die Auswahl. Es gehört zu den Tugenden eines guten Portiers, daß er die besten Züge von den weniger guten unterscheiden kann, obwohl er so selten fährt und die Gäste immer. Ich verlasse mich darauf. Und wenn der Zug, den er mir empfohlen hat, gelegentlich um drei Stunden verspätet ankommt, so bin ich überzeugt, daß alle anderen Züge entgleist sind. So grausam wird man, wenn man sich selbst trösten will ...

Morgen wird der längste aller Tage sein. Man fährt schon und bewegt sich noch nicht von der Stelle. Es hat sich übrigens inzwischen schon herumgesprochen. Der Zimmerkellner, der am Nachmittag abgelöst wird, wünschte mir schon am Vormittag eine gute Reise. Das ist zwar mit der Aussicht auf ein Trinkgeld gesagt, aber deshalb nicht weniger aufrichtig. Was mich betrifft, so habe ich die Erfahrung gemacht, daß die guten Wünsche derjenigen am ehrlichsten sind, die dafür ein Trinkgeld bekommen. Wer nichts von mir erwartet, der wünscht mich zum Teufel. Wohl dem, der Trinkgelder geben kann! Alle braven Leute segnen ihn, denn sie hoffen, daß er bald wiederkommen wird. Es ist lehrreich zu sehen, wie der Kellner mir die Ehre erweist, meine Menschlichkeit ebenso zu schätzen wie meine geringe Gabe. Ich bin ihm ebenso sympathisch wie Geld. (Allen meinen Freunden ist Geld sympathischer.) Und in seinem Auge unterscheide ich genau neben dem jubelnden Fünkchen ein wehmütiges Licht. In die Freude über den Gewinn mischt sich der Kummer des Abschieds. Leb wohl!

Das wird der längste aller Tage sein. In diesem Zimmer gibt es ja glücklicherweise gar nichts, nicht ein einziges Stück, auf das sich das Auge mit Schmerz heften könnte! Keine alte Zuckerdose, kein Schreibtisch des Onkels, kein Porträt des Großvaters mütterlicherseits, kein Waschbekken mit zinnoberroten Blümchen und einem Sprung dazwischen, kein Dielenbrett, das heimatlich knarrt und das man plötzlich zu lieben beginnt, nur weil man verreist, keinen Rostbratenduft aus der Küche und keinen Parademörser aus Messing auf dem Kleiderschrank des Vorzimmers! – Nichts! Wenn meine Koffer weg sind, werden andere hier stehen. Wenn meine Seife eingepackt ist, wird eine andere neben dem Waschbecken liegen. Wenn ich nicht mehr an diesem Fenster stehen werde, wird ein anderer hier stehen. Dieses Zimmer macht sich und dir und mir und keinem Menschen Illusionen. Wenn ich es verlasse und noch einen Blick darauf werfe, ist es nicht mehr mein Zimmer. Der Tag ist lang, denn es gibt keine Wehmut, ihn auszufüllen.

In dieser Stadt brauche ich auch nicht etwa Abschiedsbesuche zu machen. Mit Freuden denke ich daran, daß hier nicht jener ältliche Mann wohnt, der mich haßt, den ich hasse und dem ich immer wieder Guten Tag! sage. Auch nicht ein jüngerer, der zerspringt, wenn er mich am Leben sieht, und beleidigt wäre, wenn er mich nicht sähe. Auch nicht ein guter Freund, der mich zur Bahn begleitet und noch beim letzten Gruß überzeugt ist, er machte an unserer Freundschaft ein weniger gutes Geschäft als ich. Nicht einmal eine Dame, in die man (aus Galanterie) verliebt ist und die, während ihr Auge die Träne zurückhält, sich schon freut, daß sie auf einen andern Passagier Eindruck gemacht hat. Ich bin fremd in dieser Stadt. Deshalb war ich hier so heimisch.

Es wird nur einen einzigen kurzen, sentimentalen Augenblick geben: wenn der Hausdiener meine Koffer untergebracht hat und nun auf dem Perron steht, die Mütze in der Hand und die andere Hand unter der Schürze verborgen, aus Angst, sie könnte sich selbsttätig ausstrecken. Dann ist es ziemlich kompliziert mit dem Trinkgeld. Er nimmt es schnell, aber ungeschickt. Es wird fast ein Händedruck, flüchtig, wie verfehlt. Dann geht er zwei Schritte zurück, der Alte, das Gesicht mir zugewendet. Er setzt die Mütze auf. Noch einmal leuchten auf ihr die Buchstaben, die den teuren Namen des Hotels ausmachen. Dann hisse ich die Segel und steige in den Zug ...

Frankfurter Zeitung, 24.2 1929

Sehr bald ist Roth ständiger Mitarbeiter der wichtigsten Zeitungen Berlins, er schreibt für das »Berliner Tageblatt«, den »Berliner Börsen-Courier«, die »Neue Berliner Zeitung«.

In seinem Roman »Die Flucht ohne Ende«, erschienen 1927 im Münchner Verlag Kurt Wolff, läßt Roth seinen Helden Franz Tunda über Berlin sagen:

»Diese Stadt«, so sagte er, »liegt außerhalb Deutschlands, außerhalb Europas. Sie ist die Hauptstadt ihrer selbst. Sie nährt sich nicht vom Lande. Sie bezieht nichts von der Erde, auf der sie erbaut ist. Sie verwandelt diese Erde in Asphalt, Ziegel und Mauer. Sie spendet mit ihren Häusern dem Flachland Schatten, sie liefert aus ihren Fabriken dem Flachland Brot, sie bestimmt die Sprache des flachen Landes, die nationalen Sitten, die nationalen Trachten. Sie ist der Inbegriff einer Stadt. Das Land verdankt ihr seine Existenz und geht gleichsam als Dankbarkeit in ihr auf. Sie hat ihre eigene Tierwelt im zoologischen Garten und im Aquarium, im Vogelhaus und im Affenhaus, ihre eigenen Pflanzen im botanischen Garten, ihre eigenen Felder aus Sand, auf denen Fundamente gesät werden und Fabriken aufgehen, sie hat sogar ihre eigenen Häfen, ihr Fluß ist ein Meer, sie ist ein Kontinent. Sie allein von allen Städten, die ich bis jetzt gesehen habe, hat Humanität aus Mangel an Zeit und anderen praktischen Gründen. In ihr würden viel mehr Menschen umkommen, wenn nicht tausend vorsichtige, fürsorgliche Einrichtungen Leben und Gesundheit schützten, nicht weil das Herz es befiehlt, sondern weil ein

Unfall eine Verkehrsstörung bedeutet, Geld kostet und die Ordnung verletzt. Diese Stadt hat den Mut gehabt, in einem häßlichen Stil erbaut zu sein, und das gibt ihr den Mut zur weiteren Häßlichkeit. Sie stellt Pfeiler, Hölzer, Planken, ekelhafte, gläserne, bunte, von innen beleuchtete Kröten an die Straßenränder, in die Kreuzungen, auf die Plätze. Ihre Verkehrspolizisten stehen mit metallenen Signalen da, die wie eben und provisorisch von der Eisenbahnverwaltung ausgeliehen sind, und tragen dabei gespenstisch weiße Handschuhe.

Außerdem duldet sie noch in sich die deutsche Provinz, freilich, um sie eines Tages aufzufressen. Sie nährt die Düsseldorfer, die Kölner, die Breslauer, um sich von ihnen zu nähren. Sie hat keine eigene Kultur in dem Sinne wie Breslau, Köln, Frankfurt, Königsberg. Sie hat keine Religion. Sie hat die häßlichsten Gotteshäuser der Welt. Sie hat keine Gesellschaft. Aber sie hat alles, was überall in allen anderen Städten erst durch die Gesellschaft entsteht: Theater, Kunst, Börse, Handel, Kino, Untergrundbahn.«

Wie in Wien setzt sich Roth auch hier in seinen Feuilletons hauptsächlich mit dem Leben der einfachen Menschen auseinander, beschreibt Lokale, skizziert den Alltag und nimmt zu tagesaktuellen Diskussionen Stellung.

Herbst in Berlin

Morgenstunden, von Trübsalglasur sanft überhauchte, schaukeln, frühwindgeschwellt, pausbackig durch die Stadt. Von Pflichtweckergeklingel aus weicher Bettheimlichkeit geschrillt, klettert der Mensch, Herr der Schöpfung, verspätet an frommen Morgensprüchleinsprossen empor zu Wachheit und Waschbecken.

Hausverwalterbesen wischen Gewesenes und Gestern und welkes Laub aus der Pflastersteine Angesicht.

Straßenbahnen schlottern, von der Insassen Tatendrang getrieben, stromsparend Schienen entlang dem Segen der Arbeit zu. Und Kinder, mit Bravheit und Schulmappen verkehrend, Morgenkakaogeschmack in den Mündern, wiederkauen eiligst deutsche Dichter. Andre wirbeln aus nächtlicher Lauheit, blättergleich von Hungerwind geschüttelt, in den Maschinenbehälter Welt. Indes, kaum gesehen und nichtsdestoweniger, eine Sonne über marineblaue Himmel schlendert, sorglos, als wären Bürostühle, Treibriemen und Kultur unbekannt auf Erden.

Bei Herbstmittagssonnenstrahl häuten sich die Litfaßsäulen neu mit Offenbarungen profitsuchender Lebensfreude, die verführerisch noch nach frischdünstendem Klebekleister duftet. Aus den Dielen der Erde sprießt die Ernte der Saison. Damenhüte erblühen auf Kleiderstengeln in den Schauscheibengärten von Wertheim und Tietz.

Sonnensatte kehren heim zu Perserteppich und Premiere. Und schon klimmt der Spielplan aus sommerlichen Possenniederungen olympische Höhen hinan. Große Filmereignisse werfen ihre Schatten auf die Leinwand.

Nächte sind passantenbelebt und von frisch errungener Amüsierfreude durchpulst. In den großen Schauspielhäusern der Welt gibt man das Spiel vom Leben des reichen Mannes.

Aber im Tiergarten ist Herbst. Alleen wandeln trauerbunt durch die Welt. Herbst ist im Tiergarten.

Prager Tagblatt, 26. 9. 1920

Wenn Berlin Wolkenkratzer bekäme ...

Vorschläge zur Behebung der Wohnungsnot

Seit einiger Zeit denkt man daran, *Wolkenkratzer in Berlin* zu bauen. Die Veranlassung dazu böte die ungeheure *Wohnungsnot* und die Inanspruchnahme bürgerlicher Wohnungen durch Behörden, Kommissionen und dergleichen. Gegen die Errichtung von Wolkenkratzern spräche nur der Umstand, daß der Bau sehr teuer wäre. Manche, die es verstehen wollen, behaupten, daß die Zeit für die Wolkenkratzer heute, wenigstens für eine Weile, vorbei sei. Wolkenkratzer, meinen sie, hätten nur dann einen Sinn, wenn es sich darum handeln würde, am kostspieligen Bauterrain zu sparen. Heute nun, da die Baukosten so enorm seien, spiele der Bodenpreis eine im Verhältnis so geringe Rolle, daß man ruhig einfache Häuser bauen könnte, wäre das Material nur billig zu beschaffen.

Nun scheinen aber Wolkenkratzer außer ihrem Hauptzweck, Raum zu ersparen, auch noch andere, nicht minder wichtige Zwecke und Vorteile zu haben. Ihre Errichtung würde zwar viel kosten, aber die *Mietpreise* für Büros, Geschäftshäuser, Kaufläden, Warenhäuser wären entsprechend höher. Die Einrichtung der Wolkenkratzer bietet viel Komfort, einfachen, verhältnismäßig billigen Komfort, und die *Reklame*, die ein Geschäft dadurch allein schon für sich macht, daß es in einem Wolkenkratzer untergebracht ist, ist nicht gering anzuschlagen.

Und im übrigen ist es wirklich an der Zeit, den *obdachlosen Mietern* ihre Wohnungen zurückzugeben und Kommissionen und Behörden in eigens für sie errichteten Räumen unterzubringen. Es ist sinnloseste *Raumverschwendung*, wenn Ämter sich in Wohnungen festsetzen, in denen Badezimmer, Küchen, Dienstbotenzimmer ihren eigentlichen Zwekken entzogen werden. In den meisten Ämtern kann man die Beobachtung machen, daß oft ein einziges Tippfräulein an ihrer Schreibmaschine beim Fenster sitzt, während der übrige Teil des Zimmers infolge seiner Lichtlosigkeit nicht als Arbeits-, sondern höchstens als Durchgangsraum benutzt werden kann. Ämter und Büros müssen eigens für ihre Zwecke eingerichtete Räume haben. Das *Problem der Wohnungsnot* wäre mit der Errichtung von Wolkenkratzern *behoben.*

So erwägen denn die Behörden jetzt, nachdem sie sich zuerst etwas gestärkt zu haben scheinen, ernstlich die Errichtung wenigstens eines Probe-Wolkenkratzers in Berlin. Er könnte im Zeitraum von *neun Monaten* fertig sein. Die Kosten sind heute schwer zu bestimmen. Die Zahl der Stockwerke spielte dabei keine Rolle. Ob man 8 oder 16 Stockwerke errichtet – das macht im Preis keinen so enormen Unterschied. Jedenfalls müßte das Haus *mindestens zehn* Stockwerke hoch sein, um den Namen »Wolkenkratzer« tragen zu dürfen.

Die Bezeichnung »Wolkenkratzer« stammt aus der Seemannssprache und bedeutet ursprünglich die am höchsten angebrachten *Schiffssegel*, die bereits »die Wolken kratzen« können. Das Wesen der Wolkenkratzer besteht nicht allein darin, daß sie hoch sind. Es ist vielmehr ein *eigenes Bausystem*, das erst die enorme Höhe des Wolkenkratzers überhaupt möglich macht.

Wollte man ein nach dem einfachen Bausystem errichtetes Haus um so zahlreiche Stockwerke erhöhen, so müßten die Grundmauern unglaublich stark sein, denn sie hätten die Aufgabe zu »tragen«. Bei den Wolkenkratzern aber ist das Tragprinzip nicht angewendet. Es ist eine Art Meisenbausystem, wie ein bekannter Berliner Architekt sagte. Jedes

Stockwerk ist selbständig und trägt sich selbst. Man kann einen halbfertigen Wolkenkratzer vom höchsten Stockwerk aus bauen. Die tieferen werden dadurch nicht berührt. Es sind Eisenkonstruktionen, die die Kanten der Häuser bilden, und das Viereck einer Stockwerkmauer ist gleichsam durch eine Diagonale in Dreiecke geschnitten und also tragfähig und einsturzsicher. Zu Ende des 19. Jahrhunderts wendete Meister *Buffington* in *Minneapolis* zum erstenmal dieses System an. Es bewährte sich ausgezeichnet bei Bränden und sogar bei Erdbeben. So dürfte vielleicht die auf den ersten Blick paradox wirkende Tatsache bekannt sein, daß bei dem großen Erdbeben in San Franzisko die Wolkenkratzer allein verschont blieben. Es konnte eben nichts »einstürzen«, weil jedes Stockwerk sich selbst trägt und die oberen Stockwerke von einer Erschütterung der unteren nicht abhängig sind. Die Mauern sind nicht mehr tragendes Element, nur Füllungen.

Die *Fundamentierung* der Wolkenkratzer muß äußerst solide sein. In *Chicago* wendet man besondere Sorgfalt an, man grub zwanzig Meter tief, legte häufig flache Schwellroste oder etwa 15 Meter lange Pfähle ein und überdeckte ihre »Köpfe« wieder mit Beton.

Die *Inneneinrichtung* der Wolkenkratzer ist äußerst komfortabel. Ein Wolkenkratzer beschäftigt unter Umständen *20000 Hausangestellte*, hat eine eigene Wasserversorgung, Vakuumreinigung, Pumpwerke, Feuerwehrschläuche und eine eigene Feuerwehrkompanie mit einem Hauptmann. In großen Tanks sind Wasserreserven vorhanden, von unten aus führen *Steigrohre* zu den Tanks. Die Aufzüge sind natürlich von besonders fester Konstruktion. Die Arbeiter des Wolkenkratzers gehen Tag für Tag zu Fuß alle Stockwerke ab, schichtweise, kontrollieren alle Einrichtungen.

Die Wolkenkratzer sind eigentlich *die* Ausdrucksform unseres Jahrhunderts. In ihren Pfeilern und Drahtgerüsten schwingt der Treibriemenrhythmus der Gegenwart. Sie sind die Überwindung des Problems von Babel. Siehe da: Man baut Türme, die in den Himmel ragen, Erdbeben kommen, und die Türme von Babel stürzen nicht ein. – Warum sollte Berlin keine Wolkenkratzer haben?

Ich saß mehr als eine Stunde bei dem weitgereisten Architekten, dem Baurat *Jaffé*. Er zeigte mir Bilder vom Eiffelturm, der zart und leise, fast singend gegen den Pariser Himmel anstrebt. Ich sah die riesenhaften Zentauren- und Zyklopenwerke von New York, den Chicagoer Massonic-Tempel, das Ferris-Rad, das sich wie ein aufgestellter Äquator unermüdlich dreht, die Gesamtansicht von East River, New York aus der Vogelschau. Alles ist unerhört, überdimensional, wuchtig und doch schlank, irdisch und dennoch siegreich zum Himmel schwingend.

Warum sollte Berlin keine Wolkenkratzer haben?

Neue Berliner Zeitung – 12-Uhr-Blatt, 18.2.1921

Von Berlin aus unternimmt Roth nun häufig Reisen in andere deutsche Städte, wie zum Beispiel nach Leipzig:

Wie ich Leipzig sah

Leipzig ist eine ältere Stadt mit literarischer Vergangenheit, vielen Denkmälern, bejahrten Häusern und jenen Winkeln, in deren historischem Spinngewebe deutsche Feuilletonisten sich häufig fangen. (Dann sagen sie »lauschig«.)

Die Stadt befindet sich, wie angedeutet, auf einem ansehnlichen Niveau, ein paar erhebliche Meilen über dem Kulturmeeresspiegel Berlin, wenn man von Adolph Bartels, dem Brühl und der Universität absieht. Einige Meßpaläste, kommerzielle Tempel, deren allergrößter der Hauptbahnhof ist, der zoologische Garten, der Kakadu und das Panorama, das fast mit einem Kaffeehaus zu verwechseln ist, durfte ich besichtigen. Ich konnte feststellen, daß Leipzig wirklich zu jenen Zentren wirtschaftlichen Lebens gehört, die man mit Recht Brennpunkte nennt.

Was den Zeitpunkt meiner Reise betrifft, so hatte ich entschieden Glück. Ich geriet zwischen den Naturforscherkongreß und das Neujahrsfest der Juden. Beide Ereignisse hingen durch die Erörterung der Relativitätstheorie zusammen. Die Feiertage machten sich durch ein Abflauen auf dem Devisenmarkt bemerkbar. An die Naturforscher wurde ich erinnert, als ich nachts »Deutschland über alles« singen hörte, die Sven-Hedin-Hymne der deutschen Republik.

Dem Reisenden, der durch das Coupéfenster blickt, kündigt sich Leipzig schon von weitem durch das Völkerschlachtdenkmal an. An ihm gemessen, erscheinen sogar die vertikal gesammelten Werke des oben erwähnten Adolph Bartels klein.

Beim Anblick des Völkerschlachtdenkmals fällt mir ein, daß Leipzig die literarische Kornkammer der deutschen Länder ist. Von dieser Stadt aus gehen Lektüre und Lexikon in die Welt. Sie eigentlich macht das deutsche Reich zum Land der meisten Alphabeten. Aus ihren Brüsten träufelt Druckerschwärze, von der wir leben. Hier blüht die fruchtbare Philipp-Reclam-Züchterei – und die Brühlmotten, aus heimatlichem Pelzfutter von fürsorglichen Kaufleuten vertrieben, nähren sich von papiernen Brockhäusern, die dem Antiquariat anheimfallen.

So sieht man denn in den Leipziger Schaufenstern Füchse, Kaninchen, Kierkegaard, Aage Madelung und Maulwürfe.

Ganze Straßenzüge sind wie Inseratspalten, und die Stadt macht den Eindruck einer Sonntagsnummer der *Leipziger Neuesten*.

Der Brühl scheint mit das zu sein, was man die Pulsader der Stadt nennt, und die Rauchwaren sind sozusagen die Pulswärmer.

Semiten und Arier bringen hier ihre Kaninchen ins Trokkene und weiden friedlich nebeneinander mit Wolfs- und Lammfellen.

Geräuschvoll werden Pfunde in Dollars umgerechnet und umgekehrt – und die Straße ist erfüllt vom Echo der Handbewegungen.

Es gibt in Leipzig eine alte Brühl-Generation und eine junge. Die alte ist abonniert auf das *Israelitische Wochenblatt*, die junge liest den *Drachen* und als Pendant den *Junggesellen*.

Die junge Brühl-Generation hat bei den alten den Achtstundentag durchgesetzt und bewegt sich flanierend in den Straßen Leipzigs, sobald die Bogenlampen erglommen sind.

Auch sitzen sie in den Auslagefenstern von Fleische – so heißt eine Konditorei, die ich beinahe mit einem Damen- und Herrenmodesalon verwechselt hätte.

Den Charakter und die Gesinnung einer deutschen Stadt lernt man in der Nacht kennen. Und auch die Polizei.

In der Nacht besteht Leipzig aus Rathenaumördern und solchen, die es werden wollen. Drei Nächte hintereinander hörte ich Studententrupps durch die Straßen ziehen. Sie kamen aus dem Goldhahngäßchen, wo sich der »Taubenschlag« befindet. Die germanische Jugend schrie: Nieder mit der Judenrepublik. Ebert ist ein Schwein.

An die hundert Leipziger gingen vorbei und ließen sich's gefallen. Ein Schutzmann pendelte auf und ab, königliche Gesinnungswatte in den Ohren.

Ein Arbeiter erklärte mir, die Studenten vom »Taubenschlag« seien die nächtlichen Beherrscher Leipzigs.

Ich bewundere heute noch den Freimut, mit dem sich

der Leipziger Nationalismus zur Prostitution bekennt. Das Goldhahngäßchen ist die bekannte Bordellgasse Leipzigs.

Von den modernen Leipziger Denkmälern, die noch nicht im Reiseführer stehen, erwähne ich Hans Reimann, der augenblicklich im Kabarett einer fernen Provinz aufgestellt ist.

Ferner Hans Bauer, der sonntags im Café Bittner ohne Entree vom Kellner gezeigt wird.

Das Schillerdenkmal dagegen ist von kitschfeindlichen Bubenhänden verunziert worden. Gott spricht in Leipzig durch die Hände der Kinder.

Leipziger Mittag, 2.10.1922

1923 beginnt Roth für die deutschsprachige Zeitung »Prager Tagblatt« zu schreiben, und berufsbedingt fährt er hin und wieder nach Prag, wenn auch immer nur für kurze Zeit. Von Berlin aus sehnt er sich oft nach dieser »Heimat für Heimatlose«.

Hotel Kopřiva

In P. steht das »Hotel Kopřiva«. Es hat 80 Zimmer in zwei Stockwerken. Es hat einen Portier, der ein Zimmerkellner ist und ein Gepäckträger zugleich. Er ist kleingewachsen und schmächtig und nicht repräsentativ genug für ein zweistöckiges Hotel mit 80 Zimmern. Er wartet am Bahnhof auf die Gäste. Wenn die Stadt P. eine größere Bahnhofshalle hätte, wie es sich für eine Stadt ziemte, die im Innern ein solches Hotel Kopřiva birgt, so könnte man den Portier gar nicht sehen. Seine Sichtbarkeit verdankt er nur den geringen Ausmaßen des Bahnhofsraumes in P. und dem suchenden Ruhebedürfnis der Reisenden.

»Hotel Kopřiva« ist fast immer besetzt. Dennoch kommt man fast immer dort unter. Denn es gibt Hotels, in denen das Gesetz von der Undurchdringlichkeit der Körper aufgehoben und durch ein anderes ersetzt ist, welches folgendermaßen lautet: »In einem Raum, den ein Reisender ausfüllt, kann ein zweiter schlafen.« Diesem Gesetz hat der Wirt des »Hotel Kopřiva« seinen Reichtum zu verdanken und dem Umstand, daß er sich seinen Gästen nicht zeigt, seine Seelenruhe. Viele Hotelwirte könnten von ihm lernen. Beschwerden, die man nicht vorbringen kann, sind nicht vorhanden. Eine unhörbare Unzufriedenheit besteht nicht. Man kann deshalb sagen: Mit dem »Hotel Kopřiva« sind alle Gäste zufrieden.

Andere Hotels haben glänzende verwechselbare Namen. Sie heißen Imperial, Savoy, Grand, Zentral, Paris, Metropole. Dieses Hotel aber heißt schlicht und gewissermaßen landesvertraut: »Kopřiva«. Auch andere Hotels haben achtzig Zimmer, rund achtzig. Aber »Hotel Kopřiva« hat hundertundzwanzig Betten in den achtzig Zimmern, weil vierzig von den achtzig »zweibettig« sind.

Nun sind ja zweibettige Zimmer in Städten, in denen Verliebte oder auch nur Verheiratete abzusteigen pflegen, eine notwendige Einrichtung. In P. aber und besonders im »Hotel Kopřiva«, wo fast nur einzelne, in Konkurrenzfurcht vereinsamte Reisende übernachten wollen, geben zweibettige Zimmer Anlaß zu konfliktähnlichen Erörterungen. Die Erfahrung, daß man selbst nicht schnarche, beruht auf der psychologischen Unmöglichkeit, sich selbst im Schlafe zu hören; der Glaube an des andern Schnarchfähigkeit auf einer alten Tradition. Aber noch stärker als diese und der Zweibettigkeit feindlich ist das Vorurteil, daß der wirklich vornehme Mensch allein schläft und schlafen muß. Es wiederholt sich also einige Male folgendes Gespräch:

»Ich schlafe immer allein! – Prin-zipiell!«

»Was sind das für Sachen? – Sie sagen: Ein Zimmer ist da! Und Sie haben nichts!«

»Es ist ja ein Zimmer da!«

»Ein Zweibettiges bezahl' ich nicht!«

»Ich auch nicht!«

»Sie bezahlen es ja zusammen!«

»Nein!« – Beide sagen es gleichzeitig. Der Portier aber, der die Nachgiebigkeit der menschlichen Natur kennt, sagt: »Also, Nummer 76!«

»Unerhört!« sagen beide Reisende. Man müßte glauben, daß sie eigentlich beide einander unsympathisch sind. Aber wie einigte sie die Zumutung des Portiers, daß sie Schlafgenossen werden könnten, zu willigen Schlafgenossen. Wie schmiedete sie ihre feindselige Empfindlichkeit aneinander.

»Schnarchen Sie?« fragt der erste zögernd.

»Ich – schnarchen?« ruft der andere.

»Ich schnarche auch nicht! ...«

»Wissen Sie – ich meine es nicht persönlich –, das schlimmste ist das Schnarchen!«

»Sag' ich auch! – Ich fahre einmal ...« Und es folgt jene obligate Anekdote, die Freundschaften einzuleiten und Bündnisse zu befestigen pflegt.

Allein gefährlicher als jedes Schnarchen ist das rasselnde Grammophon. Unten, irgendwo im Speiseraum, krächzt es Märsche, Walzer, Twosteps mit der toten Unerbittlichkeit des Mechanismus. Dessen ganz besondere Tücke besteht darin, daß seine Deutlichkeit stärker, seine Zudringlichkeit aggressiver wird, je weiter man vom Trichter entfernt ist. Diese physikalisch festgestellte Eigenschaft des Grammophons ruft im Schlaflosen die Überzeugung hervor, daß jedes Entrinnen unmöglich und nur scheinbar wäre. Grenzenlos ist die Schallweite. Peinvoller und einprägsamer wird die akustische Verfolgung im letzten Zimmer des zweiten Stocks denn in irgendeinem des ersten. Vor dem tönenden Rachen des Trichters fände man eher Schlaf als in der enttäuschenden, täuschenden Ferne.

Und manchmal gibt es Jahrmärkte in P. Sie sind niemals vorauszusehen. Sie treten ein wie Naturereignisse. Sie brechen los wie Gewitter. Die Zimmer sind teurer. Sie sind doppelt so teuer. Auch die Jahrmärkte sind tückisch. Sie sind an dem Abend, an dem man ankommt, nicht bemerkbar. Man gerät unvorbereitet in Jahrmärkte wie in ausgespannte Netze.

Tausende Musterkoffer wandern durch das »Hotel Kopřiva«. In seinen Betten liegen Vertreter aller Branchen. An einem einzigen langen Tisch in der Gaststube sitzen sie. Der Reisende in Spielwaren mit dem tragischen Gesicht. Er sieht aus, als reise er in Pietätswaren. Er aber führt die bunten Freuden des Lebens: rote Reiter aus Holz; gelbe Bajazzi aus Seidenstoffen; hüpfende Affen an dünnen Gummis; buntbefederte Kreisel; Schornsteinfeger in Tanagragröße; Puppen mit rollenden Augenlidern; schwarze Teufelchen mit Flammenzungen; kleine Rechenmaschinen mit farbigen Holzperlen, an denen die Mathematik ein Kinderspiel wird. Aber der Reisende in Seifen neben ihm ist fröhlich. Er riecht nach Moschus, Patschuli, Puder. Der von den Papierwaren legt Patiencen. Der mit den Füllfedern ist ein bißchen altmodisch, an Gänsekielfedern erinnert er. Tabakrauch nähert den Suffit der Tischplatte. Und niemand hat Zeit. Und jeder lebt zwischen Ankunft und Abfahrt. Immer zwischen zwei Zügen hastet das »Hotel Kopřiva«. Seine achtzig Zimmer, seine hundertundzwanzig Betten wirbeln durcheinander. Es steht nicht, das »Hotel Kopřiva«. Es steht scheinbar. Das Grammophon purzelt Stiegen auf, Stiegen ab. Musterkoffer fliegen. Der Portier rast Zimmer ein, Zimmer aus. Der Zimmerkellner läuft zum Zug. Der Gepäckträger kollert. Der Portier ist der Zimmerkellner. Der Gepäckträger ist der Portier. Der Zimmerkellner ist der Gepäckträger. Die Zimmernummern sind Abfahrtszeiten. Die Uhr ist eine Fahrplantabelle. Die Gäste hängen mit unsichtbaren Schnüren am Bahnhof: Sie schnellen hin und zurück. Das Grammophon singt Zugsignale. Achtzig sind gleich hundertzwanzig. Hundertzwanzig Zimmer rollen durch achtzig Betten.

Prager Tagblatt, 4.12.1923

Heimweh nach Prag

Wenn ich keine Sehnsucht nach Paris hätte, so hätte ich Sehnsucht nach Prag. Es ist eine Stadt, in der ich niemals zu Hause war und in der ich jeden Augenblick zu Hause sein kann. Man braucht in Prag nicht »verwurzelt« zu sein. Es ist eine Heimat für Heimatlose. Sie hat keine Sentimentalität.

Aber ich lebe seit fünf Jahren in Berlin. Ich sitze da wie im Wartesaal eines großen Bahnhofs und warte auf den Zug. Um mir das Geld für die Fahrkarte zu verdienen, handle ich inzwischen mit Büchern und Zeitungsartikeln. Es ereignet sich viel in diesem Bahnhof, man kann schreiben, man sieht allerhand fremde Völkerstämme, Arier, Professoren und deutschnationale Juden, Generäle vom Bahnhofskommando und gefallene Soldaten. Eine Familie erwartet eine Tante aus Dresden mit Militärmusik, man spielt »Deutschland über alles«, und die Gepäckträger entblößen ihre Schultern von der Traglast, und alle müssen aufstehen, auch wenn sie dabei sind, ein Wiener Schnitzel aus der Tunke zu heben.

Am Tage wandere ich durch den Bahnhof Berlin, die eiligen Reisenden stoßen mich, den Beamten bin ich im Weg, der Polizeipräsident mit der roten Mütze erteilt mir Verbote, der Schaffner ertappt mich bei ihrer Übertretung, die ebenfalls verboten ist. Des Nachts schlafe ich in leeren Wartesälen, die mit Frühstück zu vermieten sind und in denen sich Klaviere mit Hirschgeweihen befinden. Vom Standesamt erhalte ich die Erlaubnis zum Empfang nächtlicher Besuche, am Abend lasse ich mich trauen, des Morgens scheiden. Denn man achtet hier auf die Moral. In der Früh weckt mich die Witwe eines höheren Offiziers, die den Wartesaal instand hält und Mieter mit solider Konfession bevorzugt. Sie trägt ein Hakenkreuz am Adamsapfel.

Hierauf begebe ich mich in die Abteilung für Herren, erhalte Instruktionen vom Verwalter, der ein Eisernes Kreuz trägt und mit seinen Besuchern Gelenksübungen macht. Der Vormittag findet mich in einer Fütterungsstelle, da stehen wir alle mit Eßnapf und Trinkeimer und bedienen die Kellner, die hier polizeilichen Charakter haben. Jede Unhöflichkeit einem Kellner gegenüber wird als Amtsehrenbeleidigung geahndet.

Am Nachmittag schreibe ich an einem Stollwerck-Automat: Ich werfe eine Münze in den Spalt, und unten fällt ein Einfall heraus, wenn man kräftig zieht. Manchmal ist der Automat verstopft. Dann müssen die Schriftsteller Konventionalstrafen bezahlen. Um mir die Zeit zu vertreiben, gehe ich in die Polizeistation und schreibe Meldezettel. Dadurch [macht] man sich in Berlin beliebt.

Am Abend sitze ich im Kino. Man gibt den Kolossal-Monumental-Film der Decla-Bioscop: »Deutsche, trinkt deutsches Bier!« mit Massenszenen von Lubitsch und Henny Porten als deutscher Heldenmutter, und die Kapelle spielt den Fridericus-Rex-Marsch. Ein paar Wartesäle sind als Kaffeehäuser aufgemacht, sie dürfen ohne Perronkarten nicht betreten werden; Man muß sie vom Portier knipsen lassen.

Es ist mir gelungen, hier etwas Geld zu verdienen, mit dem ich mir verschiedene Sekkaturen leisten kann, den Ankauf von Briefmarken, die Bezahlung der Einkommensteuer und den Genuß des Kaffees. Ich bin auf dem Bahnhof geradezu schon heimisch. Die tiefe Kniebeuge ist mir wegen guten Verhaltens erlassen. Ich mache nur noch Salutierübungen.

Dennoch habe ich, wie gesagt, Heimweh nach Prag, und im Paß ein tschechoslowakisches Jahresvisum. In Paris möchte ich die Sonntage verbringen und die Wochentage in Prag. Hier sind die abstrakten Kosmopoliten, in denen die Welt als Wille lebendig ist und die den Willen zur Welt nicht brauchen. Sie haben alle Schmerzen gelitten, alle Freuden genossen, und weil sie nichts mehr überraschen kann, suchen sie keine Überraschungen. Sie sind Skeptiker, aber sie lieben ihr Leben, das Leben in Prag. Alle Stimmen der Geister, die in der Welt verstreut sind, gelangen konzentrisch nach Prag, denn alle Geister in der Welt stammen aus dieser Stadt, oder es war ein Irrtum der Schöpfung. Wenn sie sentimental in Paris, pathetisch in Berlin, sachlich und roh in Amerika geworden sind, flugs kehren sie nach Prag heim, in den Schoß der mütterlichen Skepsis und lassen sich auslachen, bis sie gesund werden.

Ich muß es aus rhythmischen Gründen wiederholen, obwohl ich nicht zweifle, daß man es mir glauben wird: Wenn ich nicht so viel Sehnsucht nach Paris hätte – ich hätte Heimweh nach Prag.

Prager Tagblatt, 25.12.1924

Ende 1923 wird Roth, er zählt nun bereits zu den gefragtesten Journalisten, von der »Frankfurter Zeitung« unter Vertrag genommen, für die er über ein Jahrzehnt lang Feuilletons verfassen wird, zu denen auch Filmkritiken sowie Buchbesprechungen zählen.

Zwei Filmsensationen

Die zwei letzten Filmsensationen dieses Winters sind: der *Nibelungenfilm* des Regisseurs Fritz *Lang* und Richard *Oswalds »Carlos und Elisabeth«.* Zur Uraufführung des ersteren sind Repräsentanten der Öffentlichkeit und der Gesellschaft durch geradezu büttenpapierene Einladungskarten gebeten worden, auf denen man nicht vergessen hatte zu vermerken, daß die Gäste »im Gesellschaftsanzug« zu erscheinen haben. Der gesellschaftliche Geschmack des Regisseurs hat mit seinem künstlerischen nichts zu tun, und also durfte weder dieser Wink mit dem Knigge-Zaunpfahl noch eine andere, erst später bekannt gewordene Lächerlichkeit Vorurteile gegen den Nibelungenfilm erwecken: Der Regisseur hatte nämlich am Tage der Uraufführung den Sarg Friedrichs des Großen in Potsdam mit einem Kranz schmücken lassen, dessen riesengroße Schleife die Worte enthält: »Zur Premiere des Nibelungenfilms Fritz Lang«. Es klingt wie ein Witz – aber nur dem Ohr desjenigen, der die Berliner »Branche« nicht kennt. Die Filmbranche ist jung, und innere Kultur ist ohne die ehrwürdige Patina der Tradition selten. Nur ein ganz Boshafter könnte annehmen, daß dieser Akt der Pietät auch einer der Reklame war, und die Berechtigung dieser Annahme würde gestützt durch zwei Tatsachen: erstens, daß wirklich viele Potsdamer und Berliner und Fremde das Grab des großen Königs besuchen, und zweitens, daß in der Seele der »Branche« (wie auch in der anderer Interessenten) ein äußerlicher Patriotismus und der Profitgeist gewissermaßen Tür an Tür nebeneinander wohnen.

Hatte nun der Regisseur des Nibelungenfilms versucht, zwischen seiner Tätigkeit und dem toten Repräsentanten Preußens eine Beziehung herzustellen, so hielt sich der Regisseur des Carlos-Films mehr an die lebendige Obrigkeit: Er vereinigte bei einem seiner Festessen Männer der republikanischen Regierung mit Vertretern seines Faches und konnte sogar den *Präsidenten des Reichstags* zu seinen Gästen zählen. Es wurden Reden über die Bedeutung der »nationalen Filmkunst« gehalten und in den Berliner

Zeitungen gedruckt. Zwar könnte die Erfahrung, daß die wirklichen unsterblichen Meisterwerke der Kunst ohne die Geburtshelfer der Publizistik und der Regierungen das Licht der Welt erblickt haben, die unter solch repräsentativem Posaunenschall geborenen Filmwerke ein wenig verdächtigen. Dennoch mögen die Begleiterscheinungen auf das Konto des herrschenden Zeitgeistes gesetzt werden.

Das Manuskript für den Nibelungenfilm I. Teil hat Frau Thea von Habou geliefert. Sie hält sich mehr an eine der vielen (vielleicht an die Schwabsche) Bearbeitungen der Nibelungensage als an den Text des Nibelungenliedes. Der Film beginnt mit »Jung-Siegfried wie er sein Schwert schmiedet« und endet mit Siegfrieds Tod und Kriemhildens Racheschwur. Das ehrwürdige Alter des Nibelungenliedes und seine nationale Bedeutung haben die langdauernde, mühsame und sorgfältige Regie Langs eigentlich als eine Selbstverständlichkeit erscheinen lassen. Sie ist also ein Verdienst zweiten Ranges. Ein objektives Verdienst besteht ferner darin, daß man durch diesen Film das Interesse breiter, durch die Macht der Jahrhunderte und der modernen Lebensbedingungen der deutschen Vorzeit entfernter Volksmassen für das bedeutendste literarische Dokument unserer Vergangenheit geweckt haben dürfte; obwohl man leider kaum annehmen darf, daß ein größerer Teil der Zuschauer das Nibelungenlied etwa lesen wird. Allein schon die anschauliche Vermittlung einer versunkenen Welt wäre ein lohnendes Unterfangen gewesen – wenn dieser Welt Gerechtigkeit widerfahren wäre; wenn man die unheimliche Düsterkeit, das mythische Halbdunkel, die rauhe Geklüftetheit, die unerbittliche Schicksalswucht der Nibelungenwelt gegeben hätte. Statt dessen gab man eine sanfte Bearbeitung der Nibelungen für Kulturmenschen, zwischen zwölf und siebzig. Siegfried ist ein schöner blonder Apollo; Kriemhild eine jüngere Juno; Brunhild eine gesittete Medea; Hagen von Tronje ein antizipierter unheimlich wilder Jesuit. Eine sanfte Frauenhand glättete die düstere Größe der mythischen Welt, den Kampf zweier Zeitalter, zu einer mehr griechischen als germanischen sagenhaften Begebenheit. So sind die Szenerien (der Wald, die Hallen, die Höhlen, die Brücken, die Quellen) Bilder einer Phantasie, die das christliche Mittelalter, das bereits vorgeschrittene Volksmärchen, die überlieferte Antike verarbeiten, die aber niemals heimisch war in der erschrekkenden, verstandesmäßig gar nicht faßbaren, großen Grausamkeit der Nibelungenwelt. In diesem Film ist sie niemals unheimlich, höchstens manchmal gruselig. Nur eine Darstellerin, allerdings eine der besten Filmschauspielerinnen, die es überhaupt gibt: Frida *Richard*, konnte als Norne intuitiv in zwei, drei kurzen Augenblicken eine Ahnung von der metaphysischen Verbundenheit jener Mythenwelt geben. Sie allein war in den Bezirken, in denen Himmel, Hölle und Erde verschmolzen. Die anderen wandelten auf kultiviertem Parkett. So erwies es sich, daß die Pietät gegenüber der Vergangenheit seines Volkes, auch wenn sie sich in Grabeskränzen äußert, zur Nachschaffung einer bewußt nicht faßbaren Schöpfung niemals ausreicht. Dazu gehört eine tiefe Verbundenheit mit jenem unbewußten, zwischen Sinn und Unsinn gelagerten Bezirk, aus dem das Volkslied kommt, der Schrei des Tiers, der Quell und das Volk selbst. Eine kleine Zeitspanne weiter liegt bereits die Region des Bewußten, der Geschichte, des *symbolischen Mythos,* wie er den Griechen und Römern eigen war, dem Menschen der durch *Verstand und Gefühl* zu gleichen Teilen geschaffenen Form; niemals der triebhaft dämmernden Germanenwelt.

Der Regisseur Lang vertiefe sich beim zweiten Teil in das Nibelungenlied selbst. Er spare sich und dem alten Fritz die Kränze und beaufsichtige die glättend schaffende Verfasserin und korrigiere die weichen Formen, die ihre Frauenhand zeichnet. Ein Nibelungenfilm braucht knorrige.

Der Regisseur *Oswald* kann leider nichts mehr besser machen. Der Don-Carlos-Stoff ist erschöpft. Der Film vermochte nicht das edle Pathos der Verse durch ein edles Pathos der Bilder zu ersetzen. Er konnte nur die Fabel geben, die eine sehr interessante Haupt- und Staatsaktion ist. Eine spannende Angelegenheit toter, begrabener Könige zwischen schönen, geschmackvollen Szenerien. Der poetische Wert dieses Stoffes liegt im Ethisch-Abstrakten, das Schiller beherrscht hat. Der Film bleibt eine historische Illustration zu einer Privatangelegenheit historischer Persönlichkeiten. Er vermittelt das Hintertreppenmilieu eines Geschichtsabschnittes. Aber nicht die menschliche Tragik einer Königsfamilie. Ein Shakespeare des Films könnte es. Ein Richard Oswald wäre in einer filmlosen Zeit etwa ein Bilderliebhaber geworden, ein Sammler, ein Malergalerienerbauer, ein künstlerischer Bühnendekorateur. In seiner Pupille fängt sich das Geschehen der Welt, nicht in seiner Seele. Mit dem Auge allein schafft man auch Filmtragödien nicht.

An beiden Filmen ist sehr lange und sehr kostspielig gearbeitet worden: Ein Argument der »Branche« gegen die Kritik, die angeblich so leicht mit der Verurteilung eines mit komplizierten Apparaten zustande gebrachten Werkes ist. Als ob die Dauer der Entstehung und die technischen Komplikationen eine Dauer der Urteilsbildung voraussetzten! Wenn Gott Millionen Jahre gebraucht hat, um die Welt zu erschaffen, so genügt doch der erste bewußte Augenaufschlag eines Kindes, damit es sich an ihr erfreue. Das gelungene Werk begeistert sofort. Die Begeisterung erfordert kein Studium.

Frankfurter Zeitung, 12.3.1924

Amerikanisiertes Kino

Svend Gade hat einmal – es wird ein Jahr her sein – über die »Aufmachung« der amerikanischen Kinos in einer deutschen Filmzeitschrift geschrieben. Diesen Aufsatz nahm sich die Berliner Branche zu Herzen. Es begann die Blütezeit der Staffage, der suggestiven Gewaltmittel, der Geräusche, der Farbentohuwabohus, es fing an die Hypertrophie des Rahmens: Das Filmstück ist eingebettet in musikalische, malerische, ornamentale Hüllen. In dem Theater, in dem man Lubitschs ersten *Amerikafilm* »Rosite« aufführte, geschah folgendes: Die Musik spielte eine »Ouvertüre«, dann fiel sie in Ekstase, verursachte disharmonische Geräusche, und gleichzeitig begannen einige Scheinwerfer bunte Flammen über den Saal zu speien, Rot, Blau, Orange, Gelb wechselten in rasender Folge, die Menschen rissen Mund und Augen auf, über sie war Amerika hereingebrochen wie eine plötzliche Katastrophe, bei der die Notausgänge nicht funktionierten. Diese überraschende Dusche aus Farbe und Geräusch dauerte etwa fünf Minuten, aber man war mit Amerika für ein Jahr versorgt und als der Film anfing – übrigens ein Durchschnittsfilm – bereits so müde, als wäre es der fünfte Akt. Völlig erschöpft torkelte man aus dem Kino.

Andere Kinos versuchen, den angeblichen »Stimmungsgehalt« des rollenden Filmes in der äußeren Ausstattung der Theater zu erschöpfen. Sie hängen gelbseidene Lotosblüten-Lampions vor den Eingang, wenn der Film in einem exotischen Lande spielt, wie China zum Beispiel; was sie mit Indien anfangen würden, ist mir ein Rätsel. So wird die Ankündigung pompös, und je pompöser sie ist, desto ärmlicher der Film. Der Superlativ ist schon vor dem Eingang übersteigert. Die Ekstase der *Reklame* dämpft die Begeisterung des Zuschauers. Schon die lästige, ermüdende

Annoncen-Zudringlichkeit vor dem Anfang des Films ist imstande, das Interesse für das Kommende einzuschläfern. Es beginnt mit den »edelsten Likören« und endet mit der patriotischen, alkoholbegeisterten Aufforderung: »Deutsche, trinkt deutsches Bier!«, die übrigens wie ein Witz eines deutschfeindlichen Pariser Blattes klingt. Hierauf senkt sich der Vorhang, dieser Vorhang, der nichts zu verhüllen hat und infolgedessen so aufreizend wirkt wie die Geheimnistuerei eines nichts wissenden Diplomaten. Dann spielt eine sehr mittelmäßige Kapelle Beethoven und, wenn man Glück hat, Richard Wagner. Aber da muß man schon sehr viel Glück haben. Dann folgt die Filmwoche, die als eine Fortsetzung jener sympathischen nationalen Forderung, deutsches Bier zu trinken, die Niederlegungen, Kranzniederlegungen deutscher Generale an irgendwelchen Heldendenkmälern zeigt. Das ermüdet, macht krank, ergeben und gleichgültig. In diesem Zustand befindet man sich, wenn der Film anfängt.

Von den Darbietungen des letzten Monats bleibt das Lustspiel *»Die Ehe im Kreise«* in freundlicher Erinnerung. Ernst *Lubitsch* hat es in Amerika mit amerikanischen Darstellern gedreht. Es ist amüsant, nicht satirisch, mit einer ganz leisen, fast verklingenden Andeutung, moralisch zu sein. Man lernt daraus, daß Heiterkeit in der Atmosphäre liegt, in der amerikanischen, französischen, nur nicht in der englischen und deutschen. Der pathetische Massenregisseur Lubitsch hat in Amerika lachen gelernt. Nie wäre es ihm in Deutschland gelungen. Mehr als jeder andere Apparat ist der Filmaufnahmeapparat abhängig von der Luft, dem Klima, der Stimmung, den Ergebnissen psychologischer und geographischer Verhältnisse. Die Menschen sind mehr oder weniger überall dieselben. Die »Branche« ist in Frankreich, New York und Berlin zum großen Teil dieselbe homogene

Schicht. Dennoch entstehen typische deutsche, französische, amerikanische Filme. Das kommt von der Luft ...«

In einem Wiener, das heißt: in Wien gedrehten Lustspiel sah man den französischen Komiker *Linder* nach langer Zeit wieder. Wie Chaplin die Groteske zur kaltschnäuzigen Brutalität steigert, so mildert Linder die groteske Brutalität durch galante Drolligkeit, elegante, versöhnende, rundende Geste. Er ist ein Pariser, trotz seinem Namen und seiner wahrscheinlich deutschen Abstammung. Chaplin verspottet die Form, desavouiert sie, beweist geradezu ihre Schädlichkeit. Max Linder wahrt sie immer, auch in der verrücktesten Situation, und beweist so ihre Notwendigkeit. Chaplin ist immer originell. Linder verschmäht auch eine oft verwendete lächerliche Situation nicht, aber er formt sie durch graziöse Liebenswürdigkeit zu einer ganz neuen. Chaplin bestreitet in einem Film die Komik ganz allein – Linder setzt auch den Nebenpersonen komische Lichter auf. In seinen Filmen ist Schnelligkeit wie in den amerikanischen. Aber es ist nicht die Schnelligkeit der Maschine, sondern die elegantere des Wiesels, des Tiers, eine animalische Fixigkeit.

Mauritz *Stiller*, der kultivierteste, der dichterische, der Hamsun der Filmregisseure, hat *»Gösta Berling«* verfilmt, den berühmten Roman der Selma Lagerlöf. Der Film blieb – besonders im zweiten Teil – weit hinter dem Roman zurück. Die Dichterin soll selbst mitgeholfen und Anregungen gegeben haben. Es fehlt nicht an der Stimmung, die eine Konsequenz des Milieus ist. Wohl aber an jener, weitaus wertvolleren, die ein Resultat und eine Ursache der *Dichtung* ist. Was ein Heldenepos ist, wird im Film ein Sittenbild, eine Kulturmalerei.

Was Mauritz Stiller nicht ganz gelingen konnte, mußte dem Regisseur Carl Th. *Dreyer* vollständig mißlingen, der es unternahm, Herman Bangs *»Michael«* zu verfilmen und nach dem Manuskript der Thea von *Harbou*, die schon »Die Nibelungen« gründlich mißverstanden hat. Hier sieht man, wie aus einem sensiblen Kunstwerk ein läppisches Filmstück wird: Benjamin *Christensen*, der die Rolle des Meisters spielt, kann durch rein plastische Wirkung nicht den Zauber ersetzen, den Bang im Roman durch musikalische Hilfsmittel hervorruft. Ein belangloser, hübscher, junger Mann (der Sohn des Sängers Slezak) spielt den Michael. Der ist im Roman ein schöner junger *Mann* mit der gesunden Unerbittlichkeit der Jugend. Im Film ist es ein männliches Kammerkätzchen. Der Meister wandelt im seidenen Pyjama herum, und die großen Werke, die der Regisseur Dreyer unvorsichtigerweise auch sehen läßt, sind Kitsch aus einem »Kunstladen« der Friedrichstraße. Es ist viel »Stimmung« aus den Situationen herausgeholt, aber zu Sentimentalität erweicht. Es ist ein »Michael« in kleinbürgerlicher Bearbeitung, wie »Die Nibelungen« eine Bearbeitung für die erwachsene Jugend waren. Thea v. Harbou hat gewiß Qualitäten. Sie sollte sich für die Romane von Norbert Jacques und Ludwig Wolff aus der »Illustrierten« reservieren. Herman Bang liegt auf einer anderen Ebene.

Im »Ufa-Palast am Zoo« sieht man eine amerikanische Verfilmung des alten jüdischen Konfektionslustspiels *»Pottasch und Perlmutter«*, das eine innige Vertrautheit des amerikanischen Regisseurs mit den Sitten und Gebräuchen der jüdischen Welt verrät. Als »Einlage« wird eine »Modeschau« gezeigt. In der Mitte der Bühne erhebt sich eine Wendeltreppe. Damen und Herren in seidenen Kleidern, mehr vom bunten Licht der Scheinwerfer als von Stoffen bekleidet, erscheinen, verschwinden, kommen in neuen

Kleidern, drehen sich. Amüsant sind die Herren in Zylindern, mit Radmänteln und Stöcken; sie trippeln wie junge Mädchen, werfen kokette Blicke um sich, sind »Helden«, Salonlöwen vom Zylinder bis zum Lackstiefel; sie wiegen sich in den Hüften, zieren sich und – daran soll man sich ein Beispiel nehmen? Es ist das pantomimisch verlebendigte Modeblatt aus dem »Atelier« eines »Tailleurs«. Wenn diese Salonhelden die Wendeltreppe hinansteigen, erinnert sie an einen vertikalen »Strich« der Herrenwelt, der etwas gewunden ist und nicht mit Unrecht ...

Frankfurter Zeitung, 4.10.1924

In vielen seiner Rezensionen erschließt sich auch Roths eigenes Berufsbild.

Einbruch der Journalisten in die Nachwelt

Wenn deutsche Journalisten Bücher schreiben, bedürfen sie beinahe einer Entschuldigung. Wie kamen sie dazu? Wollen die Eintagsfliegen in den Rang höherer Insekten aufsteigen? Wollen sie, die dem Tag angehören, in die Ewigkeit eingehen? Professoren und Kritiker säumen den Weg, der in die Nachwelt führt. Dichter, die gleichsam schon von Geburt eingebunden waren, wollen manchmal eine genaue Grenze zwischen Journalistik und Literatur ziehen und im Reich der Ewigkeiten den *Numerus clausus* für *»Tagesschriftsteller«* einführen.

Fremdwörter sind sehr selten glücklich und gültig verdeutscht worden. Sie bekamen meist einen präzisen, aber schiefen Sinn (einen undeutschen), wie zum Beispiel das Wort: Tagesschriftsteller. Ein Journalist aber kann, er soll ein Jahrhundertschriftsteller sein. Die echte Aktualität ist keineswegs auf 24 Stunden beschränkt. Sie ist zeit- und nicht tagesgemäß.

Diese Aktualität ist eine Tugend, die nicht einmal einem Dichter schaden könnte, der niemals für die Zeitung schreibt. Ich wüßte nicht, weshalb ein ausgeprägter Sinn für die Atmosphäre der Gegenwart die Unsterblichkeit hindern soll. Ich wüßte nicht, weshalb Menschenkenntnis, Lebensklugheit, Orientierungsvermögen, die Gabe zu fesseln und andere solcher Schwächen, die man dem Journalisten vorwirft, die Genialität beeinträchtigen können. Das echte Genie erfreut sich sogar dieser Fehler. Das Genie ist nicht weltabgewandt, sondern ihr ganz zugewandt. Es ist nicht zeitfremd, sondern zeitnahe. Es erobert das Jahrtausend, weil es so ausgezeichnet das Jahrzehnt beherrscht. Das Unglück, mißverstanden und verkannt zu werden, ist nicht das Kennzeichen, sondern ein Unfall des Genies. Es teilt diesen Schmerz sogar mit durchschnittlich begabten Journalisten. Auch gute Handwerker werden zuweilen verkannt.

Ich hege deshalb – und obwohl ich selbst Journalist bin – kein Mißtrauen gegen die Bücher der Autoren, die für Zeitungen schreiben. Es ist schon so manche Dichtung durch die Rotationsmaschinen einer Zeitung gelaufen, und ewige Wahrheiten haben den Wert des Papiers erhöht, dessen Schicksal es ist, in verschwiegenen Gegenden zu enden.

Das Zeitungspapier hat *Alfred Polgar* und *Egon Erwin Kisch* viel mehr zu verdanken, als Honorare abzahlen können. Was Polgar, dem eigenen Trieb gehorchend, »an den Rand« der Zeit geschrieben hat, war, auf Befehl der Not, unter dem Strich der Zeitung gedruckt. Das Tempo einer »Hetzjagd durch die Zeit«, die Kisch ausführt, bestimmt nicht die Flüchtigkeit seiner Beobachtung und nicht die kurze Dauer seiner Feststellungen. Sie können ewiger sein als die Langeweile der sogenannten »Beschaulichkeit« …

Kisch gibt in seiner »Hetzjagd durch die Zeit« (bei Erich Reiß, Berlin) nicht etwa nur eine Fortsetzung seines »Rasenden Reporters« wie es scheinen könnte. Der Titel ist journalistisch, seiner Bestimmung nach gehörte er über einen Zeitungsaufsatz. Aber die Aufsätze, die er zusammenfaßte, die Reportagen, Novellen, Tagebuchblätter sind Stoffe für sechsundzwanzig Romane – die nicht etwa eine Behandlung durch den Romanautor erwarten. Sie haben ihr Schicksal bereits gefunden. Die Reportage braucht nicht erst in den Rang einer »Kunstgattung erhoben« zu werden. Sie hat die künstlerische Form, ihre eigene – eben weil sie »nur Tatsachen« berichtet. Was Kisch mitteilt, ist Wirklichkeit von sensationellem Rang. Wieviel »Kunst« gehört dazu, eine nackte Realität zu einer künstlerischen Wahrheit zu machen? In einer Novelle (»Der tote Hund und der lebende Jude«) zeigt der Verfasser sein rein poetisches *Können*, das Handwerk des Dichtens. Im übrigen benutzte er es, um tatsächlichen Erlebnissen formal Gültigkeit zu verleihen. Über Kisch hat Polgar einmal geschrieben:

Heute noch auf stolzen Rossen,
morgen: Garamond fett durchschossen …

Die Schnelligkeit ist eine Tugend des guten Journalisten. Die Langsamkeit aber noch lange kein Beweis für die Echtheit des Dichters, wenn er das Tempo verachtet und dafür vom Tempo verachtet wird.

Alfred *Polgars* Buch heißt »An den Rand geschrieben« (bei Rowohlt, Berlin). Der bescheidene Text ziert den ironischen Autor und wird den Käufer ehren. Große Wahrheiten werden an den Rand geschrieben.

Polgar schreibt kleine Geschichten ohne Fabel und Betrachtungen ohne Resümee. Er bedarf keines eigentlichen »Inhalts«, weil jedes seiner meisterlich gemundhabten Worte voller Inhalt ist. Kein Anlaß ist ihm zu gering. Gerade an den geringen Anlässen zeigt er seine Meisterschaft. Er poliert das Alltägliche so lange, bis es ungewöhnlich wird. Was soll er noch mit dem Ungewöhnlichen? Es ist ihm nicht gewachsen. Was soll er mit spannenden »Ereignissen«? Jeder seiner Sätze enthält sensationelle Sprachereignisse. Seine Form ist so subtil, daß sich kein grober Stoff, keine handgreifliche Handlung in sie trauen. Die Sensationen gehen behutsam mit dem Dichter um und meiden seine Nähe. Sie fürchten ihn. Er könnte sie verspotten und – wehe ihnen! – sie wären keine Sensationen mehr! Seine Form besticht die Wahrheit. Wenn er eine schwere Tragik in einem Witz münden läßt, merkt man nicht einmal, daß dieser willkürlich war und jene schwer. Wenn er über etwas schreibt, hat er doch das »Etwas« geschrieben. Nirgends gibt es noch einen Beobachter (deutscher Sprache), der so einem Gestalter gliche, der so hundert Gestalter überträfe. –

Frankfurter Zeitung, 19. 12. 1925

Die Autoren sind mir persönlich bekannt

Es läßt sich nicht leugnen, daß die Autoren der beiden Bücher, die vor dem Referenten liegen, ihm persönlich bekannt sind. Besäße er die untadelige, unnahbare Gerechtigkeit, die man alten, legendären Richtern zuspricht, so hätte er es entweder vermieden, die Bekanntschaft mit Männern zu schließen, die imstande sind, Bücher zu schreiben, oder er hätte den Auftrag, über ein Buch eines ihm persönlich bekannten Autors zu referieren, ohne Entrüstung, aber mit Entschiedenheit abgelehnt. Aber der Referent ist nicht nur ein Mensch mit materiellen Bedürfnissen, die er durch Honorare zu befriedigen vergeblich sich müht; mit einem nachgiebigen Herzen, das verschiedener Bindungen bedarf –: Der Referent ist auch überzeugt, daß es eine absolute Unbestechlichkeit nicht gibt und daß in derselben Welt, in der die Bücher geschrieben, sie auch besprochen werden. Eine Feder bespricht die andere. Jeder Mensch »vom Fach«

verbindet oder verwechselt seine literarischen Neigungen und Abneigungen mit seinen persönlichen. In diesem unmenschlichen oder allzu menschlichen Betrieb, den man Literatur nennt, wäre heutzutage das einzig gerechte Urteil das des Lesers – wenn es ihn überhaupt noch gäbe. Aber die Erfahrungen jedes einzelnen von uns sowie die Abrechnungen, die wir von unsern Verlegern so selten bekommen, lehren uns, daß wir selbst die Bücher schreiben, lesen und besprechen. Sogar wenn es eine absolute Objektivität gäbe, wir hätten nichts mit ihr anzufangen. Aber, noch einmal: Es gibt keine.

Was den »Schreiber dieser Zeilen« betrifft, so hält er es von vornherein für eine Zudringlichkeit, dem Leser, den man so gerne schätzen möchte, wenn man ihn fände, ein fertiges Urteil darzubieten. Etwa: Das Buch ist ausgezeichnet oder miserabel oder mittelmäßig. Der Referent ist, auch wenn er den Verfasser nicht kennt – was in dieser Enge unwahrscheinlich ist –, gar nicht imstande, das Werk von seinem Urheber zu trennen. Es gibt überhaupt kein Werk, bei dem es möglich wäre. Er verachtet die falsche Objektivität, die sich den Talar anzieht, wenn sie sich zum Schreibtisch setzt und sich selbst vortäuscht, daß sie »ohne Ansehn der Person« zu richten beginnt. Es ist gerechter, anständiger und würdiger, zu gestehen, daß so etwas unmöglich ist. Man ist nicht »voreingenommen«, man ist nur freudig bereit, das Buch eines Mannes, den man für begabt hält, der fraglichen Öffentlichkeit zu empfehlen. Der Referent bekennt sich somit nicht von vornherein zu den Büchern seiner Bekannten. Er bekennt sich nur zu den Menschen, die er schätzt. Er ist überzeugt, daß es ungerecht ist, ein Buch so zu beurteilen, als stände es allein da, abgetrennt von seinem Urheber – wie man etwa ein Kind beurteilt, ohne nach seinem Vater zu fragen. Ein guter Schriftsteller kann kein absolut schlechtes Buch verfassen. Er kann nur irren, solange er schreibt.

Oft erhält der Referent Bücher eines Menschen, mit dem er vor zwei Wochen im Kaffeehaus gesprochen hat. Nicht immer sind es Bücher mit den Bildnissen der Autoren, die es, nebenbei gesagt, seit einigen Jahren lieben, ihre Physiognomien der Mitwelt darzubieten. Es ist, als ob die jungen Autoren anfingen, auf ihr Gesicht ebenso stolz zu werden wie auf ihren Stil. Oder als ob eine Art dumpfer Ahnung, daß sie auf ihren Stil nichts mehr sich einzubilden hätten, sie antriebe, mit ihrem Gesicht zu prahlen. Niemals ließen sich Schriftsteller so oft und so nachdrücklich photographieren, porträtieren und veröffentlichen. Auf Prospekten der Verleger, in illustrierten Zeitungen und auf Titelblättern kann man sie sehen. Aber ich spreche von jenen, deren Porträt nicht zu sehen ist. Vor mir taucht ihr Gesicht auf, sobald ich eines ihrer Bücher aufschlage. Ich bringe es nicht über mich, ein kühler »Kritiker« zu sein. In ihren Zeilen suche ich nach ihrer warmen, lebendigen Menschlichkeit, die mir vertraut ist, ungefähr wie man im Laub nach dem Vogel sucht, dessen Gesang man hört. Ach, ich bin bestochen! Was ich ihnen vorzuwerfen habe, ist so unwichtig im Vergleich mit der Achtung, die sie mir einflößen. Dies und jenes in ihren Büchern hätte ich anders gewünscht. Ich werde es ihnen sagen. Aber in dieser Welt, aus der sogar die tiefere Gerechtigkeit des Herzens geschwunden ist, finde ich keinen Grund, die formale Ungerechtigkeit hochleben zu lassen. Ich werde sie nicht »kritisieren«, ich werde von ihnen erzählen. Ich werde sie nicht »besprechen«, ich werde sie dem fiktiven Leser empfehlen.

Das eine Buch hat Manfred *Georg* geschrieben. Es heißt »Räubergeschichten«. Der Verfasser ist einer der begabtesten jungen Journalisten Deutschlands. Er schreibt Gerichtssaalberichte sehr schnell und mit einer vornehmen Gesinnung, der die Eile nicht schadet. Um zwölf Uhr mittag ist der Prozeß. Um fünf Uhr nachmittag ist der Bericht gedruckt, sind der Angeklagte, die Zeugen, die Richter, die Rechtsanwälte geschildert, sind alle Armseligkeiten armseliger Menschen, die der Prozeß aufgedeckt hat, mit dem Licht der Menschlichkeit erhellt, das alle Fehler verschönert und alle Schuld verzeiht. Der Verfasser schreibt Reiseberichte. Der Verfasser schreibt kleine Skizzen von der großen Not der großen Stadt. Der Verfasser ist nicht nur ein Schriftsteller. Er ist ein Mensch.

Seine »Räubergeschichten« (Spiegel-Verlag, Wien, Berlin, Leipzig) enthalten kurze, spannende, düstere und lächelnde, abenteuerliche Geschichten. Manche sind allzu flüchtig geschrieben, die Sorgfalt fehlt ihnen (und der Sorgfalt fehlt die Zeit). Alle sind dichterisch – nicht im formalen, sondern im menschlichen Sinn. Jede Geschichte zeugt von der mutigen, anständigen, ehrlichen Gesinnung des Autors. Sie geben dem flüchtigen Leser, was er verlangt: Zerstreuung. Dem Bedächtigen, was er verlangt: Grund zur Nachdenklichkeit.

Das andere Buch hat der stille Dichter Franz *Hessel* geschrieben. Es heißt »Heimliches Berlin«, ist ein Roman und im Verlag Ernst Rowohlt, Berlin, erschienen.

Es ist sehr sorgfältig geschrieben – langsame Sorgfalt ist die Tugend Hessels, wie rasche leidenschaftliche Gesinnung die Tugend Georgs ist. Es ist ein klares, gutes und zartes Deutsch. Das Buch erzählt ein paar Begebenheiten aus einem kleinen, sehr gewählten, geistigen Kreis Berlins. Zart und bedächtig blühen die Begebenheiten zu Schicksalen auf. Das Notwendige sieht wie zufällig aus. Am Schluß erst ahnt man, daß hinter oder über dem geschilderten Geschehen eine große, starke, übermenschliche Unerbittlichkeit steht – am Horizont des Buches steht sie, ein Gewitter.

Diese beiden Bücher empfiehlt der Referent, obwohl ihm die Verfasser persönlich bekannt sind.

Frankfurter Zeitung, 25.9.1927

Auch Theaterkritiken verfaßt Roth in dieser Zeit, die meist in der Zeitung »Vorwärts« erscheinen:

»Die Nibelungen«

Die »Nibelungen«-Trilogie Friedrich Hebbels ist die monumentale Tragödie einer historischen Zeitenwende. Brunhild ragt noch in die alte Götterepoche und aus ihr in die christliche Zeit. Siegfried ist der subjektiv-unschuldige Verräter der alten Welt, die er, indem er sie verrät, gleichzeitig mit der neuen verbindet. In ihr lebt Hagen als der Repräsentant der Vergangenheit und als ihr Rächer an Siegfried. Einem unerbittlichen Weltgesetz gemäß kommen sie alle um, die Übergangsmenschen, die Dämmerwesen der Zwischenzeit, die Starken und die Degenerierten, und übrig bleibt der Vertreter des neuen Lebens, des Christentums, der die Last des letzten Hunnenkönigs übernimmt, um sie »im Namen dessen, der am Kreuz erblich«, zu tragen. Wäre das Abzeichen unserer modernen Rasse-Heiden nicht das Produkt einer borniert tändelnden Phantasie, sondern ein wirkliches Symbol des alten Germanentums, man könnte sagen: In Hebbels »Nibelungen« siegt das Kreuz über das Hakenkreuz.

Diese Weltanschauung manifestiert sich in der gehämmerten, unerbittlichen Tragik der Charaktere und der Schicksale, die, voneinander abhängig, ineinander übergreifen und wie die Räder eines Mechanismus von komplizierter Logik mit tödlicher Konsequenz gegenseitig ihre Ursachen bilden und ihre Wirkungen auslösen. Es gibt nicht viele solcher Trilogien, in denen nichts willkürlich, nichts lose, nichts schwebend ist. Die »Nibelungen« bilden *einen* Guß in drei Teilen. Jürgen *Fehling* wollte alle drei an *einem* Abend im *Staatstheater* spielen. Es gelang ihm: eine einheitliche Regieleistung. Es gelang ihm nicht: die Einheit des Werks zu wahren. Er mußte in 6 Stunden komprimieren, wozu 10 gerade ausgereicht hätten. Infolgedessen mußte er Höhepunkte geben statt der *Entwicklung mit Höhepunkten.* Es war, als zeigte man von einem universalen Weltbrand nur die ragenden Stichflammen und die donnernden Explosionen. Dafür entschädigte allerdings die künstlerische Ökonomie der Szene, in der aus den sparsamsten Mitteln der Farbe, der Kleidung (Kostüme von *Pirchan),* der horizontalen und vertikalen »Treppe«, die einzelne »Plateaus« bildete, starke Wirkungen herausgeholt waren. Die »Nibelungen« Hebbels waren zerrissen, um den »Nibelungen« Fehlings trotz der kurzen Dauer zu einer regietechnischen Einheitlichkeit zu verhelfen.

Dennoch wäre auch diese nicht fühlbar geworden – ohne die Kriemhild der Agnes *Straub.* Die vertrat als einzige des Dichters Rechte an diesem Abend. Wo sie stand, war die Lockerung des Werks nicht vorhanden. Wenn sie sprach, schmiedete sie zerbröckelndes dramatisches Gemäuer zusammen. In der Entwicklung von der lächelnden liebenden Unschuld bis zur rächenden hassenden Schuld bewahrte sie die von Hebbel beabsichtigte Darstellung einer ganzen Generation und einer ganzen Epoche. Sie lächelte wie ein Mädchen, sie weinte wie eine Mutter, sie schrie wie eine Megäre. Sie steigerte ein weiches Antlitz zur grauenvollen Grimasse, und sichtbar und glaubhaft und erschütternd auf den Mienen ihres Gesichts, den Schwingungen ihrer Stimme, den Bewegungen ihrer Hände und den Linien ihres Körpers lag ihre Entwicklung dem Zuschauer gleichsam dargeboten. Sie allein überzeugte. Ihre Träne war echt, und ihr Haß machte zittern. Sie lieferte endlich die Erklärung für die angebliche Unverständlichkeit des Weibes.

Fast alle anderen zeigten mehr Eifer als Können und Verständnis. Heinrich *George* war ein polternder, nur am Ende überzeugender Hagen, kein finsterer Höllenmensch, sondern ein schlauer, nervöser und ungeduldiger Bösewicht. Robert *Taube* gab einen Gunther, der nicht schwach und nicht gütig, nicht Werkzeug in der Hand der Geschichte war. Im zweiten Teil gelang es ihm, seine Tragik an einzelnen Stellen durchzusetzen. Er hätte mehr an das Mitleid appellieren sollen. Der Siegfried Carl *Eberts* betonte mehr die jugendlich-reckenhaft-sonnige Seite des Charakters als die heldenhafte, männliche. Er könnte um einen Grad brutaler werden. Alexander *Granach* war nur in der Erscheinung als König Etzel überzeugend, ein christlicher Heide unter heidnischen Christen, ein kultivierter Barbar. Er schrie nur zuviel: wie übrigens alle, mit Ausnahme Leo *Reuß'* (als Volker). Von den Männern sind noch zu erwähnen: Georg August *Koch* als Dietrich von Bern und *Kraußneck* als Rüdiger. Von den Frauen: Rosa *Bertens* als Ute und Elsa *Wagner* als Frigga; übrigens die einzigen, die edel und einfach sprechen können. Ida Maria *Sachs* als Brunhild ist, obwohl schwarzhaarig, keine walkürenhafte Jungfrau. Ihre Fülle ist nicht Kraft, sondern glatte Weichheit. Die Männer überschrien sich – es war ein unaufhörliches Gepolter, und man hatte doch kein Bardengeschrei zu liefern! Es war ein Mißverständnis.

Die Aufführung war vielleicht äußerlich veranlaßt durch den Erfolg des Nibelungenfilms. Ihre innere Notwendigkeit entscheidet nur die Frage: Finden wir eine Beziehung zu Hebbels Gestalten? Finden *wir* sie, die neuen Menschen, die von unten kommen, finden die Arbeitenden eine Brücke zu den Fürsten der Legende? Durch die Vermittlung Hebbels finden wir sie, und durch die der ihm ebenbürtigen Straub. Auch unsere Zeit ist ein Untergang, ein Übergang und ein Aufstieg. Auch heute, morgen oder übermorgen kann der und jener Etzel seine königliche Last, die blutige, kriegerische Krone seinem Erben übergeben, einem im wahrhaften Sinne christlichen Dietrich, der das Zeitalter der Humanität einleiten wird.

Vorwärts, 9.4.1924

»Hinkemann«

Motto: »Dem Gesuche, dem Schriftsteller Ernst Toller – – – Strafunterbrechung zu bewilligen, kann keine Folge gegeben werden, weil die Bewilligung einer Strafunterbrechung zu diesem Zwecke mit dem Ernste des Strafvollzugs nicht vereinbar ist.

gez. GÜRTNER, *Justizminister*«

Unter diesen Menschen, die diese bajuwarische Abart der deutschen Sprache – in ihrer Form gleich schauderhaft wie in ihrem Inhalt – reden, sitzt Ernst Toller gefangen. Daß es ihm möglich ist, »mit dem Ernste« eines solchen »Strafvollzugs« die Tätigkeit des Dichtens überhaupt »vereinbar sein« zu lassen, ist allein schon ein technisches Verdienst und ein Beweis für moralische Ausdauer. Einem Schriftsteller, der sie nicht besäße, müßte die Hand verdorren, ehe sie nach der Feder greift – in dieser Umgebung, deren Befehlen und Vorschriften »seitens der Opfer« leider »Folge gegeben werden« muß. Unter solchen Umständen ringen nur eine reine Glut und ein heiliger Wille mit der Gestaltung eines Stoffes. Den reinen Willen besitzt Ernst Toller. Aber er ist nicht stark genug, den dichterisch konzipierten, dramatisch bewegten und stellenweise sogar visionär bearbeiteten Stoff zu »bewältigen«; das heißt: bis zur einzigen Gültigkeit durchzuformen. Das dramatische Gerüst ist schief. Die Rollen schlottern um die Personen. Der treulich erlauschte Klang, die richtig beobachtete Erscheinung sind nicht in die Region des Überwirklich-Dichterischen gehoben. Die »starke« Wirkung ist oft eine gewaltsame. Die tragische

Ironie hat eine begrenzte, nicht überdimensionale Grausamkeit. Die Symbolik ist naiv, nicht metaphysisch. Das Schicksal des »Helden« (Hinkemann) – und mag er auch kein Individuum, sondern ein Collectivum sein – blüht nicht vorbedingt und unabänderlich aus seinem Wesen. Denn er wuchs nicht in der Phantasie und im Herzen seines Autors, sondern er wurde nachträglich, um einen »Einfall« lebendig werden zu lassen, um die Idee gebaut wie eine Glocke um die bereits vorhandene Form. Sein Schicksal – und somit die ganze Handlung – ist möglich, aber nicht unbedingt, nicht naturnotwendig. Eingebungen einer spielerischen Phantasie stören die Andacht der Stimmung und lockern das Gefüge der Handlung [...] Ornaments auf der anderen Seite entschädigt nicht für jene Überflüssigkeit.

Und dennoch beginnt dieses Drama (neben anderen) einen historischen Abschnitt in der dramatischen Literatur. Denn es führt, wie einmal das »bürgerliche Trauerspiel« den Bürger statt der Könige, den Proletarier statt des Bürgers auf der Bühne ein. Es bricht Bahn für die dramatische Behandlung der neuen Klasse, des kommenden Menschen. Das ist der Anfang einer neuen Literatur. Er muß mehr literaturhistorisch als kritisch gewertet werden. Noch sind die meisten Schicksale, die wir auf unseren Bühnen sich erfüllen sehen, Schicksale bürgerlicher Menschen. Der Bürger mag den »Hinkemann« nur kritisch werten. Ihm ist es eine literarische Erscheinung. Uns aber ist jedes Drama, dessen Gestalten Blut von unserem Blut sind, dessen Handlung proletarisches Erlebnis einschließt, eine historische und eine persönliche Angelegenheit. Auch der künstlerisch unvollkommene Hinkemann berührt uns tief: weil er ein Proletarier ist, ein Opfer der herrschenden Klasse und jenes Krieges, den sie auf ihrem mangelhaften Gewissen hat.

Im Weltkrieg hat Hinkemann durch einen Schuß sein Geschlecht verloren. Er wurde auf dem Feld dieser zweifelhaften Ehre, der »männlichen« Ehre – entmannt. Und diese Ironie ist es eigentlich, die den nationalistischen Sturm entfacht. Weil sie allein das »Heldentum«, von dem jene Barbaren leben, endgültig desavouiert. Kann man ein »Held« sein, wenn man ein Eunuch ist? Schicksal des Proleten! Unter dem Vorwand, ihn zum Helden machen zu wollen, macht man ihn zum Eunuchen. Indem man seinen männlichen Ehrgeiz weckt, nimmt man ihm die Männlichkeit. Die Ironie des Gedankens ist groß. Die Ironie steigert sich: Der entmannte Hinkemann wird von einem Schaubudenbesitzer als Rattenfresser ausgestellt und als Repräsentant »deutscher Männlichkeit« gepriesen.

Außer diesem Proletenschicksal noch Ausschnitte aus der Denkart des Proletariers; des bornierten Nur-Partei-Menschen; des rohen, egoistischen Proletariers; der proletarischen Frau. Toller vermochte allerdings mehr »Milieu« als dessen dichterische Gestaltung zu geben. Aber daß er proletarisches Milieu gab und des Arbeiters Leid und Leben zu erfassen versucht hat, ist, von unsern Augen gesehen, ein Verdienst.

Also ist auch die Aufführung ein doppeltes Verdienst: ein positives, weil sie ein Arbeiterschicksal vermitteln will, und ein negatives, weil sie eine tapfere Entgegnung auf die Provokation des nationalen Bestiariums bedeutet. Darüber hinaus kann die Aufführung im *Residenztheater* als gelungen bezeichnet werden. In der Regie vereinigten sich der diplomatisch-kluge Emil *Lind* und der initiativ-schöpferische Erwin *Berger.* Professor Cesar *Klein* lieferte die sehr stillen und in ihrer tragischen Sanftheit sehr wirksamen Dekorationen. Den Hinkemann gab Heinrich *George.* Er verlebendigte selbst jene Stellen, die an oratorischer Monotonie leiden. Er durchpulste die Rhetorik, füllte gleichsam mit Blut leere Redegefäße. Neben ihm gestaltete Renée *Stobrawa* die

Frau Hinkemann mit kargen komprimierenden Gesten und sparsamer Stimmkraft zu einer erschütternden Proletariergestalt. Außer diesen beiden sind nur noch Hugo *Dödlin* als Budenbesitzer zu erwähnen und Claire *Selo* und Frigge *Braut* in eindrucksvollen Episodenrollen. Der starke Beifall galt der Regie und dem Hauptdarsteller. Er wird durch die Festungsmauern zu Ernst Toller dringen; der Beifall und der Dank der arbeitenden Menschen.

Es lag so etwas in der Luft wie ein Theaterskandal. Man hatte unkontrollierbare Gerüchte von beabsichtigten Störungen durch nationalistische Elemente ausgestreut! Aber Berlin ist um diese Sensation gekommen. Vielleicht hatte der gut organisierte Saalschutz, die besonders verstärkte Theaterpolizei von vornherein allen Radauversuchen vorgebeugt. So saß denn ein bunt gemischtes Publikum aus allen Kreisen der Bevölkerung einträchtig und erwartungsvoll beisammen. In einem Schweigen, das eindrucksvoller als aller Beifall für das Werk des Dichters sprach. Zum Schluß war dann der Beifall allgemein stark. Neben mir saß ein Herr mit einem E.-K.-Bändchen: Er war sicher nicht als Freund des Dichters gekommen. Aber zum Schlusse klatschte er genauso ehrlich Beifall wie alle anderen. Und das war vielleicht der stärkste Erfolg des Dichters an diesem Abend.

Vorwärts, 15.4.1924

»Michael Kramer«

Im *Deutschen Theater* wurde *Gerhart Hauptmanns* »Michael Kramer« in der Regie Richard *Gerners* mit jener Feierlichkeit aufgeführt, welche die Anwesenheit hoher Gäste anzudeuten pflegt: Gerhart Hauptmann war da. Er verneigte sich am Schluß, groß, schwarz gekleidet, ehrwürdig, erfolggewohnt und sehr weißhaarig, noch ein Lebendiger und schon ein Heros, noch in dieser Zeit und schon aus einer vergessenen.

Über »Michael Kramer« liegt der wehmütige Schimmer des Vergangenen. Um von dieser Tragödie des gehobenen Mittelstandes ergriffen zu werden, müssen wir schon einige Voraussetzungen historischer Natur erfüllen. Tausend deutsche Akademieprofessoren, tausend Michael Kramers haben ihre Söhne im Kriege verloren. Millionenfach hat der Vaterschmerz in Europa geklagt, gestöhnt und in erhabenem Trost oder in kläglichem Alltag sein Ende gefunden. Hier ist ein Drama, das in vier Akten fast nur vom Vaterschmerz handelt. Gewiß müssen wir ihn mitleiden. Aber wir müssen auch *vergleichen.* In diesem Drama stirbt ein junger Mann eines dummen Mädchens wegen, von spießigen Stammtischmenschen in den Tod gehetzt. Gewiß ist die Tragik eines Menschentodes gleich groß: ob er die Folge einer großen Idee oder eines kleinen Mädchens ist. Aber seitdem dieses Drama zum erstenmal aufgeführt worden, sind zahllose junge Menschen den Tod für Ideen und den Opfertod für Verlogenheiten gestorben. Wir *müssen* vergleichen …

Erst nachdem wir solche historische Voraussetzungen erfüllt haben, gelingt es, mitzuleiden und mitzuweinen. Dann aber ersteht auch der Glanz der Dichtung wieder neu, die goldenen Worte schimmern, und das alte Weh der Welt wird fühlbar. Man wünschte sich in dieser Vorstellung nur einen mehr geschlossenen, knapperen Michael Kramer, als es der Eugen *Klöpfers* ist. Klöpfer dehnt die Tragik durch die Ausdrucksmittel leidender Alltagsmenschen, durch Stöhnen, Ächzen, schmerzliche, banale Urlaute der Bürgerlichkeit so sehr, daß er die Tragik durchbricht. Er mischt Ungemütlichkeit in die hohe Festlichkeit des Wehs. Eine strengere Selbst- und Regiezucht täte not. Paul *Bildt* als Maler Lachmann war beherrschter und erzielte in aller Bescheidenheit doch eine vollendete Wirkung. Als Sohn vereinigte Matthias *Wieman* die tragische Groteske des Körperlichen mit der erbärmlichen Verstocktheit einer sündigen und heiligen Seele. Es wäre noch die intellektuell, pointiert erfaßte, aber dennoch gut erlauschte Liese Bänsch der Anni *Mewes* zu erwähnen.

Vorwärts, 27.9.1924

Für die »Frankfurter Zeitung« unternimmt Roth seine »Reise durch Galizien«, und er ist »In Deutschland unterwegs«. Aus diesem Reisebericht hier zwei Artikel:

Bäder im Riesengebirge

Das populärste – und teuerste – der schlesischen Bäder ist *Kudowa*, der Heilort für Basedow-Kranke, Neurastheniker und am Veitstanz Leidende, reich an Hotels, Cafés, Restaurants, ein bißchen mondän, ein bißchen bürgerlich, in der Entwicklung begriffen, auf dem Wege, ein »Weltbad« zu werden, immer noch gehemmt durch die vielen nachbarlichen Kurorte, die billiger sind.

Diese kleinen Ortschaften wird derjenige aufsuchen, der die Ruhe ebenso braucht, wie er die Kultur entbehren kann. Es ist der große Vorzug der schlesischen Bäder, daß sie jedes Bedürfnis an falscher und echter Romantik, an »Abgeschiedenheit«, Bergen, Wald und Andacht befriedigen und noch viel für den verwöhnten Zivilisationsmenschen übrig haben. Von einem Ort zum andern ist es immer der bekannte »Katzensprung«, mit der Bahn, oft auch mit der Straßenbahn zurückzulegen. Tennisplatz, Kursaal, Fünf-Uhr-Tee sind überall vorhanden. Aber auch noch mehr: So befindet sich zum Beispiel in *Warmbrunn* eine der größten Bibliotheken Deutschlands: die *Gräflich Schaffgotsche Bibliothek*, reich an Seltenheiten, jedes Kennerherz entzückend, von Männern verwaltet, deren Höflichkeit durch immenses Wissen keineswegs beeinträchtigt wird.

Ich weiß nicht, ob man durch die Fenster dieser Bibliothek auf die Berge sehen kann. Aber ich weiß, daß man sie durch jedes Feuer dieses Ortes erblickt, diese sanften, gemächlich ansteigenden Berge, die so bescheiden sind, daß sie wie Hügel aussehen möchten, und deren geradezu urbane, zuvorkommende Hänge so leicht über die Höhe der Gipfel täuschen. Man kann füglich vom Riesengebirge keine Alpen-Eigenschaften erwarten, es sei denn vielleicht geologische – ich gestehe, sie nicht zu kennen. Aber man braucht es auch nicht. Diese schlesischen Berge sind nicht »trotzig«, nicht »finster«, ihr Charakter ist nicht tragisch, sondern *idyllisch.* Dennoch wird es auch hier Schluchten geben, überraschende Abenteuer, Schmerzen, die man nicht erwartet, Tiefen, die man dieser Liebenswürdigkeit nicht zugetraut hat. Irgendwo springt eine plötzliche Quelle hervor, Spalten gähnen zwischen Stein.

Die Luft ist kühl ohne Härte, frisch ohne Strenge, leicht zu atmen, den Lungen ein Kompliment. Langsam kommen die Abende, die Dunkelheit fällt niemals plötzlich wie im Hochgebirge. Sie hat viele Stufen und Schattierungen. Sie breitet sich aus, sie wächst.

Die heißesten Quellen (bis zu 45 Grad) entspringen dem Granit in *Warmbrunn.* Es sind Schwefelquellen, gefräßig, gelbschwarz und furchtbar, trotz ihrer Heilkraft. Sie fressen Stein, Kacheln, Wände; kaum, daß ihnen Metall standhält.

Altheide liegt im Tal der *Weistritz*, 400 Meter über dem Meeresspiegel. Weistritz ist ein kleines Flüßchen, wichtig und stellenweise aufgeregt, ein nervöser Fluß, silbern, behende und jugendlich, von Tannenwäldern führt er dunkle Schatten und dunkle Düfte mit, ohne den hellen, leichtlebigen Charakter aufzugeben. Er ist ein Temperament, dem melancholischer Zufall schadet. Der Ort hat sich ihm angepaßt.

Salzbrunn, Flinsberg, Landeck, Reinerz – alle diese kleinen Badeorte liegen in dichter, warmer Nähe. Die helle Luft des Riesengebirges eint sie zu einer kleinen, stillen Familie. Sie unterscheiden sich äußerlich wenig voneinander. Aber wie alle Glieder eines begabten Geschlechts bei gleichen Kennzeichen dennoch verschiedene Vorzüge individueller Eigenart besitzen, so hat jedes dieser Bäder seine besondere Quelle und seine besondere Heilkraft. Es ist keine physiognomische, sondern eine *wesentliche* Verschiedenheit.

Alle diese Orte liegen in einer kulturell sehr reizvollen Gegend. Eine frühe katholische Vergangenheit ist überall noch lebendig. Die Reformation konnte Klöster aufheben und Kirchen requirieren. Aber die Zeugenschaft des Steins, die immer lebendig ist wie die des Bluts, konnte sie nicht aufheben. Wohlverwahrt in alten Gemäuern und in den jungen Adern der Nachkommenschaft ist die Tradition des Mittelalters.

Slawische Einflüsse mischen sich mit deutschen und romanischen. In diesem Gebiet herrschten einmal die Piasten; ein stolzes königliches Geschlecht, Wegbereiter abendländischer Kultur nach dem Osten, vielfach mit dem Deutschtum verwandt, von südlicher Kultur und slawischem Temperament, gerecht, mutig und friedlich zugleich.

Auf den weiten Marktplätzen der kleinen Städte dieser Gegend ist slawisches Wesen noch fühlbar. Rings um den Platz wölben sich die Bogen der alten Häuser. Steinerne Treppen führen zu den Kaufläden. Orientalisches und Südliches lebt in diesen Plätzen. Der Raum ist weit, die Gänge schmal. Hier lebte (oder sollte leben) ein Geschlecht von Händlern. Stimmen, deren Klang hinüber- und herüberreicht. Waren, selbst beschaulich, ringsum ausgelegt für beschauliche Betrachter. Ein reizvolles Auf- und Niedersteigen auf Stufen. Kostbarkeiten, durch starke Gewölbe geschützt vor den Launen eines temperamentvollen Wetters. Keller zwischen den Stufen, Treppen, die aufzuheben sind und Kellertüren bilden.

Es blieb noch übrig, über die *Kosten* zu sprechen. Hier müßte eigentlich die Kritik einsetzen, wenn dem Kritiker die Voraussetzungen, also die Kenntnisse, geläufiger wären. Doch scheint auch dem oberflächlichen Beurteiler der wunde Punkt, an dem alle deutschen Bäder leiden, nicht nur die schlesischen, leichter zu beheben, als die Kurverwalter und Hotelbesitzer zugeben. Man muß *mindestens 6 Mark täglich* für Wohnung und Verpflegung zahlen; das heißt: Man muß mit 8 Mark »rechnen«. In Nizza (einem der teuersten Bäder der Welt) kann man täglich für 16 bis 18 Mark leben. In vielen Orten Italiens kostet ein Tag 4 bis 6 Mark. Die deutschen Bäder im allgemeinen – die schlesischen im besonderen – können sich über die »Auslandslust« der Deutschen nicht beklagen, solange nicht eine *ganz bedeutende* Preisermäßigung in Deutschland einsetzt.

Frankfurter Zeitung, 17.5. 1925

Kleve, Xanten, Kalkar

In *Kleve* am Niederrhein erzeugt man Margarine, ohne damit der Schönheit der Stadt zu schaden. Sie lag einmal am Rhein. Der Fluß hat sich selbst von ihr entfernt, was unrecht von ihm war. Schon im 11. Jahrhundert mußten die Klever Bürger einen Kanal bauen, um die Beziehungen zum Rhein wiederaufzunehmen.

Kleve hat auch einen holländischen Namen: Es heißt Kleef und könnte eine holländische Stadt sein. Die Einwohner haben runde, blonde, stille Gesichter, ich glaube, sie regen sich nicht gern auf, sie könnten ganz gut Holländer sein. Wenn man im Baedeker liest, daß die Holländer des Sommers gern in Kleve weilen, so macht man sich allerlei keineswegs böse, sondern natürliche Gedanken und freut sich der Beziehungen wenigstens zu einem unserer Nachbarstaaten sowie des guten Geschmacks der Holländer.

Rings um Kleve ist die Natur schon holländisch. Die kleinen Hügel wagen nicht aufzutreten, die Erde weitet sich flach und grün und fett und speist den wandernden Blick des Betrachters mit reichlicher, endloser Horizont-Nahrung. Blühende Obstbäume sind zwischen die Wiesen gestreut, in kleine Gärten, vor kleine, blanke Häuser, und das Sonnenlicht in diesem Lande leuchtet immer hinter einem dünnen Schleier aus silberner Luft.

Wenn es einen landschaftlichen Ausdruck für Pazifismus gäbe – hier ist er. An dieser Grenze kann hoffentlich niemals ein Krieg ausbrechen. Diese Erde ist für Spaziergänger da, nicht für Marschierende. Für Spaziergänger, ich meine: langsam, ohne Ziel Wandernde. Man wird hier nicht müde. Die Rast ist in der Wanderung eingeschlossen. Das versöhnlich-sanfte Leuchten der Natur und das zarte rosa und weiße Licht der Blüten beruhigen, machen friedlich, die weiche Erde trägt den Fuß, die Landschaft kommt dem Wanderer entgegen, der Weg bietet sich ihm dar, die Straße führt ihn selbsttätig. Immer ist über seinem Haupt der melodische Lärm der unsichtbaren Lerchen wie ein Baldachin aus Gesang. Die Landschaft ist gut, sanft, freudig und von Wundern voll, die nicht erschrecken. Es ist eine *pfingstliche* Landschaft.

Durch die Mitte der Stadt, an freundlichen Läden vorbei, die immer offen sind, führt eine lange, ein wenig krumme *Straße*. Sie führt vom Bahnhof in den Tiergarten. Rechts in der Seitenstraße eine Kirche, links ahnt man nur den großen Platz um die große alte Kirche und das Schloß, in dessen Umgebung auch am hellichten Tage ein besonderer Dämmer für Liebende eingerichtet ist. Dort sah ich ein paar Menschen jener Seligkeit frönen, die man Liebe nennt. In den Seitenstraßen spielen unzählige Folgen dieser Seligkeit. Kleve hat mehr als 20 000 Einwohner, davon werden, so scheint es mir, 4000 Kinder sein. Sie spielen in den kleinen, bergigen Gassen, die hinauf, hinunter, steil, sanft, abschüssig und auf Treppen laufen. Es sind verspielte Gassen, und ich wollte, ich wäre in einer dieser Gassen ein Kind gewesen.

Einen *Schutzmann* sieht man nur am Sonntag. Es ist ein freundlicher Herr, der den starken Verkehr von den Kirchen zum Korso sich regeln läßt. Denn die Menschen sind fromm in Kleve, sie stehen vor der überfüllten Kirche und hören mit einem, aber keineswegs halbem Ohr die Predigt und mit dem anderen schon die Glocken, gewissermaßen die Rede des Pfarrers und die Antwort des Himmels auf einmal. Dann wandern die jungen Mädchen in breiten Reihen durch die Straßen, und die jungen Männer warten an der Straßenecke, indes die Väter vor den Türen stehen wie in den Bilderbüchern. Es ist der echteste Sonntag, den ich je erlebt habe, ein Sonntag, der fast eine Sensation ist und von dem Glanz einer großstädtischen Premiere.

In *Xanten*, das viel kleiner ist, soll einmal Siegfried, der Drachentöter, geboren worden sein. Aber das ist, fürwahr, nicht wichtig. Wichtig ist der *Dom*, an dem man drei Jahrhunderte gearbeitet hat, der gotischste Dom der Welt, ein Bau aus Geheimnissen, nicht aus Stein. In diesem Dom vergißt man die Welt, die blühenden Obstbäume, das grüne Land und die silberne Sonne, denn er ist entrückt den Gesetzen der Erde, und er entfernt den Menschen allen seinen Beziehungen zum Leben. Er verbreitet Stille auf einen Umkreis von einigen Metern, er absorbiert Geräusche, er strahlt Schweigsamkeit aus, aus Türmen, Spitzen, Fenstern, seine Fenster führen nicht in die Welt, sondern in den Himmel, und in seinem Innern ist das selbständige, auf Sonne und Lampen verzichtende Licht der Steine, des Goldes von den Altären und des braunen Holzes der Schnitzereien: ein Licht aus Grau, Braun, Gold; Licht aus Stein, Holz, Opfergabe.

Drei Ausgänge führen in den *Kreuzgang*. Ringsum Säulen wie steinerne Bäume. Es gibt eine Skulptur, die der Natur spottet! Diese Säulchen sind lebendiger als Bäume. Sie sind nicht in die Erde gesteckt, sie wachsen aus dem Boden. Ihre Kronen sind Gewölbe. Keine Vögel zwitschern darin, kein Laub rauscht. Nur das Steinerne schweigt rauschend und flötend. Nirgends ist ein süßerer Gesang. In der Mitte das Quadrat Grün, darüber das Quadrat Himmelsblau. Nur geduldet, nur geduldet! Das kleine Stückchen Natur angepaßt dem großen Willen des Steins. Tieferes Grün, stärkeres Blau, Gras, nicht von dieser Welt – anderen Gesetzen untertan. Himmel, nicht von diesem alltäglichen Himmel, der Schritt für Schritt über unserem Kopfe ist: sondern metaphysischer Himmel, jener, in den die Seligen kommen. Manchmal singt zwar ein Vogel in diesem Kreuzgang: aber es ist ein himmlischer Vogel. Das ist keine Lerche, die sich von Regenwürmern ernährt! Das ist eine Lerche, die von Manna lebt! Unter den steinernen Platten liegen Tote. Ihnen gilt der Gesang, ihnen gilt das Grün, ihnen das Blau des Himmels. Metaphysischen Gesetzen untertan ist hier jede Physis.

In *Kalkar* hat man leider die alte Kirche weiß angestrichen, aus mißverstandenem Gefühl der Sauberkeit. Aber solange die Holzschnitzerein da sind, die braunen, warmen, blanken, ist jedes Weißen der Wände ohne Nutzen. Denn der braune Ton, der von den Bildern aus Holz klingt, übertönt jedes renovierende Weiß, jedes Mißverständnis, jedes ehrfurchtslose Beginnen in dieser Kirche, und ein ehrwürdiger Schimmer von Alter breitet sich selbst über die jüngsten Menschen und die hellsten Sopranstimmen. Es schadet auch nicht, daß in Kalkar ein preußischer General geboren ist, der von Seydlitz, der Sieger von Roßbach, ein weltlicher und großer Herr, und es macht nichts, daß sein Denkmal auf dem Platz in der Mitte der Stadt steht und seine Ansichtskarten verkauft werden neben den Photographien der Altäre.

Was ist ein General – und selbst ein siegreicher – gegen eine *Holzschnitzerei* aus der alten Kalkarer Holzschnitzschule?

Nur ein General! Aber die lächelnden Heiligen aus braunem Holz sind die Sieger, und ihre Denkmäler ewiger, am ewigsten, und ihr Sieg so unermeßlich groß, daß ihn kein Geschichtsbuch enthält.

Frankfurter Zeitung, 31.5. 1925

In diesen Berliner Jahren entsteht der Roman »Hotel Savoy«. Die Geschichte des Kriegsheimkehrers Gabriel Dan erscheint 1924 im Verlag »Die Schmiede« in Berlin. Im selben Verlag und im selben Jahr kommt der Roman »Die Rebellion« heraus.

1925 erscheinen bei Dietz in Berlin die kleineren Prosaarbeiten »April. Die Geschichte einer Liebe« und »Der blinde Spiegel«.

In Berlin und Prag schreibt Roth an dem Roman »Das Spinnennetz«, der 1923 in der »Arbeiterzeitung« in Wien als Vorabdruck veröffentlicht wird, aber erst 1967 bei Kiepenheuer & Witsch in Buchform erscheint.

Im Auftrag der »Frankfurter Zeitung« geht Joseph Roth 1925 als Auslandskorrespondent nach Paris, gemeinsam mit seiner Frau Friedl. Sein erster Brief aus der französischen Metropole an Benno Reifenberg, den Leiter des Feuilletons, sowie seine ersten Berichte geben Zeugnis von Roths Begeisterung für diese Stadt und dieses Land.

Paris, den 16. Mai, 1925

Sehr verehrter Herr Reifenberg,

dieser Brief darf Sie nicht glauben lassen, ich wäre verrückt geworden vor Entzücken über Frankreich und Paris. Ich schreibe ihn in klarster Geistesgegenwart, im Vollbesitz meiner Skepsis und auf die Gefahr hin, eine »Schmokkerei« zu begehn, das Schlimmste, was mir passieren könnte. Es drängt mich, Ihnen *»persönlich«* zu sagen, daß Paris die Hauptstadt der Welt ist und daß Sie hieher kommen müssen. Wer nicht hier war, ist nur ein halber Mensch und überhaupt kein Europäer. Es ist frei, geistig im edelsten Sinn und ironisch im herrlichsten Pathos. Jeder Chauffeur ist geistreicher, als unsere Schriftsteller. Wir sind wirklich ein unglückliches Volk. Hier lächelt mich jeder an, alle Frauen, auch die Ältesten liebe ich bis zum Antrag, ich könnte weinen, wenn ich über die Seine-Brücken gehe, zum ersten Mal bin ich erschüttert von Häusern und Straßen, mit allen bin ich heimisch, obwohl wir uns fortwährend mißverstehen, wenn es um Reales geht und weil wir uns so herrlich verstehen, wenn es um Nuancen geht. Wenn ich ein französischer Schriftsteller wäre, ich würde nichts drucken, alles vorlesen. Die Viehtreiber, mit denen ich frühstücke, sind vornehm und edel, mehr, als unsere Minister, der Patriotismus ist *hier* berechtigt, der Nationalismus ist eine Kundgebung *europäischen* Gewissens, jede Ankündigung ist eine Dichtung, die Affichen des Magistrats sind so vollendet, wie unsere beste Prosa, die Kinoreklamen enthalten mehr Phantasie und Psychologie, als unsere modernen Romane, die Soldaten sind verspielte Kinder, die Polizisten amüsante Feuilletonisten. Es ist hier ein Fest »gegen Hindenburg« faktisch, nicht nur bildlich, arrangiert, »Guignol contre Hindenburg« heißt es, aber die ganze Stadt ist ein Protest gegen Hindenburg, Preußen, Stiefel, Knopf. Aber die Deutschen hier, Norddeutsche, meine ich, sind voller Haß gegen die Stadt, sehen nichts, fühlen nichts. Ich habe z.B. mit Palitzsch gestritten, der doch ein feiner Typ des Norddeutschen ist und der meine Begeisterung nur aus meiner dichterischen Begabung heraus verstehen kann und sie entschuldigt. Er entschuldigt! *Ich* bin ein Dichter! Die »Objektivität« des Norddeutschen ist eine Vertuschung seiner Instinktlosigkeit, seiner Nase, die kein Riechorgan ist, sondern ein Schnupfenorgan. Meine »Subjektivität« ist objektiv im höchsten Grade. Was ich rieche, wird er nach 10 Jahren nicht sehen.

Ich bin sehr traurig. Denn zwischen gewissen Rassen gibt es keine Brücken, nie wird es zwischen Preußen und Frankreich eine Bindung geben. Ich sitze im Restaurant neben Deutschen, mich grüßt der Kellner, zu mir lächelt die Kellnerin, der Direktor, der Piccolo, sie behandelt man kühl, sachlich. Es geht von ihnen eine unerträgliche Steifheit aus, sie atmen nicht Luft aus, sondern Zäune und Mauern, dabei sprechen sie manchmal besser, als ich. Woher kommt es? Es ist doch die Stimme des Blutes und des Katholizismus. Paris ist katholisch im weltlichsten Sinn dieser Religion, zugleich europäischer Ausdruck des allseitigen Judentums.

Sie müssen hieher kommen!

Ich habe es Ihnen zu verdanken, daß ich nach Frankreich durfte und werde es Ihnen nie vergessen. Ich fahre in den nächsten Tagen in die Provinz, und schreibe erst, bis sich die Ekstase gelegt hat und den Untergrund bildet für das Gebäude der Beschreibung.

Meine Frau bleibt vorläufig hier, sie ist krank, ich fürchte, es ist Lunge. Ich bitte, alles an sie zu schreiben.

Friedl Roth, Place de l'Odeon, Hotel de la Place de l'Odeon/Paris. Furchtbar billig: 10fr. ein gutes Essen 15fr. Quartier!

Gleichzeitig schreibe ich an den Verlag um Resthonorar und ich bitte Sie, die Kasse daran zu erinnern.

Ich grüße Sie herzlich und küsse Ihrer Frau die Hände,

Ihr Joseph Roth.

Wie man eine Revolution feiert

Paris, im Juli [1925]

Man tanzt in den Straßen von Paris und freut sich über eine Revolution, die schon so lange zurückliegt, daß man ein Historiker sein muß, um ihre lebendigen Folgen heute noch und überall wahrzunehmen. Es gibt wieder den unerträglichen Hochmut einer Kaste, der sich mit dem der Guillotinierten messen darf. Dennoch ist der vierzehnte Juli das Fest des Volkes. Im Glanz der alljährlichen Siegesfeier vergißt man, daß der Anlaß längst durch die Entwicklung der Welt überholt ist. Der Platz der Bastille ist so wunderbar illuminiert, daß man sich der großen historischen Illumination erinnert; und in dem Gedränge der Schaulustigen ist so viel elementare Kraft, daß die großartige Furchtbarkeit der Masse wieder fühlbar wird – heute wie damals.

Seit drei Tagen tanzte man. In der Mitte der Straßen und Plätze spielten Musikkapellen. Großväter tanzten mit Enkeln, Mütter mit Töchtern, Väter mit Söhnen. Eine ungeheure Weltstadt wollte keine Weltstadt sein, sondern eine Weltfreude. Sie setzte die Unordnung, die Außerordnung des Festes, in die Rechte der öffentlichen Ordnung ein. Chauffeure ließen die Wagen stehn, stiegen ab, nahmen einen Trunk und einen Tanz und fuhren weiter. Denn die Straße gehörte nicht ihnen, solange sie nur Chauffeure waren, sondern erst, als sie Tänzer wurden. Auch der Bürgersteig gehörte den Tänzern und nicht den Passanten. Wer wäre da nicht Tänzer geworden?

Im Schmuck der Straßen war keine Gewaltsamkeit, und die Fahnen, wie bunte Brücken der Freude über Kreuzungen gespannt, waren kein »Aufputz«. Sie wuchsen aus Portalen und blühten aus Fenstern. Alte Mauern erwiesen ihre Fruchtbarkeit und gebaren Zierat. Das Fest war weder eine Improvisation noch eine mühsame Inszenierung. Es wuchs aus dem Asphalt, der das ganze Jahr so ist, als müßten fertige Musikanten aus ihm entsprießen. Rote Lampions hingen in den Bäumen. Sie sahen nicht aus wie »seltsame Früchte«. Weit entfernt davon, Gelegenheit zu billigen Vergleichen zu bieten, waren sie nichts mehr als beleuchtetes rotes Papier und dennoch heimisch im natürlichen Laub. Es umschloß sie, und sie durchbrachen es. Wunderbar fügte sich Künstliches in Natur. Und obwohl unten die Kellner sofort kassierten, war es doch so, als bekäme man alles umsonst – weil man es in der herrlichsten Mitte der Fahrbahn bekam. Der Arme fühlte nicht, daß er verschwendete, und das Bezahlte war geschenkt.

Am Abend des vierzehnten Juli ereignete sich das Feuerwerk. Arbeiter füllten die Straßen, und die reichen Leute saßen arm in den großen Fremden-Automobilen und wurden schnell herumgeführt. Jede Paradegeste füllte sich sofort mit historischem Gehalt. Die Illumination war keine leuchtende Phrase. Die Lichtreklamen ertranken in der Fülle des wieder in seine Rechte eingesetzten, der Freude gewidmeten Lichts. Bunte, knallende Raketen gebar der Horizont. Auf den Schultern der Väter jubelten die Kinder. Diese Kinder, die niemals aufhören werden, Republikaner zu sein, auch wenn sie einmal Opfer der Politik werden müßten.

Denn sie haben in einem Alter, in dem ein Feuerwerk erhaben erscheint, den fernen, aber verwandten Glanz einer Flamme gesehn, die Revolution heißt! …

Zu Lebzeiten unveröffentlichtes Manuskript

Amerika über Paris

Über den Dächern der *Häuser von Paris* lächelt ein fürchterlicher Riesensäugling von kolossaler Gesundheit. Er macht Reklame, er ist Reklame für eine Seife, deren entsetzliche Wirkungen er selbst übertreibend repräsentiert. Dieser aufgestockte Säugling ohne Unterleib, dessen Mund 15 Meter breit ist, dessen runde Tieraugen einen Durchmesser von drei Metern haben, nistet an den Mauersimsen und Bretterzäunen, ein robustes Ungeheuer, das heute noch lächelt, morgen schon grinsen wird, ein Sportsäugling, dessen Antlitz ein bunter Fußball ist und der den kommenden Menschen ankündigt. Es wird der Idealtyp des amerikanischen Mannes sein, der immer schon so große Kinderschuhe getragen hat, daß er sie niemals abzulegen braucht; der naive und brutale, sentimentale und eiserne, hundertprozentige und Kinderwagen schiebende Rekordläufer. – Es ist zwar eine französische Seifenfirma, die diesen Säugling über Paris schwingt. Aber es ist mehr eine Reklame, es ist ein Symbol, es ist Amerika: Amerika über Paris. Ich fühle den schwarzen Schatten der Wolkenkratzer und ahne sein Dunkel im Anblick der bunten, tanzenden Lichter, die Schuhe, Kinos, Füllfedern und Frauen versprechen. Ein internationales Publikum, das nicht international ist, sondern nur so genannt wird, weil es mit verschiedenen Währungen zahlt, verlangt für sein Geld die allerletzten Revuen mit elektrischem Scheinwerferlicht und Heißluftbädern und die mit modernstem Komfort ausgestatteten Hofman-Girls; aber auch echtes Pariser Apachentum und lokale Sensationen mit garantiert vorübergehendem Nervenschock. Willig fügen sich die Boulevards und Amüsements den Forderungen des Fremdenverkehrs. Nichts ist ihnen für die Gäste zu billig. Alles wird ihnen teuer gemacht. Manchmal degradiert sich die ganze wunderbare Stadt zu einer Saison für Fremde; und ist immer noch eine wunderbare Stadt. Die langweilige Buntheit der Lichtreklame wird hier eine lebendige Buntheit. Dennoch kämpft die ewig formende Atmosphäre von Paris auf die Dauer vergebens gegen den brutalen Inhalt, der ihr unaufhörlich geliefert wird.

Sie kann kaum noch die Fremden verdauen, die gekommen sind, um an anderen Fremden zu verdienen: Da tummelt sich eine große Schicht wesenloser und hurtiger Konjunkturgeschöpfe; Sumpfgeborene in steter Amüsierbereitschaft und im »Fieber der Eröffnungen«. Da leben Balalaika-Russen, die ihre Heimat aufgegeben haben und vor Sehnsucht nach der guten, alten Zarenzeit sie durch Seide und Flitter im Varieté zu rekonstruieren suchen. Arme Menschen, blind geworden vom Blitz der Revolution, vom Schicksal verflucht, aus ihrem Heimweh Profit zu schlagen, ohne Zusammenhang mit der Erde, die ihre Talente genährt hat, und nur von Erinnerungen zehrend und Historie gewordenen Begriffen, deren Verwendbarkeit gerade noch für die Wahrheit einer Operette reicht. Da kommen aus England die Sänger, die nicht singen können, aus Amerika die Tänzer, die nicht tanzen können, und aus allen Teilen der Welt die schönen, nackten Frauen, die nicht schön und nicht nackt sind. Da kommen die Steptänzer, deren Sohlen so klappern, als liefen Totengerippe auf Holzpantoffeln, und die Saxophonetiker, deren Instrumente so tönen, wie wenn sich eine ungeölte Höllentür in den Angeln bewegte. Da kommen die Schneider, die Bühnenrevuen erdichten, und die Dichter, die Frauenkleider zuschneiden, die Beleuchtungskünstler mit den Lichteffekten und die Semi-Spanier mit den Kastagnetten. Und nur da und dort, zwischen so viel Blendwerk und Dilettantismus, der sich lächelnd zu erkennen gibt, die schöne Weiblichkeit der Spanierin Raquel Meller, das Temperament der Mistinguette, die große Bosheit des großen Krüppels Little Titch, der schöne Körper einer spanischen

Tänzerin und der tragische Humor einiger Clowns aus der Welt Shakespeares. Sie gehen nicht unter, aber sie kommen zur Geltung in diesem Gewimmel der Dummheit – und das ist noch trauriger. Man geht ebenso ihretwegen hin, wie um die Frauen zu sehen, die (als hätten sich Pfaue von Straußen Federn ausgeliehen) große Räder schlagen in den modernen Straußenkostümen; um die Chansons zu hören, die ein heiserer Frack ableiert; um sechsunddreißig zur Anregung bestimmte und dennoch den guten Ruf wahrende Girl-Beinchen zu sehen, die aus der keuschen Gymnastik ein erotisches Geschäft machen. In der Pause aber, die keine Pause ist, lädt ein fetter Halborientale zu orientalischen Bauchtänzen ein und läßt alltägliche, allnächtliche Frauen aus Smyrna und Czernowitz törichte Drehungen auf Kunstgewerbeteppichen vollführen.

In den engen Gassen des Montmartre tönen die Hupen der Autos mit hundertfachem Echo wider, gelle Lästerungen gegen die Ehrwürdigkeit der Mauern und gegen die Echtheit, die sich hier verbirgt, um sich, wenn der Abend kommt, vom zahlenden Publikum doch herauslocken zu lassen. Flink legt die echte Schminke noch eine falsche Schminkschicht auf. Das Elend der Blumenhändlerin wird unwahrscheinliches Elend. Das Gebrest des Bettlers ein übertriebenes Gebrest. Weil *dieses* Auditorium dem echten Sänger lauscht, wird sein Lied falsch. Eine Welt von Snobismus bricht aus den Automobilen. Ihre schmerzenden Scheinwerfer schälen das schöne Dunkel von den schönen Häusern. Die Wagen warten in den engen Winkeln, bis die Gäste vom Lokalkolorit genug haben, das man ihnen gegen Eintrittskarten serviert, und sausen dann abwärts in die modernen Garagen nüchterner Welthotels. Es dauert lange, nächtliche Stunden, ehe die Schönheit der Gassen wieder zu sich kommt.

Aber sie kommt immer wieder. Keiner der vielen Panoramasucher von Geburt und Bankdepot kann die Schönheit dieser Welt banal machen, der Stadt mit tausend bewegten Türmen in einer Luft von Glanz, Wind, Himmel und Abend. Millionen unruhiger, nervöser Schornsteine auf Millionen Dächern, ein Ozean von Häusern mit kaum geahntem Ufer, ein zu Harfenlauten erstillter Tumult, eine bewegte Erhabenheit, die jeden in die Tiefe lockt wie ein Wasser …

Da flammt, die ganze Höhe des Eiffelturms entlang, der Name einer berühmten Firma auf, die es sich leisten kann, die Wahrzeichen der Welt zu kaufen – und Amerika ist wieder über Paris …

Der Schluß dieses Aufsatzes wird durch einen *Brief*, der uns heute aus Paris zugeht, nur allzusehr bestätigt. Er lautet:

Dieser Sommer in Paris ist nicht heiß, nicht kalt, nicht regnerisch, er ist amerikanisch. Überall hört man das amerikanischnasale Englisch sprechen, überall begegnet man hageren Gestalten mit absatzlosen Schuhen, mit großen Hornbrillen – auch bei den Frauen –, überlebensbreiten Herrenanzügen, rote Baedeker in den Händen und viele Stöcke und Schirme. Auf allen Boulevards vor den großen Vitrinen wird laut diskutiert, ob die ausgestellten Gegenstände teuer oder billig seien. Über alle Avenues fahren »Gesellschaftsautos«, vollgestopft mit 50 bis 60 Amerikanern, die artig und fromm, wie in einer Schule, auf den Bänken sitzen. Ein »Guide« läßt das Auto ab und zu halten und belehrt seine Opfer, die ihm mit einem »Ouhh!« im Chorus antworten. In allen Restaurants sind alle Kellner auf amerikanisches Publikum hin trainiert; auch ein Tschechoslowake, ein Russe oder ein Deutscher, wenn er nur sein Essen in gebrochenem Französisch bestellt, wird von mindestens fünf Kellnern bedient. Die Rechnungen werden gleichfalls speziell zu diesem Zweck fabriziert. Die Franzosen selbst sind wirklich zu bedauern: Sie werden überhaupt nicht bedient; stundenlang sitzen sie da und verlangen hungrig und verzweifelt nach dem Essen, das die feschen und jonglierenden Kellner vor ihren Nasen den »amerikanischen« Herrschaften servieren. Nur im Sommer sieht man so viele mit Gold und Silber bestickte Kleider in den Schaufenstern. Die elegante und geistreiche Linie der Pariser Schneider und Modisten wird im Sommer üppig und reich: amerikanisch. In den Schuhgeschäften sieht man seltsame Schuhe ohne Absätze, ein Mittelding zwischen Sandale und Sportschuh, aus farbigen Brokaten, aus Gold, Silber und Perlmutter; so etwas würde eine Pariserin nie sich anzuziehen trauen ... In der Kunstgewerbeausstellung gibt es in der italienischen Abteilung einen Pavillon der mit Gold und Silber bemalten Stoffe der Signora Gallenga. Prächtige Mäntel und Kleider, mit Renaissance-Ornamenten verziert. Hier geben sich die amerikanischen Damen ein Rendezvous. Sie betasten diese Stoffe stundenlang und probieren alle an. Die jüngeren, mit kurzen Näschen und schlanken, schönen Beinen, wickeln sich wollüstig in diese »Borgia«-Mäntel und sehen darin aus wie Varieté-Girls. Auch die älteren, üppigen Matronen mit großen Hornaugengläsern können der Versuchung nicht widerstehen, und auch sie hüllen sich in eine rote oder violette Renaissance-Samtrobe – – – – »Ouhh!« Auch im Louvre vor der Venus von Milo, vor der Mona Lisa und vor den Sklaven des »Maikel-Engil« singen sie ihr »Ouhh!« Nach dem Diner residieren sie in den großen Musikhallen. Alle billigen Plätze sind leer, aber die Logen und das Parkett sind überfüllt. Auf der Bühne Tänze, englisch sprechende Exzentriks und Akrobaten, die unvermeidlichen Girls in fabelhaften Toiletten dort, wo es mit Nacktheit, schlechthin nicht mehr geht ... Dafür im Zuschauerraum trotz der Hitze keine Dekolletés, denn alle Amerikanerinnen haben ihre ... Pelzmäntel an. Hermelin- und Chinchilla-Mäntel, Füchse und Hermeline ...

Frankfurter Zeitung, 26. 8. 1925

Ab Herbst 1925 unternehmen Joseph und Friedl Roth Reisen in Frankreich, die Anlaß für zwei Artikelserien sind.

Aus der Feuilletonsammlung »Im mittäglichen Frankreich« seien hier drei Artikel angeführt:

Lyon

Acht Stunden dauert die Fahrt von Paris nach Lyon. Unterwegs verändert sich die Landschaft sehr plötzlich. Nachdem man einen Tunnel passiert hat, ist man in einer südlicheren Welt. Steile Abhänge, gespaltene Felsen, die ihre steinerne Struktur enthüllen, tieferes Grün, weicher, blaßblauer Rauch von stärkerem, entschiedenem Himmelblau. Ein paar Wolken stehen träge und massiv am Horizont, als wären sie nicht Dunst, sondern dunkles Gestein. Die Konturen aller Dinge sind schärfer, die Luft ist unbeweglich, ihre Wellen umschmeicheln die festen Körper nicht mehr. Jeder hat seine unverrückbaren Grenzen. Nichts schwebt mehr zwischen hier und dort. Es ist unbedingte Sicherheit in allem, als wüßten die Gegenstände mehr von sich und ihrer Stellung in der Welt. Hier zweifelt man nicht mehr. Hier ahnt man nicht. Man weiß.

In *Lyon* zeigt das Thermometer 35 Grad. Es ist sehr heiß. Dennoch sind Straßen und Menschen nicht träge und müde, sondern heiter und bewegt. Jeder Mensch bemerkt: »Diese Hitze!« und beweist also, daß er sie noch frohgemut erträgt. Der Gepäckträger sagt es, der Chauffeur und der Liftboy. Nur der Zimmerkellner glaubt, es wäre eine unerlaubte Intimität, von der Temperatur zu sprechen. Er kämpft einen schweren Kampf mit sich. Da sage ich: »Diese Hitze!«, und er ist befreit, als hätte ich ihm Kühlung verschafft.

Dieser Kellner ist höflich wie alle seine Lyoner Kollegen. Sie haben nicht die subalterne Höflichkeit des Bedienens, sondern die selbstbewußte des Bewirtens. Ich bin ihr »Gast« nicht nur im fachtechnischen Sinn. Wenn sie so beschäftigt sind, daß sie mich nicht anhören können, lächeln sie wenigstens. Ich weiß, daß sie mich nicht vergessen, daß sie wiederkommen. Sie erklären mir, wie die Speisen aussehen, die sie mir empfehlen, ohne Übertreibung, aber mit überzeugender Rhetorik. Sie unterscheiden sich sehr vorteilhaft von ihren Pariser Kollegen, die hastig sind und Geschäftsleute mit Bravour.

Die Lyoner sind höflicher als die Pariser, nicht nur, weil sie ruhiger sind und mehr Zeit haben, sondern auch, weil sie vornehmer sind. Lyon ist eine alte Stadt, es ist 43 Jahre vor Christi Geburt gegründet worden. Der Führer berichtet, daß Augustus in Lyon einen Palast, mehrere Monumente und einen Aquädukt von 84 Kilometern hat aufführen lassen. Dieses alte Lyon liegt am rechten, ziemlich jähen Ufer der Saône. Steinerne Treppen verbinden die übereinanderliegenden Gassen. Die Häuser steigen steil an, ihre Dächer bilden Stufen. Eine Zahnradbahn führt zur Höhe und zur Kathedrale, die ihre stolze Front wie ein herrschendes und wachendes breites Angesicht der Stadt zugewendet hat – der alten, der späteren zwischen Rhône und Saône und der jüngsten, am linken Ufer der Rhône entstandenen und immer noch wachsenden.

Es sind drei durch die Flüsse Saône und Rhône voneinander getrennte Städte. Dank den Flüssen drei Städte von verschiedenem Charakter. Es ist an diesem Beispiel zu sehen, wie sehr Wasser scheiden kann. Im ältesten Teil mischt sich Heidnisches mit frühem Mittelalter und mit der Gegenwart in einer lebendigen und intimen Weise. Steine, Töpfe, Brunnen, Scherben, Tiergestalten überall. Das Steinbild eines Hundes vor einem Garten, in dem Rosen blühen, trägt die Inschrift »*Cave canem*«; und es ist beruhigend zu sehen, daß die Schulgrammatik wirklich recht hatte.

In diesem ältesten Teil der Stadt ist kein historisches Andenken tot. Die alten Gegenstände liegen an den Wegen. Das neue Leben blüht nicht aus den Ruinen. Die Ruinen blühen im neuen Leben. In einem Museum wären sie Gegenstände der Bildung gewesen. Hier aber entdeckt jeder Vorübergehende jeden Stein aufs neue, und jeder fühlt die Wonnen des ersten Entdeckers.

In dieser Stadt wird die französische Seide erzeugt, die in alle Länder der Welt geht. Hier leben Chinesen, Levantiner, Spanier, Tunesier, Araber. Man arbeitet, wie man nur in einer deutschen Stadt zu arbeiten versteht. Aber man freut sich, ißt und lebt, wie man nur in einer französischen sich freuen, essen und leben kann. Ein Fremder ist hier weniger fremd als in Paris. Niemand wundert sich über ihn. Viele Welten stoßen hier zusammen. Griechische, polnische, spagniolische Juden machen hier Geschäfte. Die Seide ist ein edles Produkt. Ich glaube, daß es ein großes Vergnügen ist, an der Seide zu arbeiten. Aber ein größeres, an ihr zu verdienen.

Die Fabrikanten haben Villen jenseits der Rhône. Hier wohnen auch die Arbeiter – aber nicht in Villen, sondern in Mietskasernen. Am Abend gehe ich hierher. Nur bei den Armen fühlt man den Abend. Den andern ist er die Fortsetzung des Tages. Den Armen ist der Abend die Ruhe. Sie sitzen vor den Türen, sie stehen vor den Fenstern, sie wandeln langsam zu den Ufern und sehen ins Wasser. Aus ihren harten Händen rinnt die große Müdigkeit des Tages. – –

Frankfurter Zeitung, 8.9.1925

Nichts ereignet sich – in Vienne

Aus dieser Stadt gibt es nichts zu berichten. In dieser Stadt geschieht nichts mehr. Es ist alles schon geschehn. Es ist eine Stadt der großen Ereignislosigkeit. In allen Straßen schläft die endgültige Ruhe, aus der nichts mehr geboren werden kann. Es ist nicht die wuchtende Schweigsamkeit aufgedeckter Katakomben: die Stille des Steins, der toter ist als Stein: verstorbener Stein.

Drei Tage lebe ich in Vienne, einer der ältesten, vielleicht der ältesten Stadt Frankreichs. Ich warte nicht mehr auf Ereignisse. Mir ist, als könnte in der ganzen großen Welt nichts mehr passieren. So überzeugend ist ein Tod, mit dem man sich längst abgefunden hat: ein historischer Tod; mit Sarkophagen, die sich längst geschlossen haben: ein großer Untergang, den man schon vergessen hat.

Vienne hat 24887 Einwohner. Aber unter ihnen sind vielleicht tausend jung. Zweitausend sind arbeitende Männer und Frauen, die man nicht sieht. Der Rest besteht aus Kindern und Greisen. Wenn die Kinder alt sind, daß sie die Stadt verlassen, liegen die Greise auf den Totenbetten. Dann gibt es keine Menschen mehr in Vienne. Welch ein Wunder, daß es längst nicht mehr so ist! Vielleicht kommen diejenigen, die in Vienne geboren sind, wieder zurück, wenn sie den Tod nahen fühlen. Denn der Tod ruft den Tod herbei, das Gestorbene lockt die Sterbenden – und es gibt eine Vorfreude der endlichen Seligkeit.

Ich höre seit drei Tagen kein Lachen. Ich sehe kein Antlitz, das Sorgen von heute und morgen und Freuden von heute und morgen verraten könnten. Ich sehe nicht den Schmerz eines Hungrigen. Ich sehe nicht die Bewegung eines Geschäftigen. Ich höre keinen Gesang und keine Musik. Nur Glocken schlagen von Türmen aus alter Gewohnheit, nicht um die Zeit zu künden. Die Zeiger der Uhren drehn sich ohne Zweck. Diese Stadt rechnet nach Jahrhunderten, nicht nach Stunden. Sie müßte Uhren von jener Beschaffenheit haben, wie es sie vielleicht im Jenseits gibt.

Ich habe noch keinen Hund bellen hören. Es gibt hier Hunde. Sie liegen in der Mitte der kleinen Gassen und schlafen. Nichts kann sie wecken. Die Katzen hocken an den Schwellen und in den Fenstern und sind von einer unendlichen Weisheit. Die Türen aller Häuser sind offen. Alle Fenster sind offen. Es weht kein Wind, der den Scheiben oder den Menschen gefährlich werden könnte. Und gäbe es einen Wind, weder die Gegenstände noch die Menschen würden ihn fühlen. Am Abend zwitschern zaghaft ein paar Vögel. Sie machen immer wieder einen Versuch. Man hört sie nicht! Sie verstummen und fliegen fort.

Die alten Frauen, von den Katzen genährt und erhalten, sind taub und so schwachsichtig, daß sie geradeaus in die Sonne sehen können wie in eine kleine Glühbirne. Und die Sonne ist hier stark, eine zehnfach leuchtende Sonne. Auf dünnen Schnüren hängt trocknende Wäsche, die kein Luftzug bewegt. Es ist ein Rätsel, wer sie gewaschen hat. Ich traue keiner dieser Frauen die Kraft zu, Hemden zu waschen. Mir scheint, die Hemden hängen da seit undenklichen Zeiten.

Die Wohnungen sind in den dicken Festungsmauern wie offene Safes in den Kellern großer Banken. Die Menschen liegen drin wie Gegenstände ohne Wert, die man nicht mehr verschließt. Ich sehe durch die Fenster in die Stuben. Da sitzt ein lahmer Mann unbeweglich am Tisch vor einer Schüssel, die er nicht anrührt. Seine Augen sind aus grünem Glas und ohne Blick, sein Antlitz ist wächsern, sein gelber Bart aus Flachs. Vielleicht hat er nur Kopf und Hände wie die Puppen im Panoptikum – und wenn man ihn auszöge, würde man sehen, daß sein Inneres aus Sägemehl besteht.

Es gibt einen Schutzmann, meinen Konkurrenten. Nur wir beide sind lebendig. Wir kennen einander, wir hören unsere Schritte, welche die einzigen sind, die ein Echo gebären. Am Abend aber besteigt der Schutzmann ein Rad und gleitet auf sanften Gummireifen durch die Welt, um die Ruhe nicht zu stören. Dann schäme ich mich, allein einen blasphemischen Lärm zu machen – als ginge ich auf hallenden Sohlen durch eine Kirche voll Betender.

Dennoch hört mich niemand. Wünsche ich einer der alten Frauen einen guten Abend, sieht sie mich an wie einen, der die dümmsten und überflüssigsten Dinge macht. Wie kann ihr Abend gut oder schlecht sein? Um sie ist immer Abend. In der Nacht brennen die kleinen Lichter in allen Stuben, in jeder Stube nur *ein* gelbes Licht, nicht um Helligkeit zu verbreiten, sondern um die Schatten aus den Möbeln hervorzulocken.

Die alten Frauen beten manchmal in der Kathedrale. Sie stammt aus dem 11. Jahrhundert. Die alten Frauen sitzen unbeweglich, auf Stühlen aus geflochtenem Stroh, mit fortwährend zitternden Lippen, die nicht in Worten bewegt werden, sondern von einem fremden, leisen Wind. Die Kirche ist langgestreckt und schmal, und ihre Decke ist ein dunkelblauer Himmel mit silbernen Sternen. An ihrem Portal sind zehn Reihen von Kronen aus Stein angebracht. In den Kronen wohnen silbergraue Tauben, die stillen, christlichen Vögel.

Zwei Gassen weiter ist der römische Tempel des Augustus, flach, weit, offen, mit korinthischen Säulen, er läßt den Wind einströmen und die Sonne, den Regen und die Zeit: Es ist ein heidnischer Tempel. Er war im Lauf der Zeiten Tribunal, Museum, Bibliothek. Heute ist er von einem Gitter umgeben. Man kann ihn nicht betreten wie noch zur Zeit der Burgunderkönige, deren Schloß gegenüberliegt und deren Kinder noch im Tempel gespielt haben. Es ist eine enge Burg, mit einem winzigen Türmchen, mit schmalen Erkern. Ich verstehe nicht, wie man, das Beispiel römischer Freiheit vor sich, im Anblick korinthischer Säulen eines Tempels, der von drei Seiten offen ist, sich mit einer engen und schiefen Burg zufriedengeben konnte. Heute ist diese Burg, was sie immer war: ein Gefängnis. Aber in Vienne gibt es keine Verbrecher und nicht einmal Trunkenbolde. Es gibt nur einen Gefängniswärter, der sein eigener Gefangener ist. Er führt eine sinnlose Existenz – wie ein Schlüssel, der zu keinem Schloß paßt, oder wie eine Tür ohne Haus. Er wandelt durch die Gänge und gibt acht, daß er nicht entfliehe.

In einem Hof, der einmal ein *Forum Romanum* war, leben zwei greise Frauen. Sie kommen niemals aus diesem Hof. Sie kümmern sich nicht darum, ob ihn jemand betritt. Sie sitzen vor den Türen und nicken einander zu und verlieren manchmal ein leises Wort, das in den Hof hinunterfällt wie ein kleiner Kieselstein in einen tiefen Brunnen: Man hört keinen Laut.

Grün wuchert zwischen den Fugen der Steine. Es sind dieselben Steine, die auf Befehl Julius Cäsars zu Festungsmauern aufgeschichtet wurden. Sie sind tot wie Julius Cäsar. Es ist nicht wahr, daß Steine reden. Steine schweigen.

Frankfurter Zeitung, 15. 9. 1925

Nizza

Nizza sieht so aus, als wäre es von den Autoren der Gesellschaftsromane begründet und von ihren Helden belebt worden. Die meisten Gestalten auf der Kurpromenade und am Strand kommen aus der Leihbibliothek und aus den Träumen kleiner Provinzmädchen: Diese Menschen kann Gott nicht erschaffen haben. Sie sind nicht aus gemeiner Erde gemacht, sondern aus mondänem Papierstaub. Schriftsteller haben sie so lange beschrieben, bis sie lebendig wurden. Ihre Bewegungen, ihr Gang, ihre Kleidung, ihre Sprache, ihre Gedanken, ihre Ziele, ihre Sehnsucht, ihre Schmerzen, ihre Erlebnisse sind wie literarisch gefiltert, außerordentlich und gesucht. Hier vollzog sich zum ersten Male ein umgekehrter Prozeß: Autoren erschufen Menschen nach origineller Konzeption, und die Schöpfung machte es ihnen nach. Ein Verfasser diktierte eine Welt in die Schreibmaschine – und siehe da! – sie war, sie ist, sie geht spazieren, spielt Roulette, tanzt Java und nimmt Seebäder.

Eine ganze Saison in einer Romanwelt würde wahrscheinlich langweilig. Aber drei Tage sind beruhigend. Man erholt sich von den Strapazen gewöhnlichen Erdenlebens, von den Berührungen mit den gemeinen Alltagssorgen und von dem Waffengeklirr, den der Kampf ums tägliche Brot verursacht. In der Gesellschaft der echten, von Adam abstammenden Menschen umfängt uns der gewöhnliche Geruch gewöhnlicher Tragik. Hier aber, in Nizza, breitet sich der Weihrauch der romanhaften Tragik aus. Hier gibt es nur Luxusschicksale. Hier siehst du lauter Edelgeschöpfe. An ihren goldenen Wiegen standen gut bezahlte Domestiken. Ihre ganze Jugend war eine einzige gute Kinderstube, von Hausärzten persönlich gelüftet. Ihre Ehe ist eine außerordentlich günstige Kapitalanlage. Ihr Tod selbst wird keine Lücke, sondern eine Erbschaft hinterlassen.

Denn sie sind nicht notwendig im gemeinen Sinn, sondern im höhern. Sie sollen nur die Romanautoren bestätigen. Sie tun es in Nizza. Um die Aufregung kennenzulernen, geben sie viel Geld in Monte Carlo aus. Zu uns anderen kommt Monte Carlo jeden Tag, und unser Leben ist ein Roulettespiel.

Hier aber ist kein Mensch aufgeregt, wenn er nicht auf

Schwarz oder Rot gesetzt hat. Alle strömen selige Sicherheit aus. Auch den Unsichern begnadet sie. Den ganzen Tag liegt man im blauen Wasser. Die Sonne macht sich eine Ehre daraus, unaufhörlich, wolkenlos, in so guter Gesellschaft zu scheinen. Die Nächte bleiben so warm wie möglich und geben acht, daß sich die Kurgäste nicht erkälten. Die alten Herren aus England und Amerika gehen mit gemessenen Schritten, die so abgezählt sind wie Medizintropfen, vor dem Schlaf spazieren. Ihre Söhne und Töchter tanzen indes, lieben, leiden und heiraten nach den Vorschriften der Autoren. Die alten Damen, durch Gesichtsmassagen und Diät zehn Jahre jünger, auf achtzehnjährigen Beinen, in kurzen Röckchen, von riesigen Brillanten gefolgt und unwahrscheinlich kleinen Schoßhündchen geziert, sprechen von der Zukunft, nicht wie andere Alte von der Vergangenheit. Alle paar Minuten gleitet ein Herr im Zylinder nach Monte Carlo auf der breiten, schönen Straße, auf der kein Staub entsteht und die eigentlich ein vornehmer Korridor des vornehmen Volkes ist.

Nichts Schlimmes kann passieren: Die Schwachen werden stark, die Kranken gesund, die Gesunden glücklich, die Glücklichen erleben hier die ersehnte Tragik und sind noch glücklicher als im Glück – und wenn einer Selbstmord begeht, so ist sein Tod durch einen romantischen Schleier dem gemeinen Bedauern und in die Sphäre der Bewunderung für die große Welt entrückt. Es ist wunderbar, in so guter Gesellschaft zu leben, die bei Tag nackt und abends im Smoking ist, abgebrannt und hygienisch, sauber und gut erzogen, aus Papier und dennoch aus Fleisch und Blut, ohne die Laster, welche eine Folge der Arbeit sind und so tugendhaft, daß sie vom Herrn selbst genährt werden, obwohl er sie nicht nach seinem Angesicht erschaffen hat …

Frankfurter Zeitung, 26. 10. 1925

Den anderen Reisebericht aus Frankreich betitelt Roth »Die weißen Städte«. Von weißen, fernen Städten hatte er im düsteren Grau seiner Kindheit geträumt:

Die weissen Städte

Ich wurde eines Tages Journalist aus Verzweiflung über die vollkommene Unfähigkeit aller Berufe, mich auszufüllen. Ich gehörte nicht der Generation der Leute an, die ihre Pubertät mit Versen eröffnen und schließen. Ich gehörte noch nicht der allerneuesten Generation an, die durch Fußball, Skilauf und Boxen geschlechtsreif wird. Ich konnte auf einem bescheidenen Rad ohne Freilauf fahren, und mein dichterisches Talent beschränkte sich auf präzise Formulierungen in einem Tagebuch.

Seit jeher mangelte es mir an Herz. Seitdem ich denken kann, denke ich mitleidslos. Als Knabe fütterte ich Spinnen mit Fliegen. Spinnen sind meine Lieblingstiere geblieben. Von allen Insekten haben sie, neben den Wanzen, am meisten Verstand. Sie ruhen als Mittelpunkt selbstgeschaffener Kreise und verlassen sich auf den Zufall, der sie nährt. Alle Tiere jagen der Beute nach. Von der Spinne aber könnte man sagen, sie sei vernünftig, sie sei in dem Maß weise, daß sie das verzweifelte Jagen aller Lebewesen als nutzlos und nur das Warten als fruchtbar erkannt hat.

Geschichten von Spinnen, von Sträflingen, die sich in der finsteren Einsamkeit ihrer Zelle mit Spinnen unterhalten, las ich mit Eifer. Sie regten meine Phantasie an, an der es mir übrigens keineswegs fehlt. Ich habe immer leidenschaftlich, aber mit wachen Sinnen geträumt. Mein Traum konnte mir niemals eine Wirklichkeit erscheinen. Dennoch vermag ich mich so tief in den Traum zu begeben, daß ich eine zweite, eine andere Wirklichkeit lebe.

Als ich dreißig Jahre alt war, durfte ich endlich die weißen Städte sehen, die ich als Knabe geträumt hatte. Meine Kindheit verlief grau in grauen Städten. Meine Jugend war ein grauer und roter Militärdienst, eine Kaserne, ein Schützengraben, ein Lazarett. Ich machte Reisen in fremde Länder – aber es waren feindliche Länder. Nie hätte ich früher gedacht, daß ich so rapid, so unbarmherzig, so gewaltsam einen Teil der Welt durchreisen würde, mit dem Ziel zu schießen, nicht mit dem Wunsch zu sehen. Ehe ich zu leben angefangen hatte, stand mir die ganze Welt offen. Aber als ich zu leben anfing, war die offene Welt verwüstet. Ich selbst vernichtete sie mit Altersgenossen. Die Kinder der andern, der früheren und der späteren Generationen, dürfen einen ständigen Zusammenhang zwischen Kindheit, Mannestum und Greisenalter finden. Auch sie erleben Überraschungen. Aber keine, die nicht in irgendeine Beziehung zu ihren Erwartungen zu bringen wäre. Keine, die man ihnen nicht hätte prophezeien können. Nur wir, nur unsere Generation, erlebte das Erdbeben, nachdem sie mit der vollständigen Sicherheit der Erde seit der Geburt gerechnet hatte. Uns allen war es wie einem, der sich in den Zug setzt, den Fahrplan in der Hand, um in die Welt zu reisen. Aber ein Sturm blies unser Gefährt in die Weite, und wir waren in einem Augenblick dort, wohin wir in gemächlichen und bunten, erschütternden und zauberhaften zehn Jahren hatten kommen wollen. Ehe wir noch erleben konnten, erfuhren wir's. Wir waren fürs Leben gerüstet, und schon begrüßte uns der Tod. Noch standen wir verwundert vor einem Leichenzug, und schon lagen wir in einem Massengrab. Wir wußten mehr als die Greise, wir waren die unglücklichen Enkel, die ihre Großväter auf den Schoß nahmen, um ihnen Geschichten zu erzählen.

Seitdem glaube ich nicht, daß wir, Fahrpläne in der Hand, in einen Zug steigen können. Ich glaube nicht, daß wir mit der Sicherheit eines für alle Fälle ausgerüsteten Touristen wandern dürfen. Die Fahrpläne stimmen nicht, die Führer berichten falsche Tatsachen. Alle Reisebücher sind von einem stupiden Geist diktiert, der nicht an die Veränderlichkeit der Welt glaubt. Innerhalb einer Sekunde aber ist jedes Ding durch tausend Gesichter verwandelt, entstellt, unkenntlich geworden. Man berichtet über Gegenwart mit historischer Sicherheit: Man spricht über ein fremdes Volk, das lebt, wie über eines, das in der Steinzeit gestorben ist. Ich habe Reisebücher über einige Länder gelesen, in denen ich gelebt habe (und die ich so gut kenne wie meine Heimat und die alle vielleicht meine Heimat sind). Wie viele falsche Berichte sogenannter »guter Beobachter«! Der »gute Beobachter« ist der traurigste Berichterstatter. Alles Wandelbare begreift er mit offenem, aber starrem Aug'. Er lauscht nicht in sich selbst. Das aber müßte er. Er könnte dann wenigstens von seinen Stimmen berichten. Er verzeichnet die Stimme einer Sekunde in seiner Umgebung. Aber wer weiß nicht, daß andere Stimmen ertönen, sobald er seine Horcherstellung verlassen hat. Und ehe er's niederschreibt, ist die Welt, die er kennt, nicht mehr dieselbe.

Und ehe wir ein Wort niederschreiben, hat es nicht mehr dieselbe Betonung. Die Begriffe, die wir kennen, decken nicht mehr die Dinge. Die Dinge sind aus den engen Kleidern herausgewachsen, die wir ihnen angepaßt haben. Seitdem ich in feindlichen Ländern gewesen bin, fühle ich mich in keinem einzigen mehr fremd. Ich fahre niemals mehr in die »Fremde«. Welcher Begriff aus einer Zeit der Postkutsche! Ich fahre höchstens ins »Neue«. Und sehe, daß ich es bereits geahnt habe. Und kann nicht darüber »berichten«. Ich kann nur erzählen, was in mir vorging und wie ich es erlebte.

Ich war neugierig, zu erfahren, wie es hinter dem Zaun aussieht, der uns umgibt. Denn uns umgibt ein Zaun, uns Menschen, die wir zur deutschen Welt sprechen. In Deutschland ist der »Begriff« heilig und wandelbar. Wir glauben an die Nomenklatur. In Deutschland erscheinen die »zuverlässigsten« Führer, die »gründlichsten« Beobachtungen und Forschungen. Alles Niedergeschriebene wird Gesetz. Man glaubt einem Buch aus dem Jahre 1880. Man dürfte nicht einmal einem aus dem Jahre 1925 glauben. Man glaubt, wie vor dem Krieg, heute an die Bedeutung der alten Begriffe.

Jenseits, hinter dem Zaun, war die Nomenklatur niemals so heilig. Die Namen flossen immer weit um die Dinge, die Kleider waren lose. Man war nicht bestrebt, alles unverrückbar zu fixieren. Man wandelt sich jeden Augenblick, drüben, hinter dem Zaun. Wir nennen das immer »Treulosigkeit«, und Anpassung ist halber »Verrat«. Hinter dem Zaun gewann ich mich selbst wieder. Ich gewann die Freiheit, die Hände in den Hosentaschen, eine Garderobemarke an den Hut geheftet, einen zerbrochenen Regenschirm in der Hand, zwischen Damen und Herren, Straßensängern und Bettlern zu wandeln. Ich sehe in den Straßen und in der Gesellschaft genauso aus wie zu Hause. Ja, ich bin *draußen* zu Hause. Ich kenne die süße Freiheit, nichts mehr darzustellen als mich selbst. Ich repräsentiere nicht, ich übertreibe nicht, ich verleugne nicht. Ich falle trotzdem nicht auf. Es ist in Deutschland fast unmöglich, nicht aufzufallen, wenn ich nichts spiele, wenn ich nichts verleugne und nichts übertreibe. Zwischen diesen zwei Arten zu erscheinen, habe ich die traurige Wahl. Denn ich muß auch, wenn ich keinen Typus, keine Gattung, kein Geschlecht, keine Nation, keinen Stamm, keine Rasse repräsentiere, dennoch etwas zu repräsentieren suchen. Wir sind gezwungen, »Farbe zu bekennen«, und nicht etwa eine beliebige, sondern eine aus der offiziellen Farbenskala: sonst sind wir »ohne Gesinnung«. Es ist das Kennzeichen der engen Welt, daß sie das Undefinierbare verdächtigt. Es ist das Kennzeichen der weiten, daß sie mich gewähren läßt. Auch sie hat für mich noch keine Bezeichnung gefunden. Aber nennt sie mich so oder anders, so ist immer noch ein freier Raum zwischen der Bezeichnung und dem Begriff, den sie deckt, denn die Welt nimmt nicht alles wörtlich. Wir aber nehmen sie beim Wort und nicht »bei der Sache«, weil wir die Namen mit den Dingen verwechseln.

Deshalb verstehn wir sie nicht, deshalb versteht sie uns nicht. Hinter dem Zaun sind Ferien. Süße, lange Sommerferien. Was ich sage, nimmt man nicht wörtlich. Was ich verschweige, ist gehört worden. Mein Wort ist noch lange kein Bekenntnis. Meine Lüge noch lange keine Charakterlosigkeit. Mein Schweigen ist nicht rätselhaft. Jeder versteht es. Es ist, als zweifelte man an meiner Pünktlichkeit nicht, obwohl meine Uhr falsch geht. Man schließt nicht aus der Eigenschaft eines meiner Attribute auf meine Eigenschaften. Niemand reguliert meinen Tag. Wenn ich ihn verliere, so ist es mein Tag gewesen (Ein »Tagedieb«! Wie deutsch ist dieses Wort! Wem gehören die Tage, die einer sich selbst gestohlen hat?)

Ich habe die weißen Städte so wiedergefunden, wie ich sie in den Träumen gesehn hatte. Wenn man nur die Träume seiner Kindheit findet, ist man wieder ein Kind.

Das zu hoffen, hatte ich nicht gewagt. Denn unwiederbringlich weit lag die Kindheit hinter mir, durch einen Weltbrand getrennt, durch eine brennende Welt. Sie war selbst nicht mehr als ein Traum. Sie war ausgelöscht aus dem Leben; verstorbene und begrabene, nicht entschwundene Jahre. Was dann kam, war wie ein Sommer ohne Frühling. Ich fuhr mit der Skepsis in dieses Land, welche die Folge eines Lebens ohne Kindheit ist. Alle Menschen meiner Generation sind in diesem Sinne »skeptisch«. Und während uns die

Älteren Tag für Tag mit ihrer Mahnung zu »Aufbau« und »Positivsein« in den Ohren liegen, lächeln wir das wissende Lächeln derjenigen, die Ursache, Werkzeug und Opfer einer großartigen Zerstörung gewesen sind. Oh, wenn sie uns nicht so stumm gemacht hätte, wir könnten ihnen sagen, was »Aufbau« ist! Wir glauben so wenig an ihn, daß wir nicht einmal imstande sind, seine Unmöglichkeit darzulegen. Der Vater, der seinen Sohn verloren hat, weiß von der Zerstörung weniger als sein toter Sohn. Wer im Hinterland gewesen ist, hat den Weltuntergang doch nur aus historischer Perspektive erlebt, den großen Weltkrieg unserer Jahre wie die Kriege Karthagos und Roms. Er lernte den Krieg seiner Zeit aus den Berichten, wie er die der Vergangenheit aus den Lehrbüchern gelernt hatte. Es ist immer noch ein Unterschied, ob man etwas am eigenen Leib oder an dem seiner Söhne erlebt hat.

Wir sind die Söhne. Wir haben die Relativität der Nomenklatur und selbst die der Dinge erlebt. In einer einzigen Minute, die uns vom Tode trennte, brachen wir mit der ganzen Tradition, mit der Sprache, der Wissenschaft, der Literatur, der Kunst: mit dem ganzen Kulturbewußtsein. In einer einzigen Minute wußten wir mehr von der *Wahrheit* als alle Wahrheitssucher der Welt. Wir sind die auferstandenen Toten. Wir kommen, mit der ganzen Weisheit des Jenseits beladen, wieder herab zu den ahnungslosen Irdischen. Wir haben die Skepsis der metaphysischen Weisheit.

Alles, was sich bei uns, im Norden und im Osten, seit unserer Wiederauferstehung zugetragen hat, konnte unsere Skepsis nur bestärken. Immer wieder entfernten wir uns von unserer Kindheit. Es war, als wären wir zurückgekehrt, um noch einmal alle Vernichtungen mitzumachen. Und uns, die wir geradezu unmittelbar vom Studium des Dreißigjährigen Krieges weg in den Weltkrieg gezogen wurden, ist es heute, als hätte in Deutschland der Dreißigjährige

Krieg noch nicht aufgehört. Wir können nicht glauben, daß irgendwo noch die Kontinuität des Friedens vorhanden ist und die große und mächtige Kulturtradition des antiken und mittelalterlichen Europas lebendig. Seit unserer Wiederauferstehung erleben wir das Werden einer ganz neuen Kultur, erleben wir die Revolution des Nahen Ostens und das leise Erdbeben des Fernen und gleichzeitig Amerikas technischen Zauber. Gefangen in einem Land, in dem ein kindischer Hang zur verstorbenen letzten Vergangenheit in denselben Menschen vorhanden ist, die eine Umwandlung des Menschen aus Fleisch und Blut in ein Wesen aus Stahl und Eisen wünschen, gefangen in einem sonderbaren Land, in dem die Hälfte der Nation gleichzeitig zwei so verschiedene und gegensätzliche Erscheinungen bewundern kann wie eine Militärparade und einen Luftballon, gefangen in einem Land, in dem die Empfindsamkeit ebenso groß ist wie das technische Bewußtsein – erleben wir stündlich die kleinen Kämpfe und großen Kriege zwischen Vergangenheit und Zukunft, den klassischen, katholischen, europäischen Einflüssen des Westens ebenso ausgeliefert wie den revolutionären des Ostens und den kapitalistischen Amerikas. Das wird mehr als ein Dreißigjähriger Krieg sein.

Denn es ist Krieg, wir wissen es, wir, die beeideten Sachverständigen für Schlachtfelder, wir haben sofort erkannt, daß wir aus einem kleinen Schlachtfeld in ein großes heimgekehrt sind. Wenn wir dieses Land verlassen, ist es, als führen wir in Urlaub. Wie friedlich und ahnungslos ist unten noch alles! Wie wenig weiß diese Welt von den Lawinen, die langsam heranrollen! Werden sie nicht bis hierher gelangen? Wird ihre Macht hier schon gebrochen sein? Wird die neue Kultur, der die Zerstörung vorangeht, aus Respekt, wie schon einmal, vor den lebendigen Denkmälern der alten stehenbleiben, um einen Kompromiß zu schließen?

Glückliches Land meiner Kindheit, das so vor den Stürmen geborgen liegt und Zeit hat zur Besinnung und zu Friedenskonferenzen, während wir oben preisgegeben sind dem ersten, verständnislosen und noch nicht verhandlungsbereiten Wüten der Elemente. Glückliches Land, in dem man wieder träumen kann und glauben lernt an die Mächte der Vergangenheit, von denen wir dachten, sie wären, wie so vieles, ein Irrtum und eine Lüge des Lesebuches!

Die Sonne ist jung und stark, der Himmel hoch und tiefblau, die Bäume dunkelgrün, versonnen, uralt. Und weiße breite Straßen, die seit Jahrhunderten Sonne getrunken haben und widerstrahlen, führen zu den weißen Städten mit den flachen Dächern, die so eben sind, als wollten sie zeigen, daß hier nicht einmal die Höhe gefährlich werden kann und daß man niemals, niemals hinunterfällt in schwarze Tiefen.

Tournon

Ich bin nicht mit der Bahn nach Tournon gekommen, sondern zu Fuß. Drei Tage war ich unterwegs. Ich bin die Rhône entlanggegangen, ohne Plan, ohne Führer und ohne länger als eine Nacht zu rasten. Ich sah die dunklen Schiffer auf den breiten Flößen und auf den hochbeladenen Kähnen, und die Angler, die stumm sind wie die Fische, die sich so selten fangen lassen. Immer hatte ich das leise Rauschen des Flusses im Ohr. Je weiter er fließt und je näher er seinem Ziel kommt, desto näher, desto lauter, desto gefährlicher ist er. Er verträgt keine Kähne mehr, und er mag keine Schiffer. Dennoch hat er eine liebliche Melodie, wenn man neben ihm hergeht, und seine Sprache ist sanfter als sein Charakter. An seinen Ufern sind viele französische Dichter geboren worden. Flüsse befruchten nicht nur die Erde. Der Wein wächst auf den Hügeln, und die Dichter blühen. Im Mittelalter haben hier die Troubadours gesungen. Ein paar Meilen weiter, Avignon schon nahe, liegt das Zauberschloß Les Beaux, das weiße Schloß der Poesie. Wäre hier nicht die Stadt Tournon, ich ginge weiter, Tag und Nacht, um Avignon zu erreichen die weißeste der Städte. Aber da erheben sich schon die Festungsmauern einer mittelalterlichen, einer romantischen, beinahe einer deutschen Stadt. Das ist Tournon.

War ich soeben nicht in Vienne, das niemals aufgehört hat, römisch zu sein, obwohl die Burgunder es eroberten und obwohl es eine Stadt der deutschen Kaiser wurde? Es sind kaum drei Tage her, und mir ist, als wäre ich durch die großen, brausenden, mit wilder Geschichte gefüllten Jahrhunderte gewandert, die zwischen römischer Weltherrschaft und der Weltherrschaft der lateinischen Sprache liegen. Der Siegeszug der Sprache war glänzender, dauernder, wichtiger als der des Volkes. Längst war die Erde verwandelt, und noch einmal und immer noch sprach man Latein.

Es begann zu regnen, als ich in Tournon ankam. Vor mir erhoben sich die scharfen Mauern der Festungsreste, und mir war, als gäbe es keinen andern Weg in diese Stadt zu gelangen, als der, vorsichtig die gefährlichen Mauern hinaufzusteigen. Nirgends war ein Tor, nirgends ein Weg. Hoch oben sah ich die nassen Gitter vor den trüben Fensterscheiben. Ein paar Stufen führten zu einer schmalen Gasse, deren Ende man schon von weitem sehen konnte. Es war eine blinde Gasse, sie lief, ohne zu wissen, wohin, geradeaus gegen eine Mauer, die noch glatter und steiler schien als die Mauern der Festung. Niemand wohnte hier. Wie sollten auch Menschen in einer Gasse wohnen, in der man nicht weiß, wozu sie da ist? Gassen sollten verbinden. Sie führen das Lebendige zu Lebendigem. Diese aber führte den Stein zu den Steinen.

Aus der Ferne hörte ich, durch das Rauschen des Regens gedämpft, Menschenstimmen, Pferdewiehern und den hellen, singend und tröstlichen Klang von geschlagenem Eisen aus einer Schmiede. Nur wenige Geräusche noch können einen Einsamen und Abgeschiedenen so plötzlich mit dem Leben verbinden und mit der Gemeinschaft der Menschen. Der Klang eines Hammers auf Eisen ist wie die Stimme der Tat, und wie eine Glocke ruft auch er zur Gemeinsamkeit. Als hätten die Hammerschläge mir einen Weg mitgeteilt, sah ich auf einmal einen anderen kleinen Pfad, eine Gasse, schmal, eng wie ein Flaschenhals. Sie führte zur Stadt.

Ich liebe es, in den Städten die breiten Mitten zu finden, jene Plätze, von denen die Gassen nach verschiedenen Richtungen ausstrahlen und die nicht nur Mittelpunkte sind, sondern auch Anfänge zugleich. Von diesen Mittelpunkten aus erkennt man ebenso den Charakter wie die Anlage der Stadt. Sie sind still, stiller als andere Teile, oder laut, lauter als alle Gassen. Sie sind entweder wie geweiht und geborgen, herrschaftlich und stolz oder Brennpunkte des Lebens, von allen Geräuschen erfüllt, dienstbar und zweckbewußt.

Tournon aber hatte keinen Mittelpunkt. Tournon bestand aus Gassen, die unentwirrbar ineinander verflochten waren. Eine grausame Angst ergriff mich. Ich bin nicht in eine fremde Stadt gekommen. Ich bin in ein fremdes Jahrhundert geraten. Ich will in meine Gegenwart zurück. Und wie manchmal eine billige Allerweltsmeinung, die der kritische Sinn des wachen Bewußtseins negiert und weit von sich weist, in einem wüsten Traum von drohender, substantieller Wirklichkeit erfüllt werden und uns bedrängen kann, so bekam auf einmal die Phase vom »finstern Mittelalter« gefährliches Leben und begann, mich wahrhaft zu ängstigen. Ich will zurück in meine Zeit! Verziehen sei ihr das tote Wissen, das sie ausmacht, und die stupide Mechanik, die sie bewegt! Ich bin ihr Kind, Teil von ihr, ich bin selbst Gegenwart. Und niemals fühlte ich mich so mit meinem Jahrhundert verbunden, niemals war ich so bewegt vom

Gedanken an eine breite Straße, ein Automobil, eine Wasserleitung und ein Flugzeug. Man kann in einem einzigen Augenblick ein unermeßliches Zeitbewußtsein fühlen. Man kann mit wachen Sinnen, am lichten Tag, aus seiner eigenen Zeit hinausfallen und zwischen den Jahrhunderten der Geschichte herumirren, als wäre die Zeit ein Raum, als wäre eine Epoche ein Land. So ist es in Tournon.

Auf der einen Seite Hügel, auf der andern der Fluß. Es ist kein Platz zu atmen. Die Häuser haben sich hier verfangen. Sie können nicht mehr hinaus. Eine ganze Stadt ist gefangen. Sie findet Schutz vor dem Feinde, aber sie ist geschützt wie ein Mensch, der nur deshalb niemanden mehr zu fürchten hat, weil er lebenslänglich eingesperrt ist. Mühsam bricht sich eine Gasse ihre Gasse. Ach, sie stößt an eine Mauer, engt sich noch mehr ein, drückt sich zusammen, zwängt sich durch und trifft eine Schwester, der es ebenso geht. Wie gekrümmte Würmer liegen die Gassen zwischen den Häusern. Diese drängen gegen den Fluß und würden ertrinken, wenn sie nicht die schroffe Festungsmauer aufhielte.

Ich gehe rechts, links, vor und zurück. Ich höre Menschen reden und sehe ihre Bewegungen, aber alles ist weit von mir, wie durch Glaswände getrennt. Ein Kind lacht, aber es ist nicht das Gelächter, nicht das Kind meiner Zeit. Ich kann in fremden Ländern zu Hause und heimisch sein, aber nicht in fremden Zeiten. Unsere wahre Heimat ist die Gegenwart. Das Jahrhundert ist unser Vaterland. Unsere Stammesgenossen und Landsleute sind unsere Zeitgenossen.

Gäbe es hier nicht das berühmte Lyzeum, dessen Gründer der berühmte Kardinal von Tournon gewesen ist, ich würde fortstürzen, zum Fluß, die Hängebrücke hinüber, die nach Tain führt. Dort ist der Bahnhof. Dort gehn die Züge ab, die mich zurück in die Gegenwart führen.

Das Monument des Kardinals, eine kleine Büste, steht sehr bescheiden vor dem Lyzeum, in der linken Ecke, nicht im Hof, nicht vor dem Eingang. Als hätte der kluge Kardinal selbst diesen Platz bestimmt. Oh, welch eine weise Zurückhaltung! Wie würdig jesuitischer Tradition! Welch ein Gesicht! Was bist du? Kardinal, Höfling, Mönch, Gelehrter, Frauenliebling, Gläubiger, Skeptiker, Menschenkenner, Verächter? Wenn ich deine kleinen Augen sehe, deinen schmalen, langen und etwas eingefallenen Mund, dein kleines, aber plötzlich vorspringendes Kinn, deine schmale und noch im Stein vibrierende Nase, glaube ich, daß du entschlossen warst, alles zu scheinen und nur etwas zu sein, was man nicht wissen darf. Ein Gelehrter warst du nicht, denn du hast Karriere gemacht. Ideale hattest du nicht, denn du hast Ehrgeiz gehabt. Die himmlische Unsterblichkeit genügte dir nicht, du hast die irdische gewünscht. Ob du jene erreicht hast, weiß ich nicht genau. Diese aber ist dir gewiß. Dein Lyzeum ist heute noch eine Schule, von mehr als hundert jungen Leuten besucht, und jeder nimmt deinen Namen mit ins Leben und vererbt ihn seinen Kindern. Man halte sich an die Jugend und gründe Erziehungsanstalten und nicht Altersheime und Krankenhäuser! …

Es sind Ferien im Lyzeum. Die Abendsonne liegt in den Korridoren, die Fenster sind offen, die Pförtnerin wischt den Staub von den Pulten, nur der Herr Sekretär sitzt noch in seinem Büro und nimmt Inskriptionen entgegen. Ich möchte hineingehn und mich anmelden. Ach! Ich bin dreißig Jahre alt! In dieser krummen und mittelalterlichen, aber weißen, weißen Stadt möchte ich jung sein, ein Knabe, und auf den Festungsmauern spielen und auf der Rhône das Lyzeum des Kardinals schwänzen. Aus diesem Mittelalter dann mitten in die Gegenwart hineinkommen – das ist ein Schritt ins Leben. Wie anders würde ich es fühlen! In wie vielen Jahrhunderten wäre ich zu Hause! Und wie lebendig wäre in meinem Blut das Bewußtsein von der unbedingten Kontinuität der menschlichen Entwicklung und wie verknüpft in meiner Seele ein Jahrhundert mit dem nächsten, und wie stolz wäre ich, ein Mensch zu sein! Die Kinder dieses Landes fühlen, daß wir Fortsetzung sein müssen der Vordern, um uns nicht zu verlieren. Sie haben die ganze Jugend in Geschichte getaucht. Getränkt mit dem Kulturbewußtsein vergangener Zeiten, stehen sie kritisch und gewaffnet den neuen Entwicklungen gegenüber. Nichts kann sie so erschrecken wie uns. Uns wirft jede Zeitungsnachricht aus dem Gleichgewicht. An diesem Land ist selbst der Weltkrieg vorbeigegangen, ohne mehr zu hinterlassen als Trauer und Tränen. Uns aber bereitete er das Chaos.

Weit gestreckt, eine kleine, abgesonderte Stadt, das Lyzeum. Die kleine Kapelle hat die ganze Traulichkeit eines schmalen Klassenzimmers, und noch liegen überall die jungen Stimmen, und an der Wand, vor der ein Beichtstuhl steht, haben hundert Bleistifte törichte junge Zeichen gekritzelt und Namen von Mädchen, und jeder Strich bedeutet eine geheime Regung, die man zwar keinem Beichtvater, wohl aber einer Wand mitteilt. Wie vortrefflich kann ich diese Zeichen lesen, und wie klar ist mir diese Geheimschrift!

Längst hat der Regen aufgehört. Die Abendröte eines klargewaschenen Himmels färbt die Fenster und die Wände der Kapelle und das Gesicht der alten Pförtnerin. Das ist eine fromme, himmlische Schminke für alte Frauen.

Die Stadt schläft am Abend, die krummen und ängstlichen Gassen ruhen von ihrer unermüdlichen Flucht aus. Jetzt gehe ich an den Fluß. Jetzt sehe ich den weißen halbrunden Turm der Bastei, mit den schwarzen schmalen Scharten im Leib und den winzigen vergitterten Fenstern, die ganz willkürlich und ohne Plan über die ganze Mauer verstreut sind und hinter denen jetzt die Arrestanten von Tournon sitzen. Aber auch der Bürgermeister, der Unterpräfekt und der Gefangenenwärter leben hinter denselben Mauern. An den Turm drängen sich kleinere, jüngere Gehäuse, aus der Ferne sieht man ein Bündel von Dächern, ein ungeordnetes, gleichsam frisch gepflücktes Häuserbukett.

So weiß wie dieser einzelne Turm werden alle Türme von Avignon sein. In der Nacht gehe ich nach Avignon. In Avignon muß man bei Tag ankommen. Morgen werde ich dort sein.

Avignon

Das Antlitz der Landschaft verändert sich oft plötzlich. Nur die drei Grundfarben bleiben immer: weißer Stein, blauer Himmel, dunkles Grün der Gärten. Die Gestalt der Erde aber ist wechselreich. Die Hügel sind bald schroff und bald spitz, bald sanft und bald rund. Hier starrt der rissige Fels, dort lächelt schon die leis geschwellte Ebene zwischen zarten Erhebungen. Daudet, der große Erzähler der Provence, hat die sehr treffende Beobachtung gemacht, daß die starke Sonne die Dimensionen vergrößert. Scharfes Licht erzeugt scharfe Schatten und stärkeren Gegensatz zwischen belichtetem und beschattetem Teil. Die Sonne läßt die Details wachsen und vermehrt sie. In sonnenschwachen und nebelreichen Ländern verlieren sich die Einzelheiten, und es ist als drückte der tiefe und lastende Himmel das Ragende nieder. Ich bin immer nur durch nebelreiche Länder gewandert. Meine Wanderung war ein Kampf gegen die unerforschten Verborgenheiten der Landschaft. Ich fühlte durch alle ihre Güte hindurch die Unverläßlichkeit der Natur, das, was man im vermenschlichten Jargon »Tücke des Elements« nennt. Hier wanderte ich zum erstenmal mit Behagen. Ich konnte das Glück der Menschen verstehen, die sich sorglos einem Weg überlassen dürfen. Nichts Schreckliches konnte sie unterwegs treffen. Ihnen fehlte nur eines: der Wald.

Ja, es fehlte hier der Wald. Es fehlte die süße Feuchtigkeit und der geheime Gesang der Wälder. Wälder sind die Geheimnisse einer Landschaft. Diese Landschaft hat keine Geheimnisse. Ach, ich verstehe, daß hier die Rationalisten wachsen und anderswo die Mystiker blühn. Der Wind, der berühmte, besungene und gefürchtete Mistral, ist voll Vehemenz und ohne Widerstand. Die Wälder halten anderswo die Winde auf, hüllen sie ein, besänftigen sie, wie es Mütter mit großen, starken und wilden Kindern tun. Hier gibt es keine Wälder. Hier gibt es nur Gärten. Die Hälfte der Natur ist Privateigentum. Welch ein reiches Land! Jeder zweite Einwohner hat eine riesige, glatte Festungsmauer um seinen Besitz errichtet und ihren oberen Rand mit häßlichen Glasscherben bestreut. Hier darf kein Wanderer müde werden. Er müßte sich in den weißen, dichten, schweren Kreidestaub der Landstraße legen. Alle Seitenwege führen zu verschlossenen Häusern, zu umzäunten Äckern. Ach, ich begreife: Wo die Natur so liebenswürdig ist, können die Gärten verschlossen und hart sein. Die Sonne zündet die spärlichen Wälder an, sie brennen ab, einer nach dem anderen. Die Wälder sterben, der Sonne ist es noch immer nicht klar, übersichtlich, scharf genug in diesem Land. Wie rücksichtslos kann das gepriesene Licht sein und wie gütig der gescholtene Nebel! …

Avignon aber könnte nicht zwischen Wäldern stehn. Avignon braucht Licht.

Avignon ist die weißeste aller Städte. Sie braucht keinen Wald. Sie ist ein steinerner Garten voll steinerner Blüten. Ihre Häuser, Kirchen und Paläste sind gewachsen und nicht gebaut. Noch um ihre klaren Formen webt ein Geheimnis. In ihren Mauern rauscht es wie in Wäldern. Ihr Stein ist weiß und grenzenlos tragisch wie alles Unermeßliche. Einfältige Legendenbücher enthalten manchmal Bilder von solchen Städten. Töricht-fromme Menschen stellten sich so die himmlische Stadt vor, in der die Seligen wohnen. Knaben träumen von solchen Städten mit weißen breiten Mauern, hundert Glocken, flachen Dächern, auf denen Königinnen spazierengehn.

Mit dem Begriff Festung verbinden wir das Bild einer drohend gezackten Burg hinter einer grauen, bemoosten und schroffen Mauer. Siehe da: Hier ist eine freundliche, beinahe einladende Festung. Sie zu belagern wäre ein Genuß. Vor Bewunderung würde man vergessen, sie zu bekämpfen. Um sie zu erobern, müßte man sie umwerben. Hier flösse kein Blut. Hier gäbe es keinen grausamen Tod. Vor dem starken Klang der Glocken erstürbe jedes Getümmel.

Als ich vor einem der großen Tore stand, die in die weißen Mauern der Festung eingefaßt sind wie graue Steine in einem silbernen Ring, als ich die flachgezackten Türme und die edle Stärke, die adlige Festigkeit, die unerschrokkene Schönheit dieser Steine sah, begriff ich, daß eine himmlische Macht wohl ihren irdischen Ausdruck finden kann und daß sie keinen Kompromiß zu schließen braucht, wenn sie sich selber den irdischen Bedingungen anpaßt. Ich verstand, daß eine geistige Macht die Möglichkeit hat, ohne ihr Niveau zu verlassen, sich militärisch zu sichern, und daß es einen himmlischen Militarismus gibt, der nicht einmal die Art der Bewaffnung mit dem irdischen gemein hat. Diese Festungen haben Päpste angelegt. Es sind religiöse Festungen. Es sind geweihte Kräfte. Ich verstehe, daß sie den Frieden sichern konnten. Es gibt pazifistische Festungen und Waffen, die dem Frieden dienen und den Krieg verhindern.

Ist das eine mittelalterliche, ist das eine römische Stadt? Ist sie orientalisch oder europäisch? Sie ist nichts von alledem und alles zusammen. Sie ist eine katholische Stadt. Und wie diese Religion alle Völker umfaßt und wie diese Religion kosmopolitisch ist, so ist Avignon die Festung der katholischen Kirche, kosmopolitische, organische Verschmelzung aller Traditionen und Stile. Es ist Jerusalem und Rom, und es ist Altertum und Mittelalter.

Fünf Jahrhunderte lang regierte hier der vornehmste Geschmack. Fünf Jahrhunderte lang sammelten sich hier alle künstlerischen, politischen, literarischen Traditionen. Durch fünf Jahrhunderte lebte hier der geistige und der gesellschaftliche Adel Europas. Die Urbevölkerung dieser Stadt gehörte dem intelligenten, flinken und harten Volk der Kelten an. Aber Phönizier aus Marseille, Orientalen, die durch griechische Bildung gegangen waren, hatten Avignon begründet. Viele phönizische Familien blieben hier. Es waren Händler. Aber Händler einer Zeit, in der Handel noch Heldentum bedeutete und jedes Geschäft neben dem materiellen Zweck noch einen völkerverbindenden, Horizont erweiternden, historischen Sinn hatte! Welch eine Zeit, in der die Kaufleute die Aristokratie an wirklicher Bildung, Weltkenntnis und Weitblick um ein Beträchtliches übertrafen und in der zum Abschluß eines Vertrages mehr Mut gehörte als zu einem Krieg.

In so einer Zeit, von einem Volk solch heldenhafter Kaufleute wurde Avignon begründet. Phönizisches Blut mischte sich mit keltischem, römischem, gallischem und germanischem. Aber es ging nicht unter. Im Mittelalter noch behielt diese Bevölkerung den heitern und offenen Sinn, der ein Erbgut der orientalischen und griechisch gebildeten Seefahrer ist, und in der Hauptstadt der Kirche regierte ein fröhlicher Katholizismus, der Dionysos leben ließ, ohne daß es dem Glauben und der Macht geschadet hätte. Heute noch sind die Bewohner von Avignon halbe Phönizier: laut, unternehmungsfroh, schnelldenkend, gute Rechner und Kosmopoliten.

Die eigentliche Geschichte Avignons beginnt im 12. Jahrhundert. Die frühesten Bauten, die wir heute in Avignon sehen, stammen aus diesem Jahrhundert: die Kathedrale und die noch ältere Brücke von Avignon, deren Bau 1177 begonnen wurde. Sie war nur für Fußgänger und Reiter bestimmt. Denn sie ist zwar 900 Meter lang, aber nur 4 Meter breit. Im 13. Jahrhundert wurde sie abgebrochen. Heute sieht man nur noch eine halbe Brücke. Ihr letzter Pfeiler ruht in der kleinen Insel in der Mitte des Flusses. Ich habe einen alten farbigen Stich gesehen. Er stellt den traditionellen Tanz des Volkes auf dieser Brücke dar. Obwohl sie so schmal war, daß eine unvorsichtige Drehung gefährlich werden konnte, war sie doch der Tanzboden des Volkes von Avignon. Es rührt mich, daß die Leute hierher tanzen gingen, wo es am schmalsten und gefährlichsten war. Sie taten es sicherlich nicht bewußt, und es kam ihnen wahrscheinlich nicht in den Sinn, daß sie buchstäblich hart über dem Abgrund tanzten. Sie narrten den Tod. Sie hüpften über dem Wasser. Ihre Heiterkeit spiegelte sich in den heitern Wellen des Flusses; und vom Wasser entliehen sie die Fröhlichkeit. Auf dem alten Stich ist zu sehen, wie Kinder, Bürger, Frauen, Bettler und Mönche sich bei den Händen halten. Welch ein Trubel unter dem Protektorat der Kirche! Welch ein Fest unter den Augen des Papstes! Man kennt die schöne Geschichte Daudets vom »Esel des Papstes« und weiß, wie populär das Oberhaupt der Kirche in Avignons Straßen war. Hier, am Fluß, ging der Vater der Christenheit spazieren und lächelte. Es hätte wenig gefehlt, und er hätte mitgetanzt.

Denn die Päpste hatten Ferien. Die Geschichte nennt ihren Aufenthalt in Avignon sehr feierlich: das babylonische Exil der Päpste – – aber es war das lustigste Exil, das die Welt je gesehn hat. »Rom«, schreibt Renan, »war in Wirklichkeit die turbulenteste italienische Republik. – – – Seine Umgebung war eine Wüste, jedem Wanderer gefährlich. – – Der Aufenthalt in Rom war für die Päpste eine der unerträglichsten Gefangenschaften.« Clemens V. wanderte nach

Avignon aus. Sein Nachfolger Johann XXII. begann zu bauen, er legte die Festungen an, die unter der Herrschaft Benedikts XII. verbessert und beinahe vollendet wurden. Drei große Kirchen haben die Päpste überdies in Avignon errichtet: Saint Agricol, St. Pierre und St. Didier.

Die imposanteste und dauerndste historische Erinnerung bleibt der Palast. Er ist im Innern durch die Ereignisse der Revolution fast vollständig vernichtet worden. Später war er lange Zeit und bis kurz vor dem Krieg eine Kaserne. Die Militärbehörde weigerte sich, den Palast zu räumen. Sein Inneres ist wüst, graue, rissige Kalktünche klebt an den Wänden. Die Restaurierung, vor einigen Jahren begonnen, schreitet sehr langsam fort. Zweimal täglich ist er das Ziel neugieriger Touristen und das Objekt falscher Erläuterungen, die ein Führer gegen Trinkgeld den Amerikanern erteilt.

Aber nichts kann vollkommen untergehn, was die Frömmigkeit gebaut hat und was in der Hoffnung auf eine ganz andere Unsterblichkeit, als es die irdische sein kann, entstanden ist. Hört nicht auf den Führer! Sondert euch ein wenig vom Troß der Touristen ab, und ihr werdet Fenster sehn »Fenêtre de l'Indulgence«, was wie ein Tor zum Reich der Sonne ist, von vier Säulen gestützt und fünf schmale Portale bildend unter einem halbgeschwungenen und überraschend spitz endenden Bogen, in dem ein großes, kreisrundes Ornament über zwei kleinen eingefaßt ist wie eine himmlische Blume; ein Rad mit lebendigen Speichen, geschwungene Kreuze aus Licht und Glas; eine runde Ruhestatt für das Licht des Tages; die Sonne eingefangen in einem kunstvollen Netz. Ich bleibe einen Augenblick am Anfang der großen Galerie stehn, die schmal und lang ist, deren Decke hundert Bogen gebärt, alle paar Sekunden einen Bogen, wie ein Vorhang aus gerafftem Stein, lebendig und wechselreich wie aus weichem Stoff und eine Unendlichkeit vortäuschend wie durch raffinierte Spiegelungen. Am Ende des Korridors ein schmaler Streifen einbrechender Sonne, und hinter dieser rechteckigen Insel aus Licht, Gold, Silber und flimmerndem Staub eine Treppe, die wer weiß wo hinaufführt, zum Himmel vielleicht, unzählige kleine, schmale, steile Stufen, ohne Pause, ohne Rast, eine unermüdlich eilende Leiter.

Dann stehe ich im Hof. Er ist von vier Seiten eingeschlossen wie ein Kleinod. Er hat viele schwarze Tore in den Wänden, aber man glaubt nicht, daß sie hinausführen. In diesem Hof müßte ein Gefangener seine Ohnmacht stärker fühlen als in einer kleinen und finstern Zelle. Er könnte in Fenster hineinsehn, aber niemals durch Fenster hinaus. Da ist ein Brunnen, da liegt meterhoch der Sand, da lagern Holzklötze, und hier sind Bretter und alte Pfosten. Und dennoch ist es immer noch der Hof eines Palastes. Wunderbare Fenster sehen in diesen Hof hinaus. Hier haben Soldaten Schießübungen veranstaltet, und hier hat man exerziert. In diesen Torbögen lehnten die Gewehre. Und doch hat der Hof der Kaserne, in der ich »abgerichtet« wurde, ganz anders ausgesehn. Ob es nicht eine Weihe gibt, die von einem Stein, einem Glas, einer Wölbung ausstrahlt und einen Hof vor der endgültigen Vernichtung schützen kann?

Die Militärbehörde wußte nicht, was sie tat, als sie die zarten Wandbilder übertünchen ließ. Unter dem schwachen, aber dauernden Schutz des Kalks haben sie lange Jahre ausgehalten. Sie hatte recht, die Militärbehörde. Das ist kein Anblick für exerzierende Menschen. Solche Bilder könnten die Disziplin einschläfern. Gebt weißen Kalk darüber, Kalk darüber, Kalk darüber! Verdeckt die Fresken von Matteo Giovanetti de Viterbo, den Christus am Kreuz. Er hat die armseligsten, hagersten Arme, sein Körper ist schmal wie ein Bein, seine durchstoßenen Hände sind halb gewölbt, noch offen, dem Betrachter zugekehrt, als schenkten sie noch im Tod, die Augen sind geschlossen wie bei einem Schlafenden, es ist die erste Sekunde nach dem Tod, im Gesicht ist kein Schmerz mehr, sondern eine stille Zufriedenheit, die spitzen, armen Knie ragen, beinahe starrend, und die Zehen sind schmal, stolz, lang wie Finger. Weder das ist ein Bild für Soldaten noch der schöne Kopf des Johannes, mit wallendem Haupt- und Barthaar, mit naiv gefurchter Stirn und klugen, bittern und guten Augen, ein Großvater, der die Welt kennt, mehr als ein Heiliger, ein Evangelist für fromme Kinder. Und auch die Jagdszenen, erst vor kurzer Zeit entdeckt und vom Kalk befreit, waren nichts für Krieger, obwohl die Jagd ja ein männliches Gewerbe ist. Nach diesen Bildern ist es allerdings keine Jagd, die eine Militärbehörde anerkennen könnte. Denn die Wälder, die Jäger, die Tiere sind nicht von dieser Welt, man hat die Überzeugung, daß diese Tiere noch leben, auch wenn sie erlegt sind. Sie sind flach, sie kleben an der Wand, es sind nur zweidimensionale Geschöpfe, sie werfen keine Schatten, sie kommen aus dem Traum und bleiben ewig ein Traum, und man weiß nie recht, ob sie wirklich mit irdischen Farben von irdischen Händen gemalt sind. Blätter, flach, schmal, immer unbeweglich, wie aus Gold gegossen; edle, schmale Hunde mit ornamental geringeltem, zartem Schweif und flachem, schmalem Kopf, hagere, langgestreckte Körper auf dünnen, laufenden Beinen. Es ist unwirklich und von der tiefsten Wahrheit, die nur im Traum offenbar wird.

Die Mauern der Festung sind unregelmäßig. Sie folgen den Launen des Felsens. Es ist eine fast demütige Nachgiebigkeit der Natur gegenüber. Das waren wirklich fromme Baumeister. Sie wollten nichts mehr als die Stadt befestigen. Es kam ihnen auf eine schöne Wirkung gar nicht an. Aber die Schönheit erblühte aus der Zweckmäßigkeit. Sie entsproß dem frommen Sinn des Baumeisters. Er baute gegen feindliche Menschen und zur Ehre Gottes. Niemals ist eine Festung so sehr religiöser Lobgesang geworden. Gott ließ den weißen Stein wachsen. Niemals wird er seine Farbe verändern. Er wird mit den Jahren immer weißer, immer festlicher, immer jünger. So wie jemand, der unaufhörlich, lange Jahre betet, immer verzückter, immer strahlender und himmlischer werden kann. Kathedrale und Palast schließen sich an diese Festungsmauern. Sie sind Anfang und Ziel. Und so bleibt auch die Mauer noch Teil des Palasts und der Kathedrale, Fortsetzung des Herrschaftlichen und des Heiligen.

Jenseits der Rhône liegt die Sommerresidenz der Päpste mitten im Grün. Dieselben Mauern, eine kleine Tochterfestung, sommerlich, ein Ferienschloß. Villeneuve ist ein kleiner Ort, Filiale von Avignon, ebenfalls mit alten Schätzen beladen. Dort sah ich die marmorne Muttergottes mit den zwei Gesichtern, eine römische Reminiszenz, versprengt in die christliche Legende, und die Muttergottes aus Elfenbein, das Jesuskind auf dem linken Arm mit einem römischen Gesicht, auch das Kind wie ein kleiner Römer, mit rundem Kopf und welligem Haar. Die Augen der Jungfrau sind gesenkt, aus Scham, vor den Betrachtern. In der Chapelle de l'Hospice ist das Grab Innozenz' VI., eine kleine eigene Kirche für sich. Der Sarg steht zwischen eckigen Pfeilern, die oben in spitze Türme auslaufen. Das ganze Grabmal sieht aus wie eine hohe Krone aus Stein. Der Sarg noch ist gekrönt. Er steckt in der Krone und füllt ihren unteren Teil ganz aus.

Keine einzige Kirche in Avignon, auch nicht die schöne St.-Peters-Kirche, ist an Pracht und weihevoller Größe der Kathedrale zu vergleichen. Ihre runden, weiten Wölbungen haben himmlische Maße, das Tageslicht fällt reich und doch gemildert und milchig ein, es sind viele Fenster da, der Altar liegt in vollem Licht, und eine unvergleichliche Atmosphäre entstand durch die Verbindung von Tag und Wölbung, durch die Sättigung des Schattens mit Licht und durch die gleichzeitige Dämpfung der starken südlichen Sonne mit Hilfe des Schattens: eine gleichmäßige Helle, aber auch ein gleichmäßiges Dunkel. Ein bescheidenes Portal führt in die Kirche, verhältnismäßig niedrig, von zwei Säulen flankiert, die sich beinahe furchtsam in die Ecken drücken. Ein glattes Tor, ein altes, verblaßtes Bild darüber. Durch solche unscheinbare Tore führt der Weg zur Seligkeit, wie hier so im ganzen Schloß, in allen Gemächern. Überall bergen sich die Türen. Sie wollen die Wände nicht stören. Der Raum, seine Eintracht sind das wichtigste.

In den Buchhandlungen von Avignon verkauft man das Bild Petrarcas, dessen Wahlheimat die Provence war, der 20jährig sich in Avignon ansiedelte, dem Geburtsort Lauras, der dann in Vaucluse lebte und sang und nach dem Tode der Geliebten nach Venedig zog, wo er die Stadtbibliothek anlegte. Aus Dankbarkeit überwies man ihm als Wohnstätte ein Schloß.

Ich glaube nicht an Zufälle. Daß in Avignon die berühmteste Frau aller Zeiten gelebt hat, das hätte ich dieser Stadt auf den ersten Blick zugetraut. Den Anspruch, von großen Dichtern besungen, aber auch geliebt zu werden, könnten heute noch die Frauen dieser Stadt mit Recht erheben. Ich habe beobachtet, daß in den Gegenden, in denen häufige und günstige Rassenmischungen vorgekommen sind, die weiblichen Nachkommen am meisten gewinnen. Die Frauen von Avignon sind mit Unrecht weniger berühmt als die Arleserinnen. Ich habe in Arles einen Frauentyp am häufigsten getroffen: den römisch-provenzalischen, etwas herben, strengen mit der schmalen, langen Nase und dem schmalen Mund, mit großen Augen und einem spitzen Kinn, herzförmige Frauengesichter, geeignet, leidenschaftlich besungen, aber nur mit Bedacht geküßt zu werden und mit dem Bewußtsein, daß der Kuß keine Bindung ist. Andere Frauen leben in Avignon. Hier gibt es keinen einheitlichen Typus. Aber alle Mädchen gehn zart und flink auf hohen Beinen, alle, auch die blonden, haben die sanfte, olivfarbene Haut, die niemals braun, niemals rot wird und an welcher die Sonne, der Wind, der Regen und selbst das Alter machtlos vorübergleiten. Ja, auch das Alter! Denn obwohl das sagenhafte Vorurteil von Männermund zu Männermund geht, daß die südlichen Frauen schneller alt werden als die nördlichen, sind in Avignon noch die Fünfzigjährigen mit jenem Liebreiz begabt, der die Treue der Männer erhält und ein temperamentvolles Altern verbürgt, das ich einem sanften Absterben vorziehe. Übrigens ist es kein Wunder. Die Liebe erhält jung, und eine Lebensfreude, bei der das Wohlergehn nur eine angenehme Begleiterscheinung und bei der die Hauptsache ein geistiges Genießen ist, verbürgt eine späte Beweglichkeit. In Avignon freuen sich alle Mädchen. In den engen Gassen, in denen alle Familien am Abend sitzen, mit Kindern, Hunden, Katzen, Papageien, Schwiegersöhnen und Großmüttern, habe ich immer nur Lachen gehört, und mir, einem fremden Spaziergänger, dem man seine Fremdheit ansehen mußte, rief man freundliche Grüße zu, und wenn einer gerade mehr Wein getrunken hatte, als er gewöhnt war, wäre er bereit gewesen, mich in seinem Hause zu bewirten. Sein Haus war allerdings die Gasse.

Ich habe in den *Lettres historiques galantes* den Abschnitt über Avignon gelesen. Der Autor dieses Buches ist die kluge Frau Dunoyer, in der Literarurgeschichte besser bekannt durch eine Art schwiegermütterlicher Beziehung zum jungen Voltaire als durch ihre Werke. Sie ist die Mutter jener Pimpette, welche die erste Geliebte Arouets war. Frau Dunoyer, eine Journalistin mit Beziehungen, hatte es verstanden, das Verhältnis Voltaires zu ihrer Tochter durch List und Gewalt zu lösen. Bei den Voltaireforschern kommt sie schlecht weg, Brandes urteilt über sie am schärfsten. Aber sie war schließlich eine Schriftstellerin. Als ich sie las, erfuhr ich wieder einmal, daß bei schreibenden Menschen, sogar bei schreibenden Frauen, Talent und Stil beurteilt werden sollen, nicht Charakter und Handlungen. Nie hätte ich, nach dem, was von ihr bekannt war, Frau Dunoyer eine so begabte Hand zugetraut. Sie schildert das Leben im Avignon des 17. Jahrhunderts so lebendig, daß ich es ganz gegenwärtig fühlte. Wenn man der Autorin glauben soll, war Avignon galanter als Paris. Da kamen die reichsten Lebemänner der Welt zusammen, es war ein Gedränge vornehmer Karossen, ein Korso der verschiedensten Stämme, Länder, Stände und Uniformen, man sah Diplomaten, Kardinäle, Edelmänner in bunten Kleidern. Am meisten imponieren der Madame Dunoyer die goldbestickten Schweizer, die Garde der Legaten. Frau Dunoyer war schließlich doch eine Frau. Und sie wird nicht die einzige gewesen sein, der diese Schweizer gefallen. Sooft ich eine breitschultrige, starke Tellgestalt unter den schmächtigen, schlanken, knabenhaften Männern sah, dachte ich an die segensreiche Wirkung der päpstlichen Schweizer.

Sie sind nicht umsonst so lange noch nach der Rückkehr der Päpste nach Rom in Avignon geblieben. Wäre ich ein Papst, ich säße heute noch dort. Ich säße, was bestimmt keine Sünde wäre, vor dem Porträt von Delorme *Eine Avignonerin in Gala-Toilette* im Musée Calvet und müßte lange, lange dieses Angesicht bewundern, ein kindlich spöttisches Gesicht mit vorgeschobener Unterlippe, den Blick erhoben, wie gegen einen Balkon gerichtet oder auch gegen den blauen Himmel von Avignon, die zarten, aber festen Bogen der schwarzen Brauen in sicherem Schwung emporgezogen, ohne daß ein Fältchen auf der glatten, reinen, runden Stirn entstanden wäre. Ein hochmütiger Augenaufschlag, ein bißchen skeptisch, ein bißchen spöttisch, und dennoch von kindlicher Erwartung. Diese kurze, aber sehr bestimmte Nase liebte ich und diese lange Oberlippe mit dem zarten Kanal in der Mitte. Eine galante Frau, eine aus den besten Ständen: Sie ist dennoch volkstümlich, ein Kind vom Lande, sie könnte in einer anderen Tracht eine Bäuerin sein. Denn dieses »Land« macht seine Töchter nicht grob, und ich habe Mägde mit den zartesten Händen von der Welt gesehn. Es ist ein sehr kultivierter Boden, ein Land ohne Mais, ohne Kartoffeln und ohne Schwarzbrot. Es erzeugt gesunde, aber nervöse Menschen. Ich habe gesehn, mit welcher eleganten Sicherheit sich alte Bäuerinnen in ihrer ländlichen Tracht in den Luxuslokalen der Stadt benahmen. Es gibt in der Provence überhaupt nicht den Unterschied zwischen städtischer Dame und ländlicher Frau. Einer alten Führerin in Les Beaux sagte ich, als sie mir ihre zwei Photographien zur Wahl vorlegte – jeder alte Mensch in Les Beaux verkauft seine eigene Ansichtskartenphotographie –, daß ich nicht entschlossen wäre, weil sie auf beiden Bildern so verschieden schön sei. Sie antwortete sofort: »Oh, mein Herr, wenn Sie mir das vor 30 Jahren gesagt hätten!«

Wenn ich der Papst wäre, ich lebte in Avignon. Mich würde es freuen zu sehen, was dieser europäische Katholizismus zustande gebracht hat, welche großartige Rassenmischung, welch einen farbigen Wirrwarr der verschiedenen Lebenssäfte, und wie trotz dieser Vermengung kein langweiliges Einerlei entstanden ist. Jeder Mensch trägt in seinem Blut fünf Rassen, alte und junge, und jedes Individuum ist eine Welt von fünf Erdteilen. Jeder versteht jeden, und die Gemeinschaft ist frei, sie zwängt niemanden in eine bestimmte Haltung. Der höchste Grad von Assimilation: gerade so fremd, wie einer ist, soll er bleiben, um heimisch zu werden.

Wird die Welt einmal so aussehn wie Avignon? Welch eine lächerliche Furcht der Nationen, und sogar der europäisch gesinnten unter den Nationen, diese und jene »Eigenart« könnte verlorengehn und aus der farbigen Menschheit ein grauer Brei werden! Aber Menschen sind keine Farben, und die Welt ist keine Palette! Je mehr Mischung, desto mehr Eigenart! Ich werde diese schöne Welt nicht erleben, in der jeder das einzelne Ganze repräsentieren wird, aber ich fühle diese Zukunft schon heute, wenn ich auf dem »Platz der Turmuhr« in Avignon sitze und alle Rassen der Erde im Gesicht eines Polizisten, eines Bettlers, eines Kellners leuchten sehe. Das ist die höchste Stufe der »Humanität«. Und »Humanität« ist die Kultur der Provence, deren großer Dichter Mistral auf die Frage eines Gelehrten, welche Rassen in diesem Teil des Landes leben, verwundert sagte: »Rassen? Aber es gibt ja nur eine Sonne!«

Marseille

Tartarin war in Marseille ratloser als später in Afrika. Zwischen Tarascon und den Ländern der wilden Abenteuer ist der Unterschied nicht erschreckend. Aber Marseille ist eine Welt, in der das Abenteuerliche alltäglich und der Alltag abenteuerlich ist. Hier kann man ratlos sein. Marseille ist das Tor der Welt, Marseille ist die Schwelle der Völker. Marseille ist Orient und Okzident. Von hier schwammen die Kreuzritter ins Heilige Land. Durch diesen Hafen strömen viele Märchen von Tausendundeiner Nacht nach Europa. Hier landeten orientalische Motive, hier warfen sie die Anker aus, hier betraten sie den Boden europäischer Literatur und Kunst. Von hier aus drangen, einige Jahrhunderte vor Christi Geburt, die Forscher Pytheas und Euthymenes bis zum Baltischen Meer, von hier aus entdeckten sie Island. Das ist die Erbin und die alte Feindin Karthagos, die schöne Freundin Roms, die griechische Stadt, das »gallische

Athen«. Hier versanken Visigoten, Lombarden, Sarazenen und Normannen, besiegte Eroberer, in lateinisch-griechisch-phönizischer Kultur. Hier wurde die große Revolution mit Jubel begrüßt, hier fand sie ihre zweite Heimat, ihre eigentliche, ihren Text und ihre Melodie. Marseille ist die Heimat von Pierre Puget und Thiers und – Edmont Rostand.

Marseille ist New York und Singapur, Hamburg und Kalkutta, Alexandria und Port Arthur, San Franzisco und Odessa. In Marseille erzeugt man Zucker, Stearin, Seife, Chemikalien, Essig, Schnäpse, Keramik, Zement, Farben. In acht Stunden macht der Schneider einen Anzug fertig. In 24 Stunden ist das Gesicht der Straße verändert. In den Straßenecken, in hölzernen Buden hausen die Winkelschreiber. In einer halben Stunde haben sie Testamente und Heiratsurkunden verfaßt und Prozesse erledigt. Vom Reichtum zur Armut ist weniger als ein Schritt. Der Obdachlose schläft auf der Schwelle des Palastes. Die Lebensmittel verkauft man in einem, die Liebe im andern offenen Laden. Das Boot der armen Schiffer schwimmt hart neben dem großen Ozeandampfer. Muscheln liegen neben den Auslagen der Brillantenhändler. Der Flickschuster verkauft korsische Messer. Der Ansichtskartenhändler bietet Schlangengift feil. Den ganzen Tag spielen die Kinos im alten Hafen. Jede Stunde läuft ein Schiff ein. Jede zehnte Welle spült Fremde an Land wie Fische. Der algerische Jude macht im Kaffeehaus Geschäfte mit dem Chinesen. Der »Dollarkönig«. amüsiert sich in der Spelunke. Jede zweite Nacht ereignet sich ein Totschlag, ein Mord, ein Überfall, ein Familiendrama. Das Leben tanzt auf der Klinge eines Rasiermessers, das im Hafen als Waffe beliebt ist. Das Elend ist tief wie das Meer, das Laster ist frei wie die Wolke.

Alle Geräusche haben einen und denselben Takt. In allen Geräuschen ist etwas vom Lärm einer Schiffsmaschine. Der Stiefelputzer kündet sich an, indem er mit dem Bürstengriff auf den Deckel seines Utensilienkastens trommelt. Auch das Ende seiner Arbeit begleitet ein Trommeln. Die Straßenbahn und alle Wagen tuten wie Automobile. Jeder macht Geräusch. Jeder schlägt den Takt der Stadt. Jeder übersetzt die Musik der Welle in seine eigene Sprache. Der Kolporteur ruft mahnend seine Zeitung wie eine Kirchenglocke. Und die Glocken der Türme vermengen sich populär mit den profanen Geräuschen von unten.

Greifbar, sichtbar, körperlich und nahe ereignet sich in jeder Stunde die große unaufhörliche Blutmischung der Völker und Rassen. Schon wachsen Palmen, noch rauschen die Kastanien. Nach Norden und Westen führt der Rhônekanal, nach Süden und Osten das Meer. Da pfeift die Lokomotive, da heult die Sirene. Wasser bespült Land, und Land streckt sich vor in Wasser. Die schmalste, dunkelste Gasse mündet in den breiten, leuchtenden Boulevard. Man sieht den riesengroßen Zeiger der historischen Uhr wandern. Die »Entwicklung« und das »Werden« sind keine abstrakten Begriffe mehr. Man sieht den Fuß der Geschichte und zählt ihre Schritte.

Das ist nicht mehr Frankreich. Das ist Europa, Asien, Afrika, Amerika. Das ist weiß, schwarz, rot und gelb. Jeder trägt seine Heimat an der Sohle und führt an seinem Fuß die Heimat nach Marseille. Alle Erden aber segnet dieselbe nahe, sehr heiße, sehr helle Sonne, und über alle Völker wölbt sich dasselbe blaue Porzellan des Himmels. Alle trug das Meer auf seinem breiten, schwankenden Rücken hierher, jeder hatte ein anderes Vaterland, jetzt haben alle ein einziges Vatermeer.

Die Geschichte läßt hier keine steinernen Zeugen stehen. Sie spült sie schnell hinweg. Nur der Atem ihrer Vergangenheit bleibt in ihrem Wehn. Vor einer Woche waren hier

Phönizier, vorgestern die Römer, gestern die Germanen, heute die Franzosen. Wie alle Riesenmeilen der Erde auf einigen Quadratkilometern Platz finden, so drängen sich hier die Zeiten zusammen, als gäbe es keinen Platz in den weiten Räumen der Ewigkeit. Wer nicht an Gott glaubt, spürt hier irgendeinen gewaltigen Treiber der Jahrhunderte und ahnt einen tiefen Sinn in der Regellosigkeit der Wanderungen. In einem zweiten ebenso elementaren, ebenso unerklärlichen Wechsel von Ebbe und Flut rauschen die Völker heran und rauschen wieder zurück.

Wie schwarze Fäden gegen den blauen Himmel spannen sich die Taue an den wartenden Segelschiffen. Der neue Hafen ist eine Stadt aus Schiffen. Auf dem Meer schwimmt Öl. Ich sehe vor lauter Mastbäumen nicht das Meer. Es riecht im Hafen nicht nach Salz und Wind, sondern nach Terpentin, Öl schwimmt an der Oberfläche der See. Boote, Barken, Flöße, Fußböden sind so eng nebeneinandergepflastert, daß man trockenen Fußes durch den Hafen spazieren könnte, wäre nicht in Gefahr, in Essig, Öl und Seifenwasser zu ertrinken. Ist hier das unermeßliche Tor zu den unermeßlichen Meeren der Welt? Das ist vielmehr das unermeßliche Magazin für die Bedarfsartikel des europäischen Kontinents. Da sind Fässer, Kisten, Balken, Räder, Hebel, Bottiche, Leitern, Zangen, Hämmer, Säcke, Tücher, Zelte, Wagen, Pferde, Motoren, Autos, Gummischläuche. Da ist der berauschende kosmopolitische Gestank, der entsteht, wenn tausend Hektoliter Terpentin neben tausend Zentnern Heringen lagern; wenn Petroleum, Pfeffer, Tomaten, Essig, Sardinen, Juchten, Guttapercha, Zwiebeln, Salpeter, Spiritus, Säcke, Stiefelsohlen, Leinwand, Königstiger, Hyänen, Ziegen, Angorakatzen, Ochsen und Smyrnateppiche ihre warmen Dünste ausatmen; und wenn schließlich der klebrige, fette und lastende Rauch der Steinkohle alles Tote und Lebende umhüllt, alle Gerüche eint, alle Poren tränkt, die Luft sättigt, die Steine umflort und endlich so stark wird, daß er die Geräusche dämpfen kann, wie er längst schon das Licht gedämpft hat. Ich habe hier die Grenzenlosigkeit des Horizonts erwartet, die blaueste Bläue des Meers und Salz und Sonne. Aber das Meer des Hafens besteht aus Spülwasser mit riesenhaften graugrünen Fettaugen. Ich besteige einen der großen Passagierdampfer und hoffe, hier einen leisen Duft jener Ferne zu erhaschen, die das Schiff durchfahren hat. Aber hier riecht es wie zu Hause vor Ostern: nach Staub und gelüfteten Matratzen; nach Lack für die Türen; nach feuchter Wäsche und Stärke; nach angebrannten Speisen; nach geschlachtetem Schwein; nach gesäubertem Hühnersteig; nach Schmirgelpapier; nach einer gelben Pasta für Messing; nach einem Mittel gegen Ungeziefer; nach Naftalin; nach Bohnerwachs; nach Eingemachtem.

In dieser Stunde stehen mehr als siebenhundert Schiffe im Hafen. Das ist eine Stadt aus Schiffen. Die Bürgersteige bestehen aus Booten, und die Straßenmitten aus Flößen. Die Einwohner dieser Stadt tragen blaue Kittel, braune Gesichter und harte, große schwarzgraue Hände. Sie stehen auf Leitern, streichen die Rümpfe der Schiffe mit frischem braunem Lack an, tragen schwere Eimer, wälzen Fässer, sortieren Säcke, werfen eiserne Haken aus und nageln Kisten, drehn an Kurbeln und ziehn auf eisernen Rollen Waren in die Höhe, polieren, hobeln, säubern und verursachen neuen Mist. Ich möchte zurück in den alten Hafen, wo die romantischen Segelschiffe stehen und die knatternden Motorboote und wo man die frischen, triefenden Muscheln verkauft, Stück zu dreißig Centimes.

Weiß leuchtet die Stadt, sie ist aus demselben Stein wie das Schloß der Troubadours in Les Beaux und der Palast der Päpste in Avignon. Aber sie ist nicht festlich. Sie ist betriebsam. Millionen zertrümmerter Existenzen birgt sie. In Avignon waren noch die Bettler stolz. Im alten Hafen von Marseille ist die Armut mehr als eine Not. Sie ist eine unausweichliche Hölle. Aufgeschichtet in höllischer Unordnung lagern die menschlichen Wracks aufeinander. Die Krankheit blüht gelb und giftig aus den verstopften Kanälen. Räudige Hunde spielen mit Kindern in den Pfützen. Die Zerlumpten kämpfen mit den Tieren um weggeworfene Knochen, Tausende Frauen und Männer sammeln Zigarettenstummel, der Hund belauert den Menschen, die Katze den Hund, die Ratte die Katze, und alle lauern auf dasselbe Stück faules Fleisch im Misthaufen.

Die Gasse der Liebe hat ihren bürgerlichen Namen abgelegt und trägt keine Schilder. Man kennt und findet sie. Wer von der großen Kathedrale nach dem alten Hafen geht, hört die metallene Musik von fünfzig unaufhörlich spielenden Automaten aus fünfzig kleinen und schmalen Läden. Vor den Läden sitzen die Frauen, die ältesten und dicksten der Welt. Sie verkaufen Leiber den ganzen Tag, die ganze Nacht. Männer, von den Schiffen kommend, durchziehen die Gasse in losen Trupps zu zehn und fünfzehn. Sie verlieren sich unterwegs in den Läden. Dann verstummt ein Automat, ein Vorhang aus Glasperlen fällt vor ein graues, düsteres Kanapee, und in der geraden Reihe der Verkäuferinnen vor den Türen entsteht eine Lücke.

Nichts mehr ereignet sich als Liebe und Musik. Manche Frauen halten ihre Kinder auf dem Schoß. In dieser Gasse wachsen viele Kinder heran, die traurigsten Kinder der traurigsten Mütter. An ihrer Wiege spielt ein Musikautomat. Seit dem Augenblick, in dem sie die Finsternis der Welt erblickten, kennen sie das Lager der billigen Liebe. Die Rätsel der Welt werden ihnen mit der banalen Auflösung zugleich geliefert. Das Leben beschenkt sie verschwenderisch mit Erfahrungen. Die Spielgefährten ihrer ersten Jahre sind kranke Katzen, die Glück bringen, und das Spielzeug der Rinnstein, eine Muschel oder ein Kiesel.

Der Morgen, der Mittag, der Vorabend, der Abend, die Nacht, alle Tageszeiten sind hier gleich. Vom Himmel sieht man nur einen Streifen, von der Sonne nichts. Auch diese Liebe ist zeitlos. Auch ihre Trägerinnen haben kein Alter. Vor vierzig Jahren waren sie schon alt und häßlich. Vierzig Jahre noch könnten sie jung und schön sein. Vor vierzig Jahren rasselte der Automat schon dieselben Melodien. Vierzig Jahre noch treibt er göttliche Musik für die Ohren betäubter Menschen. Vor vierzig Jahren schon trieb er Lauscher in die Flucht. Und noch vierzig Jahre wird er Hörer anlocken. Was ist alt, was ist jung, was häßlich, was schön, was ein Lärm und was Musik? – Wenn der Tag aus lauter Liebesnächten besteht und ein Moment eine Liebesnacht ist? Wenn die Ware aus einer Verkäuferin besteht, die Liebe einen Groschen wert ist und ein Groschen die Liebe enthält? Wenn die Nacht ein betriebsamer Tag ist und der Schlaf ein Geschäft?

In dieser Gasse gelten nicht die Gesetze der Welt. Mit stieren Atropinaugen, die Brauen bis zu den Schläfen gemalt, mit falschem Haar, das niemals grau wird, mit einem geschminkten Alter, das von der ewigen Jugend nur die Stupidität besitzt, starren die Frauen, alle wie Zwillingsschwestern und also ohne Konkurrenzneid, immer auf denselben Rinnstein, dieselbe Katze, dasselbe Pflaster – und denselben Mann, den der Zufall in zehntausend Exemplaren durch die Gasse treibt. Wenn eine ihre Arme ausbreitet, verstummt der Automat, denn durch einen Mechanismus voller Kunst ist die Maschine mit der Maschine verbunden.

Hier löst sich alles scheinbar Bleibende auf. Hier schließt es sich zusammen. Hier ist fortwährender Aufbau und Zerstörung. Keine Zeit, keine Macht, kein Glaube, kein Begriff ist hier ewig. Was nenn' ich Fremde? Die Fremde ist nah. Was nenn' ich Nähe? Die Welle trägt es fort. Was ist das Jetzt? Schon ist es vergangen. Was ist das Tote? Schon schwimmt es wieder heran.

Während ich dies schreibe, sieht Marseille schon anders aus. Und was ich in tausend Worten berichte, ist ein kleiner Tropfen aus dem Meer des Geschehens, mit dem freien Aug' nicht zu sehn, zitternd auf der dünnen Spitze meiner Feder.

Aber bereits nach nicht einmal eineinhalb Jahren Aufenthalt in dem geliebten Frankreich wird Roth 1926 von Benno Reifenberg nach Deutschland zurückberufen, um einem anderen Kollegen Platz zu machen.

Er fühlt sich verraten, unter seinem Wert verkauft und reagiert mit einem Plädoyer für die Kunstgattung Feuilleton:

22. IV. 1926

Sehr verehrter Herr Reifenberg, ich will Ihnen heute meinen Antwortbrief schreiben und bitte Sie um Entschuldigung, daß es später geworden ist, als ich Ihnen versprach. Ich bin krank und im Bett, meine Schrift wird nicht vorzüglich, meine Ausdrucksweise nicht sehr vollkommen sein.

Soll ich Ihnen noch einmal auseinandersetzen, daß eine Trennung von der F. Z. und von Ihnen mich mehr treffen würde, als ein Posten bei Ullstein etwa? Ich will ganz aufrichtig sein und Ihnen gestehen, daß es mir lieber wäre, überhaupt nicht, als in einem andern Blatt zu schreiben.

Daß der Verlag Herrn Sieburg für Paris bestimmt hat, – darüber habe ich nicht zu urteilen. Daß er aber, weil Herr Sieburg mich nicht in Paris haben will, mich aus Paris wegschickt, *das* hat mich schwer getroffen.

Herr Sieburg ist ein ausgezeichneter Feuilletonist. Muß ich also dafür büßen, daß ein Feuilletonist sich entschließt, ein Politiker zu werden? Man kann Feuilletons nicht mit der linken Hand schreiben. Man *darf* nicht *nebenbei* Feuilletons schreiben. Es ist eine arge Unterschätzung des ganzen *Fachs*. Das Feuilleton ist für die Zeitung ebenso wichtig, wie die Politik und für den Leser *noch* wichtiger. Die moderne Zeitung wird gerade von allem andern, nur nicht von der Politik, geformt werden. Die moderne Zeitung braucht den Reporter nötiger, als den Leitartikler. Ich bin *nicht* eine Zugabe, nicht eine Mehlspeise, sondern eine *Hauptmahlzeit*. Man möge doch endlich aufhören, zu glauben, daß ein noch so kluger Aufsatz über die Lage in Locarno den Leser fesselt und den Abonnenten gewinnt. Würde aber Herr Sieburg *in der Hauptsache* Feuilletons schreiben, so sehe ich nicht ein, warum nicht *ich* ebenso gut der Pariser Korrespondent hätte sein können. Auf keinen Fall aber kann man mit mir disponieren, weil es ein Kollege gerade so haben will. Es ist, wie ein Fluch: daß es der F. Z. nicht möglich ist, zwei so gute Journalisten, wie Herrn Sieburg *und* mich zu halten.

Ich liebe diese Zeitung, ich diene ihr, ich nütze ihr. Man fragt mich nicht, wenn es irgendjemandem einfällt, mich aus Paris zu entfernen. MICH liest man mit Interesse. *Nicht* die Berichte über das Parlament. *Nicht* die Leitartikel, *nicht* die Telegramme. Aber der Verlag glaubt, der Roth ist ein nebensächlicher Plauderer, den sich eine große Zeitung gerade noch leisten kann. Es ist sachlich falsch. Ich mache keine »witzigen Glossen«. *Ich zeichne das Gesicht der Zeit.* Das ist die Aufgabe einer großen Zeitung. Ich bin ein Journalist, kein Berichterstatter, ich bin ein Schriftsteller, kein Leitartikelschreiber.

Ich habe um einen Vertrag gebeten. Man gibt ihn nur Parlaments- und Telephonstenographen – mir nicht. Ich habe um Zulage gebeten. Mein Honorar ist eines der geringsten im Haus. Ich habe ein Buch angeboten. Man weist es mir zurück. Seitdem ich bei der F. Z. bin, erfahre ich Anerkennung nur von *andern* Verlegern. Es ist eine große Kunst, einen so willigen, so nützlichen, die Zeitung so liebenden Menschen, wie mich, zu *verbittern*.

Von allen Ihren Vorschlägen: Moskau, Italien, Spanien ist nur Moskau ein Ersatz für Paris. Ich will dabei das andere nicht ausschließen. Sie werden verstehen, daß ich darauf angewiesen bin, meine journalistische Reputation aufrechtzuerhalten. Sie wird beschädigt durch eine Abreise aus Paris und eine Ablösung durch Herrn Sieburg. Nur eine *russische Berichterstattung* kann meinen guten Ruf retten.

Außerdem ist *Spanien* journalistisch ganz unergiebig. *Italien* interessiert mich schon, aber der Fascismus weniger. Ich stehe zum Fascismus anders, als die Zeitung. Ich liebe ihn nicht, aber ich weiß, daß ein republikanischer Hindenburg schlimmer ist, als zehn Mussolinis. Wir in Deutschland sollten lieber zuerst auf die Reichswehr, auf Herrn Geßler, auf unsere Generäle, auf unsere famose Fürstenabfindung achtgeben. Wir haben *nicht* das Recht, gegen einen fascistischen Diktator zu schreiben, solange wir eine verborgene, viel schlimmere Diktatur haben, Fememörder und Paraden, Richter, die Mörder sind und Staatsanwälte, die Henker sind. ICH persönlich habe ein zu starkes Gewissen, um als unterdrückter Deutscher die Welt auf italienische Unterdrückungen aufmerksam zu machen. Es wäre ein sehr billiger Mut, hinter dem Rücken Mussolinis zu berichten und in der Heimat den eigenen Rücken gebeugt zu halten und Steuern für die Ertüchtigung durch schwarze Reichswehr zu zahlen. Während mein Feuilleton über, d. h. gegen den Fascismus unter dem Strich stehn wird, wird oben in der Politik ein ganz sanftes Flüstern gegen Herrn Geßler gewagt werden. Das wäre FEIG.

Ich schlage Ihnen vor: bis zum Winter Rußland, nicht nur Moskau allein, sondern auch Kiew, Odessa, im Winter Spanien und Italien unter anderm Gesichtspunkt.

Manfred Georg fährt fürs 8 Uhr Blatt nach Amerika. Kisch ist für die B. Z. in Rußland. Ich kann nichts anderes, nichts geringeres machen. In Rußland ist so viel Neues, daß man nicht unbedingt über kommunistischen Terror schreiben muß. Die Neuartigkeit eines aus der Zerstörung erwachenden Lebens ergibt viel menschlichen *unpolitischen Stoff.*

Ich bitte Sie, Herrn Schotthöfer, den ich herzlich grüße, zu fragen, was ich machen muß, um das russische Visum zu bekommen. Meine Hautkrankheit wird noch 3 Wochen dauern. Bis dahin möchte ich um Erholungszeit bitten.

Das ist mein Vorschlag. Ich hoffe, daß der Verlag sich nicht wieder die Sache überlegt. Ich bitte Sie um Antwort, bald.

Ich bin mit herzlichen Grüßen
Ihr alter Joseph Roth.

Roths Wunsch wird von der »Frankfurter Zeitung« erfüllt. Im Sommer 1926 bringt er seine Frau Friedl zu ihren Eltern nach Wien, um danach die Reise nach Rußland anzutreten, trotz der Umstände und Fährnisse, die ein Reisender zu erwarten hat, wie er es in seinem Feuilleton »›Romantik‹ des Reisens« genußvoll beschreibt:

»Romantik« des Reisens

Die Freude, die einer vor einer Reise empfinden mag, ist immer geringer als der Ärger, die sie schließlich verursacht. Nichts ärgerlicher als ein riesiger Bahnhof, der aussieht wie ein Kloster und vor dessen Eingang ich immer einen Moment überlege, ob ich nicht doch lieber die Schuhe ausziehen soll, statt den Gepäckträger zu rufen. Nichts ärgerlicher als ein eisernes Geländer vor einer vergitterten Kasse. Vor mir schwebt ein Rucksack. Hinter mir stößt mich ein eiserner Stab, der durch die Ösen eines Strohkorbes gezogen ist. Ich muß mich tief bücken, um dem von aller Welt abgeschlossenen Schalterbeamten mein Fahrziel anzugeben.

Er hat nur ein einziges offenes Quadrat, durch das er Geld entgegennimmt und Geräusche. Ich wundere mich immer, daß er nicht lieber mit den Händen hört …

Vom Gepäckträger, der alle meine Koffer hat, weiß ich nichts mehr als eine Nummer. Ich muß mich auf sein Physiognomiegedächtnis verlassen. Wie, wenn er keines hätte? Wie, wenn sich ein Doppelgänger fände? Wie, wenn dem Träger was Menschliches zustieße? Mein Freund muß eine Bahnsteigkarte haben, will er mich begleiten. Wozu Bahnsteigkarten? Das Betreten der Geleise ist ja ohnehin verboten. Das Betreten des Perrons muß gebüßt werden. Ein Mann, der den Bahnsteig betritt, um *nicht* zu fahren, bleibt doppelt zurück. Man könnte ebensogut von allen Karten verlangen, die nur den Bahnhof betreten.

Unverschämt hohe Trittbretter führen zu meinem Kupee. Warum nicht gleich Leitern? Man klettert in den Wagen wie auf einen Dachboden zum Wäschetrocknen. Die Abteile sehen aus wie Zündholzschachteln, die auf einer ihrer zwei Reibflächen stehen. Die Sitze sind so raffiniert gebaut, daß zwischen meinen Knien und denen meines gegenübersitzenden Mitreisenden kein Platz mehr ist. Wir könnten ein Schachbrett auf unseren Knien aufstellen. Wir können die Augen nicht aufschlagen – wir müssen uns sofort ansehen. Haben wir Pech, sitzen wir zwischen zwei oder drei Menschen. Um eine Zigarette aus der Tasche zu nehmen, müssen wir dem Nachbarn den Ellenbogen in die Brust stoßen.

Die sogenannte Musik des Räderrollens empfinden wir als Hammerschläge auf das Kleinhirn und die Schläfen. Strecke ich ein Bein aus, so muß ich im nächsten Augenblick die Hose des Nächsten bürsten. Und fortwährend sehen wir einander an: wenn wir Äpfel schälen, Wurst essen, Orangen öffnen. Manchmal spritzen wir uns gegenseitig Saft südlicher Früchte in die Augen.

Unsere Hände, unsere Kragen, unsere Hemden, unsere Taschentücher werden schwarz. Die Lokomotive schüttet Ruß auf mein Angesicht. Oft fährt sie tückisch durch sogenannte Tunnels, auf die die ganze Technik stolz ist. Wir fahren durch Unterwelten und sind keine Grubenarbeiter. Wenn wir ein Fenster öffnen, protestieren die Erkälteten. Sechsmal muß ich um Verzeihung bitten, wenn ich hinauswill. Notsignale sind mit Plomben versehen. Wenn man sie zieht, zahlt man Strafe. Bei Meinungsverschiedenheiten entscheidet der Schaffner. Immer zu meinen Ungunsten …

Wenn ich einen Schlafwagen nehme, teile ich einen schmalen Verschlag mit einem dicken Herrn. Geteilte Nächte sind halbe Nächte. Man fährt leider nach Geschlechtern getrennt. Ehefrauen müssen erst nachgewiesen werden. Wenn ich Mittag esse, zittern Teller und Kellner, Weinflaschen stehen gefesselt in eisernen Ringen. Wehe, wenn man sie befreit! …

Schaffner wechseln oft, wie Aprilwetter. Sie zeichnen Striche auf die Fahrkarten. Einfache Striche. Dazu müssen sie mich wecken. Diese kunstlosen Striche (aber selbst Löcher) mache ich selbst ebensogut. Oberschaffner kontrollieren dann die Striche der Schaffner. Von Gepäcknetzen drohen tödlich schwere Koffer, die ihr Gleichgewicht nicht finden. An Grenzen kommen Zollwächter und rauchen meine Zigarren. In den Korridoren hängen Beil und Säge hinter einer Glasscheibe und gemahnen an Unfälle.

Wenn man ankommt, fällt man über Koffer. Wenn man einen im Gepäckwagen hat, muß man eine Stunde warten. Alle Bahnhöfe sind verschwenderisch weit und hoch gebaut. Aber nur durch ganz schmale Pforten kann man ins Freie kommen. Alle Fahrkarten muß man abgeben. Was macht die Eisenbahndirektion mit all diesen alten Pappendeckeln?

Kein Mensch ist schlimmer dran als ein Reisender. Es ist merkwürdig, daß diese mittelalterliche, schikanöse Art des

Reisens allen so romantisch vorkommt. Unsere Kleider sind zerstört. Heiße Würstchen und kaltes Bier ruinieren unsere Magen. Wir haben gerötete Augen und fette, schmutzige Hände. Und bei all dem sind wir glücklich! ...

Im Kino sehe ich manchmal die Salonwagen amerikanischer Millionäre. Sie diktieren Sekretärinnen in die Schreibmaschine. Sie sitzen in Wannen und baden, während sie fahren. Ein Neger frottiert sie. Eine Köchin bereitet ihnen Leibspeisen zu. Manche fahren in Salonautomobilen, sie sind nicht einmal von Schienen abhängig. Manche fliegen in Aeroplanen, kapitalistische Vögel. All das könnten wir auch verlangen. Die Fahrkarten sind teuer genug. Wir müßten nicht auch noch Kinoplätze bezahlen.

Unsere Fahrzeuge, die sogenannten Verkehrsmittel, sind weit hinter unserer Zeit zurück. Sie stehen in keinem Verhältnis zu unserem Stolz auf die »Errungenschaften« und zur Verachtung, die wir für die Postkutschen haben. Die Eisenbahnabteile sind den Postkutschen ähnlicher, als die Eisenbahnbehörden glauben. Im Zeitalter des Radios knipst man noch Löcher in Pappendeckel! Die Zeitgenossen des lenkbaren Luftballons schleppen schwere Koffer! Wir erwägen schon Reisen zum Mond. Wir wollen nächstens den Mars besuchen. Wir haben die Relativitätstheorie gefunden. Aber weil wir sie nicht verstehen, haben wir doch noch keine Veranlassung, auf Hühnersteigen zu schlafen, wenn wir Betten bezahlen.

Die modernen Aeroplane sind schon komfortabler als die Eisenbahnen. Wenn ich Aphorismen machen wollte – ich mache keine –, würde ich sagen: Es ist bequemer, von einem Aeroplan abzustürzen, als mit der Eisenbahn zu landen. Für Zugzusammenstöße gibt es keine Fallschirme. Auch Schwimmgürtel suche ich vergebens auf Lokomotiven ...

Mit achtzig Kilometer Geschwindigkeit in der Stunde ist man immer noch langsamer als die Zeit. Die Zeit macht hunderttausend Kilometer in der Sekunde. Während ich im fahrenden Zug sitze, laufe ich ihm weit voraus. Das ist der Sinn der Relativitätstheorie …

Meine Photographie kann ich in einer Sekunde telegraphisch übermitteln. Mich selbst übermittle ich erst in zwölf Stunden. Wenn ich angekommen bin, sehe ich mir gar nicht mehr ähnlich. Man kann sich nicht im Zug rasieren. Der Bart aber wächst schneller, als der Zug fährt. Die Toilette kann man auf Stationen nicht benutzen. Während der Fahrt ist sie besetzt.

In der dritten Klasse sitzt man auf Holzpritschen, wie in Kerkerzellen. Wenn einer die Lampe auslöscht, müssen alle schlafen. Zeitungen kann man nicht lesen, weil es finster ist. Wenn das Licht brennt, zittern die Zeilen des Leitartikels. Nur aus Verzweiflung hält man das Feuilleton straff über dem Knie.

Wenn man den Kopf zum Fenster hinausstreckt, hat man ihn verloren. Er liegt in einem Brunnen. Wenn man sich gegen eine Tür lehnt, fliegt man hinaus wie eine Orangenschale. Dabei ist das Hinauswerfen harter Gegenstände verboten …

Jedes »Übertreten der Vorschriften wird geahndet«. Gepäckdiebe kann man »zur Anzeige bringen«. Sie sind um keinen Preis der Welt dazu zu bringen. Wer Angaben macht, die zur Eruierung eines Diebes führen, erhält eine Belohnung. Aber wer es einmal versucht hat, weiß, wie schwer es ist, von der Eisenbahn Belohnungen zu erhalten.

Im Gegenteil: Man muß oft »nachzahlen«. Man bekommt sogar Quittungen. Man kann sie vor den Spiegel in der Toilette stecken. Er ist ohnehin blind.

Das Aufspringen ist verboten. Das Abspringen nur Verbrechern gestattet. Anständige Menschen kriegen die Tür gar nicht auf, es sei denn, daß sie sich gegen sie während der Fahrt lehnen. Kinder sind an der Leine zu halten. Hunde dürfen nicht in den Wagen genommen werden. Aber für redselige Reisende sind keine Maulkörbe vorgeschrieben ...

Es gibt Luxuszüge, D-Züge, Schnellzüge, Personenzüge, verschiedene Taxen, verschiedene Klassen, Vorschriften, Hemmungen, Verbote. All das empfindet man »romantisch«.

Dennoch ziehe ich es vor, in einem D-Zug erster Klasse nach Monte Carlo zu fahren, als zu Fuß eine Steuererklärung auszufüllen ...

Anm. d. Red.: Wir können der Leserschaft versichern, daß der Verfasser unbeschadet der geschilderten »Romantik« selten zu Hause anzutreffen ist.

Frankfurter Zeitung, 6.6.1926

Roth ist »zu Fuß durch Tschuwaschendörfer« unterwegs, mit einem kleinen Postdampfer fährt er die Wolga hinunter, er bereist Weißrußland, besucht Minsk, Baku, Tiflis und Moskau.

Auf der Wolga bis Astrachan

Der Wolga-Dampfer, der von Nishni Nowgorod nach Astrachan geht, liegt weiß und festlich im Hafen. Er erinnert an einen Sonntag. Ein Mann schüttelt eine kleine, unerwartet starke Glocke. Die Lastträger laufen, nur mit Trikothosen und einem Tragleder bekleidet, durch die hölzerne Halle. Sie sehen aus wie Ringer. Vor dem Kassenschalter stehen Hunderte. Es ist die zehnte Stunde eines hellen Vormittags. Ein fröhlicher Wind weht. Es ist hier wie bei der Ankunft eines neuen Zirkus außerhalb der Stadt.

Der Wolga-Dampfer trägt den Namen eines berühmten russischen Revolutionärs und hat vier Klassen für Passagiere. In der ersten fahren die neuen Bürger Rußlands, die NEP-Männer, dem Sommerurlaub entgegen, in den Kaukasus und in die Krim. Sie essen im Speisesaal, im spärlichen Schatten einer Palme, gegenüber dem Porträt des berühmten Revolutionärs. Es ist über der Tür mit Nägeln befestigt. Die jungen Bürgerstöchter spielen auf dem harten Klavier. Es klingt wie das Anschlagen metallener Löffel an Teegläser. Die Väter spielen Sechsundsechzig und klagen über die Regierung. Einige Mütter haben eine deutliche Vorliebe für orangefarbene Schals. Der Kellner ist keineswegs klassenbewußt. Als die Dampfer noch nach den Großfürsten hießen, war er schon Kellner. Ein Trinkgeld bringt in sein Angesicht jenen Ausdruck unterwürfigen Respekts, der die ganze Revolution vergessen läßt.

Die vierte Klasse befindet sich tief unten. Ihre Passagiere schleppen schwere Bündel, billige Körbe, Musikinstrumente und ländliche Geräte. Alle Nationen, die an der Wolga und weiter, in der Steppe und im Kaukasus, wohnen, sind hier vertreten: Tschuwaschen, Tschuwanen, Zigeuner, Juden, Deutsche, Polen, Russen, Kasachen, Kirgisen. Es gibt hier Katholiken, Orthodoxe, Mohammedaner, Lamaisten, Heiden, Protestanten. Hier sind Greise, Väter, Mütter, Mädchen, Kinder. Hier sind kleine Landarbeiter, arme Handwerker, wandernde Musikanten, blinde Korsaren, fliegende Händler, halbwüchsige Schuhputzer und die obdachlosen Kinder, die *»Bezprizornij«*, die von der Luft und vom Unglück leben. Die Menschen schlafen in hölzernen Schubläden, in zwei Etagen übereinander. Sie essen Kürbisse, suchen nach Ungeziefer auf den Köpfen der Kinder, stillen Säuglinge, waschen Windeln, kochen Tee und spielen Balalaika und Mundharmonika.

Am Tage ist dieser enge Raum beschämend laut und unwürdig. In der Nacht aber weht eine Andacht durch ihn. So heilig sieht die schlafende Armut aus. Auf allen Gesichtern liegt das echte Pathos der Naivität. Alle Gesichter sind wie offene Tore, durch die man in weiße, klare Seelen sieht. Verwirrte Hände wollen die schmerzenden Lampen vertreiben wie zudringliche Fliegen. Männer bergen ihre Köpfe in den Haaren der Frauen, Bauern umklammern die heiligen Sensen, Kinder ihre schäbigen Puppen. Die Lampen schaukeln im Takt der stampfenden Maschinen. Rotbäckige Mädchen entblößen lächelnd ihr offenes, weißes, starkes Gebiß. Ein großer Friede ist über der armen Welt, und als ein durchaus pazifistisches Wesen erweist sich der Mensch, solange er schläft.

Auf eine so billig symbolische Weise: oben und unten – sind reich und arm auf dem Wolga-Dampfer nicht getrennt. Unter den Passagieren der vierten Klasse sind reiche Bauern, unter den Passagieren der ersten nicht immer reiche Händler. Der russische Bauer fährt lieber in der vierten. Sie ist nicht nur billiger. Der Bauer ist in ihr auch heimischer. Die Revolution hat ihn von der Demut gegenüber dem »Herrn« befreit, aber noch lange nicht von der Demut gegenüber dem Objekt. In einem Restaurant, in dem ein schlechtes Klavier steht, kann der Bauer seinen Kürbis nicht mit Appetit essen. Ein paar Monate lang fuhren alle in allen Klassen. Dann schieden sie sich, beinahe freiwillig.

»Sehen Sie«, sagte mir ein Amerikaner auf dem Schiff, »was hat die Revolution erreicht? Die armen Leute drängen sich unten, und die reichen spielen Sechsundsechzig!«

»Das ist aber auch die einzige Tätigkeit«, sagte ich, »der sie sich ohne Sorgen hingeben können! Der ärmste Schuhputzer in der vierten Klasse hat heute das Bewußtsein, daß er zu uns heraufkommen könnte, wenn er nur wollte. Die reichen NEP-Leute fürchten aber, daß er jeden Augenblick kommen würde. ›Oben‹ und ›unten‹ sind auf unserem Dampfer längst nicht mehr symbolische, sie sind rein sachliche Bestimmungen. Vielleicht werden sie einmal wieder symbolisch sein.«

»Sie werden es wieder sein«, sagte der Amerikaner.

Der Himmel über der Wolga ist nah und flach und mit unbeweglichen Wolken bemalt. Zu beiden Seiten, hinter den Ufern, sieht man in weiten Fernen jeden emporragenden Baum, jeden aufsteigenden Vogel, jedes weidende Tier. Ein Wald wirkt hier wie ein künstliches Gebilde. Alles hat die Tendenz, sich auszubreiten und zu zerstreuen. Dörfer, Städte und Völker sind weit voneinander entfernt. Gehöfte, Hütten, Zelte wandernder Menschen stehen da, umgeben von Einsamkeit. Die vielen verschiedenen Stämme vermischen sich nicht. Auch wer sich festgesetzt hat, bleibt sein Leben lang auf der Wanderung. Diese Erde gibt das Gefühl der Freiheit wie bei uns nur das Wasser und die Luft. Hier würden auch die Vögel nicht fliegen wollen, wenn sie wandern könnten. Der Mensch aber streicht über das Land wie über einen Himmel, beschwingt und ohne Ziel, ein Vogel der Erde.

Der Fluß ist wie das Land: breit, unendlich lang (von Nishni Nowgorod bis Astrachan sind es mehr als zweitausend Kilometer) und sehr langsam. An seinen Ufern erwachsen erst spät die »Wolga-Hügel«, niedrige Würfel. Ihr nacktes felsiges Innere haben sie dem Fluß zugekehrt. Sie sind nur der Abwechslung wegen da, eine spielerische Viertelstunde Gottes hat sie geschaffen. Hinter ihnen dehnt sich wieder die Fläche, vor der die Horizonte zurückweichen, immer weiter, bis hinter die Steppe.

Ihren großen Atem schickt sie über die Hügel, über den Fluß. Man schmeckt die Bitternis der Unendlichkeit. Im Anblick der großen Berge und der uferlosen Meere fühlt man sich verloren und bedroht. Gegenüber der weiten Ebene ist der Mensch verloren, aber getröstet. Er ist nichts mehr als ein Halm, aber er wird nicht untergehen: Man ist wie ein Kind, das in der ersten Stunde eines Sommermorgens erwacht, wenn alle noch schlafen. Man ist verloren und geborgen zugleich in der unbegrenzten Stille. Wenn eine Fliege summt, ein gedämpfter Pendelschlag tönt, liegt in diesen Geräuschen dieselbe tröstliche, weil überirdische und zeitlose Trauer einer weiten Ebene.

Wir halten vor Dörfern, deren Häuser aus Holz sind und aus Lehm, mit Schindeln und mit Stroh gedeckt. Manchmal ruht die breite, mütterliche gute Kuppel einer Kirche in der Mitte der Hütten, ihrer Kinder. Manchmal steht die Kirche an der Tête einer langen Hüttenzeile und hat auf der Kuppel einen feinen, spitzen, langen Turm aufgepflanzt wie ein vierkantiges französisches Bajonett. Es ist eine bewaffnete Kirche. Sie führt ein wanderndes Dorf an.

Kasan bleibt vor uns stehen, die Hauptstadt der Tataren. Ihre bunten Verkaufszelte lärmen am Ufer. Mit offenen Fenstern grüßt sie wie mit gläsernen Fahnen. Man hört das Getrappel ihrer Droschken. Man sieht das grüne und goldene abendliche Glänzen ihrer Kuppeln.

Eine Landstraße führt vom Hafen nach Kasan. Die Straße ist ein Fluß, es hat gestern geregnet. In der Stadt plätschern stille Teiche. Überreste eines Pflasters ragen selten in die Höhe. Die Straßentafeln und die Ladenschilder sind vom Kot bespritzt und unleserlich. Sie sind übrigens doppelt unleserlich, weil zum Teil in alter türkisch-tatarischer Schrift abgefaßt. Deshalb sitzen die Tataren lieber selbst vor den Läden und zählen jedem ihre Waren auf. Sie sind kluge Händler, wie man berichtet. Sie tragen schwarze Pinsel am Kinn. Seit der Revolution hat bei ihnen die alte Volkssitte des Analphabetismus um 25 Prozent abgenommen. Jetzt können viele lesen und schreiben. In den Buchhandlungen liegen tatarische Schriften, die Zeitungsjungen rufen tatarische Blätter aus. Tatarische Beamte sitzen hinter dem Postschalter. Ein Postbeamter erklärte mir, die Tataren wären das tapferste der Völker. »Sie sind aber mit Finnen gemischt«, sagte ich boshaft. Der Postbeamte war beleidigt. Mit Ausnahme der Gastwirte und der Händler sind alle mit der Regierung zufrieden. Die tatarischen Bauern haben im Bürgerkrieg bald mit den Roten, bald mit den Weißen gekämpft. Sie wußten manchmal gar nicht, worum es ging. Heute sind alle Dörfer des Kasaner Gouvernements politisiert. Die Jugend ist in den Komsomol-Organisationen. Wie bei den meisten mohammedanischen Völkern Rußlands ist auch bei den Tataren die Religion mehr Übung als Glaube. Die Revolution hat eher eine Gewohnheit zerstört als ein Bedürfnis unterdrückt. Die armen Bauern sind hier zufrieden wie überall in den Wolga-Gouvernements. Die reichen Bauern, denen man viel genommen hat, sind unzufrieden wie überall, wie die Deutschen in Pokrowsk, wie die Bauern von Stalingrad und die von Saratow.

Die Dörfer an der Wolga – mit Ausnahme der deutschen – liefern übrigens der Partei die gläubigsten jugendlichen Anhänger. In den Wolgagebieten kommt der politische Enthusiasmus vom Lande häufiger als aus dem städtischen Proletariat. Viele Dörfer waren hier von der Kultur am weitesten entfernt. Die Tschuwaschen zum Beispiel sind heute noch heimliche »Heiden«. Sie beten Götzen an und opfern ihnen. Für den naiven Naturmenschen aus dem Wolga-Dorf ist Kommunismus – Zivilisation. Für den jungen Tschuwaschen ist die städtische Kaserne der Roten Armee ein Palast und der Palast – der ihm auch offensteht – ein siebenhundertster Himmel. Elektrizität, Zeitung, Radio, Buch, Tinte, Schreibmaschine, Kino, Theater – also alles, was uns so ermüdet, belebt und erneuert den primitiven Menschen. Alles hat »die Partei« gemacht. Sie hat nicht nur die großen Herren gestürzt, sie hat auch das Telephon erfunden und das Alphabet. Sie hat den Menschen gelehrt, auf sein Volk stolz zu sein, auf seine Kleinheit, seine Armut. Sie hat seine niedrige Vergangenheit in ein Verdienst gewandelt. Vor dem Ansturm so vieler Herrlichkeiten erliegt sein bäuerliches, instinktives Mißtrauen. Sein bewußter, kritischer Sinn ist noch lange nicht wach. So wird er ein Fanatiker des neuen Glaubens. Das »kollektivistische Gefühl«, das dem Bauern fehlt, ersetzt er doppelt und dreifach durch Ekstase.

Die *Städte* an der Wolga sind die traurigsten, die ich je gesehen habe. Sie erinnern an die zerstörten Städte des französischen Kriegsgebiets. Diese Häuser brannten im roten Bürgerkrieg; und dann sahen ihre Trümmer den weißen Hunger durch die Straßen galoppieren.

Hundertmal, tausendmal starben die Menschen. Sie aßen Katzen, Hunde, Raben, Ratten und die verhungerten Kinder. Sie bissen sich die Hände wund und tranken ihr eigenes Blut. Sie kratzten in der Erde nach fetten Regenwürmern und nach weißem Kalk, den das Auge für Käse hielt. Zwei Stunden, nachdem sie gegessen hatten, starben sie unter Qualen. Daß diese Städte überhaupt noch leben! Daß die Menschen feilschen und Koffer tragen und Äpfel verkaufen, Kinder zeugen und gebären! Schon wächst eine Generation heran, die das Grauen nicht kennt, schon stehen Gerüste da, schon sind Zimmerleute und Maurer beschäftigt, das Neue aufzurichten.

Ich wundere mich nicht darüber, daß diese Städte so schön sind nur aus der Höhe und aus der Ferne; daß mir in Samara ein Ziegenbock den Eintritt in das Hotel verwehrte; daß in Stalingrad ein Platzregen in mein Zimmer niederging; daß die Servietten aus buntem Packpapier sind. Wenn man über die schönen Dächer spazieren könnte statt über das bucklige Pflaster!

Man kann in allen Städten des Wolgagebiets mit den Menschen dieselben Erfahrungen machen: Überall sind die Händler unzufrieden, die Arbeiter optimistisch, aber müde, die Kellner respektvoll und unzuverlässig, die Portiers demütig, die Schuhputzer unterwürfig. Und überall ist die Jugend revolutionär – auch die Hälfte der bürgerlichen Jugend ist in den Pionier- und Komsomol-Organisationen.

Übrigens richten sich die Menschen nach meiner Kleidung: Wenn ich die Stiefel anziehe und ohne Krawatte bin, wird das Leben plötzlich märchenhaft billig. Die Früchte kosten ein paar Kopeken, eine Droschkenfahrt einen halben Rubel, man hält mich für einen ausländischen politischen Flüchtling, der in Rußland lebt, sagt »Genosse« zu mir, die Kellner haben proletarisches Bewußtsein und erwarten kein Trinkgeld, die Schuhputzer sind mit zehn Kopeken zufrieden, die Händler sind mit der Lage zufrieden, im Postamt bitten mich die Bauern, ich möchte ihnen eine Adresse auf ihren Brief schreiben, »mit klarer Schrift«. Wie teuer aber ist die Welt, wenn ich eine Krawatte anziehe! Man sagt »Grashdanin« (Bürger) zu mir und schüchtern auch: »Gospodin« (Herr). Die deutschen Bettler sagen: »Herr Landsmann«. Die Händler fangen an, über die Steuern zu klagen. Der Wagenbegleiter erwartet einen Rubel. Der Speisewagenkellner erzählt, daß er eine Handelsakademie absolviert habe und »eigentlich ein intelligenter Mensch« sei. Er beweist es, indem er zwanzig Kopeken aufschlägt. Ein Antisemit gesteht mir, daß bei der Revolution nur die Juden gewonnen hätten. »Sogar in Moskau« dürften sie schon leben. Ein Mann möchte mir imponieren. Er erzählt, daß er im Krieg Offizier und in Magdeburg gefangen war. Ein NEP-Mann droht mir: »Alles werden Sie bei uns nicht sehen können!«

Indessen scheint es mir, daß ich in Rußland genausoviel, genausowenig sehen kann wie in anderen fremden Ländern.

Ich bin in keinem Lande noch von fremden Menschen so selbstverständlich, so freimütig eingeladen worden. Ich kann in Ämter, Gerichte, Spitäler, Schulen, Kasernen, Arreste, Strafanstalten, zu Polizeidirektoren und Universitätsprofessoren gehen. Der Bürger kritisiert lauter und schärfer, als dem Fremden angenehm ist. Ich kann mit dem Soldaten und mit dem Regimentskommandanten der Roten Armee in jedem Gasthaus über Krieg, Pazifismus, Literatur und Bewaffnung sprechen. In anderen Ländern ist es gefährlicher. Die Geheimpolizei ist wahrscheinlich so geschickt, daß ich sie nicht bemerke.

Die berühmten Lastträger an der Wolga singen immer noch ihre berühmten Lieder. In den russischen Kabaretts des Westens werden die »Burlaki« bei violettem Scheinwerfer und gedämpftem Geigenklang dargestellt. Aber die wirklichen Burlaki sind trauriger, als ihre Darsteller ahnen können. Obwohl sie mit traditioneller Romantik so stark belastet sind, gleitet ihr Gesang tief und schmerzlich in die Zuhörer.

Sie sind wahrscheinlich die stärksten Männer dieses Zeitalters. Jeder von ihnen kann zweihundertundvierzig Kilogramm auf dem Rücken tragen, hundert Kilogramm von der Erde heben, eine Nuß zwischen Zeige- und Mittelfinger zermalmen, ein Ruder auf zwei Fingern balancieren, drei Kürbisse in fünfundvierzig Minuten essen. Sie sehen aus wie bronzene Denkmäler, die man mit menschlicher Haut überspannt und mit einem Tragfell bekleidet hat. Sie verdienen verhältnismäßig viel, vier bis sechs Rubel durchschnittlich. Sie sind stark, gesund, sie leben am freien Fluß. Aber ich habe sie noch nicht lachen sehen. Sie werden nicht froh. Sie trinken Schnaps. Der Alkohol vernichtet diese Riesen. Seitdem die Wolga Frachten trägt, leben die stärksten Träger hier, und alle trinken. Heute verkehren auf der Wolga mehr als 200 Dampfer mit etwa 85 000 Indikatorstärken, einer Gesamt-Tonnage von 50000 Tonnen. – 1190 Lastschiffe ohne Motorbetrieb mit einer Gesamt-Tonnage von beinahe zwei Millionen Tonnen. Aber die Lastarbeiter ersetzen immer noch die Kräne wie vor zweihundert Jahren. Ihr Gesang kommt nicht aus den Kehlen, sondern aus den unbekannten tiefen Winkeln des Herzens, in denen wahrscheinlich Gesang und Schicksal zusammengewoben werden. Sie singen wie zum Tode Verurteilte. Sie singen wie Galeerensträflinge. Niemals wird der Sänger von seinem Tragfell frei werden, und niemals vom Schnaps. Solch ein Segen ist die Arbeit! Solch ein Kran ist der Mensch!

Selten hört man ein ganzes Lied, immer nur einzelne Strophen, ein paar Takte. Die Musik ist ein mechanisches Hilfsmittel, sie wirkt wie ein Hebel. Es gibt Lieder zu singen beim gemeinsamen Ziehen der Taue, beim Heben, beim Abladen, beim langsamen Versenken. Die Texte sind alt und primitiv. Ich habe verschiedene Texte zu denselben Melodien gehört. Einige handeln vom schweren Leben, vom leichten Tod, von tausend Pud, von Mädchen und von Liebe. Sobald die Last auf dem Rücken verstaut ist, bricht das Lied ab. Dann ist der Mensch ein Kran.

Es ist unmöglich, wieder das gläserne Klavier zu hören und Sechsundsechzig spielen zu sehen. Ich verlasse den Dampfer. Ich sitze auf einem winzigen Schiff. Zwei Träger schlafen neben mir einen weichen Schlaf auf einem gerollten Bündel dicker Taue. In vier, fünf Tagen sind wir in Astrachan. Der Kapitän hat seine Frau schlafen geschickt. Er ist seine eigene Bemannung. Jetzt brät er einen Schaschlik. Wahrscheinlich wird er fett und hart sein, und ich werde ihn essen müssen. –

Bevor ich ausstieg, beschrieb der Amerikaner mit dem Zeigefinger einen großen Bogen, zeigte auf die kalk- und lehmhaltige Erde und auf den sandigen Strand und sprach:

»Wieviel kostbares Material liegt hier ungenützt! Welch

ein Strand für Erholungsbedürftige und Kranke! Welch ein Sand! Wenn all dies mitsamt der Wolga in der zivilisierten Welt läge!«

»Wenn das in der zivilisierten Welt gelegen wäre, würden hier Fabriken dampfen, Motorboote rattern, schwarze Kräne schweben, die Menschen würden krank werden, um sich dann zwei Meilen weiter im Sand zu erholen, und es wäre sicherlich keine Wüste. In einer bestimmten, hygienisch einwandfreien Entfernung von den Kränen lägen Restaurants und Cafés hingestreut, mit ozonhaltigen Terrassen. Die Musikkapellen müßten das »Lied von der Wolga« spielen und einen schmissigen Wolga-Wellen-Charleston, Text von Arthur Rebner und Fritz Grünbaum …«

»Ah, Charleston!« rief der Amerikaner und freute sich. –

Frankfurter Zeitung, 5.10.1926

Wie sieht es in der russischen Straße aus?

Auf den ersten Blick erscheinen die *Straßen der russischen Städte* bunt und lebhaft. Viele Frauen tragen rote Kopftücher glatt auf dem Haar, im Nacken breit geknotet. Es ist die einzige, übrigens praktische Galanterie der Revolution. Die alten Frauen verjüngt das rote Tuch, den jungen verleiht es einen kühnen erotischen Elan. Von einigen Häusern wehen rote Fahnen. Über Türen und Schildern steht der rote Sowjetstern. Die Plakate vor den Kinotheatern sind von einer naiven, ländlichen Farbenfreude. Die Menschen stauen sich vor den Schaufenstern, sie lieben es, in Serpentinen zu wandeln, es ist ein großer Reichtum an Bewegungen. In einem absichtlichen, wahrscheinlich pädagogischen Gegensatz zu den Passanten demonstrieren die öffentlichen Verkehrsmittel Tempo, Rasanz, »Amerika«. Es gibt gute englische Autobusse modernster Konstruktion, leichter und gediegener als die Berliner und Pariser. Glatt und hurtig sausen sie dahin – auf dem furchtbarsten Pflaster der Welt: dem russischen, das wie ein steiniger, festgestampfter Meeresstrand ist. Die Straßenbahnen klingeln ganz hell, wie Wecker. Die Automobile piepsen schrill, wie junge Hunde. Die Droschkenpferde schnalzen lustig mit den Hufen. Die fliegenden Händler schreien und singen ihre Waren aus – sie machen sich selbst mehr Courage als dem Käufer. Über den Dächern glänzen die Märchenkuppeln der russischen Kirchen, blühen die goldenen Zwiebeln, Früchte eines bunten, seltsamen, exotischen Christentums.

Dennoch empfinde ich die russische Straße als *grau*. Die Masse, die sie bevölkert, ist grau. Sie verschlingt das Rot der Tücher, der Fahnen, der Abzeichen und den goldenen Abglanz der Kirchendächer. Es sind lauter arm und wahllos angezogene Menschen. Es weht ein großer, in seiner Nüchternheit überwältigender, in seiner Dürftigkeit pathetischer Ernst von ihnen. Die russische Straße erinnert an die Szenerie eines sozialen Dramas. Es erfüllt sie ein Geruch von Kohle, Leder, Speise, Arbeit und Mensch. Es ist die *Atmosphäre der Volksversammlungen.*

Es ist immer noch, als hätte man vor einigen Stunden erst die Tore der Stadt geöffnet und die der Fabriken, die engen Türen der Gefängnisse und die pompösen Portale der Bahnhöfe; als hätte man erst vor einer Stunde Schranken aufgehoben, Lokomotiven in Bewegung gesetzt, Tunnel durchbrochen, Ketten gesprengt: als hätte man eben erst die Masse befreit, als wäre ganz Rußland auf den Beinen. Ihm fehlt noch das heitere Weiß, das die Farbe der Zivilisation ist, wie Rot die Farbe der Revolution. Ihm fehlt der helle Frohsinn, den nur eine alte, formvollendete Welt hervorbringt, niemals eine werdende. Ihm fehlt die Leichtigkeit, die ein Kind des Überflusses ist. Hier sieht man nur Not – oder Notwendiges.

Es kommt mir vor, daß ich durch Äcker gehe, in denen lauter Kartoffeln wachsen, bitter gebrauchte, reichlich gesäte.

Vieles ist improvisiert: hölzerne Buden der Stiefelputzer mit schwarzen und braunen Schnürsenkeln, mit kleinen, armseligen Pyramiden aus Schuhpasta-Schachteln; mit grauen großen Gummi-Absätzen, Hufeisen für Menschen. Ein Mann bleibt stehen, hebt einen Fuß und läßt sich beschlagen. Die Funken sprühn in der Dämmerung, während der Schmied, der ein Schuster ist, den Hammer schwingt. Frauen in dicken Kleidern hocken auf dem Pflaster und verkaufen Sonnenblumenkerne. Für zwei Kopeken erhält man ein volles Glas, gewissermaßen mit Schaum. Jeder fünfte Mensch sprüht die grauen Schalen um sich her. Ein Trupp obdachloser, malerischer, zerfetzter Kinder schlendert, läuft, sitzt in den Straßen. Bettler aller Art und Größe spähen raubgierig nach edlen Herzen. Es gibt Melancholiker mit dem bekannten stummen Anklageblick, Klerikale, die mit dem Jenseits drohen und zu den Melodien der Kirchenlieder eigene Texte singen, Frauen mit Kindern und Kinder ohne Frauen, Amputierte und Simulanten. Da sind kleine, provisorische Läden mit geteilten Schaufenstern. Links liegen Uhren, rechts schaukeln Damenhüte auf Stengeln. Links liegen Hämmer, Messer, Nägel, rechts sind Büstenhalter, Strümpfe, Taschentücher.

Dazwischen schiebt sich die Menge: Männer in billigen Blusen, viele in Lederjoppen, alle mit braunen und grauen Mützen, in grauen, braunen, schwarzen Hemden; viele Bauern und halbe Ländlichkeiten, die erste Generation, die auf dem Straßenpflaster gehen gelernt hat; Soldaten in langen gelben Mänteln, Milizmänner in dunkeln, in dunkelroten Mützen; Männer mit Aktentaschen, auch ohne diese Werkzeuge als Funktionäre erkennbar; alte Bürger, die justament beim weißen Kragen bleiben, den Hut noch tragen, ein schwarzes Bärtchen – die Mode der russischen Intelligenz der neunziger Jahre – und den unvermeidlichen Zwicker am dünnen goldenen Kettchen, das die Ohrmuschel vom Schädel abgrenzt; Debattierende, die in den Klub gehn, ihn schon unterwegs eröffnen; ein paar ängstliche, sehr primitive Mädchen der Liebe, Etappen-Typus; sehr selten eine gut angezogene Frau; niemals ein unbeschäftigter Mensch, niemals ein Mensch, dem man es ansehn würde, daß er gar keine Sorgen hat. Aus allen weht der Atem eines arbeitsreichen oder eines problemreichen Lebens. Entweder man ist Arbeiter oder Funktionär oder Büroangestellter. Man ist aktiv, oder man wird erst aktiv. Man ist in der Partei, oder man bereitet sich gerade vor, in die Partei aufgenommen zu werden. (Und selbst die »Parteilosigkeit« ist noch eine Art Aktivität.) Man fixiert immer seine Stellung zur neuen Welt. Man korrigiert seinen Standpunkt. Man ist niemals ganz Privatmensch. Man ist immer ein sehr bewegter Bestandteil der Gesellschaft. Es wird organisiert, es wird gespart, es wird eine Kampagne eröffnet, eine Resolution gefaßt, eine Delegation erwartet, eine Delegation begleitet, es wird einer ausgeschlossen, ein anderer aufgenommen, es wird gesammelt, abgeliefert; gestempelt – es wird, es wird, es wird! Die ganze Welt ist ein ungeheurer Apparat. Jeder Greis, jedes Kind ist beteiligt und verantwortlich. Es ist ein großes Bauen und Zuschütten und Ziegeltragen, hier liegen Trümmer, dort liegt neues Baumaterial – und alle Menschen klettern auf Gerüsten, stehen auf Leitern, steigen auf Treppen, reparieren, bauen ab, schütten zu. Noch steht niemand frei und souverän auf der Erde.

Deshalb erscheinen mir manchmal die Straßen selbst der ältesten russischen Städte (von Kiew und Moskau) wie Straßen in einem Neuland. Sie erinnern mich an die jungen Städte aus amerikanischen Westkolonien, an diese Atmosphäre von Rausch und ständiger Geburt, von Glücksjagd und Heimlosigkeit, von Kühnheit und Opfermut, von

Mißtrauen und Furcht, von primitivstem Holzbau neben kompliziertester Technik, von romantischen Reitern und nüchternen Ingenieuren. Die Menschen sind auch hier von allen Seiten des großen Landes zusammengeströmt (in jeder Stadt wechselt die Bevölkerung jedes Jahr), Hunger, Durst, Kampf und Tod liegen vor ihnen. Das Heute bilden: Holzlatten, abgebrochene Kreuze, zerrissene Häuser, Stacheldraht vor Gärten, neue Gerüste vor halbfertigen Bauten, alte Denkmäler, von Empörung vernichtet, neue, von allzu hastigen Händen erbaut, Tempel, in Klubs verwandelt, noch kein Klub, der einen Tempel ersetzte, zertrümmerte Konvention und eine langsam werdende neue Form. Manches ist allzu neu, funkelnagelneu, zu sehr neu, um sehr alt zu werden, es trägt das Zeichen von Amerika an der Stirn – von Amerika, dessen Technik das vorläufige Ziel der neuen russischen Baumeister ist. Die Straße hastet vom schläfrigen Orient zum westlichen Westen, vom Bettler zur Lichtreklame, vom langsamen Droschkengaul zum ratternden Autobus, vom »Iswoschtschik« zum Chauffeur. Noch eine ganz kleine Wendung – und diese Straße führt direkt nach New York.

Ich gestehe beschämt, daß mich manchmal in diesen Straßen eine ganz bestimmte Trauer befällt. Mitten in der Bewunderung für eine Welt, die aus eigener Kraft, mit mehr Ekstase als Material, ohne Geld und ohne Freunde, Zeitungen druckt, Bücher schreibt, Maschinen baut und Fabriken, Kanäle gräbt, nachdem sie kaum noch ihre Toten bestattet hat – mitten in der Bewunderung ergreift mich ein Heimweh nach unserem Leichtsinn und unserer Verwerflichkeit, eine Sehnsucht nach dem Aroma der Zivilisation, ein süßer Schmerz um unsere wissenschaftlich schon ausgemachte Dekadenz, ein kindischer, dummer, aber inbrünstiger Wunsch, noch einmal eine Modeschau bei Moulineux zu sehen, ein holdseliges Abendkleid auf einem törichten

Mädchen, eine Nummer vom »Sourire« und den ganzen Untergang des Abendlandes: Wahrscheinlich ist das ein bourgeoiser Atavismus.

Frankfurter Zeitung 31.10.1926

Und wie ein Jahr zuvor in Paris erlebt Roth auch in Rußland das Fest der Revolution.

Der neunte Feiertag der Revolution

Der *siebente November* 1926 ist der neunte Feiertag des revolutionären Rußland. Am sechsten abends ist Illumination. Sie fällt diesmal sparsamer aus als in den letzten Jahren. Es ist feucht, frühwinterlich, nebelig. Auch bei völliger Dunkelheit fühlt man den schwerbewölkten Himmel. Mit dem Nebel kämpfen silbern und rot leuchtende Inschriften. Porträts und Büsten von Lenin stehen in den Schaufenstern, etwas streng drapiert. Die Kaufläden werden geschlossen. Man hört diesen ganz bestimmten Tschinellenklang der Schlüssel, der nur am Vorabend der Feiertage ertönt. An Wochentagen ist es ein gewöhnliches Rasseln. Auch die Menschen haben den schlendernden Sonnabend-Schritt, mit dem man freien Tagen entgegenwandelt. Aber nirgends entsteht die aufgeregte Festlichkeit illuminierter Nächte. Dampf steigt aus der nassen Erde, Nebel schwebt über den Dächern ... Man sollte überall sparen – nur nicht an Illuminationen.

Am nächsten Morgen, Sonntag um neun Uhr früh, beginnt die berühmte, schon historisch gewordene *Parade der Roten Armee* auf dem Roten Platz im Kreml. Diese Szenerie und diese Parade hätte Shakespeare dichten können. Der Rote Platz ist so groß, daß er mindestens drei moderne breite Großstadt-Boulevards in sich fassen könnte. Ein Tor eröffnet ihn, eine vielkupplige Kirche schließt ihn ab.

Vor der gezackten Kremlmauer steht das hölzerne Grabmal Lenins. Es ist eine ungewollte, aber symbolisch wirkende Mischung von Denkmal und Rednertribüne. Der viereckige umgitterte Rasen, der es einsäumt, ist nur wie eine leise Andeutung von Friedhof.

Auf diesem Platz stehen in breiten dichten Karrees die Soldaten: gelbgraue Mäntel, Gewehrläufe, gelbe Riemen, russische Mützen mit stumpfer, niedriger Scheitelspitze; Gewehre, Mäntel, Mützen; Mützen, Mäntel, Gewehre. Im Hintergrund warten: Kavallerie, dann die »Budjonnyj-Kavallerie« mit Maschinengewehren auf kleinen, flinken Wagen, die Artillerie und die Tanks. Nichts rührt sich. Man hört aus der Ferne heranziehende Musik. Ein nasser Novembermorgen geht über den Platz in leisen Galoschen.

An dem niedrigen Turm klebt das große, deutliche, etwas drastische Zifferblatt der Uhr. Der schwere Zeiger tastet vorsichtig die Minuten ab, er geht auf ihnen wie auf Sprossen der römischen Neun entgegen. Wenn er sie erreicht, schlägt die Uhr stark, metallen, mit einem fremden, fernen Goldklang in der Kehle, halb eine Uhr und halb ein Musikinstrument, präzise und etwas kirchlich. In diesem Augenblick wird es noch stiller als vorher. Ein Kommando knallt plötzlich, ganz unerwartet, obwohl es alle erwartet haben. Drei Reiter sprengen vor. Galopp. Lange Mäntel wehen. Der Kommandeur der Armee und zwei Begleiter. Vor jedem Soldaten-Karree reißen sie die Pferde nach rechts. Jede Abteilung ruft: »Hurra!« Eine Minute Galopp, eine Sekunde Hurra. Rings um den Platz! Wendung! Zurück! Musik spielt die Internationale. – Der Kommandeur geht auf die Terrasse des Grabmals. An zwei Pfählen stekken zwei große Trichter, Lautsprecher, schwarze Münder. Sie tragen die Stimme nach links und nach rechts. Es ist nicht mehr die Stimme des Sprechers. Es ist, als hätten ihm die Instrumente die Worte aus dem Mund genommen; er macht nur die Gesten zu ihren Reden. Was sagt er? – Feiertägliches, Zeitungsmäßiges: Armee, Proletariat, Arbeiter und Bauern, Bereitschaft, vorläufig noch keine Gefahr, immerhin kapitalistische Welt. Deren Vertreter stehen unten, einer im demonstrativen Zylinder, die meisten in steifen Hüten, in Pelzen, mit nassen Füßen. Schwer ist das Schicksal der Diplomaten.

Pause. – Wink von oben. – Kommando. – Dreimal wiederholtes Kommando. – Erster Zug. – Rechtswendung. – Musik. – Vorbeimarsch.

Dieser Vorbeimarsch ist das stärkste militärische Schauspiel der Gegenwart und – seit Napoleon – wahrscheinlich der Geschichte. Es ist auch das stärkste Schauspiel Sowjetrußlands. Es verliert – soundsovielmal wiederholt – nichts von seiner Kraft. Es bleibt immer frisch, wie ein gutes Stück nach zwanzig Aufführungen. Das ist die einzige Parade, die nichts Überflüssiges hat, keinen glänzenden Knopf, keinen Theaterblitz, keine eitle Geste. Sie hat nur einen einzigen Traditionsfehler: Die Soldaten rufen – zum zweitenmal – »Hurra«, wenn sie am Kommandeur vorbeigehen. Stehende Massen sollen, marschierende dürfen nicht den Mund öffnen.

Kein übertriebener Schritt, keine unnatürliche Kopfwendung. Das Militärische ist ganz menschlich. Breite Reihen marschieren, lebendige Wände. Die langen Mäntel bedekken die breiten ausschreitenden Beine. So entsteht eine Art wallenden Marsches, temperamentvolle Feierlichkeit, exakte Prozession.

Sie hört nicht auf. Obwohl sie immer dasselbe bleibt, ist sie spannend. Man blickt jeder Abteilung entgegen wie einem neuen Dramen-Akt – und weiß doch schon, was man sehen wird: grau-gelb, grau-gelb, grau-gelb, Mäntel, Gewehre, Mützen. Bis die letzten Abteilungen eine unerwartete Abwechslung bringen: nämlich Gesichter. Es sind Elitetruppen:

Eisenbahner, Sappeure, Techniker, Sicherheitstruppen. Die Mützen werden bunt, die Gesichter individuell.

Die Infanteriemusik verstummt. Eine ferne, dünne, silberne Musik ertönt. Es sind reitende Töne, die Melodie zieht daher, eine musikalische Reiterkavalkade vor der körperlichen Kavallerie.

Galopp, Galopp!

Eben noch körperlich nahe, schon geisterhaft verschwunden. Ihnen nach die leichten Wagen mit den leichten Maschinengewehrchen: stehende Kutscher, scharf gezogene Zügel, flatternde Mähnen: Die Wagen erinnern an römische Rom-Quadrigen. Sie streifen den Boden im Flug, während die Artillerie schon rollt, schwerer, irdischer, stabiler. Die Tanks weinen. Es schlägt irgendwo in ihnen, es klingt ein gespannter Draht, es heult ein metallenes Tier. –

Die fremden Militärattachés stehen pflichtgemäß da. Zwei polnische Offiziere sind hart an den Rand des Trottoirs getreten. Die Rotarmisten sehen die Offiziere an. Die fremden Offiziere sind ganz offiziell, ganz Dienst, ganz internationales Völkerrecht, all das, was die rätselhafte Existenz eines uniformierten Militärattachés zwar nicht begründet, aber wenigstens garantiert.

Dann ist die große Pause, in der die Attachés und die Diplomaten nach Hause gehen.

Die Arbeiter kommen von weit her, mit Fahnen, nach stundenlangem Warten. Es ist naß, es ist November, und es ist das neunte Jahr der Revolution. Und Regen, Nässe und neun revolutionäre Jahre, ein harter Wiederaufbau, ein bißchen Krise, ein bißchen Angina, ein bißchen schlechte Kleidung: Das alles macht so müde, so mürbe, so »zivilistisch«. Man wartet Monate lang, jetzt: ein Augenblick, wo man den Genossen oben ins Gesicht sehen könnte, dem Präsidenten Kalinin, der da mit dem Taschentuch winkt, den Männern der Partei – kann man aus Gesichtern die Zukunft lesen? Soll man rufen, soll man schauen? Und ehe man sich noch entschieden hat (noch ruft man: Es lebe die einige Partei!), ist man schon vorbei, schon vorwärts gedrängt von anderen – vorbei, vorbei, noch ein Feiertag vorbei – und hinter dem Roten Platz, in der Straße, steht die Weltgeschichte mit verschleiertem Gesicht.

Frankfurter Zeitung, 14.11.1926

An Benno Reifenberg schreibt Roth am 1. Oktober 1926 aus Odessa folgende Zeilen, die an das erste Kapitel seines ersten Romans »Hotel Savoy« und an den Heimkehrer Gabriel Dan erinnern:

(...)
Ich werde nicht so lange hier bleiben, wie ich gedacht hatte. Das Geld tut mir weh. Ich gebe es hier ganz aus und möchte es ganz behalten. Ich werde eine Entschädigung verlangen für diesen Schmerz und für die Plagen dieser exotischen Reise im Kaukasus, mit Maultier, Autobus, schlechten Wagen, für Seekrankheit, Bergpfade, Ararat – Leopold Weiß reitet bei solchen Gelegenheiten mit Frau und Kind auf Wüstenschiffen und ich sehne mich nach einem Hotelzimmer im Frankfurter Hof. Ach, fließendes Wasser! Warm, kalt, kalt, warm, Telephon, zehn Glocken, drei Lampen, Badezimmer nebenan, wollige Tücher, Automobile, weiße Servietten. Hausenstein fragt mich, ob in Rußland Übersetzungsmöglichkeiten für seinen Rembrandt wären. Ich kann ihm jetzt nicht antworten, sagen Sie ihm, daß noch ein gutes Jahrzehnt vergehn muß, ehe man hier Lust zu seinem Rembrandt haben kann. Wie wenig weiß man von Rußland. Wie falsch ist alles, alles, was man schreibt. Ich lese hier abwechselnd Lenin und Victor Hugo, politische Schriften, Zufallskauf, billig, alt. Vielleicht merken Sie es an meinen Artikeln.

Lenin ist ein dialektischer Kopf, Hugo ist ein großes dialektisches Herz und ein noch größerer Stilist. Ich sehne mich nach Paris, ich habe es nicht aufgegeben, niemals, ich bin ein Franzose aus dem Osten, ein Humanist, ein Rationalist mit Religion, ein Katholik mit jüdischem Gehirn, ein wirklicher Revolutionär. Wie steh' ich da? Verzeihen Sie den Ausbruch!
(...)

Während seiner Rußlandreise beginnt Roth mit der ersten Niederschrift seines Romans »Die Flucht ohne Ende. Ein Bericht«, der 1927 im Kurt Wolff Verlag in München erscheint.

I

Der Oberleutnant der österreichischen Armee Franz Tunda geriet im August des Jahres 1916 in russische Kriegsgefangenschaft. Er kam in ein Lager, einige Werst nordöstlich von Irkutsk. Es gelang ihm, mit Hilfe eines sibirischen Polen zu fliehen. Auf dem entfernten, einsamen und traurigen Gehöft des Polen, am Rande der Taiga, blieb der Offizier bis zum Frühling 1919.

Waldläufer kehrten bei dem Polen ein, Bärenjäger und Pelzhändler. Tunda hatte keine Verfolgung zu fürchten. Niemand kannte ihn. Er war der Sohn eines österreichischen Majors und einer polnischen Jüdin; in einer kleinen Stadt Galiziens, dem Garnisonsort seines Vaters, geboren. Er sprach Polnisch, er hatte in einem galizischen Regiment gedient. Es fiel ihm leicht, sich für einen jüngeren Bruder des Polen auszugeben. Der Pole hieß Baranowicz. Tunda nannte sich ebenso.

Er bekam ein falsches Dokument auf den Namen Baranowicz, war nunmehr in Lodz geboren, im Jahre 1917 wegen eines unheilbaren und ansteckenden Augenleidens aus dem russischen Heer entlassen, von Beruf Pelzhändler, wohnhaft in Werchni Udinsk.

Der Pole zählte seine Worte wie Perlen, ein schwarzer Bart verpflichtete ihn zur Schweigsamkeit. Vor dreißig Jahren war er, ein Strafgefangener, nach Sibirien gekommen. Später blieb er freiwillig. Er wurde Mitarbeiter einer wissenschaftlichen Expedition zur Erforschung der Taiga, wanderte fünf Jahre durch die Wälder, heiratete dann eine Chinesin, ging zum Buddhismus über, blieb in einem chinesischen Dorf als Arzt und Kräuterkenner, bekam zwei Kinder, verlor beide und die Frau durch die Pest, ging wieder in die Wälder, lebte von Jagd und Pelzhandel, lernte die Spuren der Tiger im dichtesten Gras erkennen, die Vorzeichen des Sturms an dem furchtsamen Flug der Vögel, wußte Hagel- von Schnee- und Schnee- von Regenwolken zu unterscheiden, kannte die Gebräuche der Waldgänger, der Räuber und der harmlosen Wanderer, liebte seine zwei Hunde wie Brüder und verehrte die Schlangen und die Tiger. Er ging freiwillig in den Krieg, schien aber seinen Kameraden und den Offizieren schon in der Kaserne so unheimlich, daß sie ihn als einen Geisteskranken wieder in die Wälder entließen. Jedes Jahr, im März, kam er in die Stadt. Er tauschte Hörner, Felle, Geweihe gegen Munition, Tee, Tabak und Schnaps ein. Er nahm einige Zeitungen mit, um sich auf dem laufenden zu halten, glaubte aber weder den Nachrichten noch den Artikeln; selbst an den Inseraten zweifelte er. Seit Jahren ging er in ein bestimmtes Bordell zu einer Rothaarigen, Jekaterina Pawlowna hieß sie. Wenn ein anderer bei dem Mädchen war, wartete Baranowicz, ein geduldiger Liebhaber. Das Mädchen wurde alt, es färbte seine silbernen Haare, verlor einen Zahn nach dem andern und sogar das falsche Gebiß. Jedes Jahr brauchte Baranowicz weniger zu warten, schließlich war er der einzige, der zu Jekaterina kam. Sie begann ihn zu lieben, das ganze Jahr brannte ihre Sehnsucht, die späte Sehnsucht einer späten Braut. Jedes Jahr wurde ihre Zärtlichkeit stärker, ihre Leidenschaft heißer, sie war eine Greisin, mit welkem Fleisch genoß sie die erste Liebe ihres Lebens. Baranowicz brachte ihr jedes Jahr die gleichen chinesischen Ketten und die kleinen Flöten, die er selbst schnitzte und auf denen er die Stimmen der Vögel nachahmte.

Im Februar 1918 verlor Baranowicz den Daumen der linken Hand, als er unvorsichtig Holz sägte. Die Heilung dauerte sechs Wochen, im April sollten die Jäger aus Wladiwostok kommen, er konnte in diesem Jahr nicht in die Stadt. Vergeblich wartete Jekaterina. Baranowicz schrieb ihr durch einen Jäger und tröstete sie. Statt der chinesischen Perlen schickte er ihr einen Zobel und eine Schlangenhaut und ein Bärenfell als Bettvorleger. So kam es, daß Tunda in diesem wichtigsten aller Jahre keine Zeitungen las. Erst im Frühling 1919 hörte er von dem heimkehrenden Baranowicz, daß der Krieg beendet war.

Es war an einem Freitag, Tunda wusch das Eßgeschirr in der Küche, Baranowicz trat in die Tür, man hörte das Bellen der Hunde. Es klirrte an seinem schwarzen Bart, auf dem Fensterbrett saß ein Rabe.

»Es ist Friede, es ist Revolution!« sagte Baranowicz.

In diesem Augenblick wurde es still in der Küche. Die Uhr im Nebenzimmer schlug drei starke Schläge. Franz Tunda legte die Teller sorgfältig und leise auf die Bank. Er wollte die Stille nicht stören, wahrscheinlich hatte er auch Angst, die Teller würden zerbrechen. Seine Hände zitterten.

»Den ganzen Weg«, sagte Baranowicz, »habe ich es mir überlegt, ob ich es dir sagen soll. Schließlich tut es mir leid, daß du nach Hause gehn wirst. Wir werden uns wahrscheinlich nicht wiedersehn, und schreiben wirst du mir auch nicht.«

»Ich werde dich nicht vergessen«, sagte Tunda.

»Versprich nichts!« sagte Baranowicz.

Das war der Abschied.

II

Tunda wollte nach der Ukraine gelangen, von Shmerinka, wo er in Gefangenschaft geraten war, nach der österreichischen Grenzstation Podwoloczyska und dann nach Wien. Er hatte keinen bestimmten Plan, der Weg lag unsicher vor ihm, lauter Windungen. Er wußte, daß es lange dauern würde. Er hatte nur den *einen* Vorsatz: weder den weißen noch den roten Truppen nahe zu kommen und sich um die Revolution nicht zu kümmern. Die österreichisch-ungarische Monarchie war zerfallen. Er hatte keine Heimat mehr. Sein Vater war als Oberst gestorben, seine Mutter schon lange tot. Ein Bruder war Kapellmeister in einer mittelgroßen deutschen Stadt.

In Wien erwartete ihn seine Braut, Tochter des Bleistiftfabrikanten Hartmann. Von ihr wußte der Oberleutnant nichts mehr als daß sie schön, klug, reich und blond war. Diese vier Eigenschaften hatten sie befähigt seine Braut zu werden.

Sie schickte ihm Briefe und Leberpasteten ins Feld, manchmal eine gepreßte Blume aus Heiligenkreuz. Er schrieb ihr jede Woche auf dunkelblauem Feldpostpapier mit angefeuchtetem Tintenstift kurze Briefe, knappe Situationsberichte, Meldungen.

Seitdem er aus dem Lager geflohen war, hatte er nichts von ihr gehört. Daß sie ihm treu war und auf ihn wartete, daran zweifelte er nicht.

Daß sie auf ihn wartete, bis zu seiner Ankunft, daran zweifelte er nicht. Daß sie aber aufhören würde, ihn zu lieben, wenn er einmal da war und vor ihr stand, schien ihm ebenso gewiß. Denn als sie sich verlobt hatten, war er ein Offizier gewesen. Die große Trauer der Welt verschönte ihn damals, die Nähe des Todes vergrößerte ihn, die Weihe eines Begrabenen lag um den Lebendigen, das Kreuz auf der Brust gemahnte an das Kreuz auf einem Hügel. Rechnete man auf ein glückliches Ende, so warteten nach dem triumphalen Marsch der siegreichen Truppen über die Ringstraße der goldene Kragen des Majors, die Stabsschule und schließlich der Generalsrang, alles umweht von dem weichen Trommelklang des Radetzkymarsches.

Jetzt aber war Franz Tunda ein junger Mann ohne Namen, ohne Bedeutung, ohne Rang, ohne Titel, ohne Geld und ohne Beruf, heimatlos und rechtlos.

Er hatte seine alten Papiere und ein Bild seiner Braut im Rock eingenäht. Es schien ihm günstiger, mit dem fremden Namen, der ihm geläufig war wie sein eigener, durch Rußland zu wandern. Erst jenseits der Grenze wollte er seine alten Papiere wieder verwenden.

Den Pappendeckel, auf dem seine schöne Braut abgebildet war, fühlte Tunda hart und beruhigend auf der Brust. Die Photographie stammte von dem Hofphotographen, der den Modezeitungen Bilder von Damen der Gesellschaft lieferte. In einer Serie »Bräute unserer Helden« hatte sich auch Fräulein Hartmann als die Braut des tapferen Oberleutnants Franz Tunda befunden; eine Woche vor der Gefangennahme noch hatte ihn die Zeitung erreicht.

Den Ausschnitt mit dem Bild konnte Tunda bequem der Rocktasche entnehmen, sooft ihn die Lust befiel, seine Braut zu betrachten. Er betrauerte sie schon, noch ehe er sie gesehen hatte. Er liebte sie doppelt: als ein Ziel und als eine Verlorene. Er liebte das Heldentum seiner weiten und gefährlichen Wanderung. Er liebte die Opfer, die nötig waren, die Braut zu erreichen, und die Vergeblichkeit dieser Opfer. Der ganze Heroismus seiner Kriegsjahre erschien ihm kindisch im Vergleich zu dem Unternehmen, das er jetzt wagte. Neben seiner Trostlosigkeit wuchs die Hoffnung, daß er allein durch diese gefährliche Rückkehr wieder ein begehrenswerter Mann wurde. Er war den ganzen Weg über glücklich. Hätte man ihn gefragt, ob ihn die Hoffnung oder die Wehmut glücklich machten, er hätte es nicht gewußt. In den Seelen mancher Menschen richtet die Trauer einen größeren Jubel an als die Freude. Von allen Tränen, die man verschluckt, sind jene die köstlichsten, die man über sich selbst geweint hätte.

Es gelang Tunda, den weißen und roten Truppen aus dem Wege zu gehen. Er durchquerte in einigen Monaten Sibirien und einen großen Teil des europäischen Rußlands, mit der Bahn, mit Pferden und zu Fuß. Er gelangte in die Ukraine. Er kümmerte sich nicht um den Sieg oder die Niederlage der Revolution. Mit dem Klang dieses Wortes verband er schwache Vorstellungen von Barrikaden, Pöbel und dem Geschichtslehrer an der Kadettenschule, Major Horwath. Unter »Barrikaden« stellte er sich übereinandergeschichtete, schwarze Schulbänke vor, mit aufwärtsragenden Füßen. »Pöbel« war ungefähr das Volk, das sich am Gründonnerstag bei der Parade hinter dem Kordon der Landwehr staute. Von diesen Menschen sah man nur verschwitzte Gesichter und zerbeulte Hüte. In den Händen hielten sie wahrscheinlich Steine. Dieses Volk erzeugte die Anarchie und liebte die Faulheit.

Manchmal entsann sich Tunda auch der Guillotine, die der Major Horwath immer Guillotin, ohne Endung, aussprach, ebenso wie er Pari sagte statt Paris. Die Guillotine, deren Konstruktion der Major genau kannte und bewunderte, stand wahrscheinlich jetzt auf dem Stephansplatz, der Verkehr für Wagen und Automobile war eingestellt (wie in der Silvesternacht), und die Häupter der besten Familien des Reiches kollerten bis zur Peterskirche und in die Jasomirgottstraße. Ebenso ging es in Petersburg zu und in Berlin. Eine Revolution ohne Guillotine war ebensowenig möglich wie eine rote Fahne. Man sang die Internationale, ein Lied, das der Kadettenschüler Mohr an den Sonntagnachmittagen vorgetragen hatte, den sogenannten »Schweinereien«. Mohr zeigte damals pornographische Ansichtskarten und sang sozialistische Lieder. Der Hof war leer, man sah zum Fenster hinunter, leer und still war er, man hörte das Gras zwischen den großen Quadersteinen wachsen. – – Eine »Guillotin« mit dem abgehackten, gleichsam von ihr selbst abgeschnittenen »e« war etwas Heroisches, Stahlblaues und Blutbetropftes. Rein als Instrument betrachtet, schien sie Tunda heroischer als ein Maschinengewehr.

Tunda nahm also persönlich keine Partei. Die Revolution war ihm unsympathisch, sie hatte ihm die Karriere und das Leben verdorben. Aber er war nicht im Dienst, sobald er sich der Weltgeschichte gegenüberstellte, und glücklich, daß ihn keine Vorschrift zwang, eine Partei zu ergreifen. Er war ein Österreicher. Er marschierte nach Wien.

Im September erreichte er Shmerinka. Er ging am Abend durch die Stadt, kaufte teures Brot für eine seiner letzten Silbermünzen und hütete sich vor politischen Gesprächen. Er wollte nicht verraten, daß er über die Lage nicht orientiert war und daß er von weit her kam.

Er beschloß, die Nacht zu durchwandern.

Sie war klar, kühl, fast winterlich; noch war die Erde nicht gefroren, aber der Himmel war es schon. Gegen Mitternacht hörte er plötzlich Gewehrschüsse. Eine Kugel schlug ihm den Stock aus der Hand. Er warf sich zu Boden, ein Hufschlag traf ihn in den Rücken, er wurde ergriffen, hochgezogen, quer über einen Sattel gelegt, über ein Pferd gehängt wie ein Wäschestück über eine Leine. Der Rücken schmerzte ihn, vom Galopp vergingen ihm die Sinne, sein Kopf war mit Blut gefüllt, es drohte, ihm aus den Augen zu schießen. Er erwachte aus der Ohnmacht und schlief gleich ein – so wie er hing. Am nächsten Morgen band man ihn ab, er schlief noch, gab ihm Essig zu riechen, er schlug die Augen auf, fand sich auf einem Sack in einer Hütte liegen, ein Offizier saß hinter einem Tisch. Pferde wieherten hell und tröstlich vor dem Haus, auf dem Fenster saß eine Katze. Man hielt Tunda für einen bolschewistischen Spion. Roter Hund! nannte ihn der Offizier. Sehr schnell begriff der Oberleutnant, daß es nicht gut war, russisch zu sprechen. Er sagte die Wahrheit, nannte sich Franz Tunda, gestand; daß er auf dem Heimweg begriffen war und daß er ein falsches Dokument besaß. Man glaubte ihm nicht. Schon machte er eine Bewegung nach der Brust, wollte sein richtiges Papier vorzeigen. Aber er empfand den Druck der Photographie wie eine Warnung oder wie eine Mahnung. Er legitimierte sich nicht, es hätte ihm übrigens gar nicht geholfen. Er wurde gefesselt, in einen Stall geschlossen, sah den Tag durch eine Lücke, sah eine kleine Gruppe von Sternen, sie waren hingestreut wie weißer Mohn – Tunda dachte an frisches Gebäck – er war ein Österreicher. Nachdem er zweimal die Sterne gesehen hatte, wurde er wieder ohnmächtig. Er erwachte in einem Meer von Sonne, bekam Wasser, Brot und Schnaps, Rotgardisten standen um ihn, ein Mädchen in Hosen war unter ihnen, ihre Brust ahnte man hinter zwei großen, mit Papieren gefüllten Blusentaschen.

»Wer sind Sie?« fragte das Mädchen.

Sie schrieb alles auf, was Tunda sagte.

Sie reichte ihm ihre Hand. Die Rotgardisten gingen hinaus, sie ließen die Tür weit offen, plötzlich fühlte man die glühende Sonne, obwohl sie weiß und ohne Lust zu brennen war. Das Mädchen war kräftig, sie wollte Tunda emporziehen und fiel selbst nieder.

Bei strahlender Sonne schlief er ein. Dann blieb er bei den Roten.

Am 24.1.1928 wird Roth in einem Brief an Stefan Zweig, mit dem er bis zu seinem Tode in ständigem Briefwechsel steht, auf diesen Roman Bezug nehmen.

Köln, am 24.1.1928
bis 30.1. Frankfurt a/Main, Englischer Hof

Sehr verehrter Herr Stefan Zweig,
ich habe mich mit Ihrem lieben Brief herzlich gefreut. Wenn irgendjemand ein Recht hat, von mir Vollkommenes zu fordern, so haben Sie es zuerst, der Sie selbst so vollendet, so rund und so sauber komponieren. Über meinen Tunda hätte ich viel zu sagen. Sie haben recht, es war ein beabsichtigter Bruch. Dieses Buch ist aus der ersten Person in die dritte übertragen worden. Während man an dem Erzählenden selbst nicht zu wenig charakteristisch Tragisches vermißt hätte, kann man es wohl an dem »Helden«, von dem erzählt wird. Allein, ich hatte, ich habe immer noch Bedenken gegen dieses traditionelle »Tragische«, es scheint mir, daß dieser Nachkriegsmensch auch nicht mehr die »Klassische« Fähigkeit zur Tragik hat und daß diese aus dem »Charakter« auswandert und nur noch in die »historische Betrachtung« übersiedelt. Das heißt: *wir* können eine Gattungstragik in dem Schicksal sehen, das ein Nachkriegsmensch à la Tunda erleidet.
(...)

Nach monatelangem Aufenthalt in Rußland bereist Roth auch noch Albanien.

Die Hauptstadt Tirana

Die Einwohner von Tirana lieben Blumen und Musik. Man sieht diese Männer mit Rosen im Mund. Sie benützen ihn als Knopfloch.

Ein anderer Teil der Bevölkerung hat sich den Blasinstrumenten geweiht. Man hat Bläser für die albanische Armee rekrutiert, Hornisten fürs Vaterland. Sie beleben den Marsch der Soldaten, bestimmen und begrenzen ihren Tag durch Reveille und Retraite.

Der Präsident hat eine Leibkapelle. Der Kapellmeister trägt einen Kneifer und ist aus Triest. Die Bläser stammen aus Karca, dem sangesfreudigen Süden des Landes, und aus der Tschechoslowakei, die einmal, als sie noch das Königreich Böhmen war, der k. u. k. Armee die herrlichsten Musik-Feldwebel geliefert hat. Jeder Musikant erhält fünfzehn Napoleons monatlich. Dafür muß er sich selbst die schöne, schwarze, goldverzierte Uniform anschaffen. Auf der Mütze trägt jeder Musikant das beliebte Symbol der Musik: eine goldene Leier.

Um sieben Uhr morgens, just wenn die Soldaten blasen, erheben sich die Musiker, den Lerchen gleich, und proben Fragmente aus Märschen und Ouvertüren mitten in der Hauptstraße. Die Einwohner haben in sechs Petitionen an den Magistrat gebeten, die Proben der Musik auf eine Wiese außerhalb der Stadt zu verlegen. Aber sie haben sechsmal vergessen, ihren Gesuchen Argumente beizufügen. Nichts geht ohne Argumente.

Diejenigen, die weder bei der Armee noch bei der Kapelle sind, lieben den zarten Klang der Mandoline. Sie waren meist in Amerika. Dort haben sie sich die Zähne golden plombieren lassen und Zupfinstrumente angeschafft. Sie singen das Lied von den Bananen, zum Zeichen dafür, daß sie große Welt gesehen haben, vielleicht auch als Ausdruck schmerzlicher Sehnsucht nach Amerika, das sie wieder aus Sehnsucht nach Tirana verlassen haben. Ihr Herz schwimmt auf dem Ozean, aber die Ware, die aus Kämmen, Spiegeln, Briefpapier besteht, liegt in Tirana. Es bleibt ihnen nichts übrig, als Mandoline zu spielen.

Stundenlang sitzen sie in der Sonne vor ihrem Laden. Es ist sehr still. Tirana ist, sieht man von seiner musikalischen Begabung ab, eine ruhige Stadt. Wenn zufällig nicht geblasen wird, hört man die Hähne krähen, die Hämmer der fellachischen Schmiede aus dem Basar und das regelmäßige Rufen von den Minaretten. Die Sonne brütet auf dem Staub der Straße. Er kocht in ihrer Wärme, zerfällt gleichsam in noch feineren, dünneren Staub, löst sich in der Atmosphäre auf, verschwindet in der blauen Luft, ohne daß man die Straße gesprengt und gesäubert hätte. Man erzählt sich, daß jeden Morgen ein junger Mann mit einer Gießkanne vom Magistrat ausgesandt wird, zur Einhaltung der *Hygiene*. Niemand hat ihn mit eigenen Augen gesehen. Dagegen werden für den Fortschritt Kasernen gebaut. Der Motor, der die elektrische Beleuchtung nähren soll, ist zu schwach für diese sechzig Glühbirnen. In der Nacht entzünden sie sich. Aber sie sehen aus wie glühende Kohlen. Sie hängen auf den Drähten, eine Art hingerichteter Leuchtkäfer.

Man hat Straßenzüge durchbrochen, Häuser gespalten und skalpiert, um Tirana modern und residenzfähig zu machen. Die halben Häuser stehen da, mit schwarzen, offenen Eingeweiden, auf den Herden verrichten Eingeborene exotisch ihre Notdurft, ohne Pistolen und Gewehre abzulegen. Keinen Augenblick ist man vor Blutrache sicher. Schwarz und weiß verschleierte Frauen erinnern an Leichenzüge und Ku-Klux-Klan, ewige Jalousien haben sie vor den Augen, in Stoff und Gaze sind sie eingemauert. Ich wüßte gern, was sie hinter ihren Wänden machen. Sie machen mich neugierig, sie sind wie fremde beleuchtete und verhüllte Fensterscheiben. Sie sind stumm wie Tiere und abwehrend wie Tote. Weinen ihre Augen? Man kann es nicht sehen. Sie sprechen miteinander. Aber ihre Laute sind gefangen, und ihre Stimmen sickern kärglich durch die Poren der Stoffe wie klares Wasser durch ein dichtes und schmutziges Sieb.

Diese verschleierten Frauen, diese Hunderte herrenloser Hunde, die der Wind an der Leine führt, diese Feze auf den fetten Köpfen und die Turbane über bärtigen Gesichtern, diese farbigen Ansichtskarten-Bluträcher mit dem Trommelrevolver statt des Bauches, mit dem Gewehr statt des Regenschirmes – all diese Geld verdienenden, Geschäfte machenden, in den Ämtern Bestechungen vermittelnden exotischen Philister sind überzählig und jenseits der Zeit. Es gibt nichts Langweiligeres als sogenannte Volkssitten, die schon in den Leichenkammern der Ethnologie, in den Büchern und Seminaren seit dreißig Jahren seziert und immer noch spazierengeführt werden, als wären sie lebendig. Schon gibt es ein Parlament mit einer Präsidentenloge, mit einer Glocke, mit Papier für Interpellationen, mit einer Pressetribüne; schon gibt es eine Bank mit italienischen, langsamen Beamten, mit Kursen, aufgespießt auf Tafeln wie Schmetterlinge, mit einem Direktor, der Transaktionen hingegeben ist. Schon trägt der Wirt meines Hotels in der ledernen Pistolentasche Kleingeld, auf seinem Büfett sammeln sich die ersten Schwalben der Zivilisation, Gießhübler, Whisky, Wermut, Fernet-Branca. Zusammen mit den Goldplomben und dem New Yorker Slang, der Halbbildung und den Mandolinen der aus Amerika Zurückgekehrten, zusammen mit den Ford-Autos, die an zertrümmerte Leierkästen gemahnen, bilden sie den Übergang von der »nationalen Kultur« zur Forderung auf »staatliche Selbständigkeit«.

Albanien ist just auf dem Wege von der Blutrache zum Völkerbund.

Frankfurter Zeitung, 15.6.1927

Danach reist Roth nach Bosnien-Herzegowina und besucht Sarajevo, die Stadt, in der der Untergang der Monarchie begann.

Wo der Weltkrieg begann

Der Weltkrieg begann in *Sarajevo*, an einem heißen Sommertag 1914. Es war Sonntag, ich war Student. Am Nachmittag kam ein Mädchen, man trug damals Zöpfe. Sie hielt einen großen gelben Strohhut in der Hand, er war wie ein Sommer, erinnerte an Heu, Grillen und Mohn. Im Strohhut lag ein Telegramm, die erste Extra-Ausgabe, die ich je gesehen hatte, zerknüllt, furchtbar, ein Blitz in Papier. »Weißt«, sagte das Mädchen, »sie haben den Thronfolger erschossen. Mein Vater ist aus'm Kaffeehaus hamkumma. Gelt, mir bleibn net hier?«

Den Ernst des Vaters, der aus dem Kaffeehaus hamgekummen war, brachte ich nicht auf. Wir fuhren auf der Plattform einer Tramway. Es gab draußen einen Weg, wo die Straßenbahn den Jasmin streifte, die Bäume standen hart an den Schienen. Man fuhr, kling-klang, es war eine Art Schlittenfahrt für Sommertage. Das Mädchen war hellblau, weich, nahe, mit kühlem Atem, ein Morgen am Nachmittag. Sie hatte mir die Nachricht gebracht, aus Sarajevo, der Name stand über ihr, aus dunkelrotem Rauch, wie ein Brand über einem ahnungslosen Kind.

Anderthalb Jahre später – wie dauerhaft war Liebe aus Friedenszeiten! – stand sie schon, auch sie mitten in der Rauchwolke, am Güterbahnhof römisch zwei, unaufhörlich schmetterte die Musik, Waggons kreischten, Lokomotiven pfiffen, kleine, fröstelnde Frauen hingen wie welke Kränze an den grünen Männern, die neuen Uniformen rochen nach der Appretur, wir waren eine Marschkompanie, Reiseziel dunkel, mit Ahnung: Serbien. Wahrscheinlich dachten wir beide an den Sonntag, das Telegramm, Sarajevo. Ihr Vater ging nie mehr ins Kaffeehaus, er lag schon in einem Massengrab.

Heute, dreizehn Jahre seit dem ersten Schuß, sehe ich Sarajevo. Unschuldige, aber fluchbeladene Stadt! Sie steht noch! Traurige Hülle der schauderhaftesten Katastrophen. Sie rührt sich nicht vom Fleck! Es ist kein Feuerregen niedergegangen, die Häuser sind heil, Mädchen kommen aus den Schulen, man trägt keine Zöpfe mehr. Es ist ein Uhr nachmittags. Der Himmel ist aus blauem Satin. Der Bahnhof, in dem der Erzherzog angekommen war, den Tod im Rücken, steht weit außerhalb der Stadt. Links führt eine breite, staubige, ein wenig asphaltierte, ein wenig geschotterte Straße nach der Stadt. Bäume, dichtbelaubt, dunkel und bestaubt, Überreste einer Zeit, in der die Straße noch eine Allee war, sind unregelmäßig am Rande verstreut. Man sitzt in einem geräumigen Autobus des Hotels. Man fährt durch die Straßen den Quai entlang – dort an der Ecke begann der Weltkrieg. Nichts hat sich geändert. Ich suche nach Blutspuren. Sie sind fortgewaschen. Dreizehn Jahre, unzählige Regen, Millionen Menschen haben das Blut verwischt. Die Jugend kommt aus den Schulen; lernt man dort Weltkrieg?

Die Hauptstraße ist sehr still. An ihrem oberen Ende liegt ein kleiner türkischer Friedhof, Blumen aus Stein in einem kleinen Totengarten. An ihrem unteren Ende beginnt der orientalische Basar. Ungefähr in der Mitte stehen, schräg einander gegenüber, zwei große Hotels, mit Kaffeeterrassen. In alten Zeitungen blättert der Wind wie in vorjährigem Laub. Kellner stehen wartend an den Türen, eher Wahrzeichen als Funktionäre des Gastgewerbes. Alte Dienstmänner lehnen an den Mauern, sie erinnern an den Frieden, an die Vorkriegszeit. Einer hat einen Backenbart, ein Gespenst aus der Doppelmonarchie. Ganz alte Männer, wahrscheinlich

Notare außer Dienst, sprechen das ärarische Deutsch aus österreichischen Zeiten. Ein Buchhändler verkauft Papier und Bücher und literarische Zeitschriften – aber mehr zu repräsentativen Zwecken. Ich erstehe bei ihm einen Maupassant (obwohl er auch schon Dekobra auf Lager hat) für eine Nacht im Zug ohne Schlafwagen. Ein Wort gibt das andere. Ich erfahre, daß das literarische Interesse in Sarajevo abgeflaut ist. Ein Lehrer nur abonniert zwei literarische Wochenblätter. (Wie tröstlich zu wissen, daß solche Lehrer existieren!)

Am Abend ist Korso von schönen Frauen, sittenstrengen. Das ist der Korso einer kleinen Stadt. Die schönen Frauen gehen zu zweit und dritt wie Mitglieder eines Pensionats. Die Herren ziehen die Hüte tief und unaufhörlich, die Menschen kennen einander so gut, daß ich dreifach fremd bin. Ich bin nahe daran, einen Film zu sehn, einen historischen Kostümfilm, dort kennen die Menschen einander gar nicht, die Szenen, in denen sie sich grüßen, sind fortgelassen, man ist fremd unter Fremden, der Zuschauerraum ist dunkel; nur vor den lichterfüllten, grausamen Pausen bangt mir. Auch Zeitung lesen ist gesund, man erfährt was aus der Welt, die man eben verlassen hat, um die Welt zu sehen.

Um zehn Uhr ist alles still, ein Nachtlokal schimmert ferne, aus einer dunklen Straße, es lockt ein Familienfest. Jenseits des Flusses, in der türkischen Stadt, steigen die Häuser in Terrassen an, ihre Lichter verschwimmen im Nebel, sie erinnern an ferne Kerzen auf den breiten Treppen eines weiten und hohen Altars.

Es gibt ein Theater, man spielt eine Oper, es gibt ein Museum, es gibt Spitäler, einen Magistrat, Polizisten, alles, was eine Stadt brauchen kann. Eine Stadt! Als wäre Sarajevo eine Stadt wie jede andere! Als hätte in Sarajevo nicht der größte aller Kriege angefangen. Alle Heldengräber, alle Massengräber, alle Schlachtfelder, alle Giftgase, alle Krüppel, alle Kriegswitwen, alle unbekannten Soldaten: Hier haben sie angefangen. Ich wünsche dieser Stadt nicht den Untergang, wie sollte ich! Sie hat gute, liebe Menschen, schöne Frauen, wunderbar unschuldige Kinder, Tiere, die sich des Lebens freuen, Schmetterlinge auf den Steinen im Türkenfriedhof. Dennoch hat hier der Krieg angefangen, die Welt ist vernichtet, und Sarajevo steht. Es sollte keine Stadt sein, es sollte ein Denkmal sein, allen zum schrecklichen Gedächtnis.

Frankfurter Zeitung, 3.7.1927

Roths nächstes Reiseziel im Herbst 1927 ist das Saarland. Unter dem Pseudonym »Cuneus« (= Keil) berichtet er sozial engagiert in seiner Artikelserie »Briefe aus Deutschland«, an einen imaginären Freund adressiert, für die »Frankfurter Zeitung«.

Unter Tag

Lieber Freund,

ich hätte gewünscht, Sie wären mit mir gewesen, damit ich sehe, wann wir einander zustimmen und wann wir auseinandergehen. Deshalb schreibe ich Ihnen heute noch, etwas unbesonnen und formlos: auf der Rückseite eines Plakats und mit Bleistift, in der Ecke eines Wirthaustisches, an dem außer mir noch fünf Menschen sitzen, vier Männer und eine Frau. Sie kümmern sich nicht um mich, obwohl sie so aussehen, als hätten sie nichts anderes zu tun. Sie sprechen auch nichts miteinander. Unaufhörlich stellt man neugefüllte Biergläser vor sie hin. So schweigt es auch an allen anderen Tischen. Die kleine Schankstube ist voll, aber sie erinnert an ein Panoptikum am Vormittag. Ein hübsches Mädchen trägt die Biergläser aus. Auch es ist schweigsam, so daß es unnahbar aussieht. Einige Männer rauchen. Der blaue Rauch verstärkt noch die Schweigsamkeit, er ist der visuelle Ausdruck der Stille.

Mein lieber Freund, nach diesem Gestern ist die heutige Stille doppelt grausam. Von drei Uhr nachmittags bis zehn Uhr abends war ich sechshundert Meter unter der Erde, in einer Kohlengrube. Die Grube steht in französischer Regie. Ich war angekündigt. Der französische Verwalter empfing mich. Er sprach deutsch. Er war freundlich, kurz und sachlich. Er sprach sofort, ohne Einleitung, vielleicht wollte er Fragen vermeiden. Wozu aber hatte er mich in sein Büro kommen lassen? Wahrscheinlich, um mich anzusehen. Ich hatte einen Augenblick das Gefühl, daß ich gemustert werde. Keineswegs unangenehm! Der Mann sieht aus weichen, dunklen Augen; sie streichelten mehr, als sie blickten. Dann unterschrieb ich ein Formular, Verzicht auf eine Entschädigung, wenn ich untergehen sollte, ein Pendant zu einem Testament. Geht man wirklich unter, so bekommt solch ein Papier eine Bedeutung, wird von der Grubenverwaltung mit einer gewissen tragischen Satisfaktion meinem Rechtsanwalt vorgelegt, und die Erben krepieren dank meinem Wissensdurst. Hierauf ging ich den Steiger suchen, er begegnete mir schon im Hof, blaß, schwarzhaarig, im Kostüm des Bergarbeiters, randlose Mütze, schwere Stiefel, schwerer Stock ohne Krücke, mit metallenem Knopf. Wir gaben uns die Hand, es sah ein wenig aus wie ein Bündnis. Ich ging in eine Badezelle. Ein Stuhl, eine Wanne, Kleiderhaken, ein kleiner Spiegel über einem nackten Brett, ein Fenster. Sehr warm. Ein Mann bringt mir Kleider, Grubenuniform. Eine kegelförmige Mütze, schwer, grünlich, aus einem filzigen Stoff, ein grobleinenes Hemd, eine blaue Bluse, blaue Hosen, dicke Wollsocken, schwere, genagelte Stiefel, ein Taschentuch aus Fahnenstoff, einen Stock mit Metallknopf und Zwinge und eine Blechmarke mit einer Öse. Auf der Marke steht: Besuch. Sie ist mein Obolus. Ich werde sie, bevor ich in die Grube einfahre, an ein Brett hängen; damit man im Falle einer Katastrophe weiß, daß ich auszugraben bin. Ich kleide mich langsam um. In der Einsamkeit meiner Zelle denke ich an die Katastrophe wie ein Verurteilter an das Schafott. Nur nicht übertreiben, sage ich zu mir, teile mich in zwei, in einen Vorsichtigen und einen Stoiker. Es muß noch ein Stück von mir bei dieser Teilung abgefallen sein, ein Stück, das beobachtet und feststellt, boshaft und eisig, wahrscheinlich das schriftstellerische Stückchen Gehirn, mit dem ich sonst, wenn ich ganz bin, die gütigen Dinge schreibe. Das registriert, wie der Vorsichtige zärtlichen Abschied von dem blauen Anzug nimmt, den er so gerne getragen. Es ist, als hätte sein Leben im Unterfutter des Anzuges gelegen und als zöge er mit der blauen Bluse den Tod an. Der Stoiker legt indessen sorgfältig Brieftasche, Zigaretten, Streichhölzer und Uhr auf das Brett vor dem Spiegel. »Ich bin fertig!« sagt der Stoiker.

In drei Teile zerfallen und geführt vom Steiger, warte ich auf den Lift in der großen Halle. Sie ist hoch und weit und von Zuglüften unaufhörlich durchweht. Ihr steiniger Boden ist schwarz, feucht und schmutzig. Die Kohlenwagen, die in kurzen Zeitabständen aus den Aufzügen herausrollen, hinterlassen, obwohl sie auf Schienen laufen, weit über ihre vorgeschriebene Bahn verstreute Schmutzspuren. Im übrigen ist hier von einer Emsigkeit der Arbeit wenig zu sehen. Vielmehr rollen die Kohlenwagen mit einer gewissen Gelassenheit heran. Zu viele Menschenhände schienen mir – einem Laien allerdings – an die Arbeit verschwendet. Wahrscheinlich, denke ich, geht es in Amerika mechanischer, rascher, geölter. Ein Wagen stockt, zwei Räder knirschen, ein, zwei Arbeiter müssen stoßen, wo doch alles, wie ich es mir vorträume, nur so zu gleiten hätte. Jedesmal, wenn ein Lift sich in Bewegung setzt, ertönt ein Glockensignal. Ein Mann rückt an einem Hebel. Und obwohl die Glocke laut und sogar schrill ist wie ein Alarm, wirkt ihre regelmäßige Wiederkehr und die Einfachheit der Bewegung, die der Mann am Hebel vollführt, wie eine solide Beruhigung. Die Glocke und der Hebel sind gleichsam vom zuverlässigsten Pflichtgefühl erfüllt. Sie sind die sichersten Zeichen der Gefahrlosigkeit. Und nichts mehr geschieht. In der Ecke plaudern ein paar Männer. Dieser Raum könnte ebensogut eine leere Markthalle sein. Oben unter dem sehr hohen, beinahe unsichtbaren Plafond müßten Balken liegen und im Gebälk Fledermäuse wohnen, ungestört, das heilige Geflügel der alten Ruinen-Romantik. Ich aber sehne mich geradezu nach den neuen, den scharfen, stählernen Mechanismen; nach der vielbesungenen Schönheit sausender Räder, glatter und in unbarmherziger Rasanz zu einem grauen Streifen Luft verschwimmender Treibriemen; nach dem ganzen schimmernden Requisit der technischen Hymnen, der rhapsodischen Ingenieure und der Propheten des Schwungrads. Nichts von alle dem. Nur schwarzer Schmutz, Zugluft und quietschende Gebrechlichkeit.

Das Glockensignal allerdings. Es verkündet endlich einen leeren Aufzug, in dem wir hinunterfahren können. In diesem Augenblick vermisse ich nichts so sehr wie eine Tasche links an der Bluse. Nur rechts ist eine, sie enthält das Taschentuch, den einzigen Gegenstand, den man auch noch unter der Erde nötig hat. Meine linke Hand findet keine Tasche, heimatlos irrt sie in der Luft herum. Sechs Taschen enthielt mein blauer Rock, der hängt jetzt in der Zelle. Brieftasche, Uhr, einen reizenden *Koh-i-noor*, mit dem ich noch viel hätte schreiben können. Alles werden meine Erben kriegen. Ich muß in den Lift.

Denken Sie nicht an einen Lift wie im Hotel etwa. Es ist ein Blechkasten, dem die vordere und die hintere Wand fehlen. Auf den Bahnhöfen befördert man Gepäckstücke in derlei offenen Kasten. Boden und Decke sind aus Eisen.

Die Füße stehen im nassen Kohlenstaub. An der Decke hängen ein paar eiserne Ringe, an denen man sich festhalten muß – wegen der fehlenden Wände und der rasenden Schnelligkeit des Aufzugs. Jetzt ertönt die Glocke. Jetzt gilt sie mir. Ich ergreife den Ring. Mutig, könnte man fast sagen. Wir sausen hinab.

Hinab! Welch ein kurzes Wort! Und wieviel enthält es! Die unerbittliche Schwärze einer langen, unendlich dünkenden Mauer; den vehementen Wind, der als eine elementare Antwort der Tiefe auf unsere Einfahrt uns böse entgegenfaucht; die unerschöpfliche Ewigkeit von finsteren drei Minuten, die unaufhaltsam hinunterführen; die Einsicht in die absolute Vergeblichkeit jedes Aufwärtsstrebens und die Vorstellung, daß man wie ein Toter versenkt wird, obwohl man eigentlich noch lebt. Auch wenn man ins offene Meer hinausschwimmt oder im Aeroplan in die Luft steigt, hat man für einen Augenblick das feierliche Gefühl der Trennung vom heimatlichen Element. Aber der Himmel, der eine Heimat ist wie die Erde, wölbt sich immer noch über uns. Im Wasser leben Fische und Vögel in der Luft. Unter der Erde aber? Kein anderes Leben als das völlig unverständliche der Steine und der Kohle, der Schatten und der Geister. Es ist der Hades, in den ich leider hinuntergleite.

Mit einem sanfteren Aufschlag, als nach seiner Schnelligkeit vorauszusehen war, landet unser Lift. Ein enger Raum, eine Art Vorzimmer zur Tiefe. Niedrig, von wenigen elektrischen Lampen notdürftig beleuchtet. Das Licht meines Grubenlämpchens kommt immerhin schon zur Geltung. Den ganzen Raum erfüllen unerklärliche Stimmen. Es rauscht und murmelt, summt und braust, es knattert und heult, es tropft und klingt, es weht und pfeift. Es ist, als vermischten sich hier im Schoß der Erde, die Echos aller Geräusche, Melodien und Stimmen, die auf der Oberfläche ertönen. Vielleicht hört man hier alle Quellen auf einmal.

Hier in der Nähe liegt vielleicht die mütterliche Urader aller irdischen Säfte und Flüssigkeiten. Nichts von alle dem! Es ist nur das weitverzweigte und verworrene System der Wasserleitung, es ist der Ausgangspunkt der zahlreichen Röhren, die über den Schächten dahinlaufen, um die Gefahren der Gasentwicklung zu vermindern. Unheimlicher aber könnte das Orchester unterirdischer Quellen auch nicht klingen. Diese verwirrenden und verworrenen Geräusche legen sich rings um mich, eine dicke Schicht, sie schließen mich gleichsam luftdicht ab, sie nehmen meinen Worten ihren Atem und meinen Ohren die Atmosphäre. Es ist, als preßten sie das Trommelfell gegen das Gehirn und die Zunge gegen den Gaumen. Sie betäuben den Gedanken und ersticken den Laut. Sie liegen zwischen mir und dem Steiger, der mir greifbar nahe steht und dessen Worte ich dennoch wie aus einer unermeßlichen Ferne zu hören glaube. Was sagt er?

»Jetzt werden wir zehn Minuten hier bleiben«, sagt der Steiger. »Wir müssen ›Augen machen‹!« »Was müssen wir?« »Augen machen, das heißt: uns an die Dunkelheit gewöhnen.« Und damit die Zeit nicht ganz nutzlos verstreiche, erklärt er mir allerhand Fachausdrücke. »Der Bergmann nennt«, sagte mir der Steiger, »was sich unter ihm befindet: das Liegende, was über ihm ist: das Hangende.« »Das Hangende«, erwiderte ich, »ist also sein Himmel, das Liegende seine Erde.« »Sein Himmel und seine Erde«, wiederholte der Steiger. Mit einer Stimme, von der ich gewünscht hätte, Sie könnten sie vernehmen, lieber Freund! Und nie mehr würden Sie sagen, daß die Gewohnheit eine Macht sei und daß ein Leid, in dem man ein ganzes Leben verbringt, nicht gefühlt werde.

Wir stoßen ein Tor auf, das Tor zur Unterwelt. Hier, am Eingang zu ihr, ist ein Motor angebracht, der Wind erzeugt, frische Luft für die Schächte. Es weht grausam, ich denke unaufhörlich an den klassischen Schlauch des Äolus. Woher nur diese mythischen Assoziationen? Es ist, als hätte sich einer jener Träume realisiert, die vor fünfzehn Jahren aus meinen Büchern in meine Nächte wandelten, dem Gedächtnis Bilder schenkten, dem Herzen die Sensationen der Schrecknisse und die langen, bunten Fäden der Phantasie. Ich schreibe es Ihnen, lieber Freund, und nichts schätze ich in diesem Augenblick an Ihnen höher als die Tatsache, daß Sie kein Ingenieur sind, sondern ein Humanist.

Nun beginnt unser Weg. Er ist eng und niedrig. Er ist finster und naß. Er ist schlüpfrig und kalt. Er ist erfüllt von jenem unheimlichen Geräusch und von dem atembeklemmenden Gestank der gestockten Luft. Über mir sechshundert Meter Erde. Und jeder einzelne Millimeter von den sechshundert Metern drückt auf meinen Kopf. Die hölzernen Balken, die das Gewölbe stützen, geben fast sichtbar dem Druck nach. Die Masse Erde hat die Tendenz, keine Höhlung in sich zu dulden. Sie will ihre inneren Wunden wieder schließen. Ich kann nicht mehr aufrecht stehen. Ich gehe gebückt und stoße trotzdem immer wieder mit dem Kopf gegen einen Balken, einen Pfosten, eine Schraube. Immer niedriger senkt sich die Decke. Ich gehe zwischen einem schmalspurigen Gleis. Kohlenwagen stehen hier, warten auf die Fracht, versperren uns den Weg. Wir müssen seitwärts ausweichen, in den klatschenden Abflußgraben. Immer noch summt es in den Röhren über uns. Wasser tropft auf den gebeugten Nacken. Die Tropfen schlagen auf die Haut wie kleine, nasse Hämmerchen. Plötzlich steht da ein *Pferd.* Ein Tier aus Finsternis. Blind und stumm. Es sieht nicht und es wiehert nicht. Ich fasse seinen Hals, drehe es aus seiner schrägen Stellung und habe die Empfindung, als wäre es ein Schaukelpferd aus Holz. Es reagiert nicht, es läßt sich drehen und wenden. Es hat eine Mähne aus taubem Haar. Es hat einen Körper aus welkem Leder. Es war noch jung, als es in die Unterwelt kam. – Der Grund des Grabens ist rauh und holprig. Man stolpert und platscht. Immer niedriger wird die Decke, immer enger der Weg. Jetzt gehe ich nicht nur gebückt, sondern auch schief nach dem Innern geneigt. Jetzt rutsche und krieche ich, die Knie geknickt, die Füße im Wasser, die Ellenbogen auf den Knien, den Stock vor mich gestreckt, einen tastenden Zeiger. Das Lämpchen hängt in einem Knopfloch der Bluse, das Glas klirrt an das metallene Gitter, der runde Schimmer huscht über den Boden, Gespenst eines Lichtes. Es wird warm und feucht wie in einem Waschkessel. Es hämmert das Herz. Der Atem wird kurz und stoßend. Gas steigt in die Nase, ein Block aus Gestank. In der Kehle steckt ein Knäuel. An dem Gaumen klebt die Zunge. Eine Bohrmaschine hackt. Ein scharfer Keil stößt hundertmal in der Sekunde in die Kohle. Es klingt wie eine riesengroße Nähmaschine. Mit höhnischem Getöse rutschen schwere Kohlenblöcke die Rutschen hinunter. Es ist, als donnerte es in den Himmeln aus Blech. Aber darüber vernimmt man immer noch das Summen der Wasserleitung. Arbeiter kauern und schlagen gegen die Wände. Andere liegen auf dem Rücken und schlagen gegen die Decke. Und die Maschine steppt Kohle. Und es tropft, und es donnert Blech, und es rauscht Wasser. Ich habe mich gefaltet, viermal gefaltet, wie ein Rock in einem kleinen Koffer. Wenn ich irgendwo eine Minute lehnen kann, gebückt, wie ich bin, atme ich auf. Ich habe nur eine einzige Sehnsucht: fünf Minuten aufrecht stehen! – Aber wir kriechen weiter.

Wissen Sie, lieber Freund, was ein Grubenarbeiter verdient? Sechshundert bis siebenhundert Francs im Monat. Das sind 100 Mark oder etwas über 100 Mark. *Akkordarbeit.* Achtstundentag. Eine halbe Stunde bleibt ihm für den Weg nach oben. Eine halbe Stunde braucht er für Bad und Umkleiden. »Wäre es theoretisch möglich«, fragte ich einen älteren und klugen Arbeiter, »die Arbeitsbedingungen besser zu gestalten? Die Schächte so hoch zu bauen, daß man aufrecht stehen kann? So breit, daß man nicht im Graben zu waten brauchte? Die drückende Erde gewissermaßen immer wieder auseinanderzustemmen? Balken und Stützen öfters zu erneuern? Für mehr und bessere Luft zu sorgen!« – Der Arbeiter lachte mich aus: »Theoretisch ist alles möglich. Aber bessere Arbeitsbedingungen sind erstens nicht unsere Sorge; und zweitens«, meinte er, »verminderten sie die Rentabilität der Kohle in einem unerträglichen Maß. Wir brauchen keine bequemeren Schächte. Wir brauchen nur eines: mehr Arbeit und mehr Geld!« – Und er schickte mir einen mitleidigen Blick nach.

Später traf ich einen bekannten Ingenieur, der hier in einer deutschen Fabrik beschäftigt ist. Jung, zu neunzig Prozent sympathisch, wenn man so sagen kann, wahrscheinlich ein gutherziger Mann, aber unrettbar forsch. Sie kennen diese Forschheit, die eigentlich das Unterfutter einer bestimmten, gewissermaßen nach innen getragenen Angst ist. Auf den gesunden und sorglosen Gesichtern mancher Menschen liegt wie ein Mensurschmiß diese Forschheit, der man es meilenweit ansieht, daß sie die Humanität einen »Dusel« nennt und, um ja nicht mißverstanden zu werden, das Wort »Humanitätsdusel« erfunden hat. Sprach ich diesem jungen Mann von menschlicher Würde, so hörte er: Kommunismus. Und sagte ich, daß die Grube schlimmer sei als ein Schützengraben, so dachte er, ich sei ein Pazifist. Es war fast unmöglich, mit ihm zu sprechen – aus dem einfachen und eigentlich beschämenden Grund, weil er nur sein Fach verstand und gegen die Trauer der Welt ungefähr eine Aversion hatte wie viele Menschen gegen das Läuten der Kirchenglocken. Er hatte selbst in einer Grube gearbeitet, und weil er besser wußte als ich, was ein »Bremsberg« sei, glaubte er bereits zu wissen, was ein Mensch auf dem Bremsberg sei.

Es war, wenn er mir etwas sagte, als erklärte ein Markensammler einem Geographen die fremden Länder. »Herr«, sagte er, »mir hat die Arbeit gar nicht geschadet. Sie wissen gar nicht, wie viele sich hier herumdrücken, ohne zu arbeiten. Ich habe viel kompliziertere Dinge zu erledigen. Ich arbeite zehn und zwölf Stunden täglich.« »An einem Schreibtisch«, sagte ich. »Ihr Vater war Oberlandesgerichtsrat. Als Sie klein waren, fuhren Sie mit Ihrer Frau Mama im Sommer an die Nordsee. Wenn Sie Ihre Arbeitsbluse ablegten, lag in Ihrer Rocktasche ein Diplom und eine Visitkarte. Wenn Sie diese vorzeigten, so war es wie ein Fenster in die Zukunft.« – Er hörte schon lange nicht mehr zu. »Ich habe schwere Jahre hinter mir!« versicherte er treuherzig. »Und die leichten lagen vor Ihnen«, erwiderte ich. Und wir gingen ins Kasino, ein Schnitzel essen.

Um halb zehn Uhr abends kam ich aus der Grube. Während ich badete und ein erschüttertes Wiedersehen mit meinen geliebten Kleidern feierte, saß der Steiger auf meinem Schemel und aß ein belegtes Brot. Er mußte noch einmal hinunter. Obwohl er, kaum fünfzigjährig, eine Nachtschicht nicht mehr mitmachen kann. »Würden Sie, wenn Sie Söhne hätten, sie auch in die Grube schicken?« »Keinesfalls«, sagte der Steiger. Und nach einer Weile: »Aber mein Vater hat das auch gesagt – und mein Großvater auch.«

Lieber Freund, die geradezu naturhafte Ausweglosigkeit scheint mir am erschütterndsten in dieser Antwort ausgedrückt. Daß die Arbeit erblich sein kann wie ein mythologischer Fluch, haben Sie das gewußt? Er ist seit den Tagen des Tantalus breiter und anonymer geworden, er ist gewachsen wie ein schauderhafter Baum, und der furchtbare Schatten seiner furchtbaren Krone liegt nicht über *einem* Geschlecht, sondern über tausend Geschlechtern. Ich weiß, mein lieber Freund, daß Sie mit diesem Brief unzufrieden sein werden.

Denn die etwas nachlässige, aber produktive Güte, die Sie haben, möchte gerne Auswege erzeugen und Hilfe aus Regionen holen, von denen ich genau weiß, daß sie unzugänglich und verschlossen sind. Wenn die »Rentabilität« wichtig ist, kann die Humanität nicht bestehen. Das scheint mir unabhängig von Gesellschaftsordnung und Revolution. Es bleibt, glaube ich, nichts übrig als der hoffnungslose Blick, mit dem ich gestern abend, als ich die Unterwelt verließ, den nächtlichen Himmel begrüßte. Er erschien mir nicht tröstlicher als das »Hangende«.

Nächstens werde ich Ihnen einige Daten mitteilen. Inzwischen bin ich Ihr alter Cuneus

Frankfurter Zeitung, 27.11.1927

Die folgenden Jahre bis 1933 schreibt Roth neben seiner intensiven Brotarbeit, dem Verfassen von Feuilletons, die Romane »Zipper und sein Vater« (erschienen 1928 bei Kurt Wolff, München), »Rechts und links« (1929 bei Kiepenheuer, Berlin) sowie »Hiob. Roman eines einfachen Mannes« (1930) und seinen großen Roman »Radetzkymarsch« (1932). Diese beiden letzten erscheinen ebenfalls bei Kiepenheuer.

Im Klappentext der Erstausgabe von »Radetzkymarsch« bewirbt der Verlag den Roman folgendermaßen: »... Dieser Roman von Glanz und Untergang einer Familie und eines deutschen Weltreiches führt von der Schlacht bei Solferino zur ersten Schlacht des Weltkrieges und bis zum Tod des greisen Kaisers. Er malt in farbenbrennenden Bildern und Szenen kaiserliche Audienzen und glänzende Feste aus Grafenschlössern, Manöver, Fronleichnamsprozession und Militärparade; die bunten Abenteuer leidenschaftlicher Liebe, den Tod treuer Diener, Manöver und Offizierskasino, die ganze versunkene Pracht des apostolischen Reiches. Die sprachgewaltige große Epopöe vom Untergange Österreichs beginnt und schließt unter den fortreißenden Trommelwirbeln des Radetzky-Marsches.«

Vier Jahre davor hatte Roth in der »Frankfurter Zeitung« das Feuilleton »Konzert im Volksgarten« veröffentlicht, das fast immer mit dem Radetzkymarsch beendet wurde, der für ihn »die Marseillaise des Konservatismus ist« und Symbol der zugrunde gegangenen Monarchie:

Konzert im Volksgarten

Das Konzert im Volksgarten begann um fünf Uhr nachmittags. Es war Frühling, die Amseln flöteten noch in den Sträuchern und auf den Beeten. Die Militärkapelle saß hinter dem eisernen, an den Spitzen vergoldeten Gitter, das die Terrasse des Restaurants von der Allee des Gartens trennte und also die zahlenden und sitzenden Gäste von den unbemittelten Zuhörern. Unter ihnen befanden sich viele junge Mädchen. Sie waren der Musik hingegeben. Aber die Musik bedeutete an jenen Abenden mehr als Musik, nämlich: eine Stimme der Natur und des Frühlings. Die Blätter überwölbten die schmetternde Wehmut der Trompeten – und ein Wind, der kam und ging, schien für kurze Weilen die ganze Kapelle samt allen Geräuschen auf der Terrasse in entlegene Gebiete zu entführen, aus denen sie mehr geahnt als vernommen wurden. Gleichzeitig hörte man die langsam knirschenden Schritte der Fußgänger in der Allee. Aus ihrem gemächlichen Tempo klang das Behagen wieder, das die Musik den Ohren bescherte. Wenn die Instrumente laut wurden, die Trommeln zu wirbeln begannen oder gar die Pauken zu dröhnen, so war es, als rauschten auch die Bäume stärker und als hätten die heftigen Arme des Herrn Kapellmeisters nicht nur den Musikern zu gebieten, sondern auch den Blättern. Wenn aber plötzlich ein Flötensolo den Sturm unterbrach, so klang es in diesem Garten nicht wie die Stimme eines Instruments, sondern wie eine Pause, die singt. Dann fielen auch die Vögel wieder ein – als hätte der Komponist an dieser Stelle Amseln vorgesehen. Der Duft der Kastanien war so stark, daß er selbst die süßesten Melodien überwehte und daß er dem Gesicht entgegenschlug wie ein Bruder des Windes. Und von den vielen jungen Mädchen in der Allee kam ein Glanz, ein Geflüster und besonders ein Lachen, das noch näher war als die Mädchen selbst und vertrauter als sie. Sprach man dann mit einer Fremden, so glaubte man, sie schon gehört zu haben. Und entfernte man sich mit ihr aus dieser Allee in eine andere, eine einsame, so hatte man nicht nur ein Mädchen mitgenommen, sondern auch etwas von der Musik, und man trat in die Stille ein wie in eine jener singenden Pausen.

Es galt nicht für angemessen, draußen am Gitter zu lehnen und die Mädchen merken zu lassen, daß man leider nicht in der Lage war, drinnen einen Kaffee zu trinken. Deshalb ging ich auf und ab in der Allee, verliebte mich, verzweifelte, vergaß, verschmerzte, trauerte nach und verliebte mich wieder – und alles innerhalb einer Minute. Ich hätte gerne stehend zugehört und nichts weiter. Aber hätte mir es selbst die Bekanntschaft mit einem Leutnant gestattet, der oft elegant und klirrend innerhalb des Gitters Butterkipfel aß – ich wäre doch der fernen und unerreichbaren Anmut der Damen erlegen, die leicht und hingeweht an den weißen Gartentischen saßen, eine Art irdischer Frühlingswolken, niemals anzusprechen, weil niemals zu Fuß in den Straßen anzutreffen. In jener Zeit befand sich auf der Terrasse des Restaurants ein Teil der »großen Welt«, und das Gitter war die Schranke, die mich von ihr trennte. Und wie mich das kleine Mädchen, das ich küßte, für einen mächtigen Ritter hielt, so sah ich auf den Terrassen der großen Restaurants lauter Damen, für die ich sterben wollte. Das sollte sich später noch ereignen. Aber das große Leben heute schon auf- und abgehend und unauffällig zu beobachten und so zu tun, als wäre es eigentlich gar nicht verschlossen, war wie ein Vorschuß, den ich mir selbst darauf gegeben hatte.

Gelegentlich erhaschte ich eine graziöse Schleife, die der schwarzlackierte Dirigentenstab mit der silbernen Spitze in der Luft geschlungen hatte. Sie blieb vor meinen Augen, eine ständig wehende Erinnerung. Manchmal, wenn ich zufällig am Ausgang stand, traf mich der verführerische, schnelle und etwas spöttische Blick einer Dame. Sie bestieg, von Herren gefolgt, einen Wagen. Aber auf dem kurzen Weg von der Schwelle des Gartens bis zum Trittbrett des Wagens forderte sie noch von meinem anbetenden Auge die Bestätigung, daß sie schön sei. Ich verliebte mich im Nu – indes der Wagen dahinrollte und das flinke Getrappel der Hufe den Schlag meines Herzens bestimmte. Noch beklagte ich die Verschwundene – und schon erblühte aus der Wehmut die Hoffnung, die Dame würde morgen zur selben Stunde das Restaurant verlassen und ich, ein zufälliger Passant, vorhanden sein, um zu sehen und bemerkt zu werden. Und obwohl ich, von der Musik gerufen, heute noch in die Allee zu vulgären Abenteuern zurückkehrte, war ich bereits gewiß an der Schwelle eines großartigen Lebens zu stehen, das morgen eröffnet werden sollte.

In der Allee lag schon die Nacht mit einigen Laternen im Laub, und die kleinen Mädchen hörte man nur – man konnte sie kaum sehen. Sie schienen in der Dämmerung zahlreicher. Das Kichern wurde ihre eigentliche Muttersprache. Nun, da man ihre billigen blauen Kleider nicht sah, konnten es die Kleinen mit den Damen innerhalb des Gitters fast aufnehmen. Der öffentliche Teil des Gartens wurde übrigens geschlossen, und die Kapelle rüstete zur großen Abendpause. Einer der Musikanten ging von Pult zu Pult und sammelte die Notenblätter ein wie Schulhefte. Das letzte Stück – es war fast immer der Radetzkymarsch – wurde nicht mehr vom Blatt gespielt, sondern von den leeren Pulten. Der Marsch existierte gewissermaßen gar nicht mehr auf dem Papier. Er war sämtlichen Musikanten in Fleisch und Blut übergegangen, sie spielten ihn auswendig, wie man auswendig atmet. Nun erklang dieser Marsch – der die Marseillaise des Konservatismus ist –, und während die Trommler und Trompeter noch auf den Plätzen standen, glaubte man die Trommeln und Trompeten schon selbständig marschieren zu sehen, mitgezogen von den Melodien, die ihnen eben entströmten. Ja, der ganze Volksgarten befand sich auf dem Marsch. Man wollte gemächlich schlendern, aber der Trommelwirbel selbst begann, die Gelenke zu bewegen. Er hallte noch lange in den Straßen nach, und er begleitete den Lärm der abendlichen Stadt wie ein lächelnder und hurtiger Donner.

Frankfurter Zeitung, 8.4.1928

Das Fragment »Der stumme Prophet«, auch als Trotzki-Roman apostrophiert, entsteht zwar in dieser Zeit, wird aber erst postum 1966 bei Kiepenheuer & Witsch erscheinen.

Die Feuilletonsammlung »Panoptikum. Gestalten und Kulissen« mit Aufsätzen über sein Leben im Hotel, seine Reisen durch Deutschland, Rußland und Polen erscheint 1930 im Münchner Verlag Knorr & Hirth.

Von Berlin und Frankfurt aus reist Roth wiederholt in sein geliebtes Paris, er hält sich in der Schweiz auf, und er unternimmt eine längere Reise durch Polen für die »Frankfurter Zeitung«.

Abreise und Ankunft

Lieber Freund,

seit zwei Wochen reise ich durch Polen – über eine alte Erde und durch einen neuen Staat. Wenn Sie nach Beispielen dafür suchen wollten, daß ein Ressentiment stärker ist als eine Erfahrung und eine durch romantische Vorstellungen genährte Tradition wirkungsvoller als ein Augenschein – hier hätten Sie ein ausgezeichnetes Beispiel. Obwohl große Teile dieses Landes unsere Etappe waren und unser Schlachtfeld, obwohl wir in seinen Städten und Dörfern gelebt und seine Frauen geliebt haben, seine Bürger, seine Bauern, seine Juden sehen und zumindest sprechen hören konnten, war doch die Vorstellung, mit der die meisten von uns nach Polen gekommen waren, das Fundament der Urteile, die wir sammelten, und die Schublade, in der wir seit Jahrzehnten Land und Leute eingereiht hatten, blieb der Behälter auch unserer neuen Beobachtungen. Es gibt eben Fälle, in denen Kenntnisse nicht mehr wiedergutzumachen sind. Ereignisse und Tatsachen politischer Natur, mitgeteilt in dem überlieferten Jargon abstrakter Zeitungsberichte, trennen gleichsam die lebendige Körperlichkeit eines Landes von der unkörperlichen Tätigkeit seiner politischen Repräsentanten und lassen jene verschwinden und diese bestehen. Übrig bleibt in der Vorstellung des Zeitungslesers anstelle eines Volkes ein Außenminister, statt eines nationalen Charakters ein Gesandter mit Legationsräten, statt eines Ereignisses ein Drahtbericht und statt einer Darstellung bestenfalls ein Spezialkorrespondent. Entstehen auf diese Weise schon die falschen Schablonen, so schafft eine sogenannte nationale Gesinnung noch die gehässigen. Und also glauben wir, daß die polnischen Frauen schwarzhaarig und verräterisch, die polnischen Bauern schmutzig, die polnischen Juden Gauner und die polnischen Schlachtschitzen Betrunkene sind. Selbst noch die anerkennenden Schlagworte vermitteln falsche Begriffe, wie zum Beispiel jenes, das Warschau das »Paris des Ostens« nennt und jede Polin »elegant und dämonisch«. Das leichtsinnige und blinde Generalisieren ist der Punkt, in dem Journalisten und Historiker einander nahekommen. Die apodiktische Arroganz der oberflächlichen Formulierer beeinflußt die politischen Handlungen selbst auf dem berüchtigten Boden der Tatsachen. Die Schlagworte sind kaum noch von den Erkenntnissen zu unterscheiden. Deshalb will ich in den Briefen, die ich Ihnen schreiben werde, versuchen, die Schlagworte, die über Polen in Umlauf sind, zu dementieren und Erkenntnisse zu vermitteln.

Ich fuhr, wie Sie wissen, vom Schlesischen Bahnhof in Berlin ab. Der Schnellzug, der aus Paris kommt, führt heute schon direkte Wagen aus großen europäischen Städten nach Moskau. Die schönen weißen Tafeln, auf denen zwei so entfernte Welten wie Holland und Rußland nur durch einen Bindestrich getrennt sind, sehen aus, als hätten sie nicht eine geographische Richtung anzugeben, sondern eine zeitliche, und als wiesen sie nicht nach dem Osten, sondern in die Zukunft. Zwischen der optimistischen Harmlosigkeit, mit der eine solche Tafel an einem Waggon angebracht wird, und der umständlichen Qual, der sich jeder Insasse dieses Wagens unterziehen muß, ehe er die Visa erhält, ist ein Unterschied wie etwa zwischen einem Gedanken und seiner Ausführung, zwischen der Idee Europa und der europäischen Realität. Dennoch genügt der Anblick eines Wagens, der befugt ist, einen ganzen Erdteil ohne Anstand zu durchrollen, um in uns den verfrühten Stolz auf eine vernünftige Welt zu wecken und jenes falsche Gefühl einer Wanderleichtigkeit, für die gar kein Hindernis in Betracht kommt. Erst an der polnischen Grenze – an der sich übrigens die Züge fast regelmäßig verspäten – fand ich mich wieder in meine alte Skepsis zurück. Denn ist an vielen Grenzen die Untersuchung der Koffer schon auf ein paar symbolische Handbewegungen reduziert, so glaubt der polnische Zollrevisor seiner politischen Bedeutung noch eine gewisse Gründlichkeit schuldig zu sein. Die Reisepässe, die zum Abstempeln von den Passagieren eingesammelt werden wie Stimmzettel, holt nicht ein Beamter in Zivil, sondern ein uniformierter Polizist, gestiefelt, gespornt, bewaffnet und das Angesicht mittels eines Lederriemens an die Mütze geschnallt. Und obwohl er selbstverständlich zu Fuß durch den Korridor geht, sieht es doch so aus, als ritte er an den offenen Kupeetüren vorbei und als wollte er die Pässe auf einer Lanze aufspießen, um sie dann draußen vielleicht zu braten.

Hatte nun vorher der Anblick einer kleinen Tafel genügt, die Gegenwart in eine Zukunft umzulügen, so verwandelte jetzt der kavalleristische Aspekt des Bewaffneten den Schlafwagen eines Schnellzuges in eine Postkutsche. Die nächtliche Abgeschiedenheit der Station, die wie alle Grenzen außerhalb der Welt zu hängen scheint; die grillenumzirpte Ländlichkeit und die verlorenen Geflügelsignale aus den Gehöften; die undurchdringliche Rätselhaftigkeit eines bewölkten Nachthimmels und eines stundenlangen Aufenthalts; das absolute, einem Reisenden unerklärliche Geheimnis, das eine Grenze, ihre Beamten und ihre Zwecke umhüllt; all das verstärkt den Eindruck, daß wir aus dem Jahr, in dem wir gelebt haben, in ein längst verflossenes zurückgefallen sind und daß wir den sichernden und schützenden Bestimmungen eines Fahrplanes nicht mehr unterliegen. Der Willkür einer zwar stillen, aber immerhin unbekannten Natur preisgegeben, können wir nicht mehr mit Sicherheit darauf rechnen, daß wir am Ziel ankommen. Vielleicht verglimmen irgendwo unsere Pässe zu Asche, vielleicht rosten unter unseren Füßen die Räder. Man hört das Gras über den Schienen zusammenwachsen. Man ist geneigt, Gott seine Seele zu empfehlen und alles übrige auch. Und nichts ist so überraschend auf Reisen wie die Tatsache, daß sich ein Schnellzug schließlich dennoch von einer Grenze losreißt.

Er fuhr in den Morgen hinein, nicht wie vom Dampf der Lokomotive getrieben, sondern wie von der aufgehenden Sonne herbeigezogen. Das Fenster griff unaufhörlich weite, zartgrüne Flächen Landes auf und ließ sie wieder zurück. Einsame Weidenbäume standen zärtlich über dem dunkleren Grün der Erde und streichelten sie mit sachten Zweigen. Ein Knabe, der zwei leidenschaftslos grasende Kühe hütete; verlorene Häuser, aus denen Frauen mit Eimern traten, als hätten sie den Augenblick abgewartet, in dem der Zug vorbeifuhr; ein Zaun und ein Bauer und ein Pferd; ein Wägelchen, leicht hüpfend, das man rollen zu hören vermeinte; ein Dreieck Wald und der silberne Glanz einer kleinen, wehenden Birkenfamilie; ein blaues Loch Himmel und ein düsterer Streifen Wolke über dem Rande des Horizonts; die vertraute Nähe der Telegraphenstangen, die sich auf der gleichen Ebene mit dem Zug befanden, weil er nicht auf einem Damme fährt, sondern mitten durch die Fläche wie ein Wagen; all das winkte dem Auge zu, und man glaubte es schon zu grüßen, während man es nur ansah. Wenig Schornsteine, keine Radiostationen, keine Gleisdreiecke, eine noch scheinbar unparzellierte Erde und schmale Ackerstreifen, eingebettet im endlosen fetten Grün der Weiden, ein großer Atem, den man zu sehen glaubte und der nur aus einem schlafenden, noch nicht ausgenutzten Reichtum kommen kann. Durch das geschlossene Fenster – und als wäre Glas keine Materie – drang der Wind, in dem sich draußen die Gräser wölbten. Und auf einmal entstand auf der Fensterscheibe das Wort Friede, als hätte man es niemals gehört noch gelesen.

Ich versuche, Ihnen einigermaßen den Charakter der Erde zu beschreiben, weil Polen noch zu den Ländern gehört, in denen die Natur das öffentliche Leben so beeinflußt, als wäre sie die Industrie. Beachten Sie zum Beispiel die Chauffeure in Warschau: Sie sehen aus, als hätten sie mit Pferden und nicht mit Motoren zu tun. Sie sitzen gleichsam provisorisch am Steuer, und erfreulicherweise ist in ihren Gesichtern kein Zug von jener markanten Kälte technischer Physiognomien zu finden, die bei uns den neuen Typ des maschinenvertrauten Menschen übertrieben kennzeichnet. Die Warschauer Chauffeure sind Brüder und Söhne der Landleute, die auf ihren niederen Bauernwagen durch die Stadt rollen und Stroh und Häcksel auf den Straßen verstreuen. In dieser großen Stadt mit einer Million Einwohnern sind die Manifestationen des Dorfes keineswegs merkwürdig, sondern sogar heimisch. Eine heitere Zufälligkeit weht in kleinen Läden überraschend zusammenhanglose Waren zueinander, die von einem einzigen Firmenschild hinreichend legitimiert werden. Mädchen aus dem Volk auf nackten Füßen vor Kinoplakaten, weitgewanderte Bettler, auf denen der Staub der Landstraßen liegt, die derbe Ländlichkeit frisch eingerückter Soldaten und schließlich die überall fühlbare Nähe von Erde und Grün mischen der historischen Urbanität jenen echten Geruch von Sommer und Wiese bei, der den Unterschied zwischen Natur und Steinpflaster aufhebt. Der silberne Glanz eines Schimmels, der an manchen Mittelpunkten der Stadt einen Polizisten trägt und einen Verkehrsturm ersetzt, vermittelt eine angenehme Ahnung von einer Art feudaler Intention, welche die Maßnahmen der Behörde zu bestimmen scheint. Eine bereits historisch anerkannte Eleganz, eine traditionelle Beziehung zur Kultur der äußeren Form kennzeichnen das Leben dieser Stadt ebenso wie die Arbeit und die katholische Religion. Und der agrarische Charakter des ganzen Staates setzt die Umgangsformen der Städter fest wie die Speisekarten ihrer Gasthäuser.

Sie mögen aus diesen angedeuteten Zusammenhängen schon ersehen, wie vielen Mißverständnissen ein Westeuropäer erliegt, wenn er nach den Normen seiner Heimat das öffentliche Leben Polens beurteilen will. In meinen nächsten Briefen werde ich einiges ausführen von dem, was hier angedeutet ist, aber auch von manchem, was ich Ihnen heute gar nicht erwähnt habe.

Inzwischen begrüße ich Sie als Ihr ergebener

Joseph Roth

Frankfurter Zeitung, 24.6.1928

Das polnische Kalifornien

Lieber Freund,

ich komme eben aus einem der interessantesten Gebiete Europas. Ich meine jenen Teil des kleinpolnischen Landes, in dem sich die berühmten Petroleumquellen befinden. Es liegt, wie Sie wissen, im Süden Mittelgaliziens und am nördlichen Rande der Karpaten, und sein Mittelpunkt ist die sehr merkwürdige Stadt Boryslaw. Seit der Mitte des 19. Jahrhunderts wird hier Petroleum gewonnen. Auf einem Gebiete von etwa 15 Quadratkilometern stehen die dunklen, hölzernen Bohrtürme. Vergleiche ich sie mit den Bohrtürmen von Baku, so erscheinen sie mir weniger grausam und gewissermaßen der Erdoberfläche weniger gefährlich. Die Erde des kaukasischen Petroleumgebiets nämlich trägt auf ihrem Angesicht jenen Fluch, der wie ein Ausgleich für den Segen in ihrem Innern ist. Sie hat kein Grün, nur wüsten, gelbgrauen Sand und braune, schmutzige Tümpel, die niemals trocknen wollen, obwohl sonst alles in der südlichen Sonne dorren muß. Hier in Boryslaw, das man das »polnische Baku« nennt, ist die Sonne gemäßigt, sind die Bohrtürme schütter und trotz ihrer tausendfachen Zahl noch immer nicht die einzige Vegetation des Landes. Noch gibt es Wälder, die nur zögernd vor den Türmen weichen und sie eher friedlich zu umgeben als feindselig zu fliehen scheinen. Der Blick darf von den verschalten Quellen weg zu den grünen Hügeln schweifen, denen der Umstand, daß sie schon zur Familie der Karpaten gehören, eine gewisse Respektabilität verleiht. Und wäre nicht der Staub, der ein Bruder des kaukasischen Staubes ist, so gäbe es nur die Türme, die an Baku erinnern könnten.

Aber der Staub ist da, weiß und außergewöhnlich dicht. Es ist, als wäre er nicht das zufällige Produkt aus Abfall und abgesonderter Körperlichkeit, sondern als wäre er ein selbständiges Element wie Wasser, Feuer und Erde und dieser weniger verwandt als etwa dem Wind, vor dem er in dichten Schleiern einherwirbelt. Er liegt wie Mehl, Puder oder Kreide auf der Straße und hüllt jedes Gefährt und jeden Fußgänger ein, als hätte er einen Trieb oder einen Willen. Er hat eine ganz besondere Beziehung zur Sonne, wenn sie brennt, als hätte er einen Auftrag, ihre Aufgabe zu vollenden. Und regnet es, so verwandelt er sich in eine aschgraue, feuchte, klebrige Masse, die in jeder kleinsten Höhlung zu einem grünlichen Tümpel gerinnt.

In dieser Gegend also wird Petroleum gewonnen. Vor ein paar Jahrzehnten war Boryslaw noch ein Dorf, heute leben hier etwa 30 000 Menschen. Eine einzige Straße – ungefähr 6 km lang – verbindet drei Ortschaften, ohne daß man sehen könnte, wo die eine aufhört und wo die andere beginnt. Hart an den Häusern entlang zieht sich ein hölzerner Gehsteig, von kurzen, stämmigen Pfählen getragen. Ein Trottoir zu errichten ist unmöglich, weil Rohre unter der Straße das Öl zum Bahnhof leiten. Der Unterschied zwischen dem Niveau des Gehsteigs und der Fahrbahn, aber auch der kleinen Häuser ist ein erheblicher, und der Fußgänger erreicht oder überragt die Dächer der Häuser und sieht aus schräger Höhe in die Fenster. Alle Häuschen sind aus Holz. Nur einige Male unterbricht ein größeres Haus aus Ziegeln, weißgetüncht und von steinernem Aspekt, die triste Reihe der schiefen, faulenden und zerbröckelnden Behausungen. Alle sind sie über Nacht entstanden: zu einer Zeit, als sich der Strom der Naphthasucher hierher zu ergießen begann. Es ist, als hätten diese Bretter nicht menschliche Hände hastig aneinandergefügt, sondern als hätte der Atem der menschlichen Gier zufällige Materialien zufällig zusammengeweht, und kein einziges dieser flüchtigen Heime scheint dazu bestimmt, schlafende Menschen zu beherbergen, sondern die Schlaflosigkeit aufgeregter zu erhalten und zu verstärken. Der ranzige Geruch des Öls, ein stinkendes Wunder, hat sie herbeigezogen. Die selbst geologisch unberechenbare Sinnlosigkeit unterirdischer Gesetze erhöhte die Spannung des Gräbers zur Wollust, und die unaufhörlich akute Möglichkeit, durch kaum 300 Meter von Goldmilliarden getrennt zu sein, mußte einen Rausch erzeugen, stärker als der Rausch des Besitzes. Und obwohl alle der Unberechenbarkeit einer Lotterie und eines Roulettespiels ausgeliefert waren, so ergab sich doch keiner dem Fatalismus des Wartens, das die Enttäuschung schon sachte vorbereitet. Hier, bei den Quellen des Petroleums, gab sich vielmehr jeder dem Wahn hin, daß er durch Arbeit ein Schicksal zwinge, und sein Jagdeifer vergrößerte das traurige Resultat zum Unheil, das er nicht mehr ertrug. Aus dem unerträglichen Wechsel von Hoffnung und Mutlosigkeit befreite den kleinen Grubenbesitzer erst die mächtige Hand des großen und der »Gesellschaften«. Sie konnten viele Terrains auf einmal kaufen und mit der relativen Gelassenheit, die eine männliche Tugend des Reichtums ist, die Launen des unterirdischen Elements belauern. Zwischen diese Mächtigen, die die Geduld gar nichts kostete und die schnell Millionen säen konnten, um langsam Milliarden zu ernten, schoben sich die mittelgroßen Terrain- und andere Spekulanten mit dem mittelmäßigen Kredit und der mittelmäßigen Risikotapferkeit und verringerten noch die Chancen des kleinen Abenteurers. Diese gaben allmählich ihre Träume auf. Sie behielten ihre Hütten. Manche schrieben ihre Namen über ihre Türen und begannen zu handeln, mit Seife, mit Schnürsenkeln, mit Zwiebeln, mit Leder. Sie kehrten aus den stürmischen und tragischen Regionen der Glücksjäger in die traurige Bescheidenheit kleiner Krämer heim. Die Hütten, die für ein paar Monate gebaut worden waren, blieben indessen lange Jahre stehen und stabilisierten ihre provisorische Hinfälligkeit zu einem charakteristischen

Lokalkolorit. Sie erinnern an gestellte Bilder in Filmateliers und an primitive Buchdeckelillustrationen in kalifornischen Erzählungen und an Halluzinationen. Es scheint mir, der ich mehrere große Industriegebiete kenne, daß nirgends die nüchternen Geschäfte so phantastische Physiognomien tragen. Hier schweifte der Kapitalismus in Expressionismus aus.

Und es scheint, daß dieser Ort seinen phantastischen Aspekt behalten wird. Die Stadt wandert nämlich – und keineswegs etwa nur in einem metaphorischen Sinn. Während die alten Quellen zeitweise stagnieren, eröffnen sich neue, und die staubige Straße wandert dem Petroleum nach. Sie schiebt ihre Häuschen vor, schlängelt sich zu einer Biegung und dehnt sich beflissen den Launen des Petroleums entgegen. Stehen in Boryslaw selbst und in Tustanowice die meisten Gruben still, so hämmern Tag und Nacht in Mraznica schon die Bohrer. Ich kann mich von der Vorstellung kaum befreien, daß diese Straße unendlich sein wird, ein langes, weißes, staubiges Band über Höhen und Tiefen, verschlungen und gerade, provisorisch und dennoch während, hinfällig wie das menschliche Glück und dauerhaft wie die menschliche Begierde.

Ich will Ihnen gestehen, daß der Anblick dieser großen Stadt, die hauptsächlich aus einer Straße besteht, mich die realen Gesetze ihrer Gesellschaftsordnung vergessen ließ. Für einige Stunden schienen mir die Spekulation und die Leidenschaft des Geldverdienens elementar und beinahe geheimnisvoll. Die grotesken Gesichter, die hier die Gewinnsucht schnitt, die fortwährend gespannte Atmosphäre, in der sich die unheimlichen Übernacht-Katastrophen jeden Tag ereignen konnten, weckten mein Interesse mehr für die literarisch behandlungsfähigen Schicksale als für die alltäglichen. Die Tatsache, daß es auch hier Arbeiter und Angestellte, Lohntaxen und Arbeitslose geben mußte, verschwand oft hinter der romanhaften Qualität der Individuen. Die Phantasie war lebhafter als das Gewissen.

Immerhin geht es den Erdölarbeitern unvergleichlich besser als etwa Grubenarbeitern. Es sind Qualitätsarbeiter, auch hier. Der durchschnittliche Tageslohn eines Gehilfen beträgt 9 Zloty, also 4.50 Mark, die Arbeit dauert 8 Stunden. Ein Werkmeister erhält 12 Zloty. Die Arbeitsbedingungen sind verhältnismäßig günstig. Man arbeitet in einem wenn auch nicht luftigen, so doch luftnahen Raum, und der Geruch des Erdöls ist keineswegs unangenehm und soll sogar für die Lungen heilsam sein. Dem Laien erscheinen alle Instrumente, mit denen man bohrt, fast enttäuschend primitiv. Motoren treiben die Bohrer an. Ein Mann geht fortwährend langsam im Kreis um eine Art Bassin, eine horizontale Eisenstange in der Hand. So simpel seine Bewegung und seine Tätigkeit auch aussieht, so schwierig mag sie in Wirklichkeit sein. Die Fachleute berichten, daß die Kunst des Arbeiters darin besteht, den Grad und die Art der Bohrungsschwierigkeit beziehungsweise die kleinen und großen Widerstände des Gesteins in der Hand zu fühlen. Die Hand des Arbeiters muß also eine stark entwickelte Tastempfindlichkeit haben und teilweise die Funktion des Auges ersetzen, das bei der Erdölgewinnung ja überhaupt ausgeschaltet ist. Wird zufällig durch einen hineingefallenen Gegenstand, eine große Schraube etwa, das Bohrloch verstopft, so wendet man sinnreiche und listige Mittel an, das Hindernis wieder hervorzuholen, Instrumente von schlauer Griff- und Fangfähigkeit, die im Finstern tasten. Ihre Bemühungen erinnern etwa an die Versuche, einen Pfropfen, der in ein dunkles und enghalsiges Gefäß hineingefallen ist, wieder ans Licht zu bringen. Dabei gehen Stunden, Monate und Geld verloren.

Geld, Geld, sehr viel Geld! Bedenken Sie, daß eine Bohrung bis zu 1500 Meter etwa 90 000 Dollar kostet, und ziehen Sie daraus den Schluß, daß weder Sie noch ich jemals Grubenbesitzer werden können. Es ist ein Lotteriespiel für Leute, die es eigentlich nicht mehr nötig haben, für Banken und Konsortien und amerikanische Milliardäre. Die Menschen, denen hier einmal das Glück aus der Erde entgegenspringt, haben eigentlich schon das Organ verloren, das uns befähigt, durch materiellen Gewinn glücklich zu werden. Es ist ein gewisser Gegensatz zwischen der märchenhaften Art der Erde, Schätze zu spenden, und dem Aktienbesitz der Naphthagräber und der stoischen Ruhe, mit der sie das Wunder erwarten dürfen. Diese armen Schatzgräber sitzen sehr weit entfernt vom Schauplatz der Naturwunder, in den großen Städten des Westens, und der Umstand, daß sie fern, mächtig, unsichtbar und fast unpersönlich sind, verleiht ihnen den Glanz von Göttern, die mittels geheimnisvoller Ausstrahlung Ingenieure und Arbeiter dirigieren. Der allergrößte Teil der polnischen Gruben liegt im Besitz ausländischer Finanzgewalten. Aus einer Art mystisch gefüllter Kassen werden die Arbeitskräfte bezahlt. Irgendwo weit, auf den großen Börsen der Internationalität, werden Aktien gehandelt, und Transaktionen vollziehen sich nach unerforschten Gesetzen. Das Werden und Vergehen der Himmelskörper im Weltraum ist den Astronomen besser bekannt als den Grubenverwaltern und den Direktoren der Wechsel der Grubenbesitzer. Die kleinen Beamten dürfen nur dasitzen und zittern, wenn ihr Ohr der Widerhall größerer Gewitter auf den Weltmärkten trifft. So wurden zum Beispiel in diesen Tagen drei große Unternehmungen, »Fanto«, »Nafta« und »Dombrova«, an ein französisches Konsortium verkauft. In Paris war es nur eine kleine Konferenz, drei oder vier Herren zogen ihre Füllfeder und wischten ihre Namen unter Verträge. In Boryslaw und im Land aber werden 500 Beamte brotlos, und der Hunger sieht durch ihre Fensterscheiben und klinkt schon ihre Türen auf, weil in Paris ein Gott ein kleines Sätzchen gesagt hat: Es werde zentralisiert!

Und weil es ein französischer Gott war – und nicht zufällig ein englischer –, durchwirken außenpolitische Motive die bedauernden und über dieses Ausmaß der Arbeitslosigkeit erschrockenen polnischen Zeitungsartikel. Skeptiker wollen wissen, daß die neuen Besitzer nur ein Börsenmanöver planen und lediglich den Verkauf der Aktien zu hohen Preisen und eigentlich nicht die Ausbeutung der Gruben. Und sicher ist, selbst für Optimisten, daß Götter nicht zuverlässig sind und von jeder sozialen Gesinnung mindestens so weit entfernt wie von ihren Beamten und Arbeitern.

Ich verließ diese Gegend an einem goldenen, friedlichen Abend, dem nicht anzusehen war, was für ein Gebiet er überwölbte. Die Arbeiter gingen mit der gleichmäßigen Sicherheit heim, mit der nur Bauern von der Feldarbeit kommen, und es war, als trügen auch sie Sensen auf den Schultern, wie ihre Großväter sie noch getragen hatten. Ein paar arme Leute standen am trüben Wasser und schöpften verirrtes Öl mit Kannen. Sie waren die kleinen Kollegen des großen Pariser Dreyfus. Sie haben nicht Aktien, sondern Eimer. Sie verkaufen das gefundene Öl in ganz winzigen Quantitäten und beleuchten damit ihre provisorischen Bretterbuden. Das ist alles, was ihnen die verschwenderische Natur zugedacht hat. Ihre Hütten standen schief, braun und ergeben im goldenen Sonnenglanz. Es schien, daß sie noch mehr zusammenrückten, kleiner wurden und vollkommen verschwinden wollten. Morgen würden sie nicht mehr vorhanden sein.

Ich hoffe, lieber Freund, daß ich Ihnen eine Ahnung von der Atmosphäre des osteuropäischen Kalifornien vermitteln konnte. Ich beschrieb es Ihnen, um Ihnen zu zeigen, daß ich nicht durchaus Idyllisches aus diesem Land zu berichten entschlossen bin.

Inzwischen verbleibe ich Ihr ergebener

J. R.

Frankfurter Zeitung, 29. 6. 1928

Blick auf die Straßen

Lieber Freund,

wenn ich Ihnen mit einer einzigen Formulierung die Gründe bezeichnen wollte, aus denen es mir so schwer möglich ist, eine gewisse Systematik in der Reihenfolge meiner Briefe an Sie einzuhalten, so würde ich sagen, daß ich bei meinen Bemühungen, polnische Verhältnisse planmäßig zu studieren, auf eine merkwürdige Art von Hindernissen stoße: auf liebenswürdige und entgegenkommende nämlich. Ihnen sind, weil Sie in Deutschland leben, Schwierigkeiten, die das Leben angenehm machen, leider unbekannt.

Meine Absicht zum Beispiel, Ihnen heute eine polnische Fabrik zu schildern, kann ich nicht ausführen. Der Direktor war verhindert. Bei uns in Deutschland hätte er wahrscheinlich »eine wichtige Konferenz abgehalten«. Hier mußte er an dem Tag, an dem wir uns verabredet hatten, ein vollkommen überraschendes Jubiläum des Gymnasiums feiern, in dem er vor zwanzig Jahren Schüler gewesen war, und er lud mich ein, statt seines Betriebs einen Umzug anzusehen. Es gab tatsächlich eine Parade, die jungen Schüler marschierten in Doppelreihen, die alten Herren trotteten in Gruppen und äußerst zahlreich durch die Straßen in die Kirche. Und Zeitungen berichteten ausführlich über das gelungene Jubiläum.

Aber eine *Parade* ist mir nichts Neues mehr. Seitdem ich in Polen bin, habe ich sechs größere und vier kleinere in verschiedenen Städten gesehen, und alle waren gelungen – ganz gleichgültig, welchen Zwecken sie dienen sollten. Es gibt hierzulande nämlich mehrere Arten von Paraden, und um Ihnen das Verständnis für sie zu erleichtern, möchte ich sie einteilen: a) in nationale, b) in kirchliche, c) in militärische, d) in Jugendparaden – und die nationalen wieder in Untergruppen zerfallen lassen: 1. in historische,

2. in aktuelle. An allen Feiern aber sind nationale, religiöse und militärische Elemente beteiligt, alle Paraden haben einen offiziellen Charakter und die meisten einen kirchlichen Anstrich, und zwischen einer Militärkapelle und einer heiligen Messe vollzieht sich der repräsentative Teil des öffentlichen Lebens in Polen. Die sehr menschliche, sehr dramatische und sehr schmerzliche Geschichte dieses Landes liefert eine große Anzahl feierungswürdiger Gedenktage – und die ebenfalls dramatische Entstehung des jungen Staates fügte zu den alten geheiligten Daten neue, noch zu heiligende. In Wirklichkeit hat der tragische Elan, mit dem die Vorsehung das polnische Volk behandelt – als hätte sie sich dem Nationalcharakter angepaßt –, selbst aus der Geschichte des Landes besondere Höhepunkte abgezeichnet und Details mit symbolischer Kraft ausgestattet und eine Art von Kriegswundern geschaffen, die man in der Geschichte anderer Nationen nicht finden könnte. In diesem Lande nehmen viele historische Ereignisse, schon während sie geschehen, auf das Jubiläum Rücksicht, das man ihretwegen später einmal feiern wird. Lesen Sie die polnische Geschichte, und Sie werden sehen, daß sie gewissermaßen weniger in Linien als in Punkten graphisch darzustellen wäre und daß sie mehr literarisches Rohmaterial als irgendeine andere liefert.

Aber der Hang zur Festivität ist einem jungen Staat gefährlicher als einem alten. Ich habe die Empfindung, daß hierzulande *dreimal wöchentlich Sonntag* ist und daß die Wochentage halbe Samstage sind. Es ist, als ob Volk und Behörden es immer noch nicht fassen könnten, daß es eine reale polnische Selbständigkeit gibt. Es ist, als ob alle unter der Fremdherrschaft verbotenen und halbverbotenen Feiern auf einmal stattfinden wollten. Die Heftigkeit, mit der einen nationalen Feiertag ein militärischer Trommelklang begleitet, sieht dann wie eine kriegerische Bedrohung der nachbarlichen Welt aus. Vielleicht ist Polen nicht das friedlichste der Länder. Aber alle seine militärischen Paraden scheinen mir eher für die Vergangenheit nachgeholt als für die Zukunft bestimmend zu sein. Der Kriegsgott von Polen ist ein Parade-Mars.

Leider sind ihm gut zwei Drittel der polnischen *Jugend* offiziell geweiht. Denn nichts verpflichtet so sehr zur sklavischen Nachahmung wie die Angst. Die Angst vor der militärischen Erziehung der sowjetrussischen Jugend veranlaßt Polen, seine Jugend ebenso militärisch zu erziehen. *Alle Mittelschulen* exerzieren alle Sonntage unter militärischer Leitung, und Dreizehnjährige und jüngere sehe ich mit Gewehren marschieren und von Offizieren der Armee kommandiert werden. Man nennt diese Militarisierung: »przysposobienie wosjkowe«. Das heißt etwa: militärische Anpassung und Vorbereitung. In Warschau sah ich eine Paradeschau der Schultruppen. Mittelschüler gingen einen Vormittag lang durch die Straßen, an der Ecke, an der ich stand, zählte ich allein zehn Marschkapellen. Es war ein heiterer Sonntag, die Sonne glänzte in blanken Sporen, Säbeln und Tschinellen, und es marschierte sich ausgezeichnet. Solche Sonntage habe ich schon in Moskau gesehen und – seien wir ehrlich – ähnliche in Berlin. Ja, fragten Sie auch, was besser sei: eine Vereinigung aller militaristischen Instinkte in einer nur national und nicht parteipolitisch organisierten Jugend – oder eine freie Auswirkung der Schießtriebe in vielen einander feindlichen Organisationen – ich wüßte nicht, was Ihnen erwidern. Aber die offizielle militärische Vorbereitung der polnischen Jugend verhindert ja auch nicht die Bildung einzelner parteipolitischer und sozusagen privat schießender Truppen. Es bleibt vielmehr immer noch ein Rest von Prügelfreudigkeit übrig, der in der Parteipolitik ausbricht. Und deshalb weiß ich nicht, ob eine solche zu zeitige Militarisierung den kriegerischen Geist nicht mehr fördert, als dem Vaterland im Innern lieb sein kann. Beruhigt man seine militärischen Instinkte beim Exerzieren, oder regt man sich noch mehr dabei auf?! ...

Sie kennen mich lange genug, um zu wissen, daß ich eine Schwäche für das Militär habe. Ich gestehe Ihnen gerne, daß ich mich an der musikalischen Exaktheit der Gewehrgriffe freue und an jener gewissen Präzision der Sorglosigkeit, mit der ein Soldat sich seinem disziplinierten Schicksal überläßt. Aber einem so altmodischen Militaristen wie mir sind *marschierende Frauen* zum Beispiel kein angenehmer Anblick. Die proletarischen Amazonen in Rußland bereiteten mir schon Mißbehagen, wie Sie wissen. Aber dort stimmte wenigstens der weibliche Militarismus mit dem Prinzip der (oberflächlichen und falsch verstandenen) Emanzipation der Frauen überein: In Polen dagegen widerspricht die erfreulicherweise immer noch lebendige traditionelle Ritterlichkeit der Männer dem offensichtlich sympathisierenden Gleichmut, mit dem sie das militarisierte weibliche Geschlecht betrachten. Hinter den jungen Männern kamen nämlich leider viele Doppelreihen immer blaugekleideter Mädchen. Sie marschierten mit breiten Schritten, um nicht allzuweit hinter den Männern zurückzubleiben, und obwohl sie von Kommandorufen befehligt wurden, konnte ich doch nicht den Eindruck verschmerzen, daß sie dem Offizier, der vorne geritten war, und seinem Säbel gehorchten. Wie gern, lieber Freund, wäre ich diesen Mädchen auf dem Trottoir begegnet! Die Anmut ihrer natürlichen Bewegungen, die meiner Ansicht nach ein wichtigeres Nationalgut Polens ist als die spartanische Gesinnung furchtloser Frauen, ging in dem Eilmarsch verloren – und die charmante Hilflosigkeit, mit der sonst die schönen jungen Mädchen ihre noch nicht oft genug erprobten Gliedmaßen auszubalancieren suchen, wurde vergewaltigt von der martialischen Vorschrift. Ein Jammer, lieber Freund, ein Jammer! Vielleicht sind Sie geneigt, die Anzeichen solcher brutalen Extravaganz, von der ganz Europa befallen ist und der in allen Ländern die sogenannten Reaktionäre wie die sogenannten Revolutionäre erliegen, nicht wichtig zu nehmen. Für mich sind das kleine Vorzeichen eines großen Untergangs! Wenn selbst in diesem westlicher Zivilisation so fernen und dem Bolschewismus so abgeneigten Staat die patriotische Geschlechtslosigkeit propagiert wird – wie im Westen die hygienische und im Osten die proletarische –, so ist es mir ein natürlicher Beweis dafür, daß die Völker eigentlich einander gleichen (aber in ihren Fehlern) und daß sie wenig Grund haben, einander gram zu sein. Überall wehen die Windjacken. Auch die polnischen Studenten tragen Mützen und Bänder, und die polnischen Gymnasiasten Uniformmützen mit einem Adler. Man liebt hierzulande die Montur und die – sehr hübschen – Nationalkostüme. Die Offiziere lieben Säbel und Sporen auf harmlosen Spaziergängen, und selbst die Infanterie hat einen kavalleristischen Schmiß. Und die Militärkapellen durchziehen gerne und oft die Straßen – eben der Paraden wegen, wie schon gesagt.

Es gibt so viele Anlässe! Heute feiert eine Stadt ihre Einverleibung in den Staat, morgen einen lokalen Sieg, am nächsten Sonntag die Entstehung eines Regiments und am übernächsten dessen Gefallene. Fahnenwehn, Trommelwirbel, Trompetenblasen. Aber es ist gar nicht kriegerisch gemeint! Seien Sie vorsichtig, wenn man Ihnen Symptome mitteilt, und noch vorsichtiger, wenn sie ausgelegt werden! In Polen herrscht einfach eine Art chronisch gewordener Auferstehungsfreude und eine gewisse Verlegenheit, wie die Pause zwischen der Geburt des Staates und seiner Reise auszufüllen wäre.

Auf die *Minderheiten* aber wirken die nationalen und wehrhaften Schaustücke allerdings manchmal wie eine Herausforderung, wie die Manifestation einer nationalen

Überheblichkeit, unter der sie zu leiden glauben. Sie sind sehr empfindlich, die polnischen Minderheiten – und am empfindlichsten scheinen mir die Ukrainer zu sein, in deren Gegend ich mich eben aufhalte. Es ist eine interessante und Ihnen wenig bekannte Nation. Ich will Ihnen nächstens Genaueres über sie berichten.

Verlieren Sie bitte nicht die Geduld über die Zwanglosigkeit meiner Briefe, und bewahren Sie, wie bisher, eine freundliche Gesinnung Ihrem

Joseph Roth
Frankfurter Zeitung, 8.7.1928

Für Friedl Roth jedoch ist das unstete Leben ihres Mannes aus nur drei Koffern ohne einen festen Wohnsitz nicht zu ertragen, seit 1928 zeigen sich erste Anzeichen von Schizophrenie.

Am 27. Februar 1929 schreibt Roth aus Paris seinem Freund und Mäzen Stefan Zweig:

(...)

Denn ich muß es dazu bringen, daß ich das Minimum meiner Existenz herausbringe, ohne regelmäßig Artikel schreiben zu müssen, die mir meine Gesundheit untergraben. Ich will, wenn mein Leben nicht allzu grausam verkürzt werden soll, von heute in einem Jahr ein freier Mensch sein. Und dazu muß ich Tag für Tag schreiben. Aber Das ist gerade Veränderung. Mich zu fixieren, ist unmöglich. Ich habe keinen stabilen litterarischen »Charakter«. Aber ich bin auch sonst nicht stabil. Seit meinem achtzehnten Lebensjahr habe ich in keiner Privatwohnung gelebt, höchstens eine Woche als Gast bei Freunden. Alles was ich besitze sind 3 Koffer. Und Das erscheint mir gar nicht merkwürdig. Sondern merkwürdig und sogar »romantisch« kommt mir ein Haus vor, mit Bildern und so weiter. Aber ich habe in einem Anfall von

Leichtsinn die Verantwortung für eine junge Frau übernommen. Ich muß sie irgendwo unterbringen, sie ist schwächlich und hält das Leben an meiner Seite körperlich nicht aus. (...)

An den befreundeten Romancier und Dramatiker René Schickele schreibt er Ende 1929:

10. XII. 1929

Sehr verehrter lieber Herr René Schickele,

herzlichen Dank für Ihren lieben guten Brief. Weshalb überrascht Sie meine Widmung einigermaßen – wie es scheint? Brandeis ist die Hauptfigur eines folgenden Romans, Eintritt verboten, Geschichte eines Mannes ohne Maß.

Ich schreibe Ihnen in größter Not. Gestern bin ich nach München gefahren, geflohen. Seit August ist meine Frau schwer krank, Psychose, Hysterie, absoluter Selbstmordwille, sie lebt kaum – – und ich gehetzt und umringt von finsteren und roten Dämonen, ohne Kopf, ohne die Fähigkeit, einen Finger zu rühren, ohnmächtig und gelähmt, hilflos, ohne Aussicht auf Besserung. Vielleicht kann ich 14 Tage in Salzburg verkrochen bleiben, allein mit meinem Unglück. Ich weiß nicht, was mir die nächsten Tage bringen, möchte Sie aber gerne treffen.

In guter Herzlichkeit Ihr Joseph Roth.

20. Januar 1930

Sehr verehrter lieber Herr René Schickele,

ich danke Ihnen sehr herzlich für Ihren lieben guten Brief und für die liebenswürdige Einladung. Ich nehme sie sehr

frohen Herzens an. Ich bin nur noch nicht imstande, Berlin zu verlassen, ehe die Angelegenheit meiner Frau nicht wenigstens so weit geordnet ist, daß ich weiß, wo sie bleibt. Augenblicklich ist sie bei meinem Freund. Jeden Tag muß ich mir die paar Mark zusammenkratzen, die für sie, die Pflegeschwester und anderes notwendig sind. Ich bemühe mich um einen größeren Reiseauftrag, ich lasse dann hier ein paar tausend zurück, zu mindest die Aussicht auf sie und wandere weiter. Mit dem Andern, der seelischen Belastung, muß man allein fertig werden. Und da hilft es leider nicht, daß man selbst ein Schriftsteller ist. Das ist man offiziell und privat ist man ein ganz kleiner armer Teufel, der schwerer schleppt als ein Straßenbahnschaffner. Die Zeit allein und nicht die Begabung kann uns die Distanz geben, und ich habe nicht viel Zeit mehr. Zehn Jahre meiner Ehe mit diesem Resultat haben mir vierzig bedeutet und meine natürliche Neigung, ein Greis zu sein, unterstützt das äußere Unglück in einer schrecklichen Weise. Acht Bücher bis heute, mehr als 1000 Artikel, seit zehn Jahren jeden Tag zehnstündige Arbeit, und heute, wo mir die Haare ausgehen, die Zähne, die Potenz, die primitivste Freudefähigkeit, nicht einmal die Möglichkeit, einen einzigen Monat ohne finanzielle Sorge zu leben. Und diese Canaille von Litteratur! Ich bin noch aus der Zeit, in der man ein Grieche und ein Römer war, wenn man mit Geist was zu tun hatte, und ich stehe fremd inmitten dieses gräßlichen Angelsachsentums, dieses sentimentalen Amerikanismus, der die Welt in Deutschland regiert.
(...)

Roth bringt seine Frau nach Wien zu ihren Eltern, um sie ihnen zur häuslichen Pflege anzuvertrauen. Bald jedoch muß Friedl stationär untergebracht werden, sie kommt in das Psychiatrische Krankenhaus »Am Steinhof«. 1939 wird sie von den Nationalsozialisten nach Linz/Donau in die Heil- und Pflegeanstalt für Geisteskranke in Niedernhart gebracht; dann nach Hartheim bei Linz überstellt, wo sie als eines der unzähligen Opfer des Euthanasieprogramms »T4« der Nazis im Juli 1940 ermordet wird.

Roth hat zeit seines Lebens seine Schwiegereltern für die Pflege seiner Frau großzügigst unterstützt. Dies war für ihn ein Grund mehr, das Feuilleton-Schreiben nicht aufgeben zu können.

Im August 1929 lernt Roth in Berlin bei Freunden die schöne Andrea Manga Bell, Tochter eines Kubaners und einer Hamburgerin, kennen. Dies ist der Beginn einer sechsjährigen Bindung. Roth fühlt sich in diesen Jahren nicht nur für die alleinstehende Frau verantwortlich, sondern auch für ihre beiden Kinder, einen Jungen und ein Mädchen. Zu den Kosten für Friedls Pflege kommen nun also auch noch diese »familiären« Ausgaben hinzu. Da die »Frankfurter Zeitung« einer Forderung nach einem höheren Honorar nicht stattgibt, trennt Roth sich für kurze Zeit von dieser und wechselt zu den »Münchner Neuesten Nachrichten«.

Hotel Foyot
Paris
29. III. 1929

Sehr verehrter Herr Stefan Zweig,

hoffentlich sind Sie schon wieder zu Hause und dieser Brief, den ich ausnahmsweise nicht eingeschrieben schikke, geht nicht durch Nachsendung verloren. Ich habe einen kurzen Bericht über Ihren Aufenthalt in Brüssel gelesen, mit sehr viel Respekt geschrieben. Vorgestern bin ich mit meinem Roman fertiggeworden. Ich werde mich freuen, Ihnen das Manuscript zu geben.

Herzlichen Dank für die Bereitschaft, die »Flucht ohne Ende« nach Rußland zu schaffen. Es wird des Inhalts, der

Gesinnung wegen bestimmt nicht gehen. »Dafür« könnte mir ein Wort von Ihnen in Frankreich viel sicherer helfen. Die Flucht erscheint dieses Jahr bei Gallimard – und wenn Sie gelegentlich den und jenen Ihrer schreibenden Freunde in Paris auf mich aufmerksam machen würden und auf die »Fuite sans fin«, so wäre ich Ihnen dankbar.

Ich habe einige Bedenken, diese Bitte zu äußern. Denn selbst eine ganz entfernte Erinnerung an die Menschen, die Sie um eine litterarische Protektion angehen dürften, möchte ich vermeiden.

Ich weiß noch immer nicht, wann ich fahre. Inzwischen haben mich die Münchener Neuesten eingeladen, sie wollen mir offenbar einen Antrag zur Mitarbeit machen. Ich habe so wenig Geld und die Zeitungen sind mir so gleichmäßig verhaßt, daß ich noch nicht weiß, ob ich nicht doch annehmen soll.

Ich bitte Sie um ein Wort. Ich hoffe Ende April in Salzburg zu sein.

Mit sehr herzlichen Grüßen bin ich   Ihr Joseph Roth

Hotel Foyot
Paris
24. Mai 1929

Sehr verehrter Herr Stefan Zweig, ich schreibe Ihnen spät, weil ich unterwegs war – in Frankfurt ein paar Tage, ausgefüllt mit törichten Verhandlungen – und weil ich Ihnen das Endgültige mitteilen wollte. Ich nehme den Vorschlag der Münchener also an. Ich hoffe auf ein Jahr Ruhe und guter Produktivität. Ich habe, seitdem ich bei Ihnen gewesen bin, ein gehöriges Maß Überlegenheit, das ich Ihnen danke. Es war sehr gut, Sie zu sehen und ich hoffe: auch von Ihnen gesehen zu werden. Sie waren anders, als in meiner

Vorstellung vorher, Sie hatten etwas von Weisheit, die ich früher nicht gespürt hatte, etwas auch von Schönheit und *Natur*. Ich werde den Regen in der Nacht nicht vergessen, Sie sind heute für mich ein Teil der Nacht und des Regens, der menschliche im ganzen sehr vollen Sinne dieses Worts Teil davon. Ich danke Ihnen sehr, sehr herzlich. Wenn Sie es nicht wissen sollten, aber Sie wissen es bestimmt: daß Sie auf mich zählen können.

Leben Sie gut und bleiben Sie mir gut!

Immer Ihr Joseph Roth

Statt allerdings mit linken Artikeln dem konservativen Blatt eine andere Richtung zu geben, wie er Freunden gegenüber betonte, um seinen Wechsel zu begründen, beschreibt Roth nur Alltäglichkeiten und durchaus Unpolitisches.

Wie z. B. die Berliner Szene:

Berliner Vergnügungsindustrie

Manchmal in einem Anfall heilloser Melancholie trete ich in eines der üblichen Berliner Nachtlokale, nicht etwa, um mich zu erheitern, sondern um die Schadenfreude zu genießen, die mir der Anblick des industrialisierten Frohsinns bereitet. Meiner kummervollen Befürchtung, es könnten meine fortgeschrittenen Jahre sein, die mir den Aspekt einer Vergnügungsstätte triste machen, steht die objektive Erkenntnis von der unsagbaren Eintönigkeit des internationalen Nachtlebens entgegen. In der Tat erscheint der ganze Mechanismus, mittels dessen heutzutage die Freude erzeugt und vermittelt wird, in dem Maße simplifiziert und durchsichtig, in dem die menschliche Natur von außen her Vergnügungsmaterial zu ihrer Belustigung heranziehen muß.

Es ist, als bemächtige sich jene grobe Kraft, die heutzutage den Stoff beinahe aus dem Nichts erschafft und verarbeitet, auch der seelischen Fähigkeiten und als schlüge sie Kapital aus der primären Veranlassung und der Notwendigkeit des Menschen, sich zu erheitern. Und es ist, als schüfe diese vergröberte und vereinheitlichte Erheiterungsindustrie auch in allen großen Städten der Welt den einheitlichen Typ des Nachtbummlers, mit den streng typisierten, höchst einfachen Bedürfnissen, die nach höchst einfachen Regeln zu befriedigen sind. Gegen zwei Uhr nachts ist also das Bild, das eine Bar, eine »Luxusstätte«, ein »Tanzlokal« in Berlin, Paris, Marseille und Kairo bieten, immer das gleiche: Der parfümierte Rauch der internationalen »Luxuszigaretten« steht unter der Decke, eine Art gasförmiges Unterfutter des Plafonds. Die rötlich verhüllten Lampen verbreiten ihr Licht nicht, sondern verbergen es. Die nach internationalen Rezepten gemischten Cocktails, deren klare Buntheit an flüssig gemachte Halbedelsteine denken läßt, stehen in halbgefüllten, gleichartig gewölbten Gläsern von dem Umfang halber Kokosschalen. Hart, spröde und gelb ragen die Büschel der Strohhalme aus metallenen Behältern, eine einzige, ferne Erinnerung an die längst überwundene rustikale Epoche der Menschheit.

In der Ecke, in der die Musikkapelle Platz genommen hat, aber nicht etwa, um sitzen zu bleiben, sondern um unaufhörliche und sinnlose Bewegungen zu vollführen, die an die bekannte Exerzierübung »Laufschritt auf der Stelle« erinnern, übertragen aus der Welt des martialischen in die des bacchantischen Militarismus, blitzt und schimmert, stöhnt und wimmert, jauchzt und jubelt das Saxophon, die profane Posaune dieses profanen, gleichsam vorletzten Gerichtes. Die Musikanten tragen keine Röcke. Sie sitzen in Hemdsärmeln wie Kegelschieber, in Sporthemden wie Tennisspieler, in diesem angelsächsischen smarten Dreß, der anzudeuten scheint, daß die Erzeugung von Klängen und Tönen eher von einer sportlichen Begabung herrührt als von einer musikalischen. Die Bardamen aller Welt sind aus dem gleichen Schönheitsmaterial gemacht, das ohne Rücksicht auf die besonderen klimatischen, geologischen und Rassebedingungen der einzelnen Gegenden von einer verschwenderischen göttlichen Macht über alle Staaten gleichmäßig verschüttet worden ist, zwecks Erzeugung jenes internationalen, infantilen, schlanken, schmalhüftigen Frauentyps, in dem sich das Laster mit dem Training zu verbinden scheint, die Tendenz zur selbständigen Modernität mit der überlieferten Methode, durch Hilflosigkeit zu verführen, die aktive und passive Wahlberechtigung mit der Bereitschaft, sich kaufen zu lassen. In allen Städten ein ganz bestimmter, einheitlicher Typ von jugendlichen, das heißt alterslosen Genießern in männlicher Kleidung (dem einzigen Kennzeichen ihres Geschlechts): glattrasiertes Gesicht und straff zurückgekämmtes Haar, breitwattierte Schultern und zusammengepreßte Hüften, wallende, breite Hosen und scharf zugespitzte Lackstiefel – – und diese Lässigkeit aus den Modejournalen, diese Nonchalance einer Schaufensterpuppe, diese falsche Weltmüdigkeit im gläsernen Blick und dieser schmale Mund, den die Natur selbst retuschiert hat, in Anlehnung an die Kunstmittel der Photographie. Die Paare erheben sich zur gymnastischen Tanzübung gleichzeitig und gleichgültig. Die Bewegungen der Musiker sind lebhafter als die der Tanzenden. Es ist, als entzöge die hampelmännische Beweglichkeit der Musikanten den Körpern der Tänzer das notwendige Quantum Lebhaftigkeit. Vorzutäuschen vermögen es noch zumindest jene Tanzpaare, die unter der Marke: mondäne Tanzdarbietungen aus einer großen Stadt in die andere wandern, um überall mit dem gleichen mechanischen Lächeln, das nur aus einem Entblößen der gepflegten Zähne besteht, das harte täglich-nächtliche Brot zu verdienen. Nirgends ist ein Wirt vorhanden, als gehörten die Bars in der Tat niemandem, als wären sie öffentliche Einrichtungen des Luxus, wie Omnibusse und Straßenlaternen öffentliche Einrichtungen des Bedarfs sind, und als wollte die Vergnügungsindustrie ihre innige Verwandtschaft mit der Nutz-Industrie beweisen.

In einer großen Stadt wie Berlin sind Aktiengesellschaften imstande, die Vergnügungsbedürfnisse einiger sozialer Schichten gleichzeitig zu befriedigen, die »Mondänität« im Westen zu pflegen und im anderen Stadtteil die Freuden eines »gutbürgerlichen Mittelstandes« zu schaffen und im dritten jenen Teil des gehobenen Proletariats mit »drittklassigen Etablissements« zu versorgen, der auch einmal eine Ahnung von der »großen Welt« bekommen möchte. Und wie in einem Warenhaus für jede soziale Schicht und selbst noch für die vielfach nuancierten Zwischenschichten Kleidung und Nahrung sorgfältig in Preisen wie in »Qualität« vorbereitet und abgestuft werden, so liefern die AGs der Freuden-Industrie jeder Klasse das Amüsement, das ihr gebührt und das sie verträgt, jede Art von Alkohol, die ihr bekommt und die sie bezahlen kann, vom Champagner und Cocktail zum Cognac, zum Kirschwasser, zum gezuckerten Likör, zum Bier vom Patzenhofer Bräu. In einer einzigen Nacht, in der meine Trauer so groß war, daß sie mich zwang, den Schmerz der freudehungrigen Großstadtmenschen aller Schichten mitzuerleben, ging ich langsam von den Bars des Berliner Westens in die der Friedrichstraße, von hier in die Bars des Nordens, um schließlich in den Gaststätten zu bleiben, die vom sogenannten Lumpenproletariat bevölkert werden. Die Schnäpse wurden immer stärker, das Bier heller und leichter, die Weine saurer, die Musik falscher und die Mädchen dicker und älter. Ja, mir war, als gäbe es irgendwo eine einzige, unbarmherzige Macht, eine Aktiengesellschaft selbstverständlich, die das ganze Volk mit unerbittlicher Strenge zum nächtlichen Vergnügen anhält, es sozusagen mit Freuden züchtigt und äußerst sorgfältig das Material der Freuden verwertet – bis zum letzten brauchbaren Rest. Saxophonspieler, die also im Luxusblasen des Westens den Atem verloren haben, spielen so lange dem bürgerlichen Mittelstand vor, bis sie auch das Gehör verlieren; dann kommen sie in die proletarischen Bars. Die gertenschlanken Tänzerinnen gleiten mit der zunehmenden Fülle der Körper und der Jahre, einem peinlichen Dienstreglement zufolge, langsam nach unten, aus der Region, in der man verschwendet, in jene, in der man bereits rechnet, in die dritte, in der man spart, und so weiter bis in die allerletzte, in der man nur zufällig etwas ausgibt.

Eine dieser Unterhaltungsstätten, sie war schon reich an Jahren, ein Greis unter den Vergnügungslokalen von Berlin, feierte das fünfzigjährige Jubiläum ihrer Existenz und verteilte aus diesem Anlaß inhaltsreiche Programmhefte mit verschollenen Photos verschollener Tingel-Tangel-Größen und Lieblingen des Publikums und einem »historischen Überblick«. Aus diesem ging nun hervor, daß die Vergnügungsstätte, von einem einzigen Mann dereinst begründet und geleitet, in die zahlreichen Hände eines Konsortiums übergegangen ist, eines Konsortiums, das, wie ich mir vorstelle, aus lauter todernsten Männern besteht, verdienstvollen Verdienern. Man sieht das Photo des Gründers: das breite und runde Angesicht eines Mannes, der lebt und leben läßt, mit zwinkernd zusammengekniffenen Augen eines Kenners, der abschätzt, mit einem mächtigen, aufgezwirbelten Schnurrbart, der eine Art martialischer Gutmütigkeit verrät, und mit einem behäbigen Lächeln, das die zweifellose Gewinnsüchtigkeit des Mannes legitimiert. Dann folgen die Bilder der »berühmten Nummern«, der »Diseusen«, ein Geschlecht mutiger Frauen, das die Bühne betritt wie einen Kriegsschauplatz, gepanzert in Korsetts, in langen Röcken, unter denen ein Fuß in schneeweißem oder rosarotem Strumpf und vielverschnürtem Tanzschuh kokett, lüstern und sündhaft hervorlugt, kriegerische, sittenlose Marketenderinnen mit entblößten Hälsen und Schultern voller Kraft und mit reichem, hochgetürmtem Haar, mit dem nach der beliebten Weise anmutig zu nicken keine Kleinigkeit sein konnte; und schließlich die Tänzerinnen mit den rundlichen, wohlgeratenen Beinen, die eingenäht zu sein schienen in dem wirbelnden Wust der rüschenreichen Ballett-Unterröcke, lose Mädchen von süßer Harmlosigkeit und bescholtener Tugend. Ja, so ging es zu. Der Wirt ging zwischen den Tischen herum und nickte und ließ die Leute leben und ermunterte sie, tüchtig zu sündigen. Die Witze waren schlecht, aber die Menschen waren heiter, die Frauen sehr bekleidet, aber sie bestanden aus Fleisch und Blut und waren nicht Resultate hygienischen Trainings. Das Vergnügen war immerhin ein Geschäft und noch keine Industrie.

Münchner Neueste Nachrichten, 1.5.1930

Nach etwa dreißig Beiträgen kehrt Roth wieder zur »Frankfurter Zeitung« zurück, die ihm ein höheres Honorar anbietet und 1930, noch vor Erscheinen der Erstausgabe, seinen Roman »Hiob« als Vorabdruck veröffentlicht.

Obwohl Roth zu den bestverdienenden Autoren zählte, litt er stets unter Geldmangel, der nicht nur durch sein unstetes Leben bedingt war, sondern eben auch durch seine Zuwendungen für die Eltern seiner Frau Friedl und für Manga Bell und deren Kinder.

Am 20. November 1930 schreibt er an Stefan Zweig:

(...)

Wie gerne würde ich jetzt meinen altösterreichischen Roman schreiben! Aber ich brauche nicht weniger als 2500 Mark im Monat, verdiene mit unglaublicher Anstrengung nur 1000, und nicht Das einmal, denn ich kann mit den 1000

Zeilen pro Monat für die F.Z. nicht zurecht kommen. Es sind etwa 50 Zeilen im Tag, man müßte eine Dampfmaschine sein, um es fertig zu bringen. Dazu Reisen, Aufenthalt in unglaublichen Städten. Eine furchtbare Lage, nie mehr als 50 Mark in der Tasche zu haben, denn Kiepenheuer kann nur in Raten schicken, von 100 und 150 Mark, gerade genug, um ein Hotel zu bezahlen, die Bahn und das nächste zu beziehen. Niemals habe ich so viel, um mich nur für 2 Wochen einzurichten. Ich habe leider auch mit Phaidon abgeschlossen. Denn 1000 M. waren in Wien in einem Augenblick nötig, in dem Kiepenheuer gar nichts hatte. Aber der Vertrag ist günstiger, denn ich bekam und verlangte nur den halben Vorschuß und dafür bekam ich das Recht, ein anderes Reisebuch abzuliefern. Also denke ich an die »Neue Harzreise«, die ohnehin in der F.Z. erscheinen wird. Ich habe noch keinen Ton anfangen können. Denn ich finde kaum noch die gehörige Zeitungsmelodie – und beschäftige mich mit dem Roman, (»Der Radetzkymarsch« heißt er) und behandelt Altösterreich von 1890–1914. Mündlich werde ich Ihnen die Fabel erzählen.
(...)

1932 erscheint in der »Frankfurter Zeitung« der Vorabdruck seines Romans »Radetzkymarsch«, den Roth mit einem Vorwort einleitet, in dem er sich der Fahrt von Wien an die Front in »funkelnagelneuer Felduniform« erinnert und dem verlorenen Vaterland, der alten österreichisch-ungarischen Monarchie, nachtrauert. Aber er trauert dieser verlorenen Welt nicht nur wehmütig nach, er greift den sorglosen, leichtfertigen und verfälschenden Umgang mit der untergegangenen Monarchie durch die leichten Musen, wie Operetten und Kino, kritisch an.

Die Pflicht des Schriftstellers sei es, so erklärt er in diesem Vorwort, »aus dem Vergehenden, dem Verwehenden das

Merkwürdige und zugleich das Menschlich-Bezeichnende festzuhalten. Er hat die erhabene und bescheidene Aufgabe, die privaten Schicksale aufzuklauben, welche die Geschichte fallen läßt, blind und leichtfertig, wie es scheint.« Und dies strebt er in dem Bericht über die Familie Trotta an.

Vorwort zu meinem Roman »Radetzkymarsch«

Ein grausamer Wille der Geschichte hat mein altes Vaterland, die österreichisch-ungarische Monarchie, zertrümmert. Ich habe es geliebt, dieses Vaterland, das mir erlaubte, ein Patriot und ein Weltbürger zugleich zu sein, ein Österreicher und ein Deutscher unter allen österreichischen Völkern. Ich habe die Tugenden und die Vorzüge dieses Vaterlands geliebt, und ich liebe heute, da es verstorben und verloren ist, auch noch seine Fehler und seine Schwächen. Deren hatte es viele. Es hat sie durch seinen Tod gebüßt. Es ist fast unmittelbar aus der Operettenvorstellung in das schaurige Theater des Weltkriegs gegangen. Die Militärkapelle, die meine Marschkompanie zum Wiener Nordbahnhof begleitete, spielte ein Potpourri aus den Melodien von Lehár und Strauß, und der Pfiff der Lokomotive, die uns zum Schlachtfeld führen sollte, verlor sich in den verwehenden Klängen der zurückgebliebenen Trommeln und Trompeten, während unser Zug dem Tod entgegenglitt: Es war eine Woche nach dem Tode des alten Kaisers. In der funkelnagelneuen Felduniform, die wir bei der Abfahrt trugen, hatten wir bei seinem Begräbnis vor der Kapuzinergruft Spalier gebildet. Und es war, als schickte uns noch der tote Kaiser in den Tod. Und während er mit dem gedämpften Pomp begraben wurde, den das ewige Schweigen der Gefallenen und die lauten Wehrufe der Verkrüppelten dem Zeremonienmeister diktiert hatten, wußten wir alle, seine Soldaten, daß unser letzter Kaiser dahingegangen war und mit ihm unsere Heimat, unsere Jugend und unsere Welt. Sein Nachfolger war lediglich der ohnmächtige und vorläufige Verwalter und Zusammenhalter eines Erbes, dessen neue Besitzer schon warteten, das verbriefte Recht der Weltgeschichte in Händen. Den Willen der Weltgeschichte erkannte ich wohl, ihren Sinn verstehe ich nicht immer. Wenn sie wirklich das Weltgericht ist, so erscheint sie mir zuweilen nicht weniger frei von Rechtsirrtümern und -fehlern als ein gewöhnliches Bezirks- oder Landesgericht. Denn auf eine äußerst sorglose Weise überläßt sie gelegentlich das Urteil über die alte österreichisch-ungarische Monarchie dem Kino, der Tonfilmoperette und den lächerlichen Verkündern der landläufigen Schablonenweisheiten. Und man mag daran erkennen, daß die bitter-ernste Klio ihre Aufgaben manchmal ihren leichteren Schwestern übergibt.

Mir und vielen anderen meiner internationalen Landsleute, die gleich mir ein Vaterland und damit eine Welt verloren haben, ist ein ganz anderes Österreich bekannt und vertraut als jenes, das sich in seinen Export-Operetten zu Lebzeiten offenbart hat und das sich nach dem Tode nur noch in seinem billigsten Export bewahrt. Ich habe die merkwürdige Familie der Trottas, von denen ich in meinem Buch »Radetzkymarsch« berichten will, gekannt und geliebt, die Spartaner unter den Österreichern. An ihrem Aufstieg, an ihrem Untergang glaube ich den Willen jener unheimlichen Macht erkennen zu dürfen, die am Schicksal eines Geschlechts das einer historischen Gewalt deutet.

Die Völker vergehn, die Reiche verwehn. (Aus den vergehenden besteht die Geschichte.) Aus dem Vergehenden, dem Verwehenden das Merkwürdige und zugleich das Menschlich-Bezeichnende festzuhalten ist die Pflicht des Schriftstellers. Er hat die erhabene und bescheidene Aufgabe, die privaten Schicksale aufzuklauben, welche die Geschichte fallen läßt, blind und leichtfertig, wie es scheint.

Wir beginnen im Zweiten Morgenblatt vom Sonntag, 17. April, mit der Veröffentlichung des hier vom Autor eingeleiteten Romans »Radetzkymarsch«.

Frankfurter Zeitung 17.4.1932

Am 7. August 1932 schreibt Roth aus Baden-Baden an seinen Brieffreund Stefan Zweig:

7. August 1932.
Baden-Baden
bei Fabisch
Yburgstraße 21.

Sehr verehrter lieber Stefan Zweig,

ich weiß gar nicht, ob Sie nach so langer Zeit nicht das Recht und die Lust haben, meinen Brief ungelesen abzulegen. Es ist seit 4 Monaten die erste Woche – ein Freund hat mich eingeladen und ich bleibe noch etwa 6 Tage hier – in der ich ein wenig aufatmen kann. Die letzten 4 Wochen in denen ich es vielleicht schon hätte können, hat mich ein ekelhafter Magen- und Darmkatarrh geplagt, jetzt wird es allmählig besser. Ganz gut aber, fürchte ich, wird es nie mehr. Weil doch diese körperliche Krankheit wie damals meine Augenkrankheit lediglich die Folge ist dieser katastrophalen Lage, in der ich mich befinde. Stellen Sie sich vor, daß mein Roman in der Zeitung zu laufen anfing, als er noch nicht fertig war. Und ich mußte, den grausamen Atem der Zeit sozusagen im Nacken und von ihm natürlich gelähmt, nicht etwa angefeuert, weiterschreiben, dazwischen umbauen, korrigieren und endlich einen flüchtigen Schluß bauen. Inzwischen hat der Hamburger Buchklub das Buch noch für August gekauft. Ich muß korrigieren und umarbeiten, in einem, jeden Tag ganz grausam acht Stunden und bin dabei vollkommen geschwächt und meine Hände zittern. Ich habe die ganze Zeit, seitdem ich Paris verlassen hatte, jede 4 Wochen bei einem anderen Freund und Bekannten gewohnt, und Sie wissen, wie schrecklich das ist für einen Hotelbewohner meiner Art. 5 Mark im Tag bekomme ich vom Verlag. In der Abzahlung meiner drückendsten Schulden habe ich stoppen müssen. Dadurch wurden sie noch drückender. An manchen Stellen konnte ich mich gar nicht sehen lassen. Der Frankfurter Ztg bin ich 400 Mark schuldig, ich kann auch nicht mehr Geduld für Artikel aufbringen. Das Einzige, was mir bis heute gelungen ist, ist die Zahlung für meine Frau aufrecht zu erhalten. Der Verlag Kiepenheuer hält nur so lange, wie seine jüdischen Geldgeber in Deutschland bleiben. Aber Alles spricht dafür, daß sie Berlin verlassen. Der Nationalsozialismus trifft mich also im Privatesten – – abgesehen davon, daß die Buchhändler terrorisiert und selber auch nationalistisch, ein Ende machen wollen mit der Literatur, die sie zivilisatorisch nennen, westeuropäische und so weiter. Ich bin überzeugt, daß den frechen Chuzpe-Juden nichts geschieht, alles Böse aber den wirklich Konservativen – und niemals ist das Wort so wahr gewesen: Pack schlägt sich Pack verträgt sich. Gewiß werden die ungarischen Juden im III. Reich die Zensur ausüben so fix wie sie in Rußland führen und innerhalb dieser Scheißdemokratie. Ach, daß wir das erleben mußten. Der Hausmeister heißt heute reaktionär und Tucholsky, der sein Vetter ist, wird mit mir verwechselt! Vor einigen Wochen sprach ich mit Nationalsozialisten über Sie – und erst nach zehn Minuten Streit stellte sich heraus, daß sie Sie für Arnold Z. gehalten hatten. Dann aber kam, als Argument gegen Sie: auch so ein »Weltdichter«! Die Leute ärgert es einfach, daß man in Europa bekannt ist und sie grenzen in dem Maß Deutschland von Europa ab, daß sie in den Männern von europäischem Ruf die Feinde sehen, wie in den Franzosen. Ach, wie ekelhaft, ich schwöre Ihnen, es ist nicht mehr zum Atmen, geschweige denn zum Schreiben! Es ist so grauenhaft, nach links abgedrängt zu werden, gegen seinen Willen, ja, gegen sein Wesen in eine Front mit der Weltbühne gedrängt zu werden. Wie ekelhaft war diese Einsperrung Ossietzkys, begleitet von allen »fortgeschrittenen« Jüdinnen vom Kurfürstendamm in herrlichen Autos – und der arme Goj ging in die Zelle und Toller hielt *draußen* seine Rede. Ich war der Einzige (außer H. Mann), der *nicht* mitgemacht hat, ich aus Ekel, er aus Zeitmangel. Es ist sinnlos geworden, alles ist sinnlos geworden! Ich habe die Empfindung, daß es, mit mir zumindest, nicht weiter geht.

Leben Sie recht gut! Wenn Sie mir nicht böse sind, schreiben Sie ein Wort Ihrem alten Joseph Roth.

An den Schriftsteller und Literaturwissenschaftler Otto Forst-Battaglia, der über seinen Roman »Hiob« referiert hatte, schreibt Roth eine seiner Brief-Biographien im Oktober 1932 während eines kurzen Aufenthalts in Ascona:

Caffè Centrale Ascona
Ständige Adresse:
Englischer Hof, Frankfurt am Main
Ascona, 28. X. 1932.

Sehr verehrter Herr Doktor,
besten Dank für Ihre freundlichen Zeilen. Ich bin der Sohn eines österreichischen Eisenbahnbeamten (frühzeitig pensioniert und im Wohnheim gestorben) und einer russisch-polnischen Jüdin. Ich habe in Schlesien, Galizien und Wien die Mittelschule (Gymnasium) besucht und dann *Germani-*

stik bei Minor und Brecht (in Wien) studiert. Ich habe mich freiwillig ins Feld 1916 gemeldet und war 1917–1918 an der Ostfront. Ich bin Fähnrich geworden und ausgezeichnet mit der großen Silbernen, dem Verdienstkreuz, dem Karl-Truppenkreuz. Ich habe zuerst bei den 21. Jägern gedient, dann bei der Landwehr 24. Mein stärkstes Erlebnis war der Krieg und der Untergang meines Vaterlandes, *des einzigen*, das ich je besessen: der österreichisch-ungarischen Monarchie. Auch heute noch bin ich durchaus patriotischer Österreicher und liebe den Rest meiner Heimat, wie eine Art Reliquie. – Ich war 6 Monate in russischer Gefangenschaft, entfloh und kämpfte zwei Monate in der roten Armee, dann zwei Monate Flucht und Heimkehr. In Wien begann ich zu schreiben: zuerst in der Arbeiterzeitung, dann beim »Neuen Tag« (nicht zu verwechseln mit dem heutigen »Tag«), dann im »N. Wiener Journal«; »Die Flucht ohne Ende« enthält meine Autobiographie zum großen Teil; dann Berliner Reporter ohne feste Anstellung, dann ständiger Reiseberichterstatter für das Feuilleton der »Frankfurter Zeitung«, [...] dann bei den Münchner Neuesten Nachrichten. Mein erstes Buch erschien 1923 oder 24. Es hieß »Hotel Savoy«. Seit 1930 lebe ich als freier Schriftsteller in verschiedenen Ländern, ein halbes Jahr in Deutschland.

Ich danke Ihnen sehr für Ihr freundliches Interesse und bei dieser Gelegenheit auch für das herzliche Referat, das Sie für meinen »Hiob« geschrieben haben.

In Ergebenheit: Ihr Joseph Roth

Wie man auch aus dem Brief an Stefan Zweig von 7. August 1932 ersehen kann, hatte Joseph Roth sehr früh die Gefahren des Nationalsozialismus erkannt. Und bereits 1932 soll er zu seinen Bekannten und Freunden in Berlin geäußert haben: »Es ist Zeit, wegzugehen. Sie werden unsere Bücher verbrennen und uns damit meinen.«

Am 30. Januar 1933, dem Tag, an dem Hitler zum Reichskanzler ernannt wurde, verläßt Joseph Roth, in Begleitung von Andrea Manga Bell und deren beiden Kindern, mit dem Zug nach Paris endgültig und für immer Berlin. Die ersten Wochen nehmen die Emigranten ein Zimmer im Hotel Jacob im 6. Pariser Arrondissement, von wo er an seinen Gönner und Freund Stefan Zweig schreibt:

47, Rue Jacob
Hotel Jacob
Paris VI.
[Mitte Februar 1933]

Verehrter lieber Freund,

seit 2 Wochen bin ich hier, um einen kleinen französischen Neger unterzubringen. Inzwischen wird es Ihnen klar sein, daß wir großen Katastrophen zutreiben. Abgesehen von den privaten – unsere literarische und materielle Existenz ist ja vernichtet – führt das Ganze zum neuen Krieg. Ich gebe keinen Heller mehr für unser Leben. Es ist gelungen, die Barbarei regieren zu lassen. Machen Sie sich keine Illusionen. Die Hölle regiert.

Herzlichst Ihr alter Joseph Roth.

Alle Bücher, die Joseph Roth von nun an bis zu seinem Tode 1939 schreibt (Der Antichrist, Tarabas, Beichte eines Mörders, Die hundert Tage, Das falsche Gewicht, Die Kapuzinergruft, Die Geschichte der 1002. Nacht, Die Legende vom heiligen Trinker), werden nicht mehr in Deutschland, sondern nur mehr in Holland in den Exilverlagen de Lange und Querido/Amsterdam sowie bei De Gemeenschap/Bilthoven verlegt.

In französischer Übersetzung erscheint im Herbst 1933 in den »Cahiers Juifs« in Paris seine Stellungnahme zum Antisemitismus in Deutschland und Österreich sowie eine Verteidigung der jüdischen Schriftsteller des 20. Jahrhunderts.

Das Autodafé des Geistes

Wenige Beobachter in aller Welt scheinen sich darüber Rechenschaft abzulegen, was die Bücherverbrennung, die Vertreibung der jüdischen Schriftsteller und all die anderen wahnwitzigen Versuche des Dritten Reiches, den Geist zu zerstören, bedeuten. Der blutige Einbruch der Barbaren in die perfektionierte Technik, der furchtbare Zug der mechanisierten Orang-Utans, bewaffnet mit Handgranaten, mit Giftgasen, Ammoniak, Nitroglyzerin, mit Gasmasken und Flugzeugen, der Aufstand der Nachkommen aus dem Geiste (wenn nicht aus dem Blute) der Kimbern und Teutonen, all dies bedeutet in weit größerem Ausmaße, als es die bedrohte und terrorisierte Welt glauben will: Man muß es erkennen und offen aussprechen: Das geistige Europa kapituliert. Es kapituliert aus Schwäche, aus Trägheit, aus Gleichgültigkeit, aus Gedankenlosigkeit, (es wird Aufgabe der Zukunft sein, die Gründe dieser schändlichen Kapitulation genau zu erforschen).

Wir deutschen Schriftsteller jüdischer Abstammung müssen in diesen Tagen, da der Rauch unserer verbrannten Bücher zum Himmel steigt, vor allem erkennen, daß wir besiegt sind. Erfüllen wir, die wir die erste Welle der Soldaten bilden, die unter dem Banner des europäischen Geistes gekämpft haben, die edelste Pflicht der in Ehren besiegten Krieger: Erkennen wir unsere Niederlage.

Ja, wir sind geschlagen.

Es wäre unwürdig, schon den Lorbeer unserer künftigen Siege zu ergreifen. Es wäre kindisch, im voraus den endgültigen Sieg des menschlichen Geistes über die augenblicklich siegreiche Macht der Fauna der »Leuna-Werke«, der »I.G. Farbenwerke« und anderer chemotechnischer Urwälder zu verkünden. Wir sind stolz auf unsere Niederlage. Wir standen im ersten Glied der Verteidiger Europas, und wir wurden als erste geschlagen. Unsere Kameraden »arischen Geblüts« können noch auf Begnadigung hoffen (vorausgesetzt, daß sie, und sei es nur in geringfügigem Maße, die Bereitschaft zeigen, sich in der Sprache von Goebbels und Göring auszudrücken). Es ist sogar möglich, daß die Wandalen des Dritten Reiches sich »arische« Schriftsteller von großem literarischen Renommee, wie Thomas Mann und Gerhart Hauptmann (zur Zeit verfolgt), vorläufig nutzbar zu machen versuchen, um die Menschheit zu hintergehen und sie mittels einer Kriegslist glauben zu lassen, daß auch der Nationalsozialismus den europäischen Geist respektiere. Aber wir Schriftsteller jüdischer Herkunft sind, Gott sei gedankt, vor jeder Versuchung, uns der Seite der Barbaren anzunähern, geschützt. Wir sind *die einzigen Repräsentanten Europas,* die nicht mehr nach Deutschland zurückkehren können. Selbst wenn sich in unseren Reihen ein Verräter fände, der aus Ehrgeiz, Dummheit und Blindheit mit den Zerstörern Europas einen schändlichen Frieden schließen wollte – er könnte es nicht! Das »asiatische« und »orientalische« Blut, das uns die gegenwärtigen Machthaber des Deutschen Reiches vorwerfen, gestattet uns mit Bestimmtheit nicht, aus den noblen Reihen der europäischen Armee zu desertieren. Gott selbst – und wir sind stolz darauf – läßt uns Europa, die Christenheit und das Judentum nicht verraten. Gott ist mit den Besiegten, nicht mit den Siegern! In einer Zeit, da Seine Heiligkeit, der unfehlbare Papst der Christenheit, einen Friedensvertrag, »Konkordat« genannt, mit den Feinden Christi schließt, da die Protestanten eine »Deutsche Kirche« gründen und die Bibel zensieren, bleiben wir Nachkommen der alten Juden, der Ahnen der europäischen Kultur, die einzigen legitimen deutschen Repräsentanten dieser Kultur. Dank der unerforschlichen göttlichen Weisheit sind wir physisch unfähig, sie an die heidnische Zivilisation der Giftgase, an den mit Ammoniak bewaffneten germanischen Kriegsgott zu verraten.

Haben sich die deutschen Schriftsteller jüdischer Abstammung – und selbst die deutschen Schriftsteller im allgemeinen – jemals im Deutschen Reich zu Hause gefühlt? Der historisch wohl begründete Verdacht erhebt sich, daß die deutschen Literaten, jüdischer oder nichtjüdischer Herkunft, zu allen Zeiten nur Fremde in Deutschland waren, Emigranten auf heimatlichem Boden, verzehrt von Heimweh nach einem wahren Vaterland, selbst wenn sie sich innerhalb seiner Grenzen befanden. Seit der Zeit, als das »Zweite Reich« Bismarcks die Vorherrschaft der physischen, materialistischen und militärischen Kräfte über das geistige Leben anordnete, als der Typ des »Korporals« verkündet und von der Welt als der Prototyp des Deutschen anerkannt wurde, fühlten sich die deutschen Schriftsteller moralisch vertrieben und verbannt. Hinter dem Korporal stand der Ingenieur, der ihm die Waffen lieferte, der Chemiker, der das Giftgas verbesserte, um das menschliche Gehirn zu zerstören, und gleichzeitig das Pyramidon mischte, um die Migräne zu erleichtern; der deutsche Professor, den die humoristischen Zeitschriften fälschlich als harmlosen Träumer darstellen, der seinen Regenschirm vergißt und der in Wirklichkeit der gefährlichste (weil der dogmatischste) Feind der europäischen Zivilisation ist; der Erfinder des Giftgases selbst auf dem Gebiet der Philologie, der bezahlt wird, um die Idee der preußischen Überlegenheit zu propagieren, der Unteroffizier der Universität, die unter Wilhelm II. zur Kaserne wurde.

Im neuen »Deutschen Reich« waren die einzigen Freien und Unabhängigen, somit Revolutionäre im wahren Sinne des Wortes, allein die wahren Schriftsteller. Deshalb fühlten sie sich, lange vor Hitler, als Emigranten und Vaterlandslose im Königreich der Technik, der Korporale, des Parademarsches und des Strammstehens. Wenn man das kürzliche Autodafé der Bücher verstehen will, muß man das gegenwärtige »Dritte Reich« als eine natürliche Folge des preußischen Reiches Bismarcks und der Hohenzollern begreifen und nicht als Reaktion gegen die arme deutsche Republik mit ihren schwachen deutschen Demokraten und Sozialdemokraten. Preußen, die Beherrscherin Deutschlands, war dem Geist immer feindlich gesinnt, den Büchern, dem Buch der Bücher, d. h. der Bibel, Juden und Christen, dem Humanismus und Europa gegenüber. Das »Dritte Reich« Hitlers schreckt die europäische Welt nur deshalb, weil es die Kühnheit besessen hat, das zu vollenden, was Preußen schon immer vorhatte, nämlich: Bücher zu verbrennen, die Juden totzuschlagen und das Christentum zu verfälschen.

Der große geschichtliche Irrtum der in Deutschland heimisch gewordenen Jugend bestand darin, daß sie sich dem preußischen Korporal unterwarfen, anstatt sich mit dem wahren deutschen Geist zu verbünden. Um 1900 tauchte in Deutschland eine Kategorie von Juden auf, die man als »Juden Kaiser Wilhelms« oder »jüdische Preußen« oder auch »jüdische Leutnants der Reserve«, kurz als »Sonntagsjuden« bezeichnen könnte. Ohne auf ihre Religion zu verzichten, versuchten sie, diese in eine Art Protestantismus umzuwandeln und aus ihren Tempeln preußische Kasernen zu machen. Sie nannten sich »deutsche Staatsbürger jüdischen Glaubens«, und die Tatsache, daß sie den Namen »deutsche Staatsbürger« anstatt einfach »Deutsche« annahmen, beweist: Sie selbst fühlten, daß die Staatsbürgerschaft noch keine Verschmelzung mit Volk und Nation bedeutete. Sie hatten gerade noch so viel Willenskraft, um sich nicht von der Jahrtausende alten Tradition ihrer Väter zu trennen, aber sie waren zu kraftlos, diese Tradition nicht zu verfälschen. Weil sie nicht den Mut besaßen, selbst zu konvertieren, *zogen sie es vor, die gesamte jüdische Religion zu taufen.* So entstanden jüdische Priester mit protestantischem Benehmen und in protestantischer Verkleidung; »reformierte israelitische Gemeinden«, die den Sonntag statt den Sabbat heiligten; Juden, die sich am Yom-Kippur-Tag in luxuriösen Kaleschen in der Uniform des Reserve-Leutnants der preußischen Regimenter zum Tempel – dem Haus eines verratenen Gottes – begaben; Juden, die schließlich dahin kamen, die »jüdische Konfession« als eine vom Staat eingeräumte Konzession an Jehova als einen preußischen Zwillingsgott anzusehen ... Sie fühlten sich berechtigt, die »deutsche Zivilisation« in Pacht zu nehmen; unbeständig und schwankend wie sie waren, literarische und andere »Moden« einzuführen und zu bevorzugen; kritiklos, *novarum rerum cupidissimi*, wie sie geworden waren, alle Versuche von Korruption in Literatur, in den bildenden Künsten, im Theater zu bewundern, weil sie Jehova vergessen hatten; sich zum Liberalismus und zur Freigeisterei zu bekennen.

Man kann sagen, daß seit etwa 1900 diese »Oberschicht« der deutschen Juden zu einem großen Teil das künstlerische Leben Deutschlands bestimmt, wenn nicht beherrscht hat. Gerechterweise muß man feststellen, daß sie sowohl Qualitäten und Tugenden als auch Fehler hatten. Selbst ihre Irrtümer waren manchmal heilsam. Im ganzen weiten Reich einer Bevölkerung von sechzig Millionen Menschen, unter all den vielen Industriellen, gab es, von individuellen Ausnahmen natürlich abgesehen, keine einzige Schicht, die aktives Interesse an Kunst und Geist bekundet hätte. Was die preußischen »Junker« angeht, so weiß die zivilisierte Welt, daß sie gerade lesen und schreiben können; einer ihrer Repräsentanten, der deutsche Reichspräsident Hindenburg, hat öffentlich bekannt, *daß er in seinem Leben niemals ein Buch gelesen hat.* Doch, nebenbei bemerkt, es war dieses Standbild, uralt seit seiner ersten Jugend, das die Arbeiter, Sozialdemokraten, Journalisten, Künstler, Juden während des Krieges vergötterten und das deutsche Volk (Arbeiter, Juden, Journalisten, Künstler, Sozialdemokraten) nach dem Krieg zweimal nacheinander zum Reichspräsidenten wählte. Ist ein Volk, das als Staatsoberhaupt ein Standbild wählt, das niemals ein Buch gelesen hat, so weit davon entfernt, selbst die Bücher zu verbrennen? Und haben die jüdischen Schriftsteller, Gelehrten und Philosophen, die Hindenburg wählten, wirklich das Recht, sich über den Scheiterhaufen zu beschweren, auf dem jetzt unsere Gedanken brennen?

Was die Industriellen betrifft – sie beschäftigten sich mit Stahl und Eisen, mit Kanonen und »Dicken Bertas«, sie schmiedeten die modernen »Siegfriedsschwerter«. Die großen Geschäftsleute stellten den billigen Schund »Made in Germany« her, mit dem sie die unglückliche Welt überschwemmten. *Allein die deutschen Juden (Ärzte, Rechtsanwälte, Kleinhändler, Eigentümer großer Kaufhäuser, Handwerker oder Fabrikanten) interessierten sich für Bücher, das Theater, Musen, die Musik.* Selbst wenn sie hier und da in einen Snobismus des schlechten Geschmacks verfielen, Tatsache ist, daß sich in ganz Deutschland niemand fand, der fähig gewesen wäre, sie zu korrigieren und ihre Irrtümer richtigzustellen. Zeitschriften und Zeitungen wurden von Juden herausgegeben, von Juden bezahlt, von Juden gelesen! Ein ganzer Schwarm intellektueller jüdischer Kritiker und Interpreten entdeckte und förderte zahlreiche »rein arische« Dichter, Schriftsteller, Schauspieler! Gibt es jetzt, da Theater und Literatur »gereinigt« sind, einen einzigen bemerkenswerten Schauspieler oder Literaten, der nicht schon zu einer Zeit ausgezeichnet und anerkannt worden wäre, als Kritik und öffentliche Meinung von den Juden gefördert wurden? Das Dritte Reich zeige uns einen einzigen »rein arischen« Dichter, Schauspieler, Musiker von Talent, der von den Juden unterdrückt und Herrn Goebbels befreit worden wäre! Allein schwache Dilettanten entfalten sich unter dem Schatten des Hakenkreuzes, unter dem blutigen Widerschein der Scheiterhaufen, von denen wir auflodern …

Seit Beginn des 20. Jahrhunderts haben folgende Schriftsteller – Juden, Halbjuden und Vierteljuden (»semitischer Herkunft«, um in der Sprache des Dritten Reiches zu reden) – ihren Beitrag zur deutschen Literatur geleistet!

Der Wiener *Peter Altenberg*, ein Troubadour des 20. Jahrhunderts, der feinfühlige Dichter der unaufdringlichsten und verschwiegensten Frauenschönheit, der seit langem von den Barbaren der Rassentheorie als »dekadenter Pornograph« beschimpft wird; *Oscar Blumenthal*, der Verfasser feinsinniger Komödien ohne Größe, aber voll Geschmack; *Richard Beer-Hofmann*, ein nobler Schmied der deutschen Sprache, Erbe und Interpret der biblischen Überlieferung; *Max Brod*, der selbstlose Freund Franz Kafkas, ein Erzähler aus großer Tradition, voll Eifer und Gelehrsamkeit, der die großartige Gestalt des Tycho Brahe wiederbelebte; *Alfred Döblin*, der als erster in der deutschen Literatur den Typus des volkstümlichen Berliners entdeckt und verkörpert hat, eine der originellsten Schöpfungen der intellektuellen Welt; *Bruno Frank*, ein gewissenhafter Handwerker des Wortes, ein erfahrener Dramatiker, ein Pazifist und Sänger von Preußens Vergangenheit; *Ludwig Fulda*, ein lyrischer Dichter und Verfasser von Komödien voll Charme und Scharfsinn; *Maximilian Harden*, der unermüdliche und vielleicht einzige wirkliche deutsche Publizist; *Walter Hasenclever*, einer der glühendsten Dramatiker; *Georg Hermann*, ein einfacher und wahrhaftiger

Erzähler des Kleinbürgertums; *Paul Heyse* (Halbjude), der erste deutsche Nobelpreisträger; *Hugo von Hofmannsthal*, einer der edelsten Lyriker und Prosaiker, der klassische Erbe der katholischen Schätze des alten Österreich; *Alfred Kerr*, ein Theaterkritiker, der von Phantasie überströmte; *Karl Kraus*, der große Polemiker, ein Meister der deutschen Literatur, ein Fanatiker der Reinheit der Sprache, ein fast unangreifbarer Apostel des Stils; *Else Lasker-Schüler*, eine Dichterin: man wagt nicht, ihr ein anderes Epitheton zu geben, dieses genügt; *Klaus Mann* (Halbjude, Sohn von Thomas Mann), ein verheißungsvoller junger Erzähler, begabt mit einem beachtlichen stilistischen Talent; *Alfred* und *Robert Neumann*, beachtenswerte epische Schriftsteller; *Rainer Maria Rilke* (Vierteljude), einer der größten Lyriker Europas; *Peter Panter*, der vor Geist sprühende Polemiker; *Carl Sternheim*, einer der scharfsinnigsten Erzähler und Dramatiker; *Ernst Toller*, der Dichter des Schwalbenbuches, ein revolutionärer Dramatiker, der, weil er die Freiheit des deutschen Volkes liebte, sieben Jahre in einer bayerischen Festung verbrachte; *Jakob Wassermann*, einer der ersten Romanschriftsteller Europas; *Franz Werfel*, ein lyrischer Dramatiker, Erzähler, ein großartiger Dichter; *Karl Wolfskehl*, der große und noble Bearbeiter der Mythen; *Carl Zuckmayer*, ein kraftvoller Dramatiker; *Arnold Zweig*, der Verfasser vom großartigen »Sergeant Grischa« und von »De Vriendt kehrt heim«, ein Romancier und Essayist von Gottes Gnaden. Eine ganz unvollständige Liste der Soldaten des Geistes, die vom Dritten Reich geschlagen wurden! Der Leser braucht von ihnen nicht Name für Name Kenntnis zu nehmen. Er begnüge sich gleich uns damit, sie zu grüßen, jene und andere jüdische Schriftsteller, die zu meinen liebsten Freunden zählen und die meine Freundschaft mit einem Epitheton zu schmücken fürchtet: *Stefan Zweig, Hermann Kesten, Egon Erwin Kisch,*

Ernst Weiss, Alfred Polgar, Walter Mehring, Siegfried Kracauer, Valeriu Marcu, Lion Feuchtwanger, der verstorbene *Hermann Ungar* und der verehrte Prophet und Seher *Max Picard.*

Die anderen deutsch-jüdischen Schriftsteller, deren Namen sich nicht auf dieser Liste finden, mögen mir verzeihen, daß ich sie vergessen habe. Mögen diejenigen, die hier vorgestellt wurden, sich der Nachbarschaft des einen oder anderen Feindes nicht widersetzen. Sie alle sind auf dem Ehrenfelde des Geistes gefallen. Sie alle haben in den Augen der deutschen Mörder und Brandstifter einen gemeinsamen Makel: *das jüdische Blut und den europäischen Geist.*

Die bedrohte und terrorisierte Welt muß sich darüber Rechenschaft ablegen, daß das Eindringen des Gefreiten Hitler in die europäische Zivilisation nicht nur den Beginn eines neuen Kapitels auf dem Gebiet des Antisemitismus bedeutet: weit gefehlt! Was die Brandstifter sagen, ist wahr, aber in einem anderen Sinne; dieses Dritte Reich ist der Beginn des Untergangs! Indem man die Juden vernichtet, verfolgt man Christus. Zum erstenmal werden die Juden nicht deshalb totgeschlagen, weil sie Jesus gekreuzigt haben, sondern weil sie ihn hervorgebracht haben. Wenn man die Bücher der jüdischen oder als solche verdächtigen Autoren verbrennt, legt man in Wirklichkeit Feuer an das Buch der Bücher: an die Bibel. Wenn man die jüdischen Richter und Rechtsanwälte vertreibt oder einsperrt, wendet man sich im Geiste zugleich gegen Recht und Gerechtigkeit. Wenn man die Schriftsteller von europäischem Renommee exiliert, bekundet man auf diese Art die Verachtung, die man gegen England und Frankreich hegt. Wenn man die Kommunisten martert, bekämpft man die russische und slawische Welt, weitaus eher diejenige Tolstois und Dostojewskis als die Lenins und Trotzkis. Wenn man Österreich lächerlich macht, verspottet man auf diese Weise den Katholizismus der Deutschen; und wenn man es erobern will, zielt man auf die gesamte Adria. Mussolini täuscht sich, er kennt noch nicht die kimbrischen und teutonischen Krieger; vor Zeiten ließ sich ein anderer Römer von den Barbaren täuschen; Mussolini sollte die Geschichte Roms besser kennen! Indem man sich der Freundschaft der Faschisten versichert, verachtet man das »Römische Recht«. Eines Tages wird die Welt mit Erstaunen feststellen, daß sie von einem Gefreiten (der schon einen Feldmarschall unter seiner Befehlsgewalt hat!) besiegt wurde. Wir deutschen Schriftsteller jüdischer Abstammung sind als erste für Europa gefallen. Torheiten und Gewissensbisse sind uns erspart worden. Uns bleibt nur noch die Ehre …!

Das unbestreitbare Verdienst der jüdischen Schriftsteller für die deutsche Literatur besteht in der Entdeckung und literarischen Auswertung des Urbanismus. Die Juden haben die Stadtlandschaft und die Seelenlandschaft des Stadtbewohners entdeckt und geschildert. Sie haben die ganze Vielschichtigkeit der städtischen Zivilisation entschleiert. Sie haben das Kaffeehaus und die Fabrik entdeckt, die Bar und das Hotel, die Bank und das Kleinbürgertum der Hauptstadt, die Treffpunkte der Reichen und die Elendsviertel, die Sünde und das Laster, den städtischen Tag und die städtische Nacht, den Charakter des Bewohners der großen Städte. Diese Richtung war den jüdischen Talenten vorgegeben durch das städtische Milieu, woher die meisten von ihnen stammten, wohin ihre Eltern aus gesellschaftlichen Gründen getrieben worden waren, und auch durch ihre besser entwickelte Sensibilität und die den Juden eigene kosmopolitische Begabung. Die Mehrzahl der deutschen Schriftsteller nichtjüdischer Herkunft beschränkte sich auf die Beschreibung der Landschaft, die ihre Heimat war. In Deutschland gibt es, in weitaus größerem Maße als in irgendeinem anderen Land, eine auf Regionen, Landschaften, Stämme verteilte »Heimatliteratur«, oft von hohem literarischem Wert, aber dem Europäer zwangsläufig unzugänglich. Für das Ausland gab es nur das »Deutschland«, *dessen literarische Interpreten in der Mehrzahl jüdische Schriftsteller waren.* Fast alle erläuterten dem Franzosen, dem Engländer, Amerikaner die deutsche Wirklichkeit. Diese Fähigkeiten jedoch warfen die beschränkten nationalistischen Kritiker und Historiker den jüdischen Schriftstellern als Verbrechen vor. Auf kindischste und anfängerhafteste Weise hielt man den Gegenstand, das Thema für den persönlichen Charakter des Autors. Ein jüdischer Schriftsteller war »fern von der Scholle«, wenn er die Stadt beschrieb; ein »Kaffeehausliterat«, wenn er die Bars entdeckte; ein »Vaterlandsverräter«, wenn er die Welt repräsentierte; ein »oberflächlicher Schwätzer«, wenn er der abstrakten Sprache, die die Deutschen oft ihren Dilettanten aus der Provinz beibringen, eine sinnliche Form gab; ein »Feuilletonist«, wenn er Charme und Leichtigkeit besaß; ein »Spaßmacher«, wenn er Geist hatte; und wenn er sich an die Beschreibung der Landschaft wagte, entdeckte man sofort, daß er »mit dem Verstand« anstatt mit dem Herzen sah. Man mißachtete das rührende Bekenntnis Jakob Wassermanns, »Mein Weg als Deutscher und Jude«; man vergaß das einzige deutsche Kriegslied, das von einem österreichischen Juden, der auf dem Schlachtfelde gefallen ist, verfaßt wurde, dem Leutnant *H. Zuckermann*; man dachte nicht mehr an die patriotischen Gedichte *Ernst Lissauers*; man verleugnete das rheinische Dramenwerk des Halbjuden *Zuckmayer*, das vom Publikum günstig aufgenommen worden war.

Einen literarischen Antisemitismus gibt es in Deutschland seit 1900. Der rassistische Antisemit Adolf Barthels, der gemäßigte Antisemit Paul Fechter und viele andere bekämpften heftig, oft mit persönlichem Haß, das literarische Werk der jüdischen Schriftsteller. Gewiß findet man auch unter den jüdischen Pamphletisten grobe und geschmacklose Menschen. Aber immer sie gerade werden als die charakteristischen Vertreter der jüdischen Schriftsteller ausgegeben! Seit 1918 fragten die Provinzbuchhandlungen, bevor sie ein Buch im Schaufenster ausstellten, selbst bevor sie es gelesen hatten, ob der Verfasser Jude sei. Aber noch niemals – obwohl der literarische Antisemitismus immer stärker wird – hat ein jüdischer Schriftsteller darüber öffentlich ein Wort gesagt. Eine enge, oft tiefe Kameradschaft verbindet die jüdischen deutschen Schriftsteller mit den besten unter den nichtjüdischen. Ein großer deutscher Stilist wie Hans Carossa (Nicht-Jude) wurde entdeckt und gefördert von einem beachtenswerten jüdischen Schriftsteller (der, wie ich weiß, unter diesen Umständen nicht genannt zu werden wünschte). Erinnern wir bei dieser Gelegenheit, daß Hans Carossa *der einzige nichtjüdische deutsche Schriftsteller* ist, der es abgelehnt hat, der Akademie des »Dritten Reiches« anzugehören. Die deutschen Zeitungen haben diese Tatsache mit Schweigen übergangen, und so ist es im Ausland unbekannt geblieben.

Viele von uns sind während des Krieges im Felde gewesen, viele sind gefallen. Wir haben für Deutschland geschrieben, wir sind für Deutschland gestorben. Wir haben unser Blut für Deutschland in zweifacher Weise vergossen: das Blut, das unser physisches Leben nährt, und dasjenige, mit dem wir schreiben. Wir haben Deutschland besungen, das wahre Deutschland! Deshalb werden wir heute von Deutschland verbrannt!

Cahiers Juifs (Paris), September/November 1933
(Aus dem Französischen)

In seinem Brief an Stefan Zweig vom 28. April 1933 sieht Roth die Monarchie als einzige Lösung zur Errettung Europas.

Paris
am 28. IV. 1933

Lieber, sehr verehrter Freund,

Sie werden diesen Brief wahrscheinlich erst nach Ihrer Heimkehr erhalten.

Inzwischen habe ich auch Ihre freudige Karte.

Ich hoffe also, Sie kommen beruhigt und gestärkt zurück.

Ich kann nicht weg.

Ich muß erst einen neuen Verlag und neue Einnahmen haben.

Aber es ist ganz finster – in der Welt und auch für uns, Individuen.

Wir haben alle die Welt überschätzt: selbst ich, der ich zum absoluten Pessimistischen gehöre.

Die Welt ist sehr, sehr dumm. Bestialisch. Ein Ochsenstall ist klüger.

Alles: Humanität, Zivilisation, Europa, selbst der Katholizismus: Ein Ochsenstall ist noch klüger.

Ich soll Sie fragen, ob Sie bereit sind, vorläufig ein »Balzacwerk« einem neuen Verlag in Zürich, bei dem auch ich erscheine (mit einem Buch), zu geben.

Kein Linksverlag. Keine Opposition. Lauter solide *unantastbare* Sachen. Dafür bürge ich.

Bitte, möglichst bald Antwort! Es ist, glaube ich, eines Tages für Sie sehr wichtig. Ich sehe, daß wir den Wahnsinn in Deutschland nicht übertönen werden. Ihre Bücher wurden in Breslau verbrannt. Die Kundgebung der Deutschen Studentenschaft dürften Sie gelesen haben.

Es wird Ihnen gut tun, inzwischen etwas herauszugeben,

draußen – und in einem Verlag, wo es nicht nach Opposition riecht.

Was mich persönlich betrifft:

sehe ich mich genötigt, zu folge meinen Instinkten und meiner Überzeugung absoluter Monarchist zu werden.

Ich lasse in 6–8 Wochen eine Broschüre für die Habsburger erscheinen.

Ich bin ein alter österreichischer Offizier. Ich liebe Österreich. Ich halte es für feige, jetzt nicht zu sagen, daß es Zeit ist, sich nach den Habsburgern zu sehnen.

Ich will die Monarchie wieder haben und ich will es sagen.

Mehrere geistige Menschen sind mit mir.

Ich hoffe, daß es mir gelingt.

Ich wage nicht, zu fragen, ob Sie mit mir sind.

Ich nehme eher an, daß Sie mich für einen »Romantiker« halten werden.

Sollten Sie, gegen alles Erwarten, zu mir halten können, dann wissen Sie selbst, wie glücklich ich bin.

Sehr herzlich Ihr alter Joseph Roth.

Die meisten seiner Aufsätze und Feuilletons erscheinen ab 1933 in Paris in der Emigrantenzeitschrift »Das Neue Tage-Buch«, im »Pariser Tageblatt« oder in »Die Wahrheit« in Prag und richten sich gegen den Nationalsozialismus und dessen Terror. Ausweg aus diesem Regime und Hoffnung auf ein anderes Leben ist für Roth, wie bereits im Brief vom 28. April 1933 angedeutet, die Restauration der Monarchie:

Hotel Schwanen
Rapperswil am Zürichsee
31. VIII. 1933

Lieber teurer Freund,

ich danke Ihnen herzlich für die Tage, die Sie mir geschenkt haben.

Ich bin manchmal in Sorge darum, ob mich Ihnen meine Gesinnung nicht etwas entfremdet.

Ich fühle auch sehr genau, daß Sie selber noch nicht klar sehen, was Ihre und meine politische Haltung betrifft; und was dann unsere »reziproke« Haltung betrifft.

Auch ist etwas noch dabei: ich verstehe nicht ganz, daß Sie nicht ganz und ungeteilt Österreicher sind.

Sie sind ein konservativer ehrfürchtiger Mensch. Alles, was Sie an literarischen und menschlichen Qualitäten haben, ist altes Österreich.

Unmöglich die Vorstellung, daß Sie der Sohn eines preußischen Juden wären.

Sie müssen Österreich lieben, es wird Sie wieder lieben. Es ist nicht Preußen.

Ich habe die Österreicher und Preußen im Kriege kennen gelernt; als ich einer preußischen Division zugeteilt war. Von da an datiert mein *aktiver* österreichischer Patriotismus.

Ich erwarte nicht von Ihnen, daß Sie öffentlich Monarchist werden: das wäre abstrus.

Aber ich weiß ja, Sie sehen ein: das ist die einzige Rettung Österreichs.

(...)

Den Höhepunkt von Roths engagierten Schriften stellt der große Essay »Der Antichrist« dar, der 1934 bei Allert de Lange in Amsterdam erscheint.

Der Antichrist ist gekommen

> »Wie einsam wird es in solchen Zeiten um den, der nur am Geistigen hängt! Ach, für wen soll man noch schreiben, wenn inmitten des politischen Gebelfers und Geschreis die Ohren taub geworden sind für die feinen Zwischentöne, ... mit wem über die Gotteslehre theologisch disputieren, seit sie in die Hände der Doktrinäre und Zeloten gefallen ist, die als letztes und bestes Argument ihres Rechthabens die Soldateska aufrufen, die Reiterhaufen und die Kanonen? Eure Treibjagd ... hat begonnen: mit Morgensternen und Henkerschwertern glaubt man dem Christentum zu dienen ... Rom, die Herrlichkeit der Welt, haben die Landsknechte verwüstet – o Gott, welche bestialischen Instinkte toben sich in Deinem Namen aus! Nein, die Welt hat keinen Raum mehr für die Freiheit des Herzens ... ! stirb auch du, Erasme! –«
>
> STEFAN ZWEIG: *Erasmus von Rotterdam*

Der Antichrist ist gekommen: derart verkleidet, daß wir, die wir ihn seit Jahren zu erwarten gewohnt sind, ihn nicht erkennen. Schon wohnt er mitten unter uns, in uns selbst. Und über uns lastet der schwere Schatten seiner niederträchtigen Fittiche. Schon schwelen wir in der eisigen Glut seiner höllischen Augen. Unseren ahnungslosen Kehlen nähern sich bereits seine würgbereiten Hände. Schon beleckt er mit seiner lästerlichen, brandtragenden Zunge unsere Welt. Schon hebt er seine feurigen Füße, sie auf die schwachen und leichtentzündlichen Dächer unserer Häuser zu setzen. Längst hat er Gift gestreut in die unschuldigen Seelen unserer Kinder. Aber wir merken es nicht!

Denn mit der Blindheit sind wir geschlagen, mit der Blindheit, von der geschrieben steht, daß sie uns befallen wird vor dem Ende der Zeiten. Wir erkennen in der Tat nicht mehr, seit langem nicht mehr, das Wesen und das Angesicht der Dinge, die uns begegnen. Ähnlich den körperlich Blinden haben wir lediglich Namen für alle Dinge dieser Welt, die wir nicht mehr sehen: Namen! Namen! Laute ohne Gestalt: hohl tönende Gewänder für unvorstellbare, also körper- und lebenslose Erscheinungen. Sind es Gestalten? Sind es Schatten? Der Blinde unterscheidet nicht die einen von den anderen. Wir, die Blinden, unterscheiden sie nicht. Echten Dingen geben wir falsche Namen. Hohle Klänge tönen in unseren armen Gehirnen, wir wissen nicht mehr genau, was welchen Namen zu tragen hat. Wir erkennen keine Formen, keine Farben, keine Maße mehr. Wir haben nur die Namen und die Bezeichnungen für Formen, Farben und Maße. Da wir blind geworden sind, wenden wir Namen und Bezeichnungen unrichtig an. Wir nennen einen Großen klein, einen Kleinen groß; das Schwarze weiß und das Weiße schwarz; den Schatten Licht und das Licht Schatten; das Bunte tot und das Tote bunt. Also verlieren Namen und Bezeichnungen Inhalt und Bedeutung. Es ist schlimmer als zur Zeit des Turmbaus zu Babel. Damals waren nur die Sprachen verwirrt, und einer verstand den andern nicht, weil jeder die gleichen Dinge verschieden benannte. Heute aber sprechen alle die gleiche, aber falsche Sprache, und alle Dinge haben die gleichen, aber falschen Bezeichnungen. Es wird gleichsam ein horizontaler Babylonischer Turm gebaut, aber die Blinden, die das Maß nicht kennen, glauben, der Turm sei vertikal und würde immer höher; und alles sei in Ordnung, denn sie verständigen sich einträchtig, untereinander ... während sie sich doch über die Maße, Gestalten, Farben der Dinge lediglich so verständigen wie Blinde; das heißt: sie wenden ursprünglich richtig angewandte, den Erscheinungen dieser Welt angepaßte Bezeichnungen falsch und verkehrt an: das Erhabene nennen sie flach und das Ebene erhaben; das Ragende liegend und das Liegende ragend. Denn ein Blinder weiß nicht, was hoch und was flach ist. Zur Zeit des Turmbaus zu Babel waren lediglich die Zungen und die Ohren der Menschen verwirrt. Immer noch konnten sich ein paar unter den Erbauern durch Blicke verständigen, durch die Sprache der Augen, den Spiegel der Seele, wie man sagt. Jetzt aber sind die Augen der Menschen geblendet (und die Zungen sind nur Knechte, dieweil die Augen Herren sind, innerhalb der Hierarchie der menschlichen Sinne). Wie kann man noch hoffen, der Antichrist sei noch nicht gekommen? Auch dieser Glaube noch, auch diese Hoffnung noch sind Beweise für unsere Blindheit. Denn ebenso wie man einem Blinden einreden könnte, die Nacht sei der Tag und der Tag sei die Nacht, so kann man uns, die Geblendeten, glauben machen, der Antichrist sei nicht in der Welt, wir schwelten nicht im Feuer seiner Augen, wir stünden nicht im Schatten seiner Fittiche.

Aber noch schlimmer ist unsere Blindheit als die gewöhnliche körperliche Blindheit, deren Eigenschaften wir uns eben zugeschrieben haben. Denn unsere Blindheit ist eben eine, mit der man nur vom Antichrist geschlagen werden kann und von der wir im Anfang sagten, sie sei uns vorausbestimmt vor dem Ende der Zeiten. Eine höllische Blindheit: denn obwohl wir geblendet sind, glauben wir zu sehen. Wir sind in der Tat eher »Geblendete« als »Blinde«. Wir erkennen den Antichrist nicht, weil er im Gewande des kleinen Bürgers daherkommt, im Gewande des kleinen Bürgers eines jeden Landes. Nach der legendarischen Vorstellung, die wir von ihm hatten, hätte er mit dem höllischen Zubehör kommen müssen, mit den überlieferten Attributen: Hörner, Schwanz und Hinkefuß, im Gestank von Pech und Schwefel, mit dem gesamten theatralischen Requisit, das unsere kindliche Phantasie von einem Wesen seiner Art und Herkunft verlangt. Der Mensch liebt es nicht, sich vorzustellen, daß er durch ein ihm gleiches, ähnliches oder ebenbürtiges Wesen untergehen könnte. Unsere Eigenliebe verlangt in der Stunde unseres endgültigen Todes nach einem gewissen Zeremoniell. Der Antichrist aber versucht, uns zu überlisten. Im alltäglichen, bescheidenen Gewand des Kleinbürgers ist er angekommen, ja sogar ausgestattet mit allen Abzeichen der kleinen Gottesfurcht des kleinen Bürgers, seiner niedrigen Frömmigkeit, seiner ungefährlich scheinenden, gemeinen Gewinnsucht und seiner großartig, sogar erhaben dünkenden Liebe für bestimmte Ideale der Menschheit: wie zum Beispiel: Treue bis zum Tode, Liebe zum Vaterland, heroische Bereitschaft zum Opfer für die Gesamtheit, Keuschheit und Tugend, Ehrfurcht vor der Überlieferung der Väter und der Vergangenheit, Zuversicht für die Zukunft, Achtung vor sämtlichen Paraden der Phrasen, von denen der durchschnittliche Europäer zu leben gewohnt und sogar genötigt ist. In dieser ungefährlich scheinenden Maskerade ist der Antichrist neulich in die Welt gekommen. Sein großartig theatralisches Auftreten hatten wir seit Jahrhunderten erwartet. Nun aber, da er ankam, nicht als ein nach Schwefel stinkender Zerstörer, sondern sogar manchmal als ein nach Weihrauch duftender Frommer; nun, da er sich bekreuzigt und gleichzeitig salutiert; Vaterunser betet und an der Börse spielt; die menschliche (und zur »bürgerlichen« herabgesunkene) Tugend preist, um sie zu zerstören; die europäische Kultur mit den Waffen zu verteidigen vorgibt, mit denen er sie vernichtet; die Vergangenheit zu ehren verspricht und eine Zukunft verheißt (weil er weiß, daß es nach ihm keine mehr geben wird); die Menschlichkeit und die Menschheit erlösen zu helfen verspricht und zugleich Menschen umbringt – als wüßte die lügende Zunge nicht, was die mordende Hand verübt: Nun, da er also verlogen und verkleidet gekommen ist, haben wir ihn nicht erkannt, den Antichrist.

Ich aber habe ihn erkannt: Ich durchschaue ihn, wenn er im Osten dieses untergehenden Kontinents die Arbeiter zu befreien verheißt und die Arbeit zu adeln; wenn er im Westen die Freiheit der Kultur zu verteidigen verspricht und die falschen Fahnen der Humanität über den Dächern der Gefängnisse hißt; wenn er in der europäischen Mitte (das heißt zwischen Osten und Westen) einem Volk Segen und Wohlfahrt verheißt und den Krieg vorbereitet, in dem es untergehen soll; wenn er das insularische Volk Europas, die Engländer, die Matrosen des alten Kontinents, zur Gleichgültigkeit überredet gegenüber all dem, was auf dem Festland noch vorgehen kann – wie man die seefahrenden Matrosen, die Söhne der Festländischen, überreden kann, sich nicht mehr um das Schicksal der Häuser zu kümmern, in denen sie geboren wurden; wenn er den Söhnen der europäischen Berge, den Schweizern, und den harmlos rührenden Kindern der Küste, den Holländern, Segen und Gewinn verspricht, sobald die anderen sich zu töten beginnen; wenn er Gelbe gegen Weiße, Schwarze gegen Gelbe und Weiße ausspielt; wenn er den Italienern die Macht des alten Roms zusagt und den heutigen Griechen den Glanz des alten Hellas. Ja, selbst wenn er, der Fürst der Hölle, den Vatikan besucht und ihm Konkordate diktiert ... erkenne ich ihn, den Antichrist.

Und obwohl seine Macht weit größer ist als die meine, fürchte ich ihn nicht – und will versuchen, ihn zu entlarven.

Von Paris aus unternimmt Roth Reisen nach Salzburg, Wien, Marseille. In Rapperswil bei Zürich verbringt er den Winter 1933. Auf Einladung des PEN-Clubs geht er auf Vortragsreise nach Polen.

Und immer wieder fährt er nach Holland zu seinen neuen Verlegern, um über höhere Honorare und Vorschüsse zu verhandeln. Sein gesundheitlicher Zustand verschlechtert sich immer mehr, seine Alkoholabhängigkeit wird immer stärker.

In manchen Momenten fühlt er selbst, daß ihn der »Genuß« des Alkohols in den frühen Tod treiben wird.

Hotel Foyot
Paris
22. XII. 1933

Lieber Freund,

ich danke Ihnen herzlich für Ihren Brief. Ich beglückwünsche Sie zum Erasmus.

Ich habe in Amsterdam neue, anständige Correkturen verlangt. Sie kommen in den ersten Tagen des Januar. Ich schicke sie Ihnen dann.

Ich habe jetzt die ganz genaue Empfindung, daß mein Buch schlecht ist. Aber meine Gleichgültigkeit dem »Literarischen« gegenüber ist so groß geworden, daß meine Scham, Sie das Buch sehen zu lassen, ziemlich gering ist.

Ich habe den Verleger Querido nicht sehen können: er hatte die Grippe. Ich habe den Verleger de Lange gesehn.

Ich habe ihm gesagt, daß ich am 31. Januar das Buch: Juden und Antisemiten nicht abliefern kann. Sie erinnern Sich: wir sprachen in Zürich davon, wie ich es abändere, das heißt: ganz und gar verändere. Ich muß es bis zum 31. III. ausarbeiten. Herr de Lange sagte prompt, dann würde er mir also noch 3 Raten zahlen. Das bedeutet 3 x 750 Mark, im Augenblick (aber auch sonst) für mich sehr viel. Jetzt noch mehr, da ich gar nichts habe, im wörtlichsten Sinn. Ich bin mit geliehenen 100 Francs nach Amsterdam gefahren. Ich saß 3 Tage, ohne zu essen, im American-Hotel. Herr Querido hat zum ersten Mal in seinem Leben im Bett liegen müssen – – Kleine Bosheiten des Teufels, die ich schon gewohnt bin. 1000 Francs konnte ich schließlich von Herrn Landshoff bekommen. Nun fing ich an, zu trinken. Ich kam, von Herrn de Lange zum Nachtmahl eingeladen, völlig betrunken an. Herr de Lange ist zwar auch ein gewaltiger Trinker. Er war nicht mehr nüchtern. Allein, jetzt geschah mir, was ich nie gedacht hätte, daß es möglich sein könnte. Zum ersten Mal erlebte ich völlige Geistesabwesenheit. Meine Erinnerung an diesen Abend ist *völlig ausgelöscht.* Es ist möglich, daß ich mir alle Chancen bei de Lange verdorben habe. Sie müssen wissen, daß er eine Art Junker ist. Von Schriftstellern kann er sich zwar vorstellen, daß sie trinken, nicht aber daß sie betrunken sind. Eine genaue Vorstellung von mir kann er gar nicht haben. Er hat lediglich die Vorstellung von einer Art »literarischen Namens«. Er war sehr nett, aber ich fürchte, daß ich mir Alles verdorben habe. Ich habe zum ersten Mal gespürt, wie schwach ich werden kann. Mein lieber Freund, der »Trieb zur Selbstvernichtung« hat sich vielleicht ganz nackt gezeigt; obwohl ich *physiologisch* sehr gut erklären kann, daß man völlig betrunken ist, wenn man nichts gegessen hat. Ich bin aber trotzdem selbst über mich erschrocken. Zum ersten Mal. Ich habe im Feld und später sehr viel getrunken, wie Sie wissen. Aber niemals hatte ich nachher das Gefühl völliger Abwesenheit. Vielleicht ist es ein Zeichen, daß ich aufhöre. Aber, glauben Sie mir: so sehr ich glaube, daß die Not meine Muse ist, so deutlich sehe ich auch, daß sie mich zum Selbstmord treibt. Ich kann nicht mehr mit fünf Francs in der Tasche leben. Es ist unmöglich, daß ich diese Zeit überlebe. Bedenken Sie, daß ich 20 Jahre gehungert habe, vier Jahre Krieg geführt, weitere sechs »bittere Not« gelitten. Erst seit drei Jahren habe ich halbwegs gelebt. Jetzt dieses sogenannte Weltgeschehen. Und vorher die Geschichte mit meiner Frau. Ich weiß schon, daß all Dies zu mir gehört, ja, daß es mich ausmacht. Aber ich bin dabei *noch auch ein privater Mensch*, der ißt, schläft, beischläft und so weiter. Ich kann mich selber nicht »historisch« betrachten. Ich kann aber auch nicht fortwährend diesen Einbruch privaten Unheils in mein literarisches, also, wenn Sie wollen, »eigentliches« Leben literarisch »umsetzen«. Es ist der Tod. Und, glauben Sie mir, noch nie hat einem Alkoholiker der »Genuß« des Alkohols so wenig gefallen, wie mir. Gefallen einem Epileptiker seine Anfälle? Gefallen einem Wahnsinnigen seine Tobsuchts-Anfälle?

Aber, um auf das Naheliegende zu kommen: Herr de Lange läßt sich Ihnen respektvoll empfehlen. Er hat einen unbegrenzten Respekt vor Ihnen. Er sieht in mir Ihren Freund. Und ich habe das miserable Gewissen, vor ihm Ihren Freund blamiert zu haben, durch eine Maßlosigkeit. Bitte, entschuldigen Sie mir!

Wenn Sie die Möglichkeit haben, ihm unter geschäftlichem Vorwand noch ein gutes Wort über mich zu schreiben, so tun Sie das. (Er hat mir angedeutet, daß er mit Ihnen in geschäftlicher Korrespondenz begriffen war.)

In der Tat – und jetzt schreibe ich nicht, wie Sie mir bestimmt glauben werden – ich schäme mich schon, es zu sagen – *für mich*: obwohl mir das nächste halbe Jahr (oder ganze) gesichert wäre durch Sie: gäben Sie nur eine Kleinigkeit dem de Lange, er würde Ihnen, wie man sagt, die Füße küssen. Alle Bedingungen könnten Sie haben. Alle Auslandsrechte. Jedes Geld – ich weiß, daß es Ihnen darauf nicht ankommt. Sie machen Sich kaum eine Vorstellung davon, wie sehr Ihnen dieser im Grunde ungeistige Mensch *ergeben* ist.

Nun, das hat natürlich wenig zu sagen – für Sie. Für mich bedeutete ein Buch von Ihnen bei de Lange noch ein Jahr Leben. Nicht, daß ich damit sagen wollte, Sie sollten mir ein Jahr Leben sichern. Denn ich werde auch so (auch ganz, ganz, ganz bettlerhaft) noch ein Jahr, leider, leben. Aber ich schriebe Ihnen Das gewiß nicht, wenn ich nicht die ernste Überzeugung hätte, hier hätten Sie Freiheit, alle, die Sie Sich wünschen. Auf jede Ihrer Bedingungen würde de Lange eingehn. Und nun: Sie werden bestimmt nicht glauben, daß ich *meinetwegen* etwa schreibe! Das, mein lieber Freund, glauben Sie doch nicht! Ich habe Ihnen nur gesagt, daß ich von Ihnen abhänge – und vielleicht habe ich darin sogar Ü B E R T R I E B E N – weil ich *alles* sagen will, Ihnen gegenüber. Sie sollen nie einen Brief von mir bekommen, in dem ich irgendetwas verschweige, oder in dem ich irgendetwas vor Ihnen verberge, oder zurückhalte.

Ich bin sehr, sehr unglücklich. Antworten Sie mir, bitte, gleich.

Alles Gute! Küssen Sie Frau Zweig die Hand für mich.

Ihr alter J. R.

*– – – –

* ich wollte hier schreiben: alias Beierle. Aber ich bin nicht so kräftig. Und ich bin auch nicht so verloren, – denke ich im letzten Moment.

Als Roth während eines Nizza-Aufenhalts erfährt, daß seine Schwiegereltern Europa verlassen werden, verliert er ein fernes Zuhause in Österreich und den sicheren Schutz für seine Frau Friedl.

(...)

Ich habe Schreckliches, das sich zum alten Schrecklichen fügt. *Meine Schwiegereltern wandern nach Palästina aus.* Dieser alten Leute wegen habe ich so viel für meine Frau getan, jetzt verläßt die Mutter ihr Kind, ich allein bin die Mutter. Aber der Steinhof ist nur bis Oktober bezahlt. Es sind etwa 150 Schilling monatlich, die habe ich auch nicht. Was soll ich tun? Kennt Frau Zweig jemanden im Steinhof? Ich wage nicht, sie damit zu beschweren. Ich möchte wenigstens wissen, daß ich mich ein halbes Jahr nicht um den Steinhof zu kümmern brauche. Was soll ich tun? Die Zeit läuft, ich kann nichts tun, ich arbeite, ich arbeite, jeden Tag 10–12 Stunden, sehr gut, S E H R gut. Mit allen Sorgen.

Es ist so, wie ein Selbstmord. Ich stelle mir vor, daß es anständiger ist, daß ich mich im Meer der Arbeit ertränke, als im wirklichen, und ich habe die Methode gefunden, meine Gläubigkeit zu betrügen, die den Selbstmord verbietet. Ich werde sterben, die Feder in der Hand. Bald, bald, ich werde Sie nicht wiedersehn, mein lieber Freund. Haben Sie schon meinen »Antichrist«? Ich weiß nicht, ob mein Roman fertig wird, wann, wo, wieso. Ich habe nichts, gar nichts. Ich kann nichts berechnen. Ich weiß nichts mehr, sehr außerhalb des zu Berechnenden.

Schreiben Sie mir bald, Sie verlassen mich ja so bald.

Herzlich Ihr alter J. R.

Und aus Paris über ein Jahr später, im November 1935, teilt Roth seinem geduldigen Freund Zweig seine persönlichen und gesellschaftlichen Sorgen und Seelennöte in zwei knapp aufeinander geschriebenen Briefen mit:

(...)

Lieber Freund, wir haben heute den 12. November. Wenn Sie schreiben, daß wir im Dezember oder Januar einen genauen und haltbaren Plan machen müssen, so vergessen Sie doch bitte nicht, daß das ungefähr 6–8 Wochen mindestens bedeuten. Es ist eine lange Zeit, wenn man dabei schreibt, in dieser Situation. Ich weiß nicht, wieso ich, ohne sofort mit dem Humanitas-Verlag in Verbindung zu treten, diese Frist überstehen kann. Lieber ist es mir doch, ein paar Novellen zu verkaufen und zu leben, als einen Vertrag zu machen, der vielleicht meinem Namen mehr nützt aber erst nach meinem Tode.

Machen Sie sich bitte um mein Trinken gar keine Sorgen. Es konserviert mich viel eher, als daß es mich ruiniert. Ich will damit sagen, daß der Alkohol zwar das Leben verkürzt, aber den *unmittelbaren* Tod verhindert. Und es handelt sich für mich darum: *Nicht das Leben zu verlängern, sondern den unmittelbaren Tod zu verhindern.* Ich kann nicht auf Jahre hinaus rechnen. Ich versetze gewissermaßen die letzten 20 Jahre meines Lebens beim Alkohol, weil ich noch 7 oder 14 Tage Leben mir gewinnen muß. Freilich kommt darin, um beim Bilde zu bleiben, plötzlich ein Punkt, wo der Wucherer *vor* der Zeit über einen herfällt. So ungefähr ist die Situation.

Was Sie über den Versuch, das seinerzeit geplante Manifest zu ersetzen, schreiben, macht mich traurig. Schon damals hielt ich das Manifest für aussichtslos. Noch aussichtsloser ist es, einen Ersatz dafür zu suchen. Die Juden sind im Grunde klein und kleinlich. Nur der große Abglanz Jehovahs läßt sie zeitweilig großzügig und großmütig erscheinen. Im entscheidenden Augenblick versagen sie und laufen weg. Ich nehme es ihnen nicht übel, verstehen Sie es, lieber Freund, alle Schwachen *müssen* im entscheidenden Moment weglaufen. Ich will nur versuchen, Sie vor einem Unternehmen zu bewahren, das Ihnen vielleicht eine ganz bittere Enttäuschung bringen könnte. Ich habe überhaupt aufgehört zu glauben, daß ein Unternehmen von mehr als zwei Gleichgesinnten eine Wirkung haben könnte. Gegen den sogenannten Kollektivismus der weitaus Zahlreicheren kann der Kollektivismus des Häufleins nicht aufkommen. Gegen den Wahnsinn, der heute vom Kollektivismus der Welt kommt, können nur noch ehestens zwei Individuen aufkommen. Man müßte eine Art Guerilla-Krieg der anständigen Menschen organisieren. Mit Recht, und vielleicht ohne es zu wissen, schreiben Sie: »Wenn es nur annähernd gelingt.« Das ist eine façon de parler. Es wird aber sehr sichtbar, daß Sie nur eine vage Hoffnung haben. Annähernd kann nichts gelingen, annähernd kann höchstens etwas mißlingen.

Es ist eben zu spät. Damals, als die große Scheiße anfing, hätte man auf einmal Unerhörtes erreicht, wenn eine große gemeinsame Front des Anstandes dagewesen wäre. Alle geistigen Kräfte versagen, wie zum Beispiel auch der Vatikan. Er hätte eine entscheidende Wirkung in Europa und im Völkerbund gehabt, wenn er offen, mit Mut, wie es sich eigentlich für einen heiligen Vater geziemt, gesagt hätte, er verbiete, oder zum mindesten, er verbäte sich seine Unterstützung für einen italienischen Eroberungskrieg. Aber der Papst von heute ist das unter den Christen, was der Thomas Mann unter den Nobelpreisträgern ist, der Bermann Fischer unter den Verlegern, der Gottfried Benn unter den Ärzten, der Rothschild unter den reichen Juden.

Ich bitte Sie, lieber Freund, Ihre Kraft, die nur einen Wert hat, wenn sie allein bleibt, nicht zu verschwenden an irgend eine Kollektivität.

Entschuldigen Sie diese langatmigen Ausführungen. Ich muß es Ihnen aber sagen, und mit der Hand hätte ich Ihnen noch viel genauer geschrieben. Aber es kostet mich zu viel Zeit.

Bitte antworten Sie mir möglichst bald.

Ich umarme Sie herzlich

[Joseph Roth]

(...)

Ich kann nicht, seitdem ich zu schreiben angefangen habe, ohne Vorschuß arbeiten. Es ist eine große Sünde, aber es ist eine noch größere, eine Art Selbstmord zu begehen und gar nichts zu *schreiben*. Ich bin heute 41 Jahre alt. 15 Jahre habe ich trockenes Brot gegessen. Dann kam Butterbrot. Dann kam Krieg. Dann kamen 10 Jahre Brot. Dann kamen Vorschüsse. Journalistik. Ekelhafte Arbeit. Demütigung. 16 Bücher. Erst seit 5 Jahren »Erfolg« – verbunden mit privatem Unglück und also keiner. Darlehen, beschwindelt werden. Hitler. Immer für andere sorgen.

Ich kann nicht mehr trockenes Brot essen. (Ich esse ohnehin fast gar nichts). Ich kann nicht im Dorf leben. Alle Menschen, die ihr Leben nach ihren Einnahmen einrichten, haben Einnahmen. Meine geringsten Einnahmen aber wären immer noch Vorschüsse. Und da sehe ich nicht ein, warum es gerade die geringsten sein müssen. Die Demut hat gar nichts mit einer Einschränkung zu tun, die mein Untergang wäre, und also eine falsche Einschränkung. So eingeschränkt, wie ich, lebt keiner. So einsam, wie ich im Café, wo ich schreibe, ist kaum Einer in einer Zelle. Ich brauche keine Abgeschlossenheit. *Ich bin abgeschlossen.* Sagen Sie einer Schnecke, sie soll sich noch ein Landhaus mieten.

Was habe ich davon, wenn ich mit schlechtem Gewissen weglaufe? Mit meiner Arbeit? Ich arbeite immer, überall, solange mein Gewissen rein ist. Auf einer Art Flucht könnte ich nicht arbeiten.

Ohne Vorschuß: wie soll ich leben? Soll ich beim Bäcker Vorschuß nehmen statt beim Verleger? Ist Das besser oder moralischer, wenn mich der Käsehändler mahnt, statt des de Lange? Wo soll ich mich einschränken? Im Trinken? Bei den Meisten, die nicht trinken, geht das Geld auf's Essen auf. Es ist gleichgültig. Oder bei Frauen; oder beim Spielen. Es ist richtig: »so viel *habe* ich und darnach richte ich mich ein.« Aber ich *habe* ja nichts. Wie soll ich da eine Einrichtung vornehmen?

Hätte ich je etwas gehabt, so wäre ich ja nie auf den Gedanken gekommen, mich darnach einzurichten, was ich brauche! Aber ich habe ja nichts, ich hatte nie etwas.

Ich wehre mich nicht, ich sehe Alles ganz klar. Jeder hat Fehler. Ich will so leben, daß ich meine Fehler noch tragen kann. Sie gehören zu mir. Mit all meinen Fehlern brauche ich monatlich 5000 Francs und *Sicherheit* für 2 Jahre. Ohne meine Fehler führe ich kein eigenes Leben mehr. Ebenso wenig, wie ohne meine Tugenden. Sicherheit brauche ich noch mehr, als Geld. In einer ständigen *Panik* kann ich nicht leben. Ich lebe aber in einer Panik. Seit Jahren. So lange ich in dieser Panik lebe, *kann* ich nicht einmal die Richtigkeit eines Ratschlags sehen. So lange kann ich auch nichts dafür, wenn meine Erwiderungen falsch sind. – ICH WEISS ES EINFACH NICHT. Man kann einem Menschen, der ständig in einem brennenden Haus sitzt, nicht raten, er möge sich den Mantel holen, bevor er hinunterspringt. Das ist sinnlos; selbst, wenn er gehorchen wollte, hört er nichts.

Ich ahne, wieviel Sorgen Sie haben. Sorgen Sie sich nicht um mich auch noch, dermaßen, daß ich Ihnen eine Last werde. Das wäre nämlich wirklich eine Sünde, die ich nicht auf mich nehmen kann. Mein Roman wird *kein* Erfolg. Ich bin dessen sicher.

Ich umarme Sie herzlich, glauben Sie nie, daß ich Ihre Stimme nicht höre und Ihr großartiges Herz.

Ihr alter J. R.

Andrea Manga Bell und ihre beiden Kinder werden für Roth allmählich zur finanziellen und psychischen Last. An seine französische Übersetzerin und Vertraute Blanche Gidon schreibt er am 15. Juli 1936 aus Ostende:

(…)
Frau Manga Bell habe ich 200 fr. geschickt. Herr Stefan Zweig fährt Anfang August nach Südamerika. Von dem Geld, das er mir zurückläßt, könnte ich August mit Frau Manga Bell in Brüssel leben. Ich habe es ihr geschrieben, aber sie antwortet nicht. Für Paris reicht mein Geld nicht. Ich muß in Frieden arbeiten, sonst ist mein Leben völlig ruiniert. Ich habe ein übermenschliches Maß an Arbeit, Aufregung geleistet, an Demütigung erlitten. Frau Manga Bell hat sich konstant geweigert, nach den Gesetzen meines Lebens zu leben. Ihre Kinder waren und sind ihr viel wichtiger, als ich. Ich werde mich nicht für die Kinder opfern.

Der Junge ist groß genug, das Mädchen könnte das Geld haben, das die Schweizer Freundin überflüssigerweise für den Jungen schickt. Es sind übrigens keine Kinder mehr, sondern zwei erwachsene Menschen, die mich hassen, die Frau Manga Bell gegen mich hetzen und mich »boche« nennen. Ich selbst bin ein Kind und krank und verloren. Ich kann Frau Manga Bell allein erhalten, ich kann aber nichts mehr von den Kindern hören. Ich stehe selbst am Rande des Abgrunds. Ich kann auch die geringste psychische Last nicht mehr ertragen, wenn ich nicht umkommen soll. Und ich will nicht umkommen. Und ich will nichts von Menschen wissen, die ausgerechnet mich »boche« genannt haben. Das ist unerträglicher Dank.

Ich bin in Behandlung wegen meiner Füße. Ich trinke keinen Alkohol mehr, ich esse auch seit einer Woche einmal täglich. Zweig ist rührend zu mir, wie ein Bruder. Ich weiß nur nicht, wie ich im Oktober schon fertig sein soll, wenn ich höchstens August zu leben Geld habe. Zweig kommt erst November zurück.

(…)

Während einem seiner Aufenthalte in den Niederlanden lernt Roth 1936 die junge deutsche Schriftstellerin Irmgard Keun kennen, mit der er über ein Jahr zusammenlebt, teils auf Kosten des in die USA emigrierten Arztes Arnold Strauss, der seiner Geliebten – auf ihre Bitten hin – laufend Geld nach Europa sandte.

Innerlich kann er sich jedoch von Manga Bell nicht trennen, er schreibt immer wieder Briefe an sie. Als sich 1938 Irmgard Keun von Roth trennt, soll er angeblich versucht haben, mit Manga Bell erneut eine Beziehung einzugehen, die ihm aber die Tür weist.

Im September 1937, »im vierten Jahr der deutschen Apokalypse«, veröffentlicht Roth in der Wochenzeitung »Das Neue

Tage-Buch« kurze Tagebuchaufzeichnungen über sein Leben im Exil:

Aus dem Tagebuch eines Schriftstellers

Montag, im vierten Jahr der deutschen Apokalypse

Heute sind die Belegexemplare eines neuen Buches angekommen, zwei umfangreiche Pakete, hartes Packpapier, gut verschnürt. Die Exemplare sind für Freunde bestimmt. Ich werde die Pakete nicht öffnen. Die meisten meiner Freunde schreiben selbst Bücher. Sie lesen hoffentlich nur die Werke endgültig toter, überlebender Autoren. Geschenkte Exemplare – und gar noch mit Widmungen versehen – nehmen merkwürdigerweise mehr Raum ein als die gekauften unsterblichen Werke oder für Lebzeiten entlehnte. Manche meiner Freunde haben Wohnungen, Frauen, Kinder, Bibliotheken. Sie stellen die Widmungsexemplare in ein Fach. Vielleicht würden sie auch dieses mein neues Buch adoptieren! Aber ungern, glaube ich. Mit Widmungen versehene Exemplare kann man schwer loswerden. »In treuer Freundschaft!« – »Mit Gruß!« – »In alter Herzlichkeit!« – Sie erinnern mich, die meisten Widmungen, an das Sprichwort, das nicht immer wahr ist: »Eine Krähe hackt der anderen kein Auge aus.« – Ich werde die Pakete nicht aufmachen und keine Widmungen schreiben. – Es ist mein achtzehntes Buch. Von den früheren 17 sind 15 vergessen. In Deutschland sind auch die vergessenen verboten. Außerhalb Deutschlands sind sie schwerlich in einer Buchhandlung aufzutreiben. Ein paar kultivierte Narren – gewöhnlich unbemittelte Menschen – sagen mir manchmal, daß sie dies und jenes vergessene Buch kennen.

Donnerstag

Heute ist die Abrechnung des Verlages über mein siebzehntes Buch gekommen. Im ganzen sind 3450 Stück verkauft worden. Der Vorschuß ist noch lange nicht »abgedeckt«. Unter der Abrechnung steht: »Irrtum vorbehalten« und »Einspruch innerhalb der nächsten zwei Wochen möglich«. – Wogegen sollte ich Einspruch erheben? Höchstens gegen die Bemerkung: »Irrtum vorbehalten«. Wenn es tatsächlich einen Irrtum geben sollte, so gewiß keinen zu meinen Gunsten. Mein Verleger ist ein Ehrenmann. Im Begleitbrief schreibt er wörtlich: »Es ist furchtbar, Abrechnungen zu sehn. Die Vorschüsse kommen nicht herein.« Ich habe schon sieben Verlage gehabt. Dies ist der achte. Ich kenne also bereits acht Ehrenmänner. Es ist viel – für ein so kurzes Schriftstellerleben. Und ich bin nicht der einzige Autor. Die Vorschüsse meiner Kollegen kommen auch nicht herein. Es ist ein merkwürdiges, abenteuerliches Geschäft, das Buchverlegen. Man lebt von Verlusten. Das muß sehr schwer sein, wenn ich bedenke, daß ich nicht einmal von Vorschüssen leben kann.

Freitag

Ich habe gestern den Verlegern Unrecht getan. Sie sind wahrscheinlich wirklich Ersatz-Mäzene. Vielleicht haben sie in der Tat eine größere Leidenschaft für Literatur als ich und gehorchen dabei noch nicht jener »inneren Stimme«, auf die wir Schriftsteller uns berufen. Die Verleger sollten sich auf sie berufen: denn sie verlegen Bücher ohne Gewinn, sogar mit Verlust – wie ich aus meinen Abrechnungen ersehe. Arme Narren! Sie verlegen deutsche Bücher in einer Zeit, in der die deutsche Sprache weniger verbreitet ist als Esperanto und Latein. Die deutsche Sprache meine ich, in der – immerhin – noch ein paar von uns schreiben. Die andere, in der die andern schreiben und sprechen, ist leider allerdings sehr weit verbreitet. Das Schisma der deutschen Sprache muß auf die Dauer die Welt verwirren. Franzosen und Engländer halten heute schon das Deutsch Hitlers für deutsch, insbesondere deshalb, *weil auch die Opfer Hitlers so selten Deutsch können*. Aber die Katastrophe der Nation kündigte sich ja schon lange in der Verwilderung der Sprache an. Daß dich und mich, guter deutscher Schriftsteller, der Deutsche nicht mehr versteht: Damit hatten wir uns schon abgefunden. Aber jetzt können wir auch auf die Ausländer nicht mehr zählen. Ein Engländer, Franzose, Italiener, der sich eine Stunde mit Hitler, Ribbentrop und Goebbels unterhalten hat, wird nie mehr imstande sein, unser Deutsch zu verstehen. Es wird ihm chinesisch vorkommen, wie uns das Deutsch des Dritten Reiches. Das Deutsch Hitlers ist genauso vortrefflich wie das Russisch Stalins. Der letzte Diktator, der seine Muttersprache beherrschte, war Julius Cäsar. Von Alexander dem Großen ist uns nichts erhalten geblieben. Friedrich der Zweite konnte weder Deutsch noch Französisch. Napoleon sprach Französisch wie ein »Zugereister«, obwohl er Corneille (oder Racine?) auswendig konnte. Aber er hat seine Herrschaft durch Schlachten begründet und nicht durch eine literarische Publikation. Also »durch Taten, nicht durch Worte«, wie der »Führer« zu sagen pflegt. Mussolini ist ein guter Leitartikler, alte Schule des »Avanti«, als Schriftsteller ein italienischer Friedrich Stampfer. Eine Rede ist keine Schreibe. Die Diktatoren müssen zu viel reden.

Sonntag

Es ist ein masochistischer Genuß, Zeitungen zu lesen, und zwar nicht täglich, sondern wöchentlich, jeden Sonntag, wenn das Weekend in Blüte steht, einer der wichtigsten politischen Faktoren seit dem Anbruch der Apokalypse. Ich bin leicht geneigt zu glauben, daß die spärlichen heilsamen Gedanken und Entschlüsse, die in den demokratischen Staatsmännern just am Freitagnachmittag zu keimen begonnen haben, am Samstagnachmittag zu verfliegen beginnen. Die Tyrannen aber haben kein Weekend. Gott schuf die Welt in sechs Tagen, und am siebten ruhte er. Die friedlichen Staatsmänner ruhen am sechsten *und* am siebenten. Achtundvierzig Stunden feiern sie den Tag des Herrn. Sie übertreiben das Gebot der Religion, und sie übertreffen den Herrgott. Merkwürdig ist, daß *Diktatoren nicht Golf spielen*. Der Sabbat ist nicht dem Sport, sondern den Überraschungen gewidmet. Das Golfspiel hat einen beträchtlichen Teil Schuld am Untergang der Kulturwelt. Napoleon spielte Schach, Prinz Eugen Domino. Am vielgescholtenen »grünen Tisch« hat man nützlichere Einfälle als auf dem grünen Rasen. Weihnachten 1916 war ich an der Front. Unser Divisionskommando, der Oberst, der Kompaniekommandant, bereiteten sich auf liebe »Atempausen« vor. Sie hatten vergessen, daß unsere Gegner, die Russen, erst zwei Wochen später Weihnachten feierten. Sie wußten unsere Bereitschaft zur feierlichen Friedlichkeit auszunutzen und überfielen uns: bei Lichterglanz und Frömmigkeit. Wir revanchierten uns – aber freilich erst zwei Wochen später – und ohne Erfolg, weil die Russen die Revanche vorausgesehen hatten. Es ist schade, daß die demokratischen Staatsmänner nicht an der Front – besonders an der russischen – waren. Die Diktatoren verschieben ihr Weihnachten immer um zwei Wochen. Die Demokraten aber feiern immer Präventiv-Weihnachten, Präventiv-Sonntage, und sie haben, dank dieser Methode, bis jetzt bedeutende Erfolge zu verzeichnen: auf den Golfplätzen allerdings.

Mittwoch

Es wird mir »vertraulich« mitgeteilt, aber ich zögerte nicht, es publik zu machen, daß ein mittelmäßiger deutscher Schriftsteller, der emigriert ist – ich weiß nicht genau, warum –, die Mitarbeit an einer neugegründeten Zeitschrift abgelehnt hat, weil Juden an ihr mitarbeiten. Das ist also ein Emigrant, der nach den Nürnberger Gesetzen lebt. In Zürich; warum nicht in Nürnberg? Es gibt mehrere Emigranten, die nicht ihrer »jüdischen Großmutter« wegen geflüchtet sind, sondern justament wegen ihrer »arischen« und die in der Emigration einen Ehrensitz beanspruchen, nur deshalb, weil sie *keine* Juden sind. Sie hausieren bei Jud' und Christ mit ihrer arischen Großmutter. Und haben einigen Erfolg, weil viele Emigranten, Enkel jüdischer Großmütter, die Emigration eines Antisemiten für Heroismus halten und bis zu Tränen gerührt sind, wenn sie blonde Mäuse sehn. – Es ist gewiß ein »Pech«, Jude zu sein. Aber es ist, gerade deshalb, vulgär, auch noch außerhalb des Dritten Reiches jene Lorbeeren zu beanspruchen, die der armen Großmutter gebühren. – Seit dem Aufhören des Analphabetentums schreiben so viele Hausmeister deutsch! ... Die emigrierten Hausmeister noch werden in rein jüdischen Verlagen herausgebracht. Ein deutscher Antisemit, der zu Hause bleibt, ist ein ehrenwerter Mann. Einer aber, der auswandert, bei Juden Bücher herausgibt, ist ein Plebejer. Er sollte von Sperrgeldern leben, nicht von Honoraren.

Donnerstag

Merkwürdig, daß immer noch, trotz aller persönlicher Not, einen die »anderen« und das »Öffentliche« so beschäftigen! Ich erhalte die – sehr bescheidene – Rechnung des – kümmerlichen – Hotels, in dem ich mehr Kredit genieße als Behaglichkeit. Ich halte die Rechnung des Hotels neben die Abrechnung des Verlegers. Der Vergleich veranlaßt mich, einen Ausschnitt aus diesem Tagebuch zu veröffentlichen. Über das »Thema« eines »Artikels« nachzudenken, bin ich nicht mehr imstande. Ich reiße ein paar Seiten aus meinem Tagebuch und schicke sie ab wie eine Flaschenpost ...

Das Neue Tage-Buch (Paris), 4.9.1937

Im November desselben Jahres muß Roth einen erneuten Einbruch in seinem Leben über sich ergehen lassen: sein so sehr geliebtes Hotel Foyot, in dem er jahrelang wohnte und arbeitete, seine Freunde und Kollegen empfing, das seine Heimat war, wird auf Befehl des Magistrats abgerissen.

Hotel Paris-Dinard
2. November 1937.

Herrn Stefan Zweig, London W 1, 49 Hallam Street

Lieber Freund,

dies ist kein Brief, sondern nur eine Mitteilung, daß ich eine neue Adresse habe.

Das Hotel Foyot wird auf Befehl des Magistrats demoliert, und ich bin gestern als der letzte Gast von dort ausgezogen. Die Symbolik ist allzu billig geworden.

Ich fürchte also sehr, daß etwas von Ihnen, das unterwegs zu mir war, verloren gegangen ist. Ich bitte herzlich sofort um Antwort.

Ihr alter Joseph Roth:

Im Juni 1938 erscheint im »Neuen Tage-Buch« Roths literarischer Abschied von seinem Hotel:

Rast angesichts der Zerstörung

Gegenüber dem Bistro, in dem ich den ganzen Tag sitze, wird jetzt ein altes Haus abgerissen, ein Hotel, in dem ich sechzehn Jahre gewohnt habe – die Zeit meiner Reisen ausgenommen. Vorgestern abend stand noch eine Mauer da, die rückwärtige, und erwartete ihre letzte Nacht. Die drei anderen Mauern lagen schon, in Schutt verwandelt, auf dem halb umzäunten Platz. Wie merkwürdig klein schien mir heute dieser Platz im Verhältnis zu dem großen Hotel, das einst auf ihm gestanden hatte! Man müßte glauben, ein leerer Platz sei weiter als ein bebauter. Aber wahrscheinlich kommen mir die sechzehn Jahre, nun sie vergangen sind, so köstlich vor, ja, von Kostbarem erfüllt, daß ich nicht begreifen kann, wie sie auf einem so kargen Platz abrollen konnten. Und weil das Hotel jetzt ebenso zerschmettert ist wie die Jahre, die ich darin verlebt habe, verronnen sind, erscheint mir in der Erinnerung auch das Hotel weit größer, als es gewesen sein mochte. An der einzigen Wand erkannte ich noch die Tapete meines Zimmers, eine himmelblaue, zart goldgeäderte. Gestern schon zog man ein Gerüst, auf dem zwei Arbeiter standen, vor der Wand hoch. Mit Pikkel und Steinhammer schlug man auf die Tapete ein, auf meine Wand; und dann, da sie schon betäubt und brüchig war, banden die Männer Stricke um die Mauer – die Mauer am Schafott. Das Gerüst ging mit den Arbeitern nieder. An beiden Rändern der Mauer hingen die Strickenden herunter. Jeder der beiden Männer zog an je einem Strickende. Und mit Gepolter stürzte die Mauer ein. Eine weiße, dichte Wolke aus Kalk und Mörtel verhüllte das Ganze. Aus ihr traten jetzt weißbestaubt, gewaltigen Müllern ähnlich, die Steine mahlen, die zwei Männer. Sie kamen mir geradewegs entgegen, wie jeden Tag, ein paarmal am Tage. Sie kennen mich, seitdem ich hier sitze. Der jüngere deutete mit dem Daumen über die Schulter rückwärts und sagte: »Jetzt ist sie weg, Ihre Tapete!« – Ich lud beide ein, mit mir zu trinken, als hätten sie mir eine Wand aufgebaut. Wir scherzten über die Tapete, die Mauern, meine teuren Jahre. Die Arbeiter waren Demoliseure; Niederreißen war ihr Beruf, für Aufbauen kamen sie niemals in Betracht. »Und das ist recht so«, sagten sie. »Jedem sein Beruf und jedem sein Verdienst!

Dies ist der König der Demolierer«, sagte der jüngere. Der ältere lächelte. So heiteren Sinnes waren die Zerstörer; und ich mit ihnen.

Jetzt sitze ich gegenüber dem leeren Platz und höre die Stunden rinnen. Man verliert eine Heimat nach der anderen, sage ich mir. Hier sitze ich am Wanderstab. Die Füße sind wund, das Herz ist müde, die Augen sind trocken. Das Elend hockt sich neben mich, wird immer sanfter und größer, der Schmerz bleibt stehen, wird gewaltig und gütig, der Schrecken schmettert heran und kann nicht mehr schrekken. Und dies ist eben das Trostlose.

Unfaßbares geschieht, die Hand bleibt ruhig und greift nicht an den Kopf. Rechts neben mir liegt das kleine Postamt, der Briefträger tritt heraus und legt mir Briefe auf den Tisch, böse Briefe meist; als das Hotel noch stand, pflegte er mir gute zu bringen. Eine Frau kommt – geliebt, und ich lächle, Abglanz eines alten Lächelns, nach dem ich mich auch nicht mehr sehne. Ein Greis in Hauspantoffeln schlurft vorbei, und ich beneide ihn um sein Recht, Greis zu sein und zu schlurfen. Lärmfrohe Gäste stehen um den Schanktisch, sie streiten sich munter. Sie tragen unvereinbare, freilich eng miteinander verwandte Meinungsverschiedenheiten aus: Feuerzeuge, Radioapparate, Rennpferde, Gattinnen, Automobilmarken, Aperitifs und manch anderes, was Gemüter ernstlich beschwert. Ein Chauffeur tritt ein. Der Kellner gibt ihm Rotwein. Das Taxi wartet. Der Chauffeur trinkt. Bald steht er allein, der Wirtin gegenüber an der Theke. Der Kellner hängt eine leere Blechbüchse an ein Autorad. Die Gäste lachen. Sie fordern von mir, daß ich mitlache. Warum nicht? Ich stehe auf und lache. Wer lacht denn da aus mir? An meinem Tisch wartet das sanfte, große Elend. Wart, ich lache nur ein bißchen!

Schräg gegenüber steht der Friseur, weiß wie eine Kerze, vor der Tür. Bald werden Kunden kommen, nach des

Tages Arbeit werden sie kommen, wenn mir der Händler die Abendzeitungen bringt, jene, in denen von heißen Gefechten und kaltem Blut die Rede ist und die sich – man sollte es nicht glauben – dennoch wie riesengroße, abendmüde Friedenstauben raschelnd auf die Tische der Terrasse heimretten. Den ganzen Schrecken der Welt enthalten sie, den Schrecken des ganzen grausigen Tages, davon sind sie so müde. Wenn die ersten silbernen Laternen erglimmen, kommt gelegentlich ein Vertriebener, ohne Wanderstab, ganz, als wäre er zu Hause, und so, als wollte er in einem Atem zu erkennen geben, daß er zu Hause sei, wie daheim, aber auch durchaus in der Fremde heimisch, sagt er: »Ich weiß, wo man hier gut und billig essen kann.« Und es ist gut so, daß er es glaubt. Es ist gut, daß er unter der silbernen Lichterschnur der Laternen dahingeht und nicht den jetzt, in der anbrechenden Nacht, immer gespenstischer bleibenden Kalk auf dem Platz gegenüber sieht. Nicht alle müssen sich an Schutt gewöhnen und an zerpulverte Mauern.

Der Heimatlose hat die Zeitungen mitgenommen. Er will sie im guten, billigen Restaurant lesen. Vor mir der Tisch ist leer.

Das Neue Tage-Buch (Paris), 25.6. 1938

Im Bistro nach Mitternacht

In dem Bistro, in dem ich jeden Tag nach Mitternacht zu sitzen pflege, verkehren die sogenannten kleinen Leute aus dem Quartier: Briefträger, die den ganzen Tag gearbeitet haben, Polizisten, die im Begriff sind, den Nachtdienst anzutreten, und vorher noch einen schwarzen Kaffee mit Kirsch trinken (denn es handelt sich darum, nicht nur wach zu bleiben, sondern auch in der Laune, wach zu bleiben). Kellner, die vom Dienst heimkehren, Schauspieler, deren

Theater eben geschlossen worden ist, auch die Kulissenschieber dieses Theaters, Chauffeure, deren Halteplatz sich just vor meinem Bistro befindet und zufällige Passanten, die eigentlich nur ein harmloses Paket Zigaretten zu kaufen eingetreten waren, aber, verführt von dem verwirrenden, um nicht zu sagen: bunten Anblick der Gäste vor der Theke und den mehrfarbigen Getränken, die vor ihnen stehen, bleiben auch sie, die um harmlose Zigaretten gekommen sind, vor der Theke stehen, trinken und mischen sich ins Gespräch.

Wir Einheimische betrachten sie mißtrauisch. Seit vielen Jahren treffen wir uns jede Nacht vor dieser Theke, und es ist ungefähr so, als wären wir vertraute Reisegenossen in einem Kupee geworden, in dem wir seit vielen Jahren dahinrollen – und plötzlich stiegen wildfremde Reisende ein. Dennoch gelingt es dem und jenem, unsere Sympathie zu gewinnen, dermaßen, daß nach einer feindseligen Stille das Gespräch wieder anfängt, aufklingt, könnte man sagen. Denn nichts kann uns mehr ermuntern als die plötzliche Einsicht, daß der Eindringling, aus einem fremden Bezirk eingebrochen, lediglich um Zigaretten zu kaufen, eigentlich auch in unserem Quartier zu leben wohl geeignet wäre. Hierauf, nachdem wir durch Blick-Einhelligkeit festgestellt haben, daß er an der Theke bleiben dürfe, setzen wir unseren Gedankenaustausch fort.

Ich gebe hier, ungefähr wörtlich, einen Ausschnitt aus einer unserer nächtlichen Konferenzen wieder:

Der Briefträger, ein schmächtiger Mann auf hurtigen Beinen, wie es sich für seinen Beruf gehört, sagte zuerst: »Ich sage euch, es wird ein böses Ende nehmen, wenn die Welt so weiter geht. Sehen Sie hier, wir stehen hier, wir trinken; ob wir es noch in einem Jahr werden tun können?«

»Ganz gewiß«, sagte ein Mann, der wie ein Buchhalter aussah; das heißt: ruhig, seiner Pension gewiß, seines bescheidenen Bankkontos sicher und dennoch von einer ganz vagen Angst geplagt, es könnte sich plötzlich verflüchtigen. Sein Optimismus war gewissermaßen nicht die Folge seiner Sicherheit, sondern eine Beschwörung seiner Befürchtungen. »Jetzt wird man Ruhe haben. Ich fürchte mich nicht.«

»Ich fürchte mich wohl«, erwiderte der Kulissenschieber. »Ich fürchte mich vor dem Tod. Man wird nicht mehr hier vor der Theke stehen und trinken können. Ich fürchte mich aber noch viel mehr vor dem Leben. Ja, ich fürchte mich selbst vor dieser Stunde, jetzt, da wir so heiter an der Theke stehen. Es ist mir so, als wäre es nicht wahr, daß wir heiter sind. Wenn Sie ein Kulissenarbeiter wären wie ich, hätten Sie wahrscheinlich genau die gleiche Empfindung. Es ist etwas vom Theater in unserem Leben. Dritter Akt vielleicht. Herr B. wird es bestätigen.«

B., ein Schauspieler desselben Theaters, in dem der Kulissenschieber arbeitete, sagte: »Ja«, ohne Überzeugung. Er hatte gar nicht zugehört. Er bildete sich ein, ein Liebling des Publikums zu sein. Er glaubt also, ein einziges »Ja« aus seinem Munde, ohne Überzeugung ausgesprochen, um nicht zu sagen, ausgetönt, hätte bedeutend mehr Gewicht als sämtliche erregten Reden der anderen. Vielleicht war er auch deshalb ein wenig gekränkt, weil die anderen zu ausführlich gesprochen hatten. Denn er war lediglich seiner eigenen, inneren Hohlheit hingegeben, und er horchte nur auf deren taube Stimmen.

»Ja«, sagte der Nachtkellner, »was nennt ihr die Welt eigentlich? Die Welt, von der ihr redet, besteht aus einer Handvoll Menschen. Sie lenken die Geschicke der Welt. Die Welt ist ihnen ausgeliefert. Wer weiß, welche privaten Interessen jeder einzelne hat? Ein Minister ist doch nicht nur ein Minister? Er ist ja auch ein Mensch. Er hat eine Frau, eine Geliebte, einen Sohn. Was hat ihn zu diesem oder jenem Entschluß bewogen?«

Die zwei Polizisten, kräftig, prall, fast schienen sie ihre Uniformen zu sprengen, sagten gleichzeitig: »So ist die Welt. Aber man darf es nicht sagen.« Hierauf bestellten sie noch zwei Cafés mit Kirsch. (Sie haben ermäßigte Preise, einigermaßen.)

»Keine Politik«, sagte der Herr, der wie ein Buchhalter aussah. Er zahlte und wollte gehen. Aber er stieß an der Schwelle mit unserem alten Chauffeur zusammen, den er haßte. Und um nicht zu verraten, daß er ihn haßte, kehrte der Buchhalter um.

Dieser Chauffeur kommt jede Nacht in unser Bistro. Wenn er nicht so bejahrt wäre, könnte man sagen, er sei lieb Kind im Hause. Er ist nicht mehr »bejahrt«, man darf wohl von ihm sagen, daß er bereits »betagt« ist. Er war sein Lebtag Droschkenkutscher gewesen. Als aber die menschliche Periode, die Menschheitsperiode der Pferde aufgehört hatte, war er Chauffeur geworden. Und es ist ein Wunder, daß er es bleiben kann. Denn so, wie er einst gewohnt sein mochte, seine Pferde an jedem Brunnen Wasser trinken zu lassen, so hatte er selbst jetzt, vielleicht in heimwehmütiger Erinnerung an seine längst geschlachteten Tiere, die Gewohnheit angenommen, in allen Bistros einzukehren, an denen ihn seine Kreuz- und Querwege vorbeiführten. Er war geradezu ein Wunder, daß er so spät in der Nacht vermocht hatte, zu uns zu stoßen. Aber es war ein gewohntes, bereits ein alltägliches Wunder. Er nahm, wie gewöhnlich, sofort das Wort und sagte:

»Verliert euch ja nicht alle in Kleinigkeiten! Redet mir nicht von Politik. Ich weiß, worin das Unheil der Welt besteht, weil ich ein Kutscher war. Das Gewissen nämlich, meine Herren, das Gewissen ist ausgelöscht. Es ist durch die Genehmigung ersetzt worden. Früher einmal hatte jeder lebendige Mensch sein eigenes Gewissen. Dem war er verantwortlich. Meine Pferde selbst noch hatten ihr Gewissen. Heute, sehen Sie, um Ihnen ein kleines Beispiel aus unserem Beruf zu geben: Außerhalb jener Nägel, die man über die Straßen gelegt hat, darf man einen Menschen überfahren. Wenn ein Zollbeamter einen gelähmten oder blinden Passagier an der Grenze aus dem Kupee herauszerrt, um ihn im Amtszimmer zu untersuchen, so spricht keine Spur von Gewissen aus dem Zollbeamten. Er hat nicht nur die Genehmigung; er hat sogar die Befugnis. Und dabei ist ja auch der Zollbeamte ein Mensch. Der Minister hat die Genehmigung, für sein Volk zu verhandeln. Die Genehmigung tötet sein Gewissen. Was gar die Diktatoren betrifft, so besteht das angebliche Rätsel ihrer Existenz darin, daß sie sich die Genehmigung selbst genehmigt haben. Sie wollen das Gewissen nicht nur betäuben, sondern auch töten. Haben sie auch! Die demokratischen Herren wollen es nur betäuben. Haben sie auch getan! Mit nachträglicher Genehmigung. Ich kenne die Pferde, meine Herren! Jedes Pferd hat gezögert, wenn ein Mensch über die Straße gelaufen kam. Mein Taxi zögert nicht. Meine Pferde hatten Gewissen. Mein Motor hat die Genehmigung. So sehe ich den Unterschied in allen Dingen. Zu meinen Zeiten, als ich noch Kutscher war, hatte sogar ein Diplomat Gewissen. Heute, da ich Chauffeur bin, hat sogar ein Abgeordneter nichts mehr als Befugnisse.

Kein Gewissen mehr in der Welt! Kein Pferd!«

So beendete er seine Rede – und alle lachten. Denn sie hielten ihn für angetrunken, und er war es auch. Und es entspricht außerdem den Menschen dieser Zeit, der Wahrheit unter anderem dadurch zu entgehen, daß sie, die selbst trunken sind, aus der Tatsache, daß ein Trunkener diese Wahrheit sagt, die Hoffnung schöpfen, er rede nur irre.

Die beiden prallen Polizisten gingen. Zwei Uhr schlug es vom Senat. Und die Wirtin sagte: »Jetzt geht man schlafen.« Und sie begann, die Tische umzustülpen und die

Stühle. Es sah aus, als ritten die Stühle nachtsüber auf den Tischen.

Die Zukunft (Paris), 11.11. 1938

Zu dem Verlust seiner »Heimat« kommt der Verlust vieler Freunde. Einige fliehen vor den Nationalsozialisten und verlassen endgültig Europa, unter ihnen Roths langjähriger Freund und Mäzen Stefan Zweig. Andere sterben.

Bis zuletzt hat Roth versucht, mit Hilfe der Legitimisten den Anschluß Österreichs an Deutschland zu verhindern. Im Februar 1938 begibt sich Roth noch einmal nach Wien. Im Auftrag der Legitimisten soll er bei Bundeskanzler Kurt Schuschnigg vorsprechen. Mit Hilfe der Monarchisten will man den Anschluß Österreichs an Deutschland im letzten Moment noch abwenden. Bis zu Bundeskanzler Schuschnigg kann Roth nicht vordringen, es wird ihm jedoch geraten, auf schnellstem Wege das Land zu verlassen.

Der Fall Österreichs

Das »Journal« veröffentlicht heute den Briefwechsel zwischen Otto von Habsburg und dem armseligen Kanzler des verstorbenen Österreich. Es war kurz vor dem Einmarsch Hitlers nach Österreich. Der Erbe des österreichischen Thrones gedachte die Kanzlerschaft zu übernehmen.

Der unselige Kanzler antwortete dem Thronerben, daß dieser unrecht hätte. Er, der Kanzler, sei der Meinung, daß der Thronfolger sich nicht mischen dürfe in die Geschicke des Landes, seines Landes, wenn diese ohnehin gefährdet seien.

Dazu ist eines zu sagen: Der arme Kanzler ist eingesperrt. Er kann sich heute nicht mehr wehren. Aber er hätte sich wehren können. Und er ist das klassische Beispiel dafür, daß einer ein Märtyrer werden kann, einfach deshalb, weil er sich getäuscht hat.

In alten Zeiten hatte man es schwerer, ein Märtyrer zu werden. Es gibt nicht genug Mitleid in der Welt, das ausreichen würde, das Unglück eines Unseligen zu umfassen. Aber wir alle, die wir uns einmal in die unbarmherzige Welt der Öffentlichkeit begeben haben, müssen gewärtig sein des Urteils, das uns »die Welt«, die mitleidlose, zumißt.

Und so wahr es ist, daß der Erbe eines Thrones aus einer edlen, aber auch einer vielleicht trotzdem politischen Regung heraus den überflüssigen Brief an den Kanzler geschrieben hat, so wahr ist es, daß dessen Antwort geradezu der Vorläufer seines eigenen Unglücks und seines Aufenthalts in dem Hotel Metropole der Gestapo ist.

Private Schicksale berühren uns. Die privaten Schicksale der öffentlichen Männer ebenfalls. Aber es scheint uns notwendig, einmal mit aller sogenannten »Härte« auszusprechen, daß ein privates Geschick unser Urteil über das Gebaren eines verantwortlichen Staatsmannes nicht ändern kann.

Aus dem Briefwechsel zwischen Otto von Habsburg und Schuschnigg wird erst recht sichtbar, daß dieser, nicht leichtfertig, gewiß! – – aber töricht, sein Land verloren hat.

Er hatte es nie in seinen Händen gehabt. Aber er hat es fallenlassen.

Pariser Tageszeitung, 17.1.1939

Nach Frankreich zurückgekehrt, verschlechterte sich Roths Gesundheitszustand zunehmend. Im Spätherbst 1938 soll er sogar einen Herzinfarkt erlitten haben.

Wie in einem Fieberwahn schreibt er in nur vier Monaten sein letztes Prosawerk nieder: »Die Legende vom heiligen Trinker«.

I

An einem Frühlingsabend des Jahres 1934 stieg ein Herr gesetzten Alters die steinernen Stufen hinunter, die von einer der Brücken über die Seine zu deren Ufern führen. Dort pflegen, wie fast aller Welt bekannt ist und was dennoch bei dieser Gelegenheit in das Gedächtnis der Menschen zurückgerufen zu werden verdient, die Obdachlosen von Paris zu schlafen, oder besser gesagt: zu lagern.

Einer dieser Obdachlosen nun kam dem Herrn gesetzten Alters, der übrigens wohlgekleidet war und den Eindruck eines Reisenden machte, der die Sehenswürdigkeiten fremder Städte in Augenschein zu nehmen gesonnen war, von ungefähr entgegen. Dieser Obdachlose sah zwar genauso verwahrlost und erbarmungswürdig aus wie alle die anderen, mit denen er sein Leben teilte, aber er schien dem wohlgekleideten Herrn gesetzten Alters einer besonderen Aufmerksamkeit würdig; warum, wissen wir nicht.

Es war, wie gesagt, bereits Abend, und unter den Brücken an den Ufern des Flusses dunkelte es stärker als oben auf dem Kai und auf den Brücken. Der obdachlose und sichtlich verwahrloste Mann schwankte ein wenig. Er schien den älteren, wohlangezogenen Herrn nicht zu bemerken. Dieser aber, der gar nicht schwankte, sondern sicher und geradewegs seine Schritte dahinlenkte, hatte schon offenbar von weitem den Schwankenden bemerkt. Der Herr gesetzten Alters vertrat geradezu dem verwahrlosten Mann den Weg. Beide blieben sie einander gegenüber stehen.

»Wohin gehen Sie, Bruder?« fragte der ältere, wohlgekleidete Herr.

Der andere sah ihn einen Augenblick an, dann sagte er: »Ich wüßte nicht, daß ich einen Bruder hätte, und ich weiß nicht, wo mich der Weg hinführt.«

»Ich werde versuchen, Ihnen den Weg zu zeigen«, sagte

der Herr. »Aber Sie sollen mir nicht böse sein, wenn ich Sie um einen ungewöhnlichen Gefallen bitte.«

»Ich bin zu jedem Dienst bereit«, antwortete der Verwahrloste.

»Ich sehe zwar, daß Sie manche Fehler machen. Aber Gott schickt Sie mir in den Weg. Gewiß brauchen Sie Geld, nehmen Sie mir diesen Satz nicht übel! Ich habe zuviel. Wollen Sie mir aufrichtig sagen, wieviel Sie brauchen? Wenigstens für den Augenblick?«

Der andere dachte ein paar Sekunden nach, dann sagte er: »Zwanzig Francs.«

»Das ist gewiß zu wenig«, erwiderte der Herr. »Sie brauchen sicherlich zweihundert.«

Der Verwahrloste trat einen Schritt zurück, und es sah aus, als ob er fallen sollte, aber er blieb dennoch aufrecht, wenn auch schwankend. Dann sagte er: »Gewiß sind mir zweihundert Francs lieber als zwanzig, aber ich bin ein Mann von Ehre. Sie scheinen mich zu verkennen. Ich kann das Geld, das Sie mir anbieten, nicht annehmen, und zwar aus folgenden Gründen: erstens, weil ich nicht die Freude habe, Sie zu kennen; zweitens, weil ich nicht weiß, wie und wann ich es Ihnen zurückgeben könnte; drittens, weil Sie auch nicht die Möglichkeit haben, mich zu mahnen. Denn ich habe keine Adresse. Ich wohne fast jeden Tag unter einer anderen Brücke dieses Flusses. Dennoch bin ich, wie ich schon einmal betont habe, ein Mann von Ehre, wenn auch ohne Adresse.«

»Auch ich habe keine Adresse«, antwortete der Herr gesetzten Alters, »auch ich wohne jeden Tag unter einer anderen Brücke, und ich bitte Sie dennoch, die zweihundert Francs – eine lächerliche Summe übrigens für einen Mann wie Sie – freundlich anzunehmen. Was nun die Rückzahlung betrifft, so muß ich weiter ausholen, um Ihnen erklärlich zu machen, weshalb ich Ihnen etwa keine Bank angeben kann, wo Sie das Geld zurückgeben könnten. Ich bin nämlich ein Christ geworden, weil ich die Geschichte der kleinen heiligen Therese von Lisieux gelesen habe. Und nun verehre ich insbesondere jene kleine Statue der Heiligen, die sich in der Kapelle Ste Marie des Batignolles befindet und die Sie leicht sehen werden. Sobald Sie also die armseligen zweihundert Francs haben und Ihr Gewissen Sie zwingt, diese lächerliche Summe nicht schuldig zu bleiben, gehen Sie bitte in die Ste Marie des Batignolles, und hinterlegen Sie dort zu Händen des Priesters, der die Messe gerade gelesen hat, dieses Geld. Wenn Sie es überhaupt jemandem schulden, so ist es die kleine heilige Therese. Aber vergessen Sie nicht: in der Ste Marie des Batignolles.«

»Ich sehe«, sagte da der Verwahrloste, »daß sie mich und meine Ehrenhaftigkeit vollkommen begriffen haben. Ich gebe Ihnen mein Wort, daß ich mein Wort halten werde. Aber ich kann nur sonntags in die Messe gehen.«

»Bitte, sonntags«, sagte der ältere Herr. Er zog zweihundert Francs aus der Brieftasche, gab sie dem Schwankenden und sagte: »Ich danke Ihnen!«

»Es war mir ein Vergnügen«, antwortete dieser und verschwand alsbald in der tiefen Dunkelheit.

Denn es war inzwischen unten finster geworden, indes oben, auf den Brücken und an den Kais, sich die silbernen Laternen entzündeten, um die fröhliche Nacht von Paris zu verkünden.

Und es sei noch das letzte Kapitel der »Legende vom heiligen Trinker« angeführt, in dem Andreas seinen »so leichten und so schönen Tod« findet.

XV

Im Tari-Bari waren viele Leute, denn manche schliefen dort, die kein Obdach hatten, tagelang, nächtelang, des Tags hinter der Theke und des Nachts auf den Banquetten. Andreas erhob sich am Sonntag sehr früh, nicht so sehr wegen der Messe, die er zu versäumen gefürchtet hätte, wie aus Angst vor dem Wirt, der ihn mahnen würde, Trank und Speise und Quartier für so viele Tage zu bezahlen.

Er irrte sich aber, denn der Wirt war bereits viel früher aufgestanden als er. Denn der Wirt kannte ihn schon seit langem und wußte, daß unser Andreas dazu neigte, jede Gelegenheit wahrzunehmen, um Zahlungen auszuweichen. Infolgedessen mußte unser Andreas bezahlen, von Dienstag bis Sonntag, reichlich Speise und Getränke und viel mehr noch, als er gegessen und getrunken hatte. Denn der Wirt vom Tari-Bari wußte zu unterscheiden, welche von seinen Kunden rechnen konnten und welche nicht. Aber unser Andreas gehörte zu jenen, die nicht rechnen konnten, wie viele Trinker. Andreas zahlte also einen großen Teil des Geldes, das er bei sich hatte, und begab sich dennoch in die Richtung der Kapelle Ste Marie des Batignolles. Aber er wußte wohl schon, daß er nicht mehr genügend Geld hatte, um der heiligen Therese alles zurückzuzahlen. Und er dachte ebenso an seinen Freund Woitech, mit dem er sich verabredet hatte, genau in dem gleichen Maße wie an seine kleine Gläubigerin.

Nun also kam er in der Nähe der Kapelle an, und es war wieder leider nach der Zehn-Uhr-Messe, und noch einmal strömten ihm die Menschen entgegen, und wie er so gewohnt den Weg zum Bistro einschlug, hörte er hinter sich rufen, und plötzlich fühlte er eine derbe Hand auf seiner Schulter. Und wie er sich umwandte, war es ein Polizist.

Unser Andreas, der, wie wir wissen, keine Papiere hatte, wie so viele seinesgleichen, erschrak und griff schon in die

Tasche, einfach um sich den Anschein zu geben, er hätte etwelche Papiere, die richtig seien. Der Polizist aber sagte: »Ich weiß schon, was Sie suchen. In der Tasche suchen Sie es vergeblich! Ihre Brieftasche haben Sie eben verloren. Hier ist sie, und«, so fügte er noch scherzhaft hinzu, »das kommt davon, wenn man Sonntag am frühen Vormittag schon so viele Apéritifs getrunken hat! ...«

Andreas ergriff schnell die Brieftasche, hatte kaum Gelassenheit genug, den Hut zu lüften, und ging stracks ins Bistro hinüber.

Dort fand er den Woitech bereits vor und erkannte ihn nicht auf den ersten Blick, sondern erst nach einer längeren Weile. Dann aber begrüßte ihn unser Andreas um so herzlicher. Und sie konnten gar nicht aufhören, beide einander wechselseitig einzuladen, und Woitech, höflich, wie die meisten Menschen es sind, stand von der Banquette auf und bot Andreas den Ehrenplatz an und ging, so schwankend er auch war, um den Tisch herum, setzte sich gegenüber auf einen Stuhl und redete Höflichkeiten. Sie tranken lediglich Pernod.

»Mir ist wieder etwas Merkwürdiges geschehen«, sagte Andreas. »Wie ich da zu unserem Rendezvous herübergehen will, faßt mich ein Polizist an der Schulter und sagt: ›Sie haben Ihre Brieftasche verloren.‹ Und gibt mir eine, die mir gar nicht gehört, und ich stecke sie ein, und jetzt will ich nachschauen, was es eigentlich ist.«

Und damit zieht er die Brieftasche heraus und sieht nach, und es liegen darin mancherlei Papiere, die ihn nicht das geringste angehen, und er sieht auch Geld darin und zählt die Scheine, und es sind genau zweihundert Francs. Und da sagt Andreas: »Siehst du! Das ist ein Zeichen Gottes. Jetzt gehe ich hinüber und zahle endlich mein Geld!«

»Dazu«, antwortet Woitech, »hast du ja Zeit, bis die Messe zu Ende ist. Wozu brauchst du denn die Messe? Während der Messe kannst du nichts zurückzahlen. Nach der Messe gehst du in die Sakristei, und inzwischen trinken wir!«

»Natürlich, wie du willst«, antwortete Andreas.

In diesem Augenblick tat sich die Tür auf, und während Andreas ein unheimliches Herzweh verspürte und eine große Schwäche im Kopf, sah er, daß ein junges Mädchen hereinkam und sich genau ihm gegenüber auf die Banquette setzte. Sie war sehr jung, so jung, wie er noch nie ein Mädchen gesehen zu haben glaubte, und sie war ganz himmelblau angezogen. Sie war nämlich blau, wie nur der Himmel blau sein kann, an manchen Tagen, und auch nur an gesegneten.

So schwankte er also hinüber, verbeugte sich und sagte zu dem jungen Kind: »Was machen Sie hier?«

»Ich warte auf meine Eltern, die eben aus der Messe kommen; die wollen mich hier abholen. Jeden vierten Sonntag«, sagte sie und war ganz verschüchtert vor dem älteren Mann, der sie so plötzlich angesprochen hatte. Sie fürchtete sich ein wenig vor ihm.

Andreas fragte darauf: »Wie heißen Sie?«

»Therese«, sagte sie.

»Ah«, rief Andreas darauf, »das ist reizend! Ich habe nicht gedacht, daß eine so große, eine so kleine Heilige, eine so große und so kleine Gläubigerin mir die Ehre erweist, mich aufzusuchen, nachdem ich so lange nicht zu ihr gekommen war.«

»Ich verstehe nicht, was Sie reden«, sagte das kleine Fräulein ziemlich verwirrt.

»Das ist nur Ihre Feinheit«, erwiderte hier Andreas. »Das ist nur Ihre Feinheit, aber ich weiß sie zu schätzen. Ich bin Ihnen seit langem zweihundert Francs schuldig, und ich bin nicht mehr dazu gekommen, sie Ihnen zurückzugeben, heiliges Fräulein!«

»Sie sind mir kein Geld schuldig, aber ich habe welches

im Täschchen, hier, nehmen Sie und gehen Sie. Denn meine Eltern kommen bald.«

Und somit gab sie ihm einen Hundertfrancsschein aus ihrem Täschchen.

All dies sah Woitech im Spiegel, und er schwankte auf aus seinem Sessel und bestellte zwei Pernods und wollte eben unseren Andreas an die Theke schleppen, damit er mittrinke. Aber wie Andreas sich eben anschickt, an die Theke zu treten, fällt er um wie ein Sack, und alle Menschen im Bistro erschrecken und Woitech auch. Und am meisten das Mädchen, das Therese heißt. Und man schleppt ihn, weil in der Nähe kein Arzt und keine Apotheke ist, in die Kapelle, und zwar in die Sakristei, weil Priester doch etwas von Sterben und Tod verstehen, wie die ungläubigen Kellner trotzdem glaubten; und das Fräulein, das Therese heißt, kann nicht umhin und geht mit.

Man bringt also unsern armen Andreas in die Sakristei, und er kann leider nichts mehr reden, er macht nur eine Bewegung, als wollte er in die linke innere Rocktasche greifen, wo das Geld, das er der kleinen Gläubigerin schuldig ist, liegt, und er sagt: »Fräulein Therese!« – und tut seinen letzten Seufzer und stirbt.

Gebe Gott uns allen, uns Trinkern, einen so leichten und so schönen Tod!

Ende

Als er am 23. Mai 1939 vom Selbstmord Ernst Tollers erfährt, bricht Roth zusammen. Er wird in das Hôpital Necker eingeliefert, wo er am 27. Mai in den Morgenstunden stirbt. Drei Tage später, am 30. Mai 1939, wird er auf dem Friedhof von Thiais südöstlich von Paris begraben.

Bibliographische Angaben

S. 10 Brief an Gustav Kiepenheuer zum 50. Geburtstag, 10. Juni 1930

S. 15 Aus: »Erdbeeren«, Romanfragment, 1929, zu Lebzeiten unveröffentlicht

S. 21 »Wiege«, Die Literarische Welt, 7.12.1931

S. 23 Aus: *Hiob*, Verlag Gustav Kiepenheuer, Berlin, 1930

S. 34 »Beim Uhrmacher«, Frankfurter Zeitung, 21.6.1931

S. 36 Aus: *Juden auf Wanderschaft*, 1927

S. 39 »Aus dem Tagebuch des Schülers Joseph Roth«, Die Literarische Welt, 11.7.1930

S. 42 »Lemberg, die Stadt«, Frankfurter Zeitung, 22.11.1924

S. 48 Aus: *Juden auf Wanderschaft*, 1927

S. 58 »Der Vorzugsschüler«, Österreichs Illustrierte Zeitung«, 1916

S. 75 Brief an Paula Grübel, 24.8.1917

S. 77 Aus: *Hotel Savoy*, Die Schmiede, Berlin, 1924

S. 80 »Die Insel der Unseligen«, Der Neue Tag, 20.4.1919

S. 86 »Die Lage in Westungarn«, Der Neue Tag, 5.9.1919

S. 96 Aus: *Juden auf Wanderschaft*, 1927

S. 105 »Ankunft im Hotel«, Frankfurter Zeitung, 19.1.1929

S. 110 »Der Portier«, Frankfurter Zeitung, 24.1.1929

S. 116 »Abschied vom Hotel«, Frankfurter Zeitung, 24.2.1929

S. 120 Aus: *Flucht ohne Ende*, Verlag Kurt Wolff, München, 1927

S. 121 »Herbst in Berlin«, Prager Tagblatt, 26.9.1920

S. 123 »Wenn Berlin Wolkenkratzer bekäme ...«, Neue Berliner Zeitung – 12-Uhr-Blatt, 18.2.1921

S. 126 »Wie ich Leipzig sah«, Leipziger Mittag, 2.1.1922

S. 129 »Hotel Kopřiva«, Prager Tagblatt, 4.12.1923

S. 133 »Heimweh nach Prag«, Prager Tagblatt, 25.12.1924

S. 135 »Zwei Filmsensationen«, Frankfurter Zeitung, 12.3.1924

S. 140 »Amerikanisiertes Kino«, Frankfurter Zeitung, 4.10.1924

S. 144 »Einbruch der Journalisten in die Nachwelt«, Frankfurter Zeitung, 19.12.1925

S. 147 »Die Autoren sind mir persönlich bekannt«, Frankfurter Zeitung, 25.9.1927

S. 151 »Die Nibelungen«, Vorwärts, 9.4.1924
S. 154 »Hinkemann«, Vorwärts, 15.4.1924
S. 157 »Michael Kramer«, Vorwärts, 27.9.1924
S. 159 »Bäder im Riesengebirge«, Frankfurter Zeitung, 17.5.1925
S. 162 »Kleve, Xanten, Kalkar«, Frankfurter Zeitung, 31.5.1925
S. 167 Brief an Benno Reifenberg, 16.5.1925
S. 169 »Wie man eine Revolution feiert«, Juli 1925, zu Lebzeiten unveröffentlicht
S. 171 »Amerika über Paris«, Frankfurter Zeitung, 26.8.1925
S. 176 »Lyon«, Frankfurter Zeitung, 8.9.1925
S. 179 »Nichts ereignet sich – in Vienne«, Frankfurter Zeitung, 15.9.1925
S. 182 »Nizza«, Frankfurter Zeitung, 26.10.1925
S. 185 »Die weißen Städte«, 1925
S. 192 »Tournon«, 1925
S. 198 »Avignon«, 1925
S. 211 »Marseille«, 1925
S. 218 Brief an Benno Reifenberg, 22.4.1926
S. 221 »›Romantik‹ des Reisens«, Frankfurter Zeitung, 6.6.1926
S. 226 »Auf der Wolga bis Astrachan«, Frankfurter Zeitung 5.10.1926
S. 236 »Wie sieht es in der russischen Straße aus?«, Frankfurter Zeitung, 31.10.1926
S. 241 »Der neunte Feiertag der Revolution«, Frankfurter Zeitung, 14.11.1926
S. 245 Brief an Benno Reifenberg, 1.10.1926
S. 246 Aus *Die Flucht ohne Ende*, Kurt Wolff Verlag, München, 1927
S. 254 Brief an Stefan Zweig, 24.–30.1.1928
S. 255 »Die Hauptstadt Tirana«, Frankfurter Zeitung, 15.6.1927
S. 258 »Wo der Weltkrieg begann«, Frankfurter Zeitung, 3.7.1927
S. 261 »Unter Tag«, Frankfurter Zeitung, 27.11.1927
S. 272 »Konzert im Volksgarten«, Frankfurter Zeitung, 8.4.1928
S. 275 »Abreise und Ankunft«, Frankfurter Zeitung, 24.6.1928
S. 281 »Das polnische Kalifornien«, Frankfurter Zeitung, 29.6.1928
S. 288 »Blick auf die Straßen«, Frankfurter Zeitung, 8.7.1928
S. 293 Brief an Stefan Zweig, 27.2.1929
S. 294 Brief an René Schickele, 10.12.1929

S. 294 Brief an René Schickele, 20.1.1930
S. 296 Brief an Stefan Zweig, 29.3.1929
S. 297 Brief an Stefan Zweig, 24.5.1929
S. 298 »Berliner Vergnügungsindustrie«, Münchner Neueste Nachrichten, 1.5.1930
S. 303 Brief an Stefan Zweig, 20.11.1930
S. 305 »Vorwort zu meinem Roman ›Radetzkymarsch‹«, Frankfurter Zeitung, 17.4.1932, hier erschien ab dem 17. April der Vorabdruck (IV der 4bändigen Ausgabe, hrsg. von H. Kesten, 405 f.)
S. 307 Brief an Stefan Zweig, 7.8.1932
S. 309 Brief an Otto Forst-Battaglia, 28.10.1932
S. 311 Brief an Stefan Zweig, Mitte Februar 1933
S. 312 »Das Autodafé des Geistes«, Cahiers Juifs (Paris), September/November 1933 (aus dem Französischen)
S. 324 Brief an Stefan Zweig, 28.4.1933
S. 326 Brief an Stefan Zweig, 31.8.1933
S. 327 Aus: *Der Antichrist*, Allert de Lange, Amsterdam, 1934
S. 332 Brief an Stefan Zweig, 22.12.1933
S. 335 Brief an Stefan Zweig, 18.9.1934
S. 336 Brief an Stefan Zweig, 12.11.1935
S. 338 Brief an Stefan Zweig, 16.11.1935
S. 340 Brief an Blanche Gidon, 15.7.1936
S. 342 »Aus dem Tagebuch eines Schriftstellers«, Das Neue Tage-Buch (Paris), 4.9.1937
S. 347 Brief an Stefan Zweig, 2.11.1937
S. 347 »Rast angesichts der Zerstörung«, Das Neue Tage-Buch (Paris), 25.6.1938
S. 350 »Im Bistro nach Mitternacht«, Die Zukunft (Paris), 11.11.1938
S. 355 »Der Fall Österreichs«, Pariser Tageszeitung, 17.1.1939
S. 357 Aus: *Die Legende vom heiligen Trinker*, 1939
S. 360 Aus: *Die Legende vom heiligen Trinker*, 1939